华文教育研究

（第2集）

Overseas Chinese Education

主　编　曾毅平

副主编　杨万兵　匡小荣

暨南大學出版社
JINAN UNIVERSITY PRESS

中国·广州

图书在版编目（CIP）数据

华文教育研究. 第2集／曾毅平主编；杨万兵，匡小荣副主编. —广州：暨南大学出版社，2019. 10
ISBN 978－7－5668－2724－1

Ⅰ. ①华…　Ⅱ. ①曾…②杨…③匡…　Ⅲ. ①华文教育—文集　Ⅳ. ①G749－53

中国版本图书馆CIP数据核字（2019）第202784号

华文教育研究（第2集）
HUAWEN JIAOYU YANJIU（DIERJI）
主　编：曾毅平　副主编：杨万兵　匡小荣

出 版 人：徐义雄
策划编辑：杜小陆
责任编辑：康　蕊　朱良红
责任校对：梁念慈　林　琼
责任印制：汤慧君　周一丹

出版发行：暨南大学出版社（510630）
电　　话：总编室（8620）85221601
　　　　　营销部（8620）85225284　85228291　85228292（邮购）
传　　真：（8620）85221583（办公室）　85223774（营销部）
网　　址：http：//www.jnupress.com
排　　版：广州良弓广告有限公司
印　　刷：佛山市浩文彩色印刷有限公司
开　　本：787mm×960mm　1/16
印　　张：21.5
字　　数：462千
版　　次：2019年10月第1版
印　　次：2019年10月第1次
定　　价：88.00元

新时代华文教育的目标与任务（代序）

中国真正关注和大力支持海外华文教育是近一二十年的事，但发展迅速。由于任务迫切，没来得及做好顶层设计，许多工作就匆匆开展了。在海外，华文教育与华人社区关系紧密，教育问题往往与许多其他问题交织在一起，其复杂性远非国内社区与学校教育的关系可比。海外华文教育最初的形式类似于蒙学、私塾，办学者更多考虑的是让孩子能识文断字，会数数，不要成为文盲。这个朴素的教育追求在华人社区赢得共识并不难，逐渐地，华文教育的雏形便有了，华校承载民族语言文化传承的使命和任务便实实在在落在了办学者的肩上，一直走到今天。虽然各地的华文教育情势不同，发展水平参差不齐，但毫无疑问，他们承担的使命和责任是相同的。

进入新时代以来，国际国内的形势发生了很大变化。从国际上看，中国国际地位的提升，给全球华人华侨带来前所未有的民族自豪感，华文教育除了原有的传承民族基因的使命，更增加了现实的意义，华文教育发展的外部生态环境达到历史最好时期。往国内说，越来越多的机构和个人参与到华文教育调查和研究上来，使得许多过去来不及思考或思考不清的问题逐渐变得清晰，顶层设计的必要性日益凸显，原来的工作思路亟须调整和完善，以确保华文教育事业始终走在正确的轨道上。下面笔者就了解到的情况，加上个人的思考，提出一些粗浅的看法和建议，求教于方家。

第一，提升规划能力，做好顶层设计。新时代华文教育发展的一个突出特点，就是上水平、上台阶，在海外，华校要赶上甚至超过政府学校教育水平就必须提升办学质量。国侨办“三化”（标准化、正规化、专业化）要求正是顺应这一发展趋势而提出的。实现“三化”目标的关键是充分利用国内高校的师资和研究力量，因为“三化”的核心是标准化，而标准化的科学性较强，科研含量较高，正好发挥专家的特长。国侨办于2016年成立了首届华文教育工作专家指导委员会，后来又改为华文教育专家咨询委员会。这个委员会应该是华文教育事业顶层设计最应该依靠的力量。就顶层设计而言，核心是质量标准体系，围绕质量标准建立和建设支撑体系，以保证质量标准能够贯彻落实。当然，与其他标准体系不同的是，华文教育标准体系应用于海外，海外各类华校才是这些标准的试金石。因为世界各地区和国家的情况不同，标准的制定和实施要综合考虑许多因素，难度可想而知。一方面要树立事业发展理想，另一方面又得面向实际实事求是，对于华文教育工作者来说，这绝不是一件轻而易举的事情，在充分调研的基础上做好顶层设计和实施计划十分重要。

第二，提高资源效益，用好社会力量。越来越多的海内外有识之士加入了关注和支持华文教育事业者的行列，或出资办学，或积极奔走，为华文教育营造尽可能良好的发展环境。新形势下，华文教育发展思路也需要与时俱进。如何鼓励社会力量办学？又如何协调和整合社会资源？这个主人翁应该是谁？都成为当下许多华人华侨社区亟待解决的突出问题，这些问题解决不好，华文教育发展可能出现变数，甚至误入歧途。任何时候，华文教育的任务无非两个，一个是普及，解决的是有没有的问题；另一个是发展，要解决好不好的问题。不同时期侧重点可能不同。大多数国家的华文教育经过数十年甚至上百年的奋斗历程，已经在社区扎下了根基并获得广泛承认，下一步要解决的是发展质量问题。以前大家捐钱办学是济困救穷，解决的是教育的“温饱”问题；如今更多考虑的是如何上台阶、上档次，办出水平和质量，逐步树立“名校”思维，迈向质量发展新阶段。

第三，加强基地建设，完善服务功能。为支持海外华文教育，国侨办过去建立了一批支撑基地院校，这些基地院校多年来为海外华文教育事业发展做出了不可磨灭的贡献。基地院校主要承担华文教育学术研究、技术研发以及教育培训工作。过去数年，随着国侨办华文教育工作思路的逐渐清晰，“三化”概念的提出以及相应支撑援助体系的设计标志着新时期华文教育的发展目标和主要任务基本明确，各地基地院校逐渐走向差异化发展。以暨南大学华文学院和华侨大学华文学院为代表的两个老牌华文教育基地单位，承担了华文教育许多重要的研究课题和技术研发任务，譬如暨南大学的华文教师证书考试系统和华文水平测试系统的研发，华侨大学的全球华校规模和发展历史的调研、办学标准的制定等，对于未来华文教育走向新的高度打下了非常坚实的基础。但同时也应注意到各个基地出现的一些共性问题，如差异化发展不足、缺乏信息共享机制、未能很好地与大学学科建设和学术研究有机结合，导致资源重叠浪费、无法形成差异化互补式发展、发展后劲不足、学科边缘化等不利现象，影响华文教育发展前景。当务之急是加强统筹和信息互通，鼓励结合本地特色和优势，实现个性化发展。

第四，强化科学研究，助力质量发展。前面说到，华文教育研究游离于大学学科建设和学术评价体系之外，始终被人们误以为低层次、非学术，年轻教师不愿意投入精力和时间，唯恐耽误自己的学术前程，客观上严重阻碍了该学科的发展。这和若干年前对外汉语教学界面临的尴尬处境十分相似。经过学者中有识之士的不懈努力，加之国家战略层面对中华文化传播的日益重视，华文教育研究的重要性不言而喻。既然生在大学，如何融入大学学科建设、对接大学学术评价体系，是摆在华文教育专家学者面前的一项重要任务。首先，应该加强华文教育学理研究，对其学科属性、研究范围、理论价值和实践意义等做明确清晰的阐述；其次，着手实实在在做些个案研究，一个学科没有一定的个案研究作为基础，就如无根之萍，很难扎根成长；最后，要吸引年轻学者关注和研究华文教育，必须将其纳入大学学术评价体系，华文教育研究者也应尽快建立该学科理论和方法体系，以指导具体研究，助力学科发展。当代学术研究日渐呈现学科交叉趋势，学术界越来越推崇实证研究，语言教学研究自然应当认清形势并尽快适应这个时代要求。

为持续对外开放，进一步树立国际形象，必须让世界了解中国，五千年悠久辉煌的中华文化是最有说服力的名片。习近平总书记在视察暨南大学时明确指出，要把中华优秀传统文化传播到五湖四海，海外华文教育无疑是实现这一重大任务的最有效的途径和平台之一。提升海外华文教育的水平和质量将有力保障这一使命的顺利完成，教育水平和质量永远都与研究水平和质量休戚相关。作为科学研究工作者，我们责无旁贷！

邵　宜

2019 年 8 月 30 日

目　录

新时代华文教育的目标与任务（代序）…………………………………… 邵　宜（1）

华文教育转型升级研究

西方精神分析心理学教育理念对华文教育转型的影响
　　………………………………………［英国］林思思　［英国］孔　彬（2）
菲律宾华文教育转型升级探析 …………………………………………… 赖林冬（12）
华文教育对接“一带一路”倡议的若干思考 ………………………………… 杨　玲（23）
全球化下的语言发展趋势探索
　　——以全球中英文大热为例 ……………………………………………… 曹瑞冬（28）
新形势下开展华文教育的思路
　　——以新西兰华文教育为例 ………［新西兰］刘文影　［新西兰］陈双双（34）
论孔子学院在海外华文教育中的作用 ……………………………………… 孙玉红（38）
试析印尼弥勒大道对海外华文教育的促进和启示 ………………………… 王衍军（43）
我国汉语产业的现状与对策探析 …………………………………………… 钱　伟（51）
汉语国际教育硕士（国内生）培养现状调查报告
　　——基于暨南大学15位硕导和2016级50名研究生的调研数据
　　…………………………………………………………………… 王衍军　金　颖（58）

语言政策与华文教育定位研究

国家语言政策：泰国和中国的语言
　　……………………………［泰国］Nitaya Kanchanawan（撰）　黄丹丹（译）（70）
国学、汉学与华学 ………………………………………………………… 陈学超（77）
为什么“华字”“华学”说法不常用？ …………………………………… 衡　点（83）
从华文教育看香港粤语和普通话的并存并用 ……………［中国香港］林建平（89）

华文师资与学习者研究

华文教育专业建设与师资培育述评 ……………………………［中国台湾］姚振黎（98）
大学语文科际整合范式与元认知能力培养浅探 ……………［中国香港］李小杰（120）
行动研究与华文教师专业发展 ……………………………………………… 包学菊（125）
浅析师生性格特征与口头纠正性反馈之间的关系 …………［新西兰］孙培健（133）

海外“温二代”地域认同
——以欧洲温籍华裔青年为例 …………………………………… 郑 婷（146）

华文教材与教学资源研究

以教师选用教材为导向的国际汉语教材评价标准研究 ……………… 梁 宇（154）
“现代汉语”的对外汉语视角研究
——语音、汉字部分 ………………………………………………… 傅思泉（165）
华文词汇等级大纲研制 ………………………………………… 刘 华 周建设（173）
对外汉语教材中的虚拟人物分析 ……………………………………… 吕玉兰（191）
浅谈中高级专门汉语的教材与教法 ………………………… ［瑞典］李 瓅（199）

华文教育技术研究

电子填字游戏的理论与应用 …………………………… ［中国香港］何万贯（210）
基于网络信息技术的华文教学协作学习研究 ……………………………… 李 莹（222）
华文教育信息化
——浅谈如何多方面运用多媒体信息技术优化中文课堂
……………………………………………………………………… ［西班牙］潘丽丽（227）
新加坡教育专用语料库的建设与应用 ……………………… ［新加坡］吴福焕（233）

华文教学研究

汉字形义研究与教学变革 ………………………………… ［中国台湾］郎 锋（246）
泰国留学生汉语单元音发音的分析 …………………………… 李佳芸 王茂林（262）
华语阅读课堂教学创新实践研究 ……………………………………… 乐 琦（269）
从语用学角度看模糊语言的美感教学 ……………………… ［中国台湾］周静琬（274）

语言与文化研究

《卧佛寺中国石雕》中的语言所体现的中国文化
………………………… ［泰国］Kowit Pimpuang（撰） 黄丹丹（译）（288）
从月下老人的故事论华人的婚姻文化观及其在华语教学上之运用
……………………………………………………………… ［中国台湾］郑淑娟（300）

华文教学效果研究

建构华语作为第二语言教学的质量评价体系 ………………… ［菲律宾］刘统厚（310）
提高华语教学效果的途径探讨 ………………………………………… 李红兵（317）
对外汉语教师与留学生对“教材练习有效性”的评价及影响因素分析
……………………………………………… 林玉婷 张之宁 张心仪 卞可薇（321）
汉语新媒体语言观的历时考察 ………………………………………… 刘海燕（331）

华文教育转型升级研究

西方精神分析心理学教育理念对华文教育转型的影响

［英国］林思思[1]　［英国］孔　彬[2]
（英国伦敦思塾中文学校）

1　华文教育现状

华文教育是指海外华侨华人来中国学习中国语言文化和华侨华人在所在国对华族子女所进行的中华民族语言文化教育。① 海外华文教育是指对侨民、外籍华人、华裔和少量非中国血统的外国人进行的汉民族语言文化教育。② 随着中国国际地位的日益提高与华文经济价值的不断提升，海外华文教育受到世界各国的持续关注，其影响力在世界各地日渐广泛；与此同时，由于受到地域、地方文化、当地政策等各方面因素的影响，海外华文教育的现状和趋势也呈现了一些独有的发展特点。③

1.1　海外华文教育历史回顾

最早有文字记载的海外华文学校是1690年印尼华侨在巴达维亚（现印尼雅加达）创办的明城书院，随后一批批华文书院和教育机构陆续在东南亚地区创办起来。④ 鸦片战争和“二战”之后，中国国门打开，特别是二十世纪六七十年代港台华人大批移民欧洲，使各大洲华侨数量迅速增加，对海外华文教育的发展和兴起起到了一定的推动作用。自辛亥革命后，中国政府对华文华侨教育表示支持，设立华侨教育管理机构，制定相关法规，兴办侨校，令海外华文教育有了规范化发展的启示和开端。⑤ 目前，马来西亚是海外华文教育最发达的国家，具备从小学到大学的完整教育体系，全国建有华文小学1 200多所，华文独立中学60所以及华文大专院校4所。⑥

1.2　海外华文教育发展趋势

在世界经济一体化的大环境下，华文的实用性价值日益凸显，海外华文教育在当

① 余岚．海外华文教育发展的对策研究［J］．教育探索，2009（5）：64－66.
② 唐燕儿．论海外华文教育的发展及其趋向［J］．高等教育研究，2009（6）：104－110.
③ 余岚．海外华文教育发展的对策研究［J］．教育探索，2009（5）：64－66.
④ 印尼华文发展迅速［N］．联合早报（新加坡），2010－05－10.
⑤ 余岚．海外华文教育发展的对策研究［J］．教育探索，2009（5）：64－66.
⑥ 余岚．海外华文教育发展的对策研究［J］．教育探索，2009（5）：64－66.

下有很好的发展，而且呈现越来越好的趋势。[①] 现阶段各国华文教育的发展呈现出华文教育办学日渐增多，华文教育网点建设更为全面，华文教育发展速度不断加快的趋势。[②]

除东南亚地区以外，许多地区也出现“汉语热”，极大地加快了华文教育在海外发展的速度。在欧、美、非和大洋洲的许多国家，各类中文学校和中文学习班同时开设。2004 年，首家孔子学院在韩国首尔设立。随后至 2010 年这 6 年间，孔子学院（学堂）已延伸至全球 100 多个国家和地区，总数近 700 所。[③]

海外华文教育也趋于本土化，逐渐融入当地主流社会，教学对象也扩展至华侨华裔以外的其他族裔。到 2009 年，在全球 100 多个国家中，有 3 000 所以上高校开设中文系和汉语课程，其中一些高校在华文语言相关科系授予学生硕士、博士学位。美国大学理事会在 2003 年底启动 AP 中文课程，即对于学生在高中修读的中文科目，大学将承认其学分，全国有 2 500 多所中学加入这一项目。[④] 全球许多国家都已将汉语纳入正规的教育体系，如英国、印尼、泰国。[⑤]

华文教育已经具有数百年的发展历史，但其真正极速发展与学习人数快速增长是在近数十年。[⑥] 目前，海外学习汉语的人数已经超过 4 000 万，全球华文学校有5 000多所（不计算中国大陆及中国台湾），仅美国就有 48 个州设有中文学校共 400 多所，在校学生近 10 万人，希望开设汉语课程的中学超过 2 400 所，此外还设有不少课余培训班。[⑦]

华文教育的快速扩张和需求增加，促使现代华文教育教学模式多样化、人才培养模式多样化。与此同时，华文教育的多样化发展提升了其扩张速度。不同模式的华文课程教授包括：海外大学的中文系和中文专业、海外正规的全日制华文学校、海外中小学的华文课程、海外课余华文学校及补习班、社会教育包括社区中华文化特色艺术活动或迎合中华传统节日的庆祝活动等。这些不同类型的华文课程与活动都为华文教育的深入推广和迅速升温带来了不可忽视的影响。华文的人才培养模式也从单一的汉语授课延伸出多种类型，包括学历教育、短期培训、长期非学历教育和冬夏令营等。教学途径包括全日制课堂教学、业余课堂教学、远程教学和实践教学等。[⑧] 具有创新模式的教学途径为优化华文教育的教学方式，提高教学效果和使得授课人群的教学接

---

① 刘华，程浩兵．近来海外华文教育发展的现状、问题及趋势［J］．东南亚研究，2014（2）：82 – 85.
② 孙浩良．海外华文教育［M］．上海：上海人民出版社，2007.
③ 印尼华文发展迅速［N］．联合早报（新加坡），2010 – 05 – 10.
④ 张向前．世界华文教育发展研究［M］．北京：中国言实出版社，2010.
⑤ 唐燕儿．论海外华文教育的发展及其趋向［J］．高等教育研究，2009（6）：104 – 110.
⑥ 张向前．世界华文教育发展研究［M］．北京：中国言实出版社，2010.
⑦ 唐燕儿．论海外华文教育的发展及其趋向［J］．高等教育研究，2009（6）：104 – 110.
⑧ 唐燕儿．论海外华文教育的发展及其趋向［J］．高等教育研究，2009（6）：104 – 110.

收效果最大化创造了更多的实践和进步契机。

教育资源合作共享，迈向现代化，华文师资人才培养的学历化和办学模式的合作化也是现今华文教育发展的重要过程。① 海外华文教育的需求不断增加，而国界和距离的限制、教学资源和华文师资的短缺促使教育资源的共享与教学技术步向现代化，如利用计算机辅助教育已成为华文教育迈向现代化和实现资源共享的重要标志。教师的水平决定教育的质量，华文师资培养的学历化对华文教育未来发展起着举足轻重的作用。随着教育需求的增加，对华文师资的要求不再仅限于"会中文"这个最低要求，华文教师应接受完整系统、有计划、专业的学历教育，包括语言学和教育学链接的复合型学历培训，同时要具备可以跟上教育资源共享和现代化发展步伐的能力。② 此外，办学模式合作化是海外华文教育融合于当地的一个重要途径，与当地社团和学校的多边合作可以更容易地接触华文工作者，并且方便他们学习华文，为他们带来效果更好的教育。③

1.3 海外华文教育面临的阻碍因素

尽管海外华文教育目前在政府和社会力量的推动下发展迅速，越发壮大，但仍然面临着一些困难和挑战。第一，对于新生代华裔来说，他们对于中华文化认同感的淡化会使华文教学受到一定的影响。除了新移民以外，海外华人更多是第二、第三代土生华裔，因为受到当地文化的影响，对祖籍国没有太多感性的认识。欧美新生代即使国籍上已经是本地人，但是由于历史原因，他们会感到自己被社会边缘化，从而迫切地希望融入主流社会，以致越来越游离出华文教育圈。④ 即使入读华文学校，多数也是因为家长的意愿而被动学习，对于他们来说，中文已经不是他们的第一语言，他们可能会因为中文学习过程中遇到的困难和语言缺乏实用性而失去学习的兴趣。因此，华文教学对于师资的要求越来越高，教师需要在教学方法上做更多的思考和研究，做到因材施教和寓教于乐，才有机会从根本上吸引学生的注意力，把华文教育延伸到新生代的华族后裔身上。

第二，海外华文教学缺乏合适的本土华文教材。目前一般有两大类华文教材：一是由中国大陆、中国香港、中国台湾以及新加坡等地出版的教科书；二是由当地华文机构或华文教师自己改编或编写的华文教材。在教科书选用上，老校一般选用繁体和注音符号的中国台湾版本，而中国大陆新移民办的华文学校则使用简体和拼音版本授课，此外许多海外华语读物习惯使用繁体中文，而粤语方言也是同时并进的交际方式，导致现在海外华文教育发展处于一个相对不统一的语言文字环境之下。对于当地

---

① 唐燕儿．论海外华文教育的发展及其趋向［J］．高等教育研究，2009（6）：104－110.

② 李铁范．海外华文教育的现状、趋势和对策思考［J］．中国高教研究，2006（5）：86－90.

③ 唐燕儿．论海外华文教育的发展及其趋向［J］．高等教育研究，2009（6）：104－110.

④ 孙浩良．海外华文教育［M］．上海：上海人民出版社，2007.

华文机构和教师自己改编和编写的华文教材，虽然某种程度上可以针对不同学生的学习程度和兴趣做到有所区别，但是难以保证其教学质量，也缺乏教学统一性。[①] 这个现状将会促进教材编写的本地化，在同一或相似地区编写统一的教材可以适应当地学生的学习习惯、文化特点和兴趣等。自编、合编和委编是现今编写本地化教材的主要模式，这个过程有利于国家或地区的华文教学教材相对统一。[②]

第三，师资力量不稳定与办学经费不足也给现今海外华文教育的发展带来了一定的阻力。受过系统的相关复合型教育的华文教师才能为华文教育的创新和发展带来生机，优秀师资力量的短缺和不稳定难以保证教学质量。[③] 在英国，许多华文教师均为留学生或在英华侨，前者学历水平较高但工作不稳定，流动性较大且大部分教师缺乏经验；后者虽就职相对较稳定，但学历和背景参差不齐，这对华文教育机构管理者来说无疑是不小的考验。这些背景不同、形形色色的人员可能只受过一些基础入职培训就马上进入课堂，充当华文教育者，这样的师资队伍对于保证教学质量来说是一个极大的挑战。[④] 此外，许多华文学校办学只收取较低的费用，或是以非盈利和社区福利形式提供教育，资金的短缺使师资质量下降，同时不能稳定地在教学材料和设备上保证质量。[⑤] 华文教育未来的总体发展需要做到专业、事业、产业一体化。[⑥] 华文教育的稳定发展需要以一定的资金作为基础和支持，适当提高华文学习的收费并通过多渠道筹集资金。

2 英国儿童精神分析与华文学习的联系

儿童精神分析，又称精神分析幼儿发展心理学，是以儿童为研究对象的精神分析理论与技术。该学科是对弗洛伊德以成人为研究对象的精神分析理论与技术实践的发展延伸，其奠基人为安娜·弗洛伊德（Anna Freud，1895—1982 年）和梅兰妮·克莱恩（Melaine Klein，1882—1960 年）。在当今英国盛行的精神分析主要流派中，英国客体关系学派的主要思想在教育中运用十分广泛。其中几个重要的儿童精神分析学家（如安娜·弗洛伊德、梅兰妮·克莱恩、唐纳德·温尼科特）基于丰富的理论积累与临床实践，提出了许多影响深远并具有指导意义的精神分析概念，引发了大量的相关研究，并在教育、法律与儿科学等领域得到实践和应用。华文教育升级转型研究应与国际接轨，这恰与英国当地的教育理念不相违背。英国儿童精神分析思想应进入华文

① 黄磊．澳大利亚华文教育之现状［J］．暨南大学华文学院学报，2003（4）：8－12.
② 刘华，程浩兵．近来海外华文教育发展的现状、问题及趋势［J］．东南亚研究，2014（2）：82－85.
③ 王传玲，洪明．英国华文教育现状与制约因素分析［J］．八桂侨刊，2012（1）：15－17.
④ 耿红卫．英国华文教育的历史与现状研究［J］．海外华文教育，2013（1）：104－106.
⑤ 王传玲，洪明．英国华文教育现状与制约因素分析［J］．八桂侨刊，2012（1）：15－17.
⑥ 刘华，程浩兵．近来海外华文教育发展的现状、问题及趋势［J］．东南亚研究，2014（2）：82－85.

教育工作者的视野，这不仅将扩展华文教育的研究领域，推动华文教育的可持续发展；而且将促进中英儿童心理学的理论发展与教育理念交流，造福两国儿童。

综上所述，笔者认为：我们依然缺乏以宏观角度与国际视野研究华文教育升级转型的问题、发展趋势以及应对策略。充足的文献资料给笔者提供了华文教育升级转型研究的方向与内容。本文基于现有的文献资料，从西方精神分析心理学的理论基础出发，引入著名英国儿童精神分析师唐纳德·温尼科特（Donald Winnicott，1896—1971年）的一些精神分析思想，如促进性环境、过渡现象、创造性理论，与语言发展（华文学习）联系起来，就英国华文教育目前存在的几类问题进行调查研究。

本研究以定性资料为主要研究方式，这一类资料包括文献、面谈、实地观察、个人案例研究，其中文献资料与实地观察为本研究的主要依据。同时镶嵌定量资料，采用部分问卷调查以了解华文教育的学生群体学习汉语的主要目的、对华文教育现状的看法与态度等。

2.1 研究方法

2.1.1 文献综述

本研究的基础研究方法是收集大量现有的关于华文教育发展面临的问题、趋向、对策的讨论研究资料，并对其进行整理及分析，目的不仅在于全方位掌握现有的研究成果概况，更重要的是通过分析大量的相关文献资料，为本研究的框架设计提供丰富的理论基础与开阔的思路。

2.1.2 实地考察

主要运用于研究者对英国华文教育课堂的实地考察，了解英国华文教育工作者的课堂教学模式、教学大纲、学生课堂学习效果以及接受海外华文教育的学生家长的反馈。因此，实地考察中所得的记录信息和材料在经进一步整理总结后，可以为本研究提供全面的华文教育现状概况。

2.1.3 问卷调查

问卷调查是定量研究中一种常见的研究方法，它可以有效地搜集关于研究对象的客观事实信息。本文针对英国伦敦地区对华文教育感兴趣的家长促使子女学习华文的动机进行了问卷调查。笔者希望通过对学习动机的调查，了解华文教育面对学生群体日益变化的需求应做出的转型升级，同时找出西方精神分析理论与促进华文教育转型升级的关联性。调查采取了课堂派发、线上填写等形式，最终共获取了39份样本。问卷由三部分组成，皆以封闭式问题提问。第一部分搜集受访者孩子的个人资料，包括年龄、性别、国籍；第二部分由六个问题组成，如搜集家长期望学生学习的华文文化课程类型，学生相关的学习历史记录和可用的学习时间等；第三部分由五个问题组成，搜集家长促使学生学习华文以及华文文化相关课程的动机及期望的学习成果等。问卷被翻译成简体中文及英文两种版本，以方便数据的采集。调查对象为伦敦地区所有对华文教育以及华文文化课程感兴趣的学习者和学习者家长。

对于问卷的信度分析，基于调查学习者及学习者家长对华文学习的动机、需求和看法，本研究预采用SPSS16.0两个项目的信度值Cronbach Alpha。由于样本量较小，无法确保调查问卷内部一致性的高新度，因而难以表明该问卷的稳定性及可靠性。

2.2 研究结果

2.2.1 华文教育转型升级的阻碍因素

调查发现，大部分英国当地华文学校（规模及办学时长各异）的华文教育工作者缺乏教师管理经验及专业教师培训，华文教师对教学模式、课堂管理等与教育相关的信息感到陌生，专业性不强。笔者在征求有关教师以及相关学生家长同意后，做了多次详细的课堂观察：

今天是C老师的第一堂课。八位学生分组坐在两张圆桌旁边，迎接本学期第二位新来的华文老师。C老师介绍了自己，并耐心询问每一位学生的名字以及年龄。一些学生可以自信地用中文介绍自己；有两位学生因为刚接触新老师而感到恐惧，大哭了起来。助教将情绪失控的两位学生带到教室的另外一头进行安慰。C老师接着耐心地介绍课堂规则：“大眼睛看老师，小手要放好，小嘴巴要闭好……”越来越多的学生因为对这些长长的中文句子感到困惑，慢慢地失去兴趣，并开始与同伴交头接耳。可能是C老师希望完成课堂进度，就与几位华文听力基础较好的学生建立起关系。课堂似乎变得与几位失去兴趣的学生无关。C老师给每一位学生分发白纸，邀请他们与她一起画画。学生们有的画了自己的爸爸妈妈，有的画了鲨鱼，有的直接画了C老师。接着C老师耐心地引入本课的学习重点——对五官的学习。“鲨鱼的眼睛在哪里？老师的嘴巴在哪里？”课堂又变得活跃了一些。学生们高兴地在自己的画上指出老师所说的每一个身体部位。（课堂观察，2014年11月）

“这是筷子，说筷子！”D老师盘坐在一张粉红色的毯子上，正给四位不到三岁的学生与他们的家长展示一些餐具的图片，并重复餐具的中文名字。学生与家长们似乎没有被这些精心制作的图片所吸引，有的学生抓起图片放进嘴巴里咀嚼；有两位学生想从母亲的怀抱中挣扎出来，去探索教室里其他各式各样的玩具。D老师跟着音乐手舞足蹈地演示着每一种餐具的使用方法，学生们似乎被动听的音乐声所吸引，小身体也跟着摇晃了起来，但是家长们对于复杂的歌词却显得一头雾水。课堂又陷入了一片尴尬，D老师的脸也红了起来。（课堂观察，2014年6月）

通过以上的课堂观察，可以看到华文教育工作者的教学专业性与华文课堂的教学效果有着密不可分的联系，优秀华文工作团队的建设是华文教育正面临的一个最大也是最棘手的挑战。2014年6月至2015年10月，通过对英国当地30位华文教育工作者的访谈，以及50多次课堂观察，笔者采用文本分析研究法（content analysis）整合梳理了以下几个阻碍华文教育转型升级的因素，分别为在英华文教师年轻化、教师教育专业背景缺乏、英国系统性强的本土化华文教材稀缺及华文水平评估系统不完善等。

2.2.1.1　在英华文教育工作者年轻化、流动性大

与之前学者的调查文献资料相符，在英华文教育工作者团队大部分是由英国当地留学生、游学生以及老华侨组成。一些资质较老的老华侨教师凭借多年的教学经验，逐渐研究出了一套自己的教学方式方法。而团队中更常见的现象是华文教师年轻化，欠缺教学经验以及相关的教师培训。通过实地考察和与华文教师访谈，笔者发现有27位华文教师为英国留学生或者游学生，年龄区间在22周岁到30周岁。由于这些华文教师年龄较轻，在学生情绪管理以及课堂管理方面都显得经验不足，在课堂上对于学生不遵守纪律、情绪失控以及学术疑问等显得束手无策，不知如何应对。这会间接造成家长对教师教学工作的不信任，从而无法共同帮助学生提高华文水平。同时，由于这些华文教师的在英学生身份，他们无法长期坚守工作岗位，这导致华文教师流动性很大，学生与教师无法建立起良好且可依赖的师生关系。换言之，很多学生需要不停适应新的华文教师和其教学模式，这严重影响学生的华文学习质量，降低学生学习华文的兴趣，以至于阻碍学生持续性地学习华文。

2.2.1.2　在英华文教育工作者专业性不足

笔者在实地考察与访谈中也发现，英国当地大部分华文教育工作者的专业背景非常多样，比如有旅游酒店管理类、工程类、经济类等，而具有教育心理发展类以及华文教育类专业背景的教师少之又少。这些非专业出身的教师对于教学工作不熟悉，对于不同年龄段学生的接受能力没有明确的概念，难以合理地安排课程大纲；课堂管理效果差，通常表现为没有全面地顾及每个学生的学习情况，难以管理一些不专心的学生，课堂教学效率不高。前面两个问题（教师有效地管理课堂，并且合理设计教学内容引起学生的兴趣）没有得到解决就有可能导致学生学习效率降低，教学效果差。而这些问题会使家长经常抱怨学生在华文学习方面没有显著的进步。

2.2.1.3　英国系统性强的本土化教材资源缺乏

受访的25位华文教育工作者都提到工作展开的难点在于没有适合英国本土的华文教材作为教学基础。因为各类华文学校所选用的华文教材多种多样，无法很好地迎合所有学生的学习需求及其学习能力。多数教师都曾参与设计自己所带班级的华文教学大纲，因此，同等级别的班级其教学大纲呈现多样化，而这直接导致教师无法及时掌握学生的华文学习历史记录，学生会对学习内容感到十分陌生，或感觉自己在反复学习过往的知识。实地考察发现，英国华文教育的常见模式是以年龄分班形式进行，即一名主教师（或增加一名教师助理）对4～15岁的学生群体展开的讲授形式。华文学校一般租赁已经被英国当地OFSTED（Office for Standards in Education，Children's Services and Skills）机构审查并通过认证的一些幼儿园、小学、中学的课室作为上课

地点。教学模式主要以教师授课为主。教师会利用教室里已有的资源（smart board、白板、平板电脑等）引入新知识，学生则根据教师的指示给予回应，课堂互动较少。

2.2.1.4　华文学习评估系统不完善

绝大多数教师都提及阻碍华文教育成功升级转型的一个突出因素为缺乏一套完整统一的教学评估系统，学生们无法评估自己的华文水平，从而难以对华文学习产生自信；家长也无法及时了解子女的华文学习状况，对其给予鼓励与支持。

英国的华文学校很少采取由中国国家汉办组织的 HSK（Hanyu Shuiping Kaoshi）或者 YCT（Youth Chiness Test）考试作为学生华文水平的评估系统，取而代之的是华文教师根据自己教学大纲所设计的期末测评，或采用英国三大颁证机构之一 AQA（The Assessment and Qualifications Alliance）——英国资格评估与认证联合会（由英国联合考试局 The Associated Examining Board 和英国北方考试评估委员会 The Northern Examinations and Assessment Board 于 2000 年 4 月合并而成）所组织的华文水平等级考试来评估。这类华文水平测试颇受家长与学生欢迎，因为 AQA 的考试大纲与英国当地的升学考试 GCSE（General Certificate of Secondary Education）相关，AQA 华文考试的成绩也可以作为升学考试中的一门可接受评估的外语课程成绩。从访谈结果来看，有 28 位教师表示对 AQA 机构下的华文考试大纲并不十分了解，因缺少相关的课程培训，他们也无法在此评估系统下展开对学生华文学习成果的测评工作。

2.2.2　问卷调查结果

样本主要来自英国伦敦东部、西部以及北部。样本回收率为 39%，调查样本容量为 39 人。调查对象性别方面，女性学生人数为 21 人，占样本容量约 53.85%；男性学生样本为 18 人，占总体约 46.15%。学生总体样本年龄范围在 1 ~ 14 岁，总体平均年龄为 5.1 岁，其中女性样本平均年龄为 5.9 岁，男性样本平均年龄为 4.1 岁。调查样本中，中国大陆及港澳台地区华裔有 14 人，占总体样本 35.90%；非大陆及港澳台地区华裔有 5 人，占总体的 12.82%；具有至少一方华裔血统的被调查者有 16 人，占 41.03%；还有 4 人无华裔血统，占总体的 10.26%。在所有样本中，其中 19 人不同程度地接触过华文学习，20 人为零基础学习者，分别占总体样本的 48.72% 和 51.28%。学生感兴趣的课程类型多样化，集中在华文语言课程、算盘课程、中国国画课程、中文戏剧课程。大部分学生家长认为子女［N（人数）=20，P（占比）=51.28%］学习汉语的目的是为了了解汉语和中国文化；一部分家长认为子女来到华文课堂是为了丰富课堂生活和开发智力（N=15，P=38.46%）；一部分家长希望子女可以通过国际中文水平考试获得中文资格证书（N=22，P=56.41%）；也有一部分是为了让子女日后具有更高水平的中文交流能力打好基础（N=18，P=46.15%）。

2.3 相关对策

就以上华文教育转型升级的阻碍因素，笔者提出以下二合一的相关对策：从宏观角度出发，在政策支持并且能够推动华文教育发展前提下，中英双方政府紧密合作；从微观角度出发，提升各类华文教育的教师资质，从而促进学生华文学习的持久性。

2.3.1 依靠政府的宏观支持

英方政府应宏观支持华文教育的展开，鼓励在英华人参与华文课程。教育当局应提倡并完善华文在正规教育系统中可被选作外语课程的议案，这不仅可以培养国际化全面发展人才，更能提高国际竞争力，加强全民对外优势。中方华文教育机构必须积极配合并协助培养、输送优秀华文教师，开发出一套统一规范的华文教师资质证明，同时应积极鼓励并支持海外华文教育工作者展开其教学工作。在教材制定方面，积极借鉴优秀海外华文教育工作者和华文教育机构的学术理论以及实际经验，支持编写本土化的华文教材与完善教学成果评估系统。从宏观角度上逐渐杜绝微观层面上师资力量薄弱、稳定性低的弊端。中英双方政府应相互协调配合，积极交流并剖析两国教育存在的差异性与相似性，以其作为主要推动因素，促进华文教育成功转型。

2.3.2 掌握和运用精神分析客体关系理论

在英国华文教育中，精神分析的多种客体关系理论可以同时被使用与实践。温尼科特的客体关系理论注重给孩子们创造一个可依赖的促进性环境，只有一个“足够好的妈妈”才能创造出这样良好的促进性环境。温尼科特认为优秀的妈妈在孩子出生后，能够及时接收孩子对环境所做出的反应，解读孩子的需求，并积极做出相应的回应。孩子逐渐形成对环境的依赖与对自我个体的认知，不断发展其自身创造性，并寻求“真我”的实现。换言之，在华文教育中，每一位华文教育工作者也需要成为一位“足够好的教师”，对学生的学习情况、情绪管理积极反馈，这样学生与教师之间会形成良好且可依赖的师生关系，与家长的沟通也会变得十分有效，三者之间的信任度增强，从而改善华文学习缺乏持久性的弊端。

2.3.3 编写本土化教材

在微观层面上，撰写教学大纲是华文教育转型工作的重中之重。若仅采用中国的华文教材，将缺少与英国当地国情与风俗结合的内容，缺乏本土文化特色；反之，如果只是一味迎合英国主流文化，亦将缺少中国地方特色等相关信息。笔者建议华文教育工作者需积极参观英国课堂，与英国当地教师交流学习西方教育理念与精神分析客体关系理论，熟悉英国当地学生的学习需求、学习模式以及学习方法，从根本上有机结合中英教育。融本土化与国际化风格于一体的优秀华文教材对于提高华文教学质量、推动华文教育升级转型有很大的作用。

2.3.4 建立完善的教学评估系统

包容性（containment）作为精神分析客体关系理论中的一个中心思想，也可以有机地结合到华文教育转型研究中。客体关系理论家认为一个优秀的妈妈可以帮助孩子消化负面情绪，并且将正面的情绪转回给孩子，孩子接收到已经处理好的情绪，将更有信心地处理之后碰到的不利状况。这种包容性不仅可以来源于母亲或者孩子的主要照顾者，也来源于其他客体（如一些成长过渡时期的物品：小熊玩具、毛毯等）。同样，华文教育中的教学评估系统可以充当包容性的角色，这将给学生们带来满足感并且能鼓励学生持续投入华文学习中。目前，由中国国家汉办组织的 HSK 与 YCT 汉语水平考试就是完善的科学化、标准化、规范化的评估系统。笔者认为，完善 AQA 这一英国本土认证机构中心所撰写的华文认证考试也将是华文教育工作的一大突破点，这会给考生们带来更大的归属感以及学习动力。

3　结语

本研究基于丰富的文献资料以及实地考察，引入定量与定性研究方法，旨在获取对英国华文教育现状更全面的研究视角。本文探讨了阻碍华文教育转型升级的因素，并引入西方精神分析客体关系理论，提出了几项对策，希望给在英以及全球海外华文教育工作者带来一些新的启示与思考。本研究也无可避免地存在以下不足之处：定量研究的问卷调查中，问卷回收率低；教学观察中，由于部分华文教育机构拒绝参访，导致样本容量小，样本代表性有限。因此，本研究结果须被严谨地应用于解释全英华文教育现状。此外，本文从微观的华文现状分析到宏观的理论支持环节均比较薄弱，对文本分析论中各阻碍因素其内在复杂联系的阐述，也必定存在一些分析疏漏。当然，本文也奠定了笔者的后续研究方向：如精神分析客体关系理论中的个别概念对华文教育持久性的影响，以及如何将本研究提出的二合一模式运用在英国当地华文学校，并探讨其对师资、教材、教学方面所带来的影响。

【作者简介】

1. 林思思，英国伦敦大学学院硕士，伦敦安娜弗洛伊德中心研究学者，思塾中文学校创始人，主要从事西方幼儿发展心理学研究。

2. 孔彬，英国威斯敏斯特大学硕士，主要从事华文文化传播研究。

菲律宾华文教育转型升级探析[①]

赖林冬
（福建师范大学海外教育学院）

引言

菲律宾华文教育从诞生至今已经走过了100多年的历程。这一路的发展艰辛坎坷，有过辉煌，也有过挫折。在广大热爱中华文化的华人的支持和帮助下，菲律宾华文学校和华文教育才得以在错乱复杂的社会环境中逆风成长，并在探索和调适中不断进行阶段性的转型。在新旧世纪交替之际，日渐式微的菲律宾华文教育恰逢中国综合实力快速发展之机，在菲华商联总会的牵引下尝试转型升级，从中国大陆引进汉语教师志愿者到华文学校任教，后向全菲华文学校推广，取得了可喜的效果，为菲律宾的华文教育带来了新的春天。但随着2004年台湾地方当局惊呼大陆汉语教师大举登陆菲律宾后，出于意识形态的原因，中国台湾地区也紧跟其后，成批地向菲律宾华文学校派遣侨教役，让菲律宾的华文教育又一次分化转型升级。当三所孔子学院在菲律宾创设后，在国家汉办的资金、教师、教材的支持下，主流社会学校的汉语教学取得了快速发展，为华文学校在招生和"三教"（教师、教材、教法）方面带来了不利因素，直接影响了华文教育，菲律宾华文教育又面临着转型升级的问题。2012年黄岩岛事件导致当时中菲关系紧张，菲律宾政府收紧了对中国人的签证政策，致使已历经数年的赴菲华文学校汉语教师志愿者项目突然终止，为菲律宾的华文教育再次蒙上了阴影。

然而，每次在关乎华文教育存亡的关键时刻，华人社会有志之士都能挺身而出，积极探索华文教育继续向前迈进的路子，以保华人子弟能在华文教育的熏陶下成为具有"中华文化气质的菲律宾公民"。为此，从某种程度上可以这么认为，菲律宾的华文教育能持续发展至今，源于华人社会组织及华人不放弃和不断探索华文教育出路的努力，这也是菲律宾华文教育能屈能伸，在时代关键点能够自愿、主动转型升级，敢为人先的求索欲决定的。在当前中菲关系紧张的形势下，对菲律宾华文教育的转型升级进行研究，对于解决目前菲律宾华文教育存在的问题有着重要的参考意义。

---

① 本文于2015年9月提交"第二届华文教育国际学术研讨会"。

1 转型探索中的菲律宾华文教育

寻求转型是菲律宾华文教育发展历程中的一个非常重要的特性，特别是不同历史时期发生的转变是菲律宾华文教育依附和顺应时代需求向前发展的有效驱动力。菲律宾华文教育的转型主要分为被动转型和主动转型两种。

1.1 被动转型：菲律宾华文教育的无奈之举

1.1.1 政府督察华文学校

在菲律宾独立前期，菲律宾华文教育处于放任自主发展局面，官方对华文教育的发展不予干预和设置阻碍，使得菲律宾的华文教育取得了快速的发展。到了20世纪50年代中叶，南洋各地华侨教育数菲律宾最为发达。[①] 由于台湾地方当局长期把持侨校，触及菲律宾的国家利益与公民社会的建构，……菲律宾政府提出督查和监管侨校的要求，与台湾地方当局争夺侨校的主权[②]。从1955年起，菲律宾教育部私立教育局开始对华文学校进行严格的督察，排华声浪和关闭华文学校的声音使得华文教育的生存和发展受到威胁，菲律宾华文教育在政府的直接干预下被动接受转型。菲律宾政府根据《中菲督察华侨学校备忘录》，对华校实行严格管控，要求华文学校必须实行中英双重学制，规定英文课程为主要科目，其教授的课时必须要多于中文课程，且上课时间安排在上午，而中文课程则安排在下午。中文的授课时间也被压缩到中学每周900—1 000分钟，小学每周800—870分钟。[③]

政府督察华文学校政策实施几年后，华文学校的华文教育水平逐渐下滑，学生的中文水平也日渐受到影响。1961年，菲律宾教育部又规定华文学校的华文课程由原来的每天四节课压缩为每天三节，中文周课时又被人为压缩掉了270分钟。课时的压缩进一步加速了华文教育的滑坡，政府督察华文学校对华文教育的影响开始展现出来。菲律宾国民教育对英语的重视也改变了华人的思想，华文学校学生家长意识到英语才是影响子女能否升入好的大学继续深造的关键因素。为此，随着政府督察华文学校的持续，华人学生家长在对子女的教育上也偏重于英文课程，华文教育的接受程度在主观认识上开始次要化。如从1967年禁止增办华文学校起，华文学校中文部注册学生数平均每年减少约10%，而英文部注册学生数则平均每年增加50%，许多原来同时注册中英文部的学生放弃了中文部[④]。

1.1.2 政府菲化华文学校，转型使菲律宾华文教育陷入式微阶段

菲化华文学校是菲律宾政府历史上干预华文教育影响最深的一次，目的就是为了

---

① 陈烈甫．菲律宾华侨教育［M］．台北：正中书局，1958．

② 杨静林．中菲关系的华人因素及菲华人社会的转型［J］．暨南学报（哲学社会科学版），2014（5）．

③ 王燕燕．台湾在菲律宾发展华文教育述论［J］．台湾研究集刊，1998（3）．

④ 萧曦清．中菲外交关系史［M］．台北：正中书局，1995：709．

菲化华人，同化中华文化，本质上是菲律宾政府督察华文学校政策的延续。由于华人被认为是文化上不能同化的少数民族①，华文学校属于华人私立学校，华人的教育与中国人同步却与菲人脱节，使得华人的同化工作难以进行。为了确保菲律宾出生的孩子都可以被纳入菲律宾社会的洪流，菲化华文学校的议案纷纷被提到修宪大会的议程上。1973年4月16日，马科斯总统签署了第176号有关华文学校菲化的总统令，从所有权、行政及管理、专为外侨设置学校和外侨学生的注册等四个方面对华文学校进行了菲化规定。

菲化华文学校是菲律宾政府督察华文学校的升级，是将华文学校的教学和管理体制转型至与菲人学校一致的一次政府干预行为。为了让华文学校继续生存下去，华文学校在被动接受转型后，变为更加主动地菲化华文学校：唱菲国歌、升降菲国旗、用菲人编写的书籍、说菲语、教室里悬挂菲伟人照片等。此外，根据教育部菲化的相关规定，撤换了非菲人的华文学校校长和教职人员。1976年，全菲的华文学校菲化完毕，课程被大量删减，侨校被纳入国民教育体系②。学校授课语言为英语和菲语，每天最多只能讲授一个小时的华文③，其他的华文课程全部被取消。华文学校菲化政策有效地同化了华人、弱化了中华文化的传承性，使广大华人子女在教育学习、生活习惯、言行作风方面与菲人一致。同时，这为华文教育在菲律宾的日渐式微播下了种子，为后续二十多年的华文教育套上了闭锁的紧箍咒，使得华文学校的华文教师缺乏新鲜血液，华文教学法陈旧不变，华文学校改革失去动力，并全面进入式微阶段。

1.2 主动转型：菲律宾华文教育的自我救赎

随着时代的发展和时间的推移，菲律宾华文教育在经历被动转型后的一段时间里适应着政府督察的节奏，按部就班，毫无突破，这使得华文学校华文教学的方法、理念失去活力，教学效果差，华文教育已经到了不改革、不转型就没有出路的境地。特别是到了20世纪90年代，中国的改革开放和经济发展已经取得了令世界瞩目的成就，国家的综合国力显著提升，汉语在国际上的地位也日益凸显。这为海外华文教育的发展和改革提供了前进的原动力，也使菲律宾华文教育在历史关键点迈向自我主动转型升级、自我救赎的重要阶段。

1.2.1 二语教育改革，转型使菲律宾华文教育进入复活阶段

在华文学校菲化后的近二十年里，菲律宾华文教育的改革几乎是一段空白的历史④，整个华文教育弥漫在得过且过的氛围下，毫无活力可言。20世纪90年代初，菲律宾华文教育已经陷入衰微局面，根据菲律宾华人社会结构和整体环境的变化，以及

---

① ANTONIO I. Trend and issues in Philippine education [M]. Quezon City: Alemar Publishers, 1968: p. 214.

② 李定国．对东南亚地区华文教育发展道路几个问题的思考［J］．华侨华人历史研究，1996（2）．

③ 萧曦清．中菲外交关系史［M］．台北：正中书局，1995：716．

④ 颜长城．菲律宾华文教育的过去和现在［J］．华侨华人历史研究，1996（2）．

教学对象的改变，部分热心于华文教育的华人开始奔走呼吁华文教育也需要作出改变，并提出了华文教育改革的方案。在庄长泰、张文炳、陈本显等人的热心支持和慷慨资助下，菲律宾华文教育研究中心（华教中心）于1991年5月24日在马尼拉正式成立，旨在服务和促进菲律宾华文教育的发展。

忽略了华语教学的主要目的是培养学生的华语交际能力，是目前华校华语教学成绩每况愈下的一个主要原因①。华教中心成立后，随即明确提出了菲律宾的华文教育必须转型。根据本地华文教育的实际情况，只有重新设置和安排教育课程才能与世界华文教育主流接轨。特别提出菲律宾的华文教育不再是第一语言教学，而应该实行第二语言教学的改革思路，指明菲律宾华文教育的发展方向，是菲律宾华文教育自我转型最重要的成果。1992年4月20日，作为华教中心下属单位的菲律宾华语教师协会正式成立。发展至今，其会员学校达112所②，基本覆盖了全菲各地的华文学校。华教中心成立后，积极邀请中国著名语言教学专家赴菲讲学，组织教师出国培训，提高教师学历水平，编写新华语教材，改革课堂教学，并以华语教师协会为面，以点到面辐射全菲推广二语教学经验。经过多年的努力，菲律宾的华文教育第二语言教学化已经定型，华文二语教育也已成功转型，菲律宾华文教育重新进入复苏阶段。

1.2.2 汉语教师志愿者的引入，使菲律宾华文教育转型进入鲜活阶段

进入20世纪后，高速发展的中国经济为全球汉语热的兴起提供了动力，直接为海外华文教育的发展注入了强心剂。而在菲律宾的华文教育风风火火推行第二语言教学改革之际，菲律宾的华商看到了中国的巨大商机，掌握好汉语便可掌握更多商机这一想法已经深入人心，华人由此改变了以往对华文不够重视的思想，特别是对子女的华文学习另眼看待。作为菲律宾华人社会最高领导机构的菲华商联总会（商总），发展华文教育的功能也在此阶段建立和强化起来。特别是自2003年起，商总与福建师范大学合作，从中国聘请汉语教师志愿者到菲律宾华文学校任教，为菲律宾华文教育带来了一股春风，在菲律宾华文教育历史上画上了浓重的一笔。汉语教师志愿者也多是具备高素质、高学历的中国大学生，这不仅为菲律宾的华文教育带来了崭新的教学方法和理念，也打破了华文学校师资长期以老年人为主的局面，受到了华人学生的喜爱，“他们以扎实的专业基础知识和全新的教育教学理念，成为各华校改革的急先锋”③。赴菲汉语教师志愿者深得华文学校的赞誉和肯定，赢得了菲华社会的青睐。后来该合作项目被纳入国家汉办“国际汉语教师志愿者计划”，成为中国官方汉语国际推广的一个重大项目。赴菲汉语教师志愿者项目的实施，是菲律宾华人社会主动参与策划、组织和领导的一次华文教育史上的重要转型，是华文教育在趋向转好的关键阶

---

① 周聿娥．新马菲泰华文教育的重新定位［J］．华侨华人历史研究，1994（3）．

② 菲律宾华文教育研究中心官网，http://www.pcerc.org/Others/Introdu/Introdu.htm.

③ 廖新玲．东南亚华文教育发展现状及趋势研究［J］．八桂侨刊，2009（1）．

段的又一次大跃进。中国大量年轻教师的加入，让菲律宾的华文教育在21世纪之初更加鲜活有力。

1.2.3 菲律宾华文学校更加主动积极寻求中国的扶持

因为菲律宾华文学校都是由华人社团或商会创办的私立学校，学校的发展决策权都在董事会，但是董事会换届非常频繁。受这一客观因素的影响，华文学校普遍存在着发展水平不高、教育教学质量参差不齐等问题。为加快华文学校转型升级，国务院侨务办公室自2009年起启动了"华文教育示范学校"建设工作，在海外遴选一批办学规模较大、办学水平较高、较具影响力的华文学校予以重点支持。该政策受到了菲律宾华文学校的青睐，许多华文学校纷纷提出申请，原因不仅是可以得到资金资助；更重要的是一旦获得"华文教育示范学校"的称号，便可以在当地享有美誉，从而对招生大大有利，同时也可以得到来自中国国侨办更多的教育资源。截至2014年底，中国国侨办已经在全球遴选和建设了207所海外华文教育示范学校，其中菲律宾获批15所（见表1）。

表1 菲律宾"华文教育示范学校"名单

批次	学校	批准时间
第一批	中正学院、菲律宾侨中学院、宿务耶稣会圣心学校、描戈大同中学	2009年
第二批	中西学院、菲律宾华教中心、怡朗新华学院、三宝颜中华中学	2011年
第三批	怡省毓侨中学、罗申那同和中学暨附小、红溪礼示立人中学、怡朗华商中学、宿务中华中学、碧瑶爱国中学、仙朝峨中华中学	2013年
第四批	无	2014年

1.2.4 中国台湾地区侨教役的引入，使菲律宾华文教育转型进入分化对立阶段

台湾地方当局历来把海外华侨工作作为与大陆争取海外侨民民心的重要工作①，因此菲律宾的华文教育长期被视为台湾地方当局的重镇。出于争取海外华侨的政治目的，台湾地方当局试图借助政治、"外交"和经济等手段，积极扶持菲律宾华文教育，试图借此扩大台湾地方当局对菲律宾华人社会的政治影响，从而达到台湾地方当局主导华侨社会的目的②。在2003年中国大陆派遣首批赴菲汉语教师志愿者活动取得圆满成功后，台湾地方当局惊呼中国大陆华文教师大举登陆菲律宾③，首次发出了台湾地

① 李定国．对东南亚地区华文教育发展道路几个问题的思考［J］．华侨华人历史研究，1996（2）．

② 姜兴山．台湾当局对菲律宾华文教育的影响［J］．台湾研究集刊，2011（1）．

③ 林行健．中国华文教师大举登陆菲律宾［EB/OL］．（2005-05-25）．http：//www．epochtimes．com/gb/4/5/25/n549562．htm．

方当局须抢攻国际华文教育市场的信号。从2005年开始，菲律宾“台北经济文化办事处”侨务组结合台湾地方当局实际，开始向台湾地方当局侨务主管部门申请派遣替代役之“教育服务役”役男赴菲律宾长期驻点开展华文教学，以达到深耕华人社会的效益。2005年9月，台湾地方当局教育主管部门宣称，为配合全球汉语热，台湾地方当局将加强对外“华语文教学”。经过两年多的酝酿，2007年台湾地方当局侨务主管部门将菲律宾作为第一批海外侨校“侨教役”教学试行点。同年5月1日，台湾地方当局首批11名派赴菲律宾“侨教役”役男抵达马尼拉，标志着台湾地方当局“侨教役”方案正式确立。截至2014年，台湾地方当局已向菲律宾派遣了180名替代役。

近十年来国家汉办已经向菲律宾派遣了12批共2 279名汉语教师志愿者，为菲律宾的华文教育做出了巨大的贡献。在国家汉办和广大汉语教师志愿者的不懈努力下，菲律宾的华文教育已经开始复苏，迎来了新的发展契机。简体字和汉语拼音教学已经得到了菲华社会和华人学校的广泛接受和认可。许许多多的华文学校早已开始进行简体字和汉语拼音教学，菲律宾也出现了简体字的报纸。派遣的侨教役开始在菲律宾推行繁体字和注音符号教学，这与当前菲律宾华文教育的主流相违背，不利于菲律宾华文教育与国际汉语教育主流平稳接轨。另外，侨教役在菲律宾传播的意识形态是完全与中国大陆相违背的，目的在于利用华文学校分化菲律宾的华文教育成果。台湾地方当局侨教役的引入使菲律宾华文教育转型进入分化对立阶段。

1.3 中菲黄岩岛问题逼迫菲律宾华文教育再次寻求转型

黄岩岛事件发生之后，由于菲律宾移民局停止为汉语教师志愿者签发有效的在菲居留签证，已经派遣了11批的汉语教师志愿者项目突然于2014年中止，为菲律宾的华文教育抹上了一层厚重的阴影。特别是一些多年全部依靠汉语教师志愿者师资开展华文教学的华文学校更是措手不及，由于没有华文师资，华文课一时无法准时开课，出现了华校向其他学校借用华文教师的情况。师资是菲律宾华文教育得以延续的最根本的要素，多年来华文学校一直稳定地从中国获得师资，现在却因中菲两国发生政治矛盾而受到波及和影响，这为菲律宾华人社会和华文学校敲响了警钟，让华文教育人士意识到若不能有效解决华文师资的问题，菲律宾华文教育的发展将面临严峻的挑战。单靠外方“输血”无法稳定菲律宾华文教育师资的可持续性发展，这种不稳定性将给华文教育带来意想不到的后果，菲律宾华文教育师资从“输血”到“造血”的转型升级已迫在眉睫。

早在2004年，菲律宾华文教育研究中心就启动了华语教学师资队伍“造血计划”，争取中国有关部门和大学的大力支持，为留学生提供奖学金，菲律宾国内的侨领或华社团体帮助解决奖学金之外的其他费用，华教中心选派中学毕业的、有一定汉语基础、有志于华语教学的学生赴中国就读，学成必须返回菲律宾至少服务华校五年[①]。另外，华教中心为加快本土教师专业化培养，与暨南大学合作，于2009年启动了旨在提高菲律宾华文教师学历水平的华文教育专业函授本科学历教育。

黄岩岛事件后，鉴于汉语教师志愿者项目的中止，汉语教师志愿者签证事件让商总及华文学校更加觉得仅仅依靠“输血”不能解决华文师资的缺口问题，发展本土化华文师资才是有效解决菲律宾华文教师荒的根本之道。为了发展华文教育，在2014年商总创会60周年之际，商总拨款菲币5 000万元创设“师范留学奖学金方案”，实行“1+2+1”菲律宾本土教师培养计划，由侨中学院及中正学院共同承办，此举得到了华人社会各界的大力支持。2014年的首批40多位获奖学金的学生已分别在中正学院和侨中学院完成了第一年的学习。他们已经获得商总资助的留学中国的机票，于2015年8月底分别赴福建师范大学和泉州华侨大学进行为期两年的本科学习。2015年6月16日及7月7日，商总分别与侨中学院和中正学院举行了“全菲华文师范留学奖学金”的签约仪式，第二批师范奖学金申请正式启动。从致力于汉语教师志愿者的“输血”方案到创设师范留学奖学金的“造血”方案的转变是商总发展华文教育的功能属性成熟的表现，也是商总发展华文教育转型升级的集中表现，此举将揭开菲律宾华文教育的新篇章。这种创新性的转型符合菲律宾华文教育发展的规律。虽然仍存在不少问题和困难，但是只要坚持下去，菲律宾华文教育的师资问题将会逐步得到改善。

2 当前影响菲律宾华文教育转型的因素

影响菲律宾华文教育转型的因素既有客观因素，也有主观因素，主要表现在以下几个方面：

2.1 缺乏统一领导，华校各自为政

菲律宾现有华文教育研究中心（华教中心）和华文学校联合会（校联）两个领导华文教育的机构，这两个机构之间缺乏必要、有效的沟通与协作。另外，华文学校隶属各地区的商会或社团，只有学校董事会有权利决定本校的事务，其他组织或华文教育机构无法干预，所以华文学校都是各自为政。整个菲律宾华文教育的框架其实是散的，缺乏校际间的协同和磋商机制，从而从整体上限制和影响了华文教育的转型升级。

2.2 主流社会汉语教育扩张，外围上压缩华文教育的市场

目前，全菲共有四所孔子学院在主流社会大学推广汉语和中华文化，两所在大马尼拉地区，另外两所在中北吕宋地区。菲律宾教育部于2011年将汉语正式作为外语课程纳入基础教育体系，为菲律宾主流社会开展汉语教学提供了保障。截至2016年，全菲共有72所公立中学开设汉语课程，主流社会学校学习汉语的人数数以万计。得

① 颜长城．发展中的菲律宾华文教育［J］．教育文化论坛，2012（6）．

益于中国国家汉办的支持，孔子学院和孔子课堂的资金、师资、教材等资源大大优于华文学校，很快在菲律宾主流社会学校中扩大并得到官方的支持。特别是全菲有近200名本土汉语老师在经过孔子学院的培训后回到各地从事汉语教学，为当地的汉语教育带来了新气象。公立中学的学费便宜，英语基础教育好，开设的汉语课程费用低，有的甚至免费，对华人家庭，特别是经济收入中等偏下的华人家庭，极具吸引力。为此，越来越多的华人子弟转学到主流社会中小学，或者到孔子学院学习汉语，这进一步影响了华文学校的招生。随着孔子学院影响力的逐步扩大和孔子课堂的增多，菲律宾华文学校的招生压力将显著加大，华文教育的市场也会日益受到压缩。

2.3 商人办学具有盈利为主的局限性

菲律宾的华文学校基本都是商会或社团组织创办的，按办学目的可以分为开展留根工程、传播宗教福音、传播佛学、宣传慈善、纪念先辈、满足侨务工作需要六类。其校董事会的领导和成员都是华商，虽然他们热心华文教育，乐于出资建校办学，但多数华商的主要精力都集中在个人商业发展上，他们的学历教育水平不高，特别在教育管理上的知识更是一片空白，这样就造成了利用公司商业化的管理模式来管理华文学校，在决策上难免以过度追求盈利为目的，而忽略了华文学校的内涵建设、可持续发展和改革转型的规划。另外，董事会领导的任职也与商会或社团的任职期限一致，时间一般为两年，频繁更换领导会导致华文学校的重大发展决策因换了领导而难以继续，前任定下的规则很有可能在下任一到任便被否决。为此，菲律宾华人社会普世规则下的商人办学所特有的局限性在一定程度上会为菲律宾华文教育的转型升级带来不利因素。

3 菲律宾华文教育实现“三化”对策

2014年12月6日，第三届世界华文教育大会在北京召开。大会提出了推动华文教育转型升级，促进华文教育向标准化、正规化、专业化方向迈进的构想。“三化”的提出为海外华文教育今后的发展指明了方向。菲律宾华文教育要实现“三化”任重而道远，但是菲律宾对于华文教育改革的摸索已经有着多年的经验，有其自身的基础优势存在。要实现菲律宾华文教育的标准化、正规化、专业化，笔者提出以下几个对策供参考：

3.1 商总牵头成立“菲律宾华文教育委员会”，促使全菲华文学校正规化

在重视华语教学当地化方面，菲律宾应该是一个很好的样板①。近十几年来，以商总为首的菲华社会各种组织对华校和华文教育愈来愈重视②。商总发展华文教育的功能属性逐渐强化，在引领华文学校发展、以商养学、构建“政、经、文”三位一体

---

① 郭熙. 对海外华文教学的多样性及其对策的新思考［J］. 语言教学与研究，2013（3）.

② 黄炳辉，黄端铭. 值得思考的几个问题——漫谈菲律宾华文教育［J］. 海外华文教育，2000（2）.

的华文教育扶助体系方面得到了菲华社会的高度认可①，两大华文教育服务机构（华教中心和校联）和华文学校也都乐于服从商总的领导。商总于1998年成立了文教委员会，推动菲律宾华文教育的发展②，其在华文教育方面的领导力打破了菲律宾华文教育长期存在的“对立”局面。历任商总的理事长都被各华文教育机构和华文学校敦聘为“咨询委员”，以此构建与商总的联系并期获得更大的发展协助。菲律宾华文学校都是通过较高的学费盈利的，如马尼拉华文学校年学费差不多10 000人民币，北部和南部的华文学校年学费约6 000人民币。商总的董事、红溪礼示立人中学副董事长蔡明丰先生的立人学校规模虽小，学生只有100多人，但一年也能盈利上百万。因此，从本质上说华文学校缺的不是资金而是统一。

现如今商总作为一个能够平衡华文教育各方面力量的机构，应该因势利导、乘势而上，在发展菲律宾华文教育上站得更高、走得更远。然而目前，商总设置的文教组在协助发展华文教育方面主要还是以提供资金支持而运作，还未向责任担当方面迈进。为此，在新的历史节点上，商总应该牵头成立“菲律宾华文教育委员会”（华教委），与政府教育部门一道探讨、研究、制定和出台华文学校管理法则，以进一步整合全菲华文教育资源，从整体上使华文学校正规化，从制度上统一全菲华文学校。

3.2 各华校统一成立“华文教育师资免费培养基金”，促使全菲华文学校专业化

华文学校要实现专业化，师资的培养是重中之重。目前，菲律宾的华文学校师资匮乏不完全是因为华文教师的工资低下，而主要是因为没有一套有效培养本土华文教师的教育体系。过度依赖中国汉语教师志愿者无法解决华文教师缺乏的根本问题，要造血菲律宾的本土华文师资也并非靠商总出资、华文教育研究中心和其他华文学校派人到中国留学取经就能解决。要改变此现状，需要各地的华文学校董事会承担起责任，摒弃华文学校过分追求盈利的商业动机，在年度盈余的资金中划出一定比例用作“华文教育师资免费培养基金”，制订本校的5—10年的专业化师资免费培养规划。然后在规划内，每年在本校中遴选若干位学习成绩优秀、家庭经济困难、有志于服务华文教育的学生，并与他们签署协议，在校学习期间的学费全部免除。中学毕业后，这些学生需通过本校的“华文教育师资免费培养基金”和商总制订的“师范留学奖学金方案”赴中国留学，毕业后必须回到本校从事华文教学活动5—10年。华人在菲律宾捐资助学的同时，华文学校也有责任和义务慷慨助学。只有每个学校以实际行动切身参与华文教育师资的培养建设，才能有机会使本校脱离对外界师资扶持的依赖，才能从根本上长远解决本校的师资专业化问题。

---

① 赖林冬. 试论菲华商联总会发展华文教育的功能属性［J］. 赤峰学院学报（汉文哲学社会科学版），2012（1）.

② 沈红芳. 菲律宾的华侨华人研究现状及其思考［J］. 东南亚研究，2009（6）.

3.3 编撰适合全菲华校通用的华语新教材及建设配套资源，促使全菲华文学校标准化

编写一套适合当地需要的教材是规范化、科学化教学的前提，也是教学走向规范化、科学化的基本途径①。教材是华文教育顺利开展的根本保障，好的教材不仅能提高学生学习的积极性，还能为华文教育的教学带来便利。目前菲律宾的华文教材良莠不齐，有菲律宾自己组织编写的，有中国台湾编写的，还有中国大陆编写的，存在着繁简搭配、交错不齐的问题。有些教材编写的时间已久，内容陈旧过时，操练缺少情景设置，最新的教学理论和方法嵌入少，教学活动编排也不足以体现前沿的第二语言教学活动宗旨，特别是缺乏教材配套的 PPT 课件，没有针对性强的教学大纲②。由于文化背景不同，有的教材内容也明显缺乏针对性，难度也稍大，在实际使用中效果并不如意，影响了华文教育的推广和效果③。

整合华文学校和研究机构的资源，借鉴近年来国家汉办发行的各类汉语国际推广教材的编写经验和原则，重新编撰针对菲律宾华文学校的华文教材势在必行。新教材内容须与本土的汉语教学相结合，从华文的实用价值入手，激发友族人士对华文学习的兴趣和爱好，避免因刺激友族的感情而产生副作用④。这样既能体现菲律宾本土的元素，又能融入中华文化要素。但在中菲合办孔子学院等客观环境的改变下，新的问题亦同时显现，其中尤为突出的是学生受中国台湾教材的影响无意中又出现了政治认同问题⑤。为此，教材的重新编写需要打破大陆和台湾之间的隔阂，寻求最佳的解决方案。教材的编写可以聘请两岸的专家共同着手进行，但也不能离开在菲律宾华文教育一线工作的教师的参与。只有这样，才能编写出既有中华文化特色又兼具菲律宾本土气息、适合全菲通用的标准化华文教材。

4 结语

菲律宾华文教育由于在相当长一段时期内沿袭侨教的学校模式，因而暂时很难摆脱华侨教育模式的影响⑥。华文教育在华人主导国家经济命脉的菲律宾如一潭静水平静地延续着，如果没有改革和转型，这潭水将告别波澜，迟早在安详中枯竭。菲律宾华文学校的教学对象早已发生根本性变化，在年轻华人子弟对祖籍国感情日益淡薄的情况下，这些华人新生代对华文学校和中华文化的认同感也会产生变化，他们可能会排斥到华文学校上学，从而会给华文学校的生存带来忧患。特别是在中菲黄岩岛事件

① 余晓，方明. 新时期海外华文教育发展问题的几点思考［J］. 海外华文教育，2002（3）.
② 郭熙. 对海外华文教学的多样性及其对策的新思考［J］. 语言教学与研究，2013（3）.
③ 廖新玲. 东南亚华文教育发展现状及趋势研究［J］. 八桂侨刊，2009（1）.
④ 周聿娥. 新马菲泰华文教育的重新定位［J］. 华侨华人历史研究，1994（3）.
⑤ 沈红芳. 菲律宾的华侨华人研究现状及其思考［J］. 东南亚研究，2009（6）.
⑥ 黄耀东. 东南亚华文教育现状和出路［J］. 东南亚纵横，2001（1）.

发生后，菲律宾当局通过全方位舆论宣传，在菲民众中渲染中国“威胁”论，给华侨华人，特别是华裔新生代，带来了对祖籍国和文化认同方面的严重负面影响。在本就强烈崇拜美国的菲律宾社会，如果失去华文学校和华文教育这块唯一能够拉近与祖籍国感情认知的土壤，那么华侨华人后裔失去的不仅是学习华文的机会，还有对中国根的认识以及与祖籍国之间的情谊。

因此，促进菲律宾华文教育的转型和实现“三化”不单单是菲律宾广大热爱祖籍国人士、华侨华人和华文学校的使命，也是我国维系中菲友好关系的特殊使命。面对重新定位的华文教育，国内的华文教育机构及有关部门的政策、工作重点等也应有相应的调整①。我们很高兴地看到，中国的侨务部门和汉办在发展菲律宾华文教育的路上一直致力于出资出力。菲律宾华人社会各界和华文学校应当把握机会，紧跟时代发展的脉搏，整合各方资源，尽早实现菲律宾华文教育的统一，为华文教育的标准化、正规化、专业化的早日实现做出更新、更大的贡献。

【作者简介】

赖林冬，福建师范大学海外教育学院讲师，博士，硕士生导师，主要从事东南亚华文教育和汉语国际推广研究。

---

① 周聿娥．新马菲泰华文教育的重新定位［J］．华侨华人历史研究，1994（3）．

华文教育对接“一带一路”倡议的若干思考

杨　玲
（湖南师范大学国际汉语文化学院）

引言

2013 年 9 月和 10 月，中国国家主席习近平在出访中亚和东南亚国家期间，先后提出共建“丝绸之路经济带”和“21 世纪海上丝绸之路”的重大倡议。李克强总理在 2014、2015 年的政府工作报告中指出要推进丝绸之路经济带和 21 世纪海上丝绸之路合作建设。“一带一路”是合作发展的理念和倡议，是依靠中国与有关国家既有的双/多边机制，借助既有的、行之有效的区域合作平台，旨在借用古代“丝绸之路”的历史符号，高举和平发展的旗帜，主动地发展与沿线国家的经济合作伙伴关系，共同打造政治互信、经济融合、文化包容的利益共同体、命运共同体和责任共同体，造福沿线国家人民，促进人类文明进步事业。

建设绿色、和谐、共赢的“一带一路”，要加强沟通磋商，充分发挥多边双边、区域次区域合作机制和合作平台的作用，扩大利益契合点，谋求共同发展、共同繁荣，携手推进“一带一路”建设。

十三届全国政协委员会港澳台侨委员会副主任裘援平指出，“一带一路”不仅仅是中国之路，也是中国和周边国家的共同友好合作之路。在“一带一路”周边沿线地区，集中着 4 000 多万华侨华人，他们在当地生存发展，经过多年的艰苦打拼，拥有雄厚的经济实力、广泛的人脉联系，还有丰富的生产营销经验以及融通中外的文化优势，因此在参与推动“一带一路”建设中能发挥独特且重要的作用。

华侨华人是“一带一路”建设中的重要力量。国家海外华文媒体、中文学校、传播中华文化的机构在“一带一路”沿线分布较为广泛，可以在“一带一路”建设中参与人文交流。华文教育也可以在“一带一路”倡议中发挥自己的独特优势，积极主动与“一带一路”倡议对接。

1　华文教育与“一带一路”倡议的契合

对接的前提是要找到契合点，没有契合则无对接可言。华文教育与“一带一路”倡议存在诸多契合之处，言之主要有三：

一是目标愿景契合。根据国务院授权三部委（国家发展改革委、外交部、商务部）发布的《推动共建丝绸之路经济带和 21 世纪海上丝绸之路的愿景与行动》（以下简称《愿景与行动》）指出，加快“一带一路”建设，“有利于促进沿线各国经济繁荣与区域经济合作，加强不同文明交流互鉴，促进世界和平发展，是一项造福世界各国人民的伟大事业”。其中“文明交流互鉴”就离不开语言、文化的学习交流。裘援平主任在第三届世界华文教育大会上的报告中说：“华文教育和华文学校一直是各国民众学习汉语，了解中国的重要渠道，是中外文明交流互鉴的重要平台和中外人民友好交往的重要桥梁。”发展海外华文教育，正是促进一带一路沿线国家“文明交流互鉴”的重要路径。

二是合作重点契合。《愿景与行动》中指出，“一带一路”沿线各国的合作以五个“通”为重点，即“政策沟通、设施联通、贸易畅通、资金融通、民心相通”。华文教育契合最后一个“通”——民心相通是“一带一路”建设的社会根基和民意基础。华文教育通过语言文化软实力的影响，以及华人社团、华裔族群在主流社会的辐射作用，可为深化中外合作奠定坚实的民意基础。

三是地理区域契合。从地理上看，“一带一路”贯穿亚欧非大陆，目前涉及 65 个国家和地区，而这 65 个国家和地区正涵盖了华文教育的重点区域。“一带一路”辐射范围一方面覆盖了海外华人最集中的区域，即东盟十国；另一方面，它一头是活跃的东亚经济圈，另一头是发达的欧洲经济圈，中间的众多国家经济发展潜力巨大，沿线学习汉语和中华文化的实际人群和潜在人群数量都很庞大。

有此三点，对接便有现实基础，也有文章可做。对接的具体内涵，实际上包括两个层面：一是华文教育要为“一带一路”倡议服务，促进中国与沿线国家的人文交流；二是华文教育要抓住“一带一路”倡议的契机，实现更快更好的发展。以下笔者就如何对接，提几点不成熟的思考与建议。

2　华文教育对接“一带一路”倡议的几点建议

2.1　构建“一带一路”沿线国家华文教育协调机制，制定华教发展纲要

着眼于协调和统筹，裘援平主任在第三届世界华文教育大会上谈到未来要重点建设“两大机制”。从对接“一带一路”倡议的角度考虑，第一大机制就是要加强与“一带一路”沿线国家政府的交流机制，为沿线国家的华文教育创造良好的政策环境。第二大机制则是要构建“一带一路”沿线国家华文教育工作联席会议机制。“一带一路”沿线国家分布区域广，政治、经济、文化差异大，华文教育的发展也极不平衡。联席会议机制有利于加强各个国家的沟通与协调，统筹华文教育资源。着眼于地缘与华文教育现状，还可以鼓励联席会议机制之下各片区成立华文教育联盟。沿线 65 个国家除蒙古外可以分 5 个片区成立华文教育联盟，即东盟（10 国）、南亚（8 国）、独联体及中亚（12 国）、西亚（18 国）、中东欧（16 国）。各片区地缘接近，文化差异相对较小，华文教育共性多，成立联盟有利于各片区互学互鉴、资源共享。

“一带一路”沿线各国国情不同，政治经济体制和文化教育水平存在一定差异，各国的教育政策也不相同，尤其是各国在华文教育方面存在显著差异。在发展和推进华文教育上，我们要对“一带一路”沿线国家的教育政策，尤其是语言教育政策做到“知己知彼”，要做到裘援平主任在第三届世界华文教育大会的报告中要求的“眼前形势胸中策，缓步徐行静不哗”。

国内的相关科研机构和从事华文教育的研究单位应该广泛了解和把握“一带一路”沿线国家教育政策的发展与变化，加大对“一带一路”沿线国家教育政策的研究，尤其是对语言教育或华文教育政策的研究，例如外派老师年龄问题、华文课时问题、华文学校文凭问题，针对不同政策采取相应的对策，制定“一带一路”沿线国家华教发展纲要，为国内在“一带一路”沿线国家开展华文教育提供政策参考和智力支持。

2.2　打造“一带一路”沿线国家语言文化智库，沿线国家成立华文教育中心

目前，我们国家的国际关系研究主要集中在中国社会科学院和几所一流大学，比如北京大学是俄罗斯、东欧方向，复旦大学是西欧、北美方向，已形成一定的格局。近100所高校有国际关系专业或学科，但同质化研究过多，对周边国家特别是小语种国家关注度不够，对“一带一路”沿线国家的覆盖度不够。从研究取向来看，往往侧重于政治、经济、军事、外交的研究，而在语言政策和文化、教育、历史传统等诸多领域则存在不同程度的研究缺失，这和“一带一路”倡议要求是不相适应的。

孔子说：“不患人之不己知，患不知人也。”华文教育要在海外“讲好中国故事”，首先就是要了解听故事的受众，了解受众所处的语言文化环境。从这个意义上来讲，要推动“一带一路”沿线国家的华文教育，就需要加大力度研究相关国家的语言政策、语言教育政策、文化历史传统等。基地院校应该整合资源，凝聚力量，发挥优势，争取成为“一带一路”沿线国家语言文化研究的智库，用3—5年的时间，培育出一批真正了解“一带一路”沿线国家各方面情况的人才，创造出一批有关“一带一路”沿线国家语言、文化、教育（特别是华文教育）的科研成果，为“一带一路”沿线国家华文教育的发展提供政策依据与智力支持。

在“一带一路”倡议的影响下，中国与沿线国家的合作将会进一步深入，沿线国家的“汉语热”“中国热”也会相应升温。为帮助沿线国家加快实现华文教育的“三化”进程，为华裔和友族提供更优质的华文教育，可依托侨办系统院校、基地院校与海外华文教育机构或华文学校合作组建华文教育中心。中心的功能主要体现在四个方面：第一，面向华裔及友族，提供专业化、非盈利性的华文教育项目；第二，培训本土教师，编写本土教材，定期组织教学活动或专业竞赛，帮助所在国实现华文教育专业化、正规化；第三，协调华人社团及机构，为“一带一路”框架下的合作项目提供必要的语言、文化服务；第四，展示华文教育成果，组织人文交流活动，助推中外合作“民心相通”。华文教育中心的布点既要考虑各国华文教育的规模和现状，也要考虑“一带一路”建设的实际需要。

2.3 扩大与“一带一路”沿线国家的教育文化交流合作，拓展华文教育发展空间

2015年两会期间，政协委员周明伟指出：“中国与‘一带一路’沿线各国不仅要加强经贸合作，结为利益共同体，更重要的是加强人文交流。”从目前的“一带一路”方案来看，涉及经贸的内容非常丰富，从项目、技术、资源到资金运作等诸多方面内容都非常具体，但人文交流方面还需要进一步细化。在扩大人文交流方面，华文教育工作具有“润物无声”的天然优势。国务院侨办已经通过“请进来”“走出去”等方式做了很多富有成效的工作，可以说为“一带一路”的“民心相通”奠定了很好的基础。

在“一带一路”背景下，华文教育基地院校应抓住时代契机，发挥各自的特色与优势，努力成为加强与沿线国家人文交流的重要纽带。比如，基地院校可依托海外华校和机构，广泛开展文化交流、学术往来、合作办学等，为深化双边合作奠定坚实的民意基础。以我校为例，我们连续三年依托“中国文化海外行”活动在巴厘岛进行文化交流，得到了巴厘岛华裔及友族的一致好评。在此基础上，结合巴厘岛的市场需求，我们已与巴厘岛文桥三语学校初步达成合作办学意向，主要致力于为巴厘岛培养精通汉语的旅游及酒店管理人才。“一带一路”背景下的合作办学，既要发挥高校的特色和优势，也要考虑沿线国家和地区的实际需求。

国内华文教育主管部门和相关院校要通过走访和调研，深入“一带一路”沿线国家的华教一线，充分了解各国华文教育发展存在的问题，尤其是制约华文教育健康平稳发展的主要问题，如传统的“三教”——教材、教师、教法，华文学校的兴办和建设、华校和华社的关系、华校学生升学深造等问题。

例如国侨办正在开展的海外华文学校统计的工作，就要大致弄清楚“一带一路”沿线国家目前的华校数量、教师数量。只有这样，我们才能够了解华文学校、华文教师的需求量有多大，当地华侨华人能自行解决多少，需要中国支援的又是多少。

弄清楚“一带一路”沿线国家华文教育的现状对下一步开展华文教育帮扶支援工作意义重大，对现实情况了然于胸，才可以有的放矢，精准帮扶，进一步拓展各国华文教育发展空间。

2.4 采取华教帮扶措施，推动“一带一路”沿线国家华文教育持续发展

华侨华人对华文教育十分重视，各国华侨华人在开展华文教育工作方面因地制宜，探索出了符合当地华文教育发展的具体模式。一方面，我们在推动“一带一路”沿线国家华文教育发展的同时要充分依靠和利用当地这些已有的华文教育模式和成果；另一方面，我们要积极主动地采取措施帮扶华文教育。

研究显示，青少年时期是语言学习的重要时期。目前的“寻根之旅”“中华文化大乐园”等活动受到广泛赞誉，颇具影响力，这些活动大多面向华裔青少年。然而在我们的华文学校中，除了华裔子弟，还有一些友族子弟也在学习中文和中国文化，那

么是否可以举办既面向华裔青少年也吸纳友族青少年参与的“中国文化游学”活动?如果可以，具体的人选可由中国驻所在国大使馆或者当地华文教育机构通过相关活动选拔推荐，进一步扩大华文教育的受益面，让华裔和友族青少年在华文教育的大家庭中共同成长。

目前对华裔儿童华语学习的特点及汉字、语音、语法方面的研究还较少，且有关华裔青少年的华语学习研究成果也不够系统和完善，这说明研究者和教育者对海外华裔青少年学习华文的一些基本规律和特殊情况并不是十分清楚。那么通过对海外华裔儿童和青少年华语学习的情况进行全面深入的研究，能够为华文教学提供科学指导和支持，提高教学效率。

采用新技术、新手段，开发民众乐于接受的华文学习平台。利用移动互联技术开设华文教育和中华文化的慕课，这种开放的网络在线课程可以让全球的华文学习者随时随地学习华文和中国文化。

此外，基于华文学习者的年龄特征，还可拍摄一些兼具艺术性和文化性的华文动漫，开发中国与各国交流的网络游戏，寓教于乐，增加华文学习的趣味性。

3 结语

中国与“一带一路”沿线国家有着悠久的交往历史，既有经济贸易的往来，也有思想文化的交流。这些国家同时也是华侨华人分布较为集中的地区，在沿线国家统筹和规划华文教育与“一带一路”进行战略对接，能够有效推进沿线国家的华文教育发展，同时也必将推动中国与沿线国家在思想文化与科技教育方面的交流与合作。“国之交在于民相亲，民相亲在于心相通”，在“一带一路”沿线国家积极发展华文教育，将为中国与沿线各国的民心相通搭建语言文化沟通的桥梁，为“一带一路”倡议构想的实施做出积极重要贡献。

参考文献

［1］裘援平. 发展华文教育振兴华文学校［R］. 第三届世界华文教育大会主题报告，2014.

［2］推动共建丝绸之路经济带和21世纪海上丝绸之路的愿景与行动［EB/OL］.（2015－03－28）. http://world. people. com. cn/n/2015/0328/c1002－26764633. html.

【作者简介】

杨玲，湖南师范大学国际汉语文化学院院长，副教授，主要研究领域为华文教育、汉语国际教育。

全球化下的语言发展趋势探索

——以全球中英文大热为例

曹瑞冬

（南京农业大学工学院）

1　全球化下的语言发展概述

1.1　全球语言概述

语言是承载着人类历史和文化的轴心力量。语言的存在填补了人类交际的漏洞，它是人类智慧的结晶。

语言自人类诞生起经过无数的创造与发展才形成了如今百花齐放的局面。它的发展融于人民的社会生活中，也凝聚于文化和经济往来间。英语、汉语、韩语、日语、俄语、法语等各色语言构建了世界语言之林，而中国五十六个民族的语言也是其民族特色的彰显。

由于语言具有承载与构建文化、标记国家与民族的社会文化功能，语言战略对国家十分重要。我国尊重世界各国和各民族语言，也通过对普通话的推广与普及确立了中国语言的地位。这一切语言政策最有力地体现在语言教育上。全球各国也如同中国一样将语言当作是民族复兴的桥梁，融于本国的文化竞争力中。因此，当今各国语言代表的不仅仅是本民族文化，更多的是本国包括政治、经济等要素的综合国力的体现。

自牙牙学语到接受正统的语言文化教育，在此过程中我们逐步成为祖国大家庭中的重要成员，也成为地球村 70 亿人口中的重要成员。世界各国语言体现了各个国家和民族的特色文化，其相互交融更代表着人类沿着和平与发展的道路迈向美好未来的愿景。

1.2 全球化下的世界局势分析

当今世界呈现一超多强的格局，更向着多极化的世界趋势发展，而这一切都是得益于政治、经济、文化的全球化进程。

习近平提出，亚太梦想就是坚持亚太大家庭精神和命运共同体意识，顺应和平、发展、合作、共赢的时代潮流，共同致力于亚太繁荣进步；就是继续引领世界发展大势，为人类福祉做出更大贡献；就是让经济更有活力、贸易更加自由、投资更加便利、道路更加畅顺，人与人交往更加密切；就是让人民过上更加安宁、富足的生活，让孩子们成长得更好，工作得更好，生活得更好①。亚太梦想的存在是区域性的世界共同梦想，也代表着中国呼吁亚太社会和国际社会能够始终顺应和平、发展、合作、共赢的时代潮流，让这个地球进一步向着更加光明的未来行进。

当然，亚太梦想的提出也折射出中国所处的亚太地区的不稳定现状以及国际社会的动荡不安。实际上，国际社会中不公平的现象是时有存在的，一些大国打着“帮助小国”的名义任意干预他国内政。地球村和平与发展的愿望虽然美好，但始终难以突破国家和民族利益的界限。如同美国这样的超级大国为了自己国家的利益，所牺牲的多是他国利益，而为了长久获得这样的利益，他们对于世界多极化趋势中的重要力量如中国、日本、俄罗斯也会采取或明或暗的打击。

在目前社会，和平与发展的梦想始终太过于理想化。要求各国都能抱着无私奉献的精神投身于地球村的建设，这几乎是不可能的。在当今世界，东西方国家和地区之间的贫困差异加深了两者冲突，西方的文化侵略也在解构东方人民的传统理念和思维模式。中国的快速发展使其无法再在国际社会中韬光养晦，而成为反华势力炮轰的对象。

1.3 全球语言发展概述

发展，在哲学上意味着新事物替代旧事物，拥有光明前途和美好前景。全球化虽然没有达到预期的成效，但至少在为人类谋福祉的事业上得到了很大的发展。语言作为各国之间交流最直接的工具，也是全球化进程的象征表现。

随着全球化的加速推进，世界各民族语言文化的交流日益广泛，其矛盾和冲突日益激烈。我们已经不能单纯地从“思想交流工具”，更不能从经典语言学家书斋里的符号系统角度出发理解语言，而是要从其承载、传承、建构特定文化的功能和机制这一角度来理解和把握其本质特征②。全球化语言发展开始于各国将其当作文化竞争力，将其置放在战略的高度上。语言战略主要由语言政策、语言教育以及语言规划等方面构成。我国正处于改革开放的经济腾飞期，外语教育领域蓬勃发展，而遍布世界各地的孔子学堂在最近几年也踏上了高速发展的道路。

语言发展既包括本国传统语言文化融入时代内涵，也涵盖了以新途径向世界展示本国语言的魅力，在全球化的背景下实现语言的国际化、全球化。纵观全球语言的发展，分布最广泛的语言是英语，拥有最大使用人口基数的则是中文。同时，一些小语种如日语、法语、西班牙语也在逐渐发展。语言正在向更高程度的全球化方向发展。

全球化语言发展的方向是形成地球语言，虽仍存在明显的民族和国家特色，但更关注于整个世界的和谐。语言是一把双刃剑，一方面促进各国人民与国际化和全球化

---

① 人民网. 习近平首次提出亚太梦想[EB/OL]. (2014-11-09). http://cpc.people.com.cn/n/2014/1109/c64094-25998889.html.

② 蔡永良. 关于我国语言战略问题的几点思考 [J]. 外语界，2011 (1).

趋势接轨，另一方面也将会产生由某些语言文化所带来的腐朽思想。

全球化语言的发展注定是一条没有终点的道路。它伴随着人类的诞生与成长历程，也终将会引领人民走向美好的明天。全球化语言发展的最主要形式是外语教育，中国人学英语和美国人学中文这样的现象已经司空见惯。我们所推崇的语言文化代表了力量，更体现了改革开放中的开放精神，而不是以语言为依托作为伤害他国的武器。

语言是要发展的，世界上很多语言就在全球化中走向了被淹没甚至绝迹的命运，同时也伴随着国家和民族在全球化运动中彻底失败。中英文和小语种的长足发展不仅是由于其国家在第二次世界大战后紧紧把握了时代的契机，更重要的是在于其国家和民族在政治、经济、文化上的全球化主要特征，而其他更多的语言则由于只局限于本国人民的交际而失去了发展的意义。

一个民族倘若在全球化进程中不正视其他民族和国家的文化，本民族文化也是很难立足的。但一个民族若不重视本民族文化的承载与传承，在全球化中会“死”得更快。

2　全球中英文大热概述

2.1　全球中英文大热的时间走势分析

中英文大热不是最近才有的现象。自从新航路开辟，世界各国开始联系成为一个整体，语言已经不再是本国特有的文化，而开始走上全球化的道路。在第二次世界大战后，人类进入了第三次信息技术革命时代，技术的革新与交通方式的便捷使世界各地的交流加强，世界一体化和全球化趋势愈加明显，中英文等各国语言迎来了发展的新机遇。

当今世界正处在大发展和大调整的变革时期，呈现出世界多极化和经济全球化的发展态势。作为一个和平发展的大国，中国承担着重要的历史使命和国际责任。英语作为全球使用最广泛的语言之一，已经成为国际交往和各国间进行文化科技交流的重要工具，也是使中国更好地了解世界、使世界更好地了解中国的主要桥梁。同时，英语对我国的社会发展、经济建设和科技进步也具有很重要的作用①。由于其自身的发展和长期以来的历史因素，英语教育一直被视为外语教育中的热门选择。随着英语在 1992 年成为中国义务教育的必修课，一系列的英语考试接踵而来，如今比较热门的英语考试是托福和雅思考试。

英语在中国的发展势头一直不错。自改革开放以来，英语能力始终是评判人才的重要标准，尤其是在 2000 年之后，拥有较高的英语学历证书者能够改变自己的命运。

---

①　全日制义务教育英语课程标准（最新修订）[EB/OL].（2012）. https://max.book118.com/html/2017/0214/91340025.shtm.

但在2010年左右，由于英语等级考试的难度降低，不少人学习英语的热情逐渐降低，更多人关注的仅是托福和雅思考试等与出国相关的问题。再加上国家鼓励国人去海外进行学习与交流，中国的一部分劳动力和知识力量便随着英语学习而流失到国外。

而中文在世界的大热趋势则是随着中国改革开放以来综合国力和国际地位的不断提升而带来的效果，如孔子学堂的建立、外国汉语班的发展。在二十世纪八九十年代，中文并未在世界上真正地流行。到了2000年，尤其在2010年以后，中文逐渐成为世界语言学习的一种流行趋势。

2000年和2010年这两个时间段，英语和中文学习趋势的反差不仅是因为中国国力逐渐强盛，更重要的是中国将传统语言文化以国学的形式展现在世界人民面前，以新形式、新途径传播语言，受到外国人民的青睐。而中国本土的英语教育一直以义务教育必修课的形式存在着，长此以往，学生只能够被动面对枯燥的英语教育，从而导致英语在中国的传播失去动力。两者间存在的重大差异体现在对语言形式的创新上，这使其产生了天差地别的效果。

2.2 全球中英文大热的空间分布分析

语言的空间分布大致上仍旧是以本国家所拥有的语种为基础分析，但在全球化的影响下，全球中英文学习的空间分布产生了重大差异。

就中国人学习英语而言，大城市与小城市的英语教育水平存在着重大的差异。大城市学生由于西化程度较高以及学习英语时间较早，其英语水平远胜于小城市学生。而且，东部地区的英语水平明显高于西部地区。这种现象是与中国东西部经济发展差异挂钩的。英语水平的差异直接影响了人们对英语学习热情的高低。我们也可以从这个现象看出，外国人的英语学习在很多时候是以追求个人发展为标准，但是在很多连生存都存在障碍的国家和地区，英语学习便是一种奢侈，更不可能“大热”。经济决定了全球化下的语言空间分布。

而全球中文大热也主要发生在欧美等发达国家。中文在外国流行的趋势是跨语言文化交流。东方人的思维建立在“集体主义”的基础上，西方人的思维则建立在“个人主义”的基础上。具体来说，东方人对人物、事物的背景环境比较敏感；西方人以个人为中心，试图让周围的事物、环境围绕个人的需求而变化。在这个基础上，东方人的行为举止趋于被动，西方人则趋于主动①。这样显著的东西方文化差异促使西方人民通过主动学习中文来完善自己，而中国人则以完成作业和任务的形式学习英语课程。

全球中英文大热在很大程度上源于人们对于外来文化的新鲜感，而更高程度的全球化运动进一步解放了人们的思想。部分国人也在向全球化靠拢的过程中逐步开始由“集体主义”转向“个人主义”，将英语学习视为实现个人人生价值的重要途径。

---

① 邢志群．国别化：对英汉语教学法——汉英对比分析［M］．北京：北京大学出版社，2011：171.

2.3 全球中英文大热的政治、经济、文化分析

在笔者看来，全球中英文大热在政治、经济、文化上的动力来源是这样分配的：经济是原动力，政治是附加力，文化是助推力。

全球化主要体现在经济、贸易上的全球化，同时，也相应地衍生出了独具特色的政治和文化交流。在经济全球化背景下，国家和民族本土的政治、经济、文化根基可能会被吸收，甚至可能被异化。

经济全球化始终是建立在不公平的社会制度上，但其是全球化的决定力量。经济全球化对于全球中英文大热的影响是一种原动力。在经济趋向于国际化和多极化的背景下，国家和民族需要及时与国际社会接轨，才能够在经济全球化中应对挑战，抓住机遇。经济全球化虽然是一把双刃剑，但至少会给本国带来较快的经济发展。只有搞活了本国经济，才能使本国人民有足够的经济实力来参与跨语言文化交流这样的发展性事业。从中国人学英语的空间分布和热情态度便能够观察到，经济发展的差距直接阻碍了语言文化交流。

而政治在全球化上的动因是一种附加作用。经济发展水平决定世界各国在世界局势中的政治地位，正是由于经济上的不平等造成了政治上的不和谐。世界虽然处于一超多强的局面，但美国始终将多极化的发展趋势视作一种威胁，一方面打压着这些新兴的力量，另一方面在寻找契机以谋求和平与发展。正是这样，改革开放以来中国国际地位的提升使越来越多的外国人深刻认识到了中国这个潜力股，也因此引发欧美发达国家中文学习大热的状况。另外，以美国为主导的某些西方国家以维护国家主权为借口，肆意破坏中国在亚太人民和世界人民心中的形象，给中华文化的推广造成了很大的消极影响。在这附加力的作用下，政策影响了人心，人心又对语言文化选择了或亲或疏的态度。

在全球化背景下，提升我国文化软实力既是全面贯彻落实十七届六中全会和十八大精神，也是进一步推动社会主义文化大发展大繁荣、推进中国特色社会主义理论体系建设、解决人民群众日益增强的物质文化需求、建设社会主义文化强国、保障我国文化安全、实现中华民族伟大复兴的迫切需要①。全球化背景下的文化目标是实现文化共同繁荣发展，但实际情况是霸权主义国家开始主导文化的流动方向，我们在提升文化软实力的同时，也伴随着传统文化的流逝。全球中英文大热作为一种文化现象，来源于各自本土文化的发展差异，我们既不能失去我们传统的语言文化——中文，也不能在全球化背景下对他国语言采取一种不闻不问的态度。可能是由于中国长期应试教育的影响，中国人在外语学习上始终是被动学习，与西方截然不同。我们应当转换思路，调整思想，认识到在全球化背景下，学好英语有可能是改变命运和实现人生价值的重要途径之一。

---

① 谢雨子．全球化背景下的“在地化”与“本土化”设计策略之变［D］．北京：中央美术学院，2014.

无论是政治、经济还是文化，都对全球中英文大热造成了一定的阻力或者动力，这是由于全球化正处于一个尚不完善和健全的发展环境中。我们所呼吁的和平与发展的社会，要求经济稳定、政治健全以及文化保护，这在全球化进程中短期内是不可能全部实现的。而未来全球化将会向哪个方向发展，暂时也不会有答案。我们所希冀的政治、经济、文化所带来的语言文化交流也将会有一条漫长的道路要走。

3 全球化下的语言发展趋势总结

全球化下的语言发展趋势可能有三种情况：

（1）本国家和民族采取有效措施保障本土语言的承载与传承，进而实现发展，但其将以拒绝外来语言文化，甚至脱离全球化社会为代价。

（2）其他国家的语言逐渐代替本国家和民族的语言，本土语言走向没落与终结。

（3）本国家和民族既能够充分保障本民族语言文化的传承与发展，又能够在全球化社会中及时跟紧时代的步伐，吸收其他国家和民族语言文化的优秀营养，从而在经济全球化中实现文化竞争力的提升。

这三种情况各自代表着全球化发展的不同趋势：第一种是拒绝全球化，是再度回到闭关锁国的状态；第二种是全盘接受全球化，但在这样的背景下，无法正视本土文化，无法保障其民族文化与国际社会接轨；而第三种文化是在接受全球化的基础上，实现本民族和其他民族文化相融的共赢。但第三种状况毕竟是一种理想状态，它可能标志着世界多极化的最终形成，那个时候的国际社会秩序将是建立在以和平共处五项原则为基础的和平与发展中。

全球化下的语言发展虽是一种文化现象，却是由经济所主导、受政治所影响的，它的发展趋势将如同全球化的发展趋势一样，变幻莫测。未来我们的地球会是怎样一番光景，这不会有明确的答案，但至少地球的未来是有可能通过人类的行为而发生改变的，我们会向着世界多极化的全球化趋势，以及本国家和民族语言文化与全球语言文化相接轨的方向迈进。

【作者简介】

曹瑞冬，南京农业大学工学院研究生，主要研究汉语国际教育等。

新形势下开展华文教育的思路
——以新西兰华文教育为例

[新西兰] 刘文影[1]　[新西兰] 陈双双[2]
(1. 暨南大学新西兰实验学校；2. 奥克兰大学)

引言

新西兰的中国移民涌入较晚，约始于十九世纪六七十年代；新西兰有规模的华文教育相较于世界其他国家起步也较晚，自二十世纪五十年代才开始兴起，并逐渐发展壮大。近些年来，随着整个国际大环境的变化和中国综合国力的不断增强，新西兰的华文教育出现了欣欣向荣的局面。华文教育现如今已走入新西兰各大中小学，甚至被纳入考试体系，学习华文的人数稳增不减。目前的新西兰华文教育发展依然以传承和宣扬中国文化为主要目的，以华文学校课后班为主要办学方式。虽然新西兰华文教育已经取得了很大的进步，但如何在新形势下维持稳定的发展局面，并有所突破和创新，是值得华文教育工作者共同思考的问题。

1　华文教育新形势

华文教育发展的新形势，以新西兰为例，主要表现在华文学习者群体和华文学习重要性两种变化上。

第一是本地学习华文主流群体的变化：从过去以老华侨子弟为主到如今新移民子弟占据主导地位。老华侨后代开始都是在新西兰接受本地教育，虽然华文听说能力很强，但受本地文化影响较深。从二十世纪九十年代末到二十一世纪中期，新西兰华文教育还基本都以中国香港和台湾的繁体中文教学为主；随着近十几年大量中国留学生学成后留居本国就业生活，每年从中国过来的移民数以万计地增长，再加上港台移民的回流，有大陆背景的新移民占据了主要地位。这些移民大多数成长在国内的教育体系下，承袭了中国文化传统，对中国文化有更多认同感。因此，这批移民对其子女的华文教育有了更高的要求和期待，对华文教育内容、方式和质量的要求也随之提高。

第二是华文学习重要性的变化：现在的华文学习已不仅仅是为了传承中国文化，增强身份的认同感；更多的是出于国际就业市场竞争需要的考虑。华文作为一门世界上使用人数最多的语言，在中国崛起的大环境下，在国际市场上占有举足轻重的地位。掌握较高的华文水平意味着在日后的职业发展道路上有更大的优势和更多的选择，比如在澳洲最大的银行 Commonwealth Bank 2013 年招入的 80 名应届毕业生雇员中，50%都有华裔背景；新西兰 ANZ 银行官网的经营战略，也以开拓亚洲市场为主，因此对有亚洲背景的雇员需求激增，毋庸置疑的是其中华裔背景的雇员占有最大比重。这种情况，激发了华人子弟以及本地外国人学习华文的热情。

2　华文教育问题及解决思路

如何在上述新形势下开拓新思维和新思路来开展华文教育显得尤为重要。结合当今新形势和目前新西兰华文教育发展所面临的问题，我们尝试提出以下发展思路：

2.1　师资上的专业化、规范化和稳定化

新西兰目前从事华文教学的专业师资水平参差不齐，体现在量和质两个方面：一方面是师资人手不够或师资老龄化；另一方面是缺乏具有专业水准的师资。很多华文学校的师资都没有经过专业的汉语教学培训，许多教师的专业甚至完全不对口。一个缺乏汉语专业知识、教学方法、教学理论的教师必然会影响学生的学习效果。另外，由于新西兰的华文学校大多是以课后补习形式开展，师资也多以兼职教师为主，流动性较大，很难保持教学的一致性与稳定性。我们认为面对师资问题，最根本的方法是要形成本地化、专业化的培训内容和体制。

目前的华文教师培训内容固然十分丰富，既有暨南大学、厦门大学、华侨大学等开办的远程学历教育、提供奖学金的学历教育，也有“走出去”的“督导”以及“请进来”的短期培训。但这些培训模式无法切实满足本地华文教师的需求，缺乏针对不同国别的文化内容培训及具体化、直观化的教学方式。我们建议最好能以国侨办丰富的资源为基础，在对华文教育问题进行充分调研的基础上，制定华文教师培训的标准大纲和建立海外各国培养基地，逐步实现华文教师执教资格的认证。例如美国的华夏中文学校自 2004 年起给一定资格的教师颁发华夏中文学校教育证书，就是在试图建立华文教师标准和资历认证。因此，多培养本土化的专业教师，尤其是高层次的“种子教师”，再让他们在所在国开展有效的师资培养和培训，可以使专业的师资力量在本地源远流长。

另外，也应在领事馆或相关机构的指导和组织下，倡导本地华文教师多交流沟通，探讨实际华文教学中出现的问题和解决方案。再者，培养一些非华裔教师也很有必要。因为华裔教师往往不了解把华语作为第二语言进行学习的（非）华裔学生在学习中所遇到的困难。培养一些非华裔教师，他们往往能更准确地理解学生在学习中遇到的困难，从而对症下药，更好地帮助他们学习汉语。

2.2　教材上的层次化、多维度化和现代化

目前我们国内为海外华文教学编写的教材基本上都是通用型的，缺乏国别和教学对象的针对性，常常难以适应当地学习者的实际需求。华文教材种类多样，但是能够适应所在国本土情况（结合所在国的社会背景、文化内容及教育理念）、满足多层次（不同年龄、不同程度）需求，尤其是针对青少年儿童的高质量的教材还是略显匮乏。因此，我们需要在了解本地华文教学现状、华文学习动机等情况的基础上，编写出更

具针对性的、本土化的、多维度的教材，以满足华文教育和教学的需要。传统的华文教材多以纸质教材为主，现在开始逐渐配合光盘和多媒体教学软件。在信息化时代下，我们可以追求更为便利的方式，比如借助先进的科技手段，以APP（应用）为平台，将教材内容注入其中，以便下载到学习者的电子终端如手机、平板电脑及手提电脑等，方便学习者随时随地进行中文学习，这样同时也可以减少目前印刷纸质书籍所付出的高额成本。

2.3 教学方式

传统华文教育的媒介语多是中文，课堂教学模式也以“老师讲学生听”为主，这样不利于华文教学的顺利开展、难以激发学生学习中文的兴趣。如今华人子弟多在本地长大，英语已成为他们的第一语言。在这种情况下，初期的华文教育应以英语为教学媒介语，即便是在后期的教学也应以英语为有效的辅助手段。为了吸引更多的人真正喜欢上学习中文、主动使用中文，我们认为应该尽可能增加趣味性的学习渠道，让学生快乐地学习。一方面应该打破传统的华文教学模式，尽量避免用传统的中国教育观念制约学生，教师应该重新定位自己在课堂教学中的角色，以游戏教学为主要手段，为学生制造一种较为轻松、自由、便于交流的学习氛围，使学生有机会充分表达自己的想法，这样才能利于学生的进步。另一方面要顺应科技发展的潮流，利用移动通信（智能手机、平板电脑等）的便利性，以及各类优质教育服务所倡导的无纸化教学方式教学。

2.4 教学目标

大多数华文学校在传承中国文化的大基调上，还缺乏具体的教学目标，这就使得华文学习显得散漫和无趣。因此华文教学者应充分了解学习者的学习动机，在教学之前尽可能地对学生的学习动机进行调查；并按学习动机分类分层次地展开教学，营造一个更为有效的学习环境。我们认为当前的华文教育在回归中国文化传统的基础上，更应该与学习者本人的职业性质紧密结合，这样才能更好地提高学习质量，华文教育才可以更良性地发展。因此，我们提倡要把华文教育水平提高到学业教育的水平。

长久以来，华文教育在传承和宣扬中国文化上功不可没，在迅速发展的新形势下，希望我们的华文教育工作者及相关机构能够携手并进，准确认识和把握好新情况，及时调整思路，共同将华文教育的发展推向高峰。

参考文献

[1] 陈若. 新西兰中小学汉语教学情况调查情况［J］. 国外汉语教学动态，2003（3）.

[2] 李嘉郁. 海外华文教师培训问题研究［J］. 世界汉语教学，2008（2）.

[3] 李天赐. 大洋洲的华文教育［J］. 八桂侨刊，1999（1）.

[4] 欧苏婧. 浅析澳大利亚和新西兰的华文教育状况及存在的问题［J］. 广西广播电视大学学报，2012（3）.

[5] 王娟. 试析新西兰华文教育的发展及特点 [J]. 黑龙江史志，2009（4）.

[6] 杨汤城口述. 广东文史资料 第84辑 新西兰华侨史 [M]. 丁身尊，整理. 广州：广东人民出版社，2001.

【作者简介】

1. 刘文影，暨南大学新西兰实验学校校长，新西兰华文教育联合会秘书长，主要研究华文教育。

2. 陈双双，新西兰鼎盛教育集团。

论孔子学院在海外华文教育中的作用

孙玉红
（中国传媒大学孔子学院办公室）

孔子学院作为世界性的汉语及中国文化推广机构，自2004年成立以来，十余年间得到了迅猛发展。海外孔子学院，主要面向海外的汉语学习者，为他们提供了解、学习汉语及中国文化的机会。截至2014年12月7日，全球126个国家（地区）共建立了475所孔子学院和851个孔子课堂。其中，亚洲32国（地区）103所，非洲29国42所，欧洲39国159所，美洲17国154所，大洋洲3国17所。孔子课堂设在65国共851个（科摩罗、缅甸、马里、突尼斯、塞舌尔、瓦努阿图只有课堂，没有学院），其中，亚洲17国79个，非洲13国18个，欧洲25国211个，美洲7国478个，大洋洲3国65个。2015年10月，国家主席习近平在英国访问期间，出席全英孔子学院和孔子课堂年会开幕式时发表讲话，对孔子学院在文化交流方面的贡献予以了肯定。

华人移居海外，已有1 000多年的历史。在2012年8月23日公布的一项题为“中国侨资企业发展年度报告2010—2011”的研究报告中显示，近二十年来，中国海外新移民呈加速递增趋势，不仅使世界各地特别是美国、加拿大、澳大利亚及欧洲、非洲等的华侨华人数量激增，而且迅速改变了当地华人社会的格局。报告指出，北美华人从1990年的200多万急增至2010年的550万，欧洲华人由数十万急增至200多万，非洲华人由数万猛增至近百万。2000年至2010年的数量增长更快，如西班牙华人从2. 8万人猛增至15万人，美国从300余万人大增至近400万人。投资移民美国的数量，2011年较2007年增长了10倍。报告说，在纽约、旧金山湾区、洛杉矶、多伦多、温哥华等地都有逾50万华人的华人聚居都会区。东南亚则形成百万华人以上的华人聚居都会区，包括新加坡、曼谷、吉隆坡、雅加达等。

许多海外华人及其后代，对于母语文化的学习一直非常重视，他们通过家庭教育、华文学校或辅导机构，寻求对中国文化及当代中国的了解和学习。而海外孔子学院这个重要的海外汉语及中国文化推广机构，在为世界各国人民提供了解中国文化的窗口的同时，也为海外华人及后代提供了解祖国文化和当今中国发展状况的窗口；不仅对各国人民产生影响，也在当地华人中产生巨大影响。习近平主席在伦敦全英孔子学院和孔子课堂年会开幕式上的讲话中曾提到：通过人文交流，中英两国文化中的精华正在对两国人民的思维方式和生活方式产生着奇妙的“化学反应”。可以说，孔子学院的汉语教育交流活动，也在全球的华人圈中产生着某种奇妙的反应，孔子学院正在对海外华文教育产生越来越重要的作用。

1 海外华文教育的大本营

国际汉语教育最早起源于华侨教育。海外华侨身在异邦，心怀祖国，他们担心自己的子弟因生在海外、长在异域而忘记自己的祖国和文化，于是便效仿国内的教育形式，开办私塾，进行祖国语言文化的教育。① 近年来，随着中国经济的崛起，使得越来越多的人把目光投向中国，对汉语及中国文化学习产生浓厚兴趣，孔子学院也应运而生。孔子学院在发展过程中，吸引了一大批专业的汉语国际教育工作者，逐渐成为权威的汉语国际教育机构，成为所在地的汉语教育核心机构，在原本分散的当地华人群体和华文教育机构中形成了强大的凝聚力。无论在汉语教育教学交流，还是文化活动互动等方面，孔子学院都越来越多地与华文教育融合，为华文教育注入了新的生机与活力。

孔子学院是设立在所在国的汉语教育机构，其工作人员由中外方人员构成，而长期工作人员以外方为主。目前许多海外孔子学院的外方工作者都是当地的华人，有的还担任了孔子学院的外方院长，如美国特洛伊大学孔子学院、荷兰格罗宁根孔子学院、日本樱美林大学孔子学院等。孔子学院像一块巨大的磁石，吸引着各国汉语爱好者，更吸引着世界各地的华人。

据笔者了解，许多海外华人与孔子学院的交流互动越来越频繁。如巴西南大河地区，相对于全球很多地区而言，算是华人数量较少的，甚至很少见到亚洲面孔。当南大河联邦大学孔子学院建立之后，当地华人欢欣鼓舞，把孔子学院当成了家，把孔子学院的中方志愿者、教师等工作人员当成了亲人。他们和子女都积极参与孔子学院的学习和活动，使孔子学院成为当地华人大本营。2014 年，孔子学院联合南大河州政府，举办了盛大的“中国周活动”，当地华人对这一活动给予了大力支持，激动地观看了精彩的京剧演出，参加了中国经济论坛、文化论坛等活动。对于巴西人而言，他们把自己当成孔子学院的主人，同时，他们又是孔子学院的学习者，通过孔子学院来了解中国文化及当代中国发展状况。

塞尔维亚诺维萨德大学（诺大）孔子学院与中塞文化交流协会、塞尔维亚华人商业联合会合作，首次走入贝尔格莱德华人社区，举办汉语/中国文化学习班。据悉，首期学习班的招生对象是 6～12 岁的在塞华人子女，诺大孔院将进一步根据学生的汉语基础，进行有针对性的分班教学，保证教学质量。

孔子学院不但为学员提供汉语学习课程，还为部分优秀学员提供了前往中国学习汉语的各种资助。许多优秀学员有机会获得孔子学院奖学金，到中国进行一学期或一

---

① 张向前，乔丽青，黄钢鞭．从华文教育看中华文化源远流长［J］．哈尔滨学院学报，2005（12）．

学年的汉语进修，还有机会到中国攻读汉语国际教育硕士、博士。这其中也不乏海外华人的后代。中国传媒大学近几年接收的奖学金获得者中，就有来自美国、波兰、德国、日本、马来西亚等地的海外华人后代（包括混血）。他们怀着比其他奖学金获得者更复杂的心情来到中国，既像是回到了母亲的怀抱，又是来到了全新的国度。在中国的学习，进一步加深了他们对母体文化的理解，同时也带动了其周围一批所在国本国人及华人学习和了解中国的热情。

如何进一步开展海外华文教育、开发教材、联络境外培养机构，将成为孔子学院面临的新课题。

2　海外华文教育师资培养基地

“师资匮乏、老化和后继乏人是东南亚各国华教界面临的基本问题，且短期内难以解决。或学历偏低，或缺乏中文和师范教育背景，或二者兼而有之，则是在职教师中比较普遍的现象”①。许多华文教师旅居海外多年，回国机会不多，对当代中国了解不够充分，其汉语口头交流的表述也难以跟上时代，汉语交流方式略显陈旧（主要是口语交流），有的甚至已不合时宜。

而孔子学院则拥有国内高校的汉语国际教育一线专任教师、汉语国际教育专业硕士志愿者等优秀师资，他们为当地华文教育注入了新的生机，同时也为当地华文教育提供了教学交流的机会。

同时，各孔子学院还开展了丰富的本土师资培训活动。如荷兰格罗宁根孔子学院自 2013 年起，连续三年开展了全荷中文教育培训活动，活动规模逐年增大，口碑越来越好，参加培训的华文学校教师越来越多，已经成为当地华文教师每年一度的交流盛会。孔子学院华文师资培训的主要内容包括汉语作为第二语言教学的方法、必要的汉语知识和文化知识、当代中国发展状况及当下汉语发展情况以及网络资源运用、教育经验交流等，通常以短期培训为主。而培训方式也日趋科学化和规范化，逐步实现了结业考核和证书颁发制度。尽管考核的内容、形式和标准不尽统一，证书的颁发也并非十分严格，但从中可以看出，海外华文教师培训的质量和效率格外受到关注，并且愈来愈多地被加以量化。更重要的是，孔子学院总部，同时也是国家汉办，其下设师资处是汉语国际教育专业教育指导委员会，其作为最权威的汉语国际教育指导机构，为汉语国际教育提供了统一的、科学的教育教学体系，使海外华文教师在各自分散的教学活动中有了核心的教学内容、方法和教学目标体系。

另外，孔子学院还提供了一些培养及资助汉语教师的项目。比如通过奖学金或是特定短期培训项目，为当地华文教师提供到中国学习的机会。

师资培养，无疑对海外华文教育具有重大意义。与华文教育接受者对华文的学习

① 李嘉郁. 海外华文教师培训问题研究［J］. 世界汉语教学，2008（2）.

兴趣、学习方法、学习效果，对中国文化的真正了解以及教师的教学水平密切相关，教师水平是华文教育质量的重要保证。因此，孔子学院在师资培养方面的贡献不容小觑。

3 海外华人文化交流空间

孔子学院的日常工作，除了汉语教学以外，另一项重要内容就是开展文化活动。打开各种搜索引擎或国家汉办官网搜索相关内容，很容易看到世界各地孔子学院丰富多彩的文化活动的开展情况。语言是文化的载体，学习语言与了解文化密不可分。文化活动是在海外了解中国文化最生动的方式。

2015 年 4 月，克罗地亚萨格勒布大学（萨大）孔子学院全体教师和志愿者来到当地规模最大的长城商贸中心及华人社区，为孩子们举办中华文化体验活动。孔子学院中方院长严立东代表学院向当地华人孩子们赠送了中文书籍、中国象棋、乒乓球拍等文化学习用品。教师和志愿者现场辅导孩子们学习书法、剪纸、中国象棋、武术、乒乓球、葫芦丝、踢毽子等中华文化传统项目。孩子们迫不及待地参与各自感兴趣的学习体验活动。他们或用毛笔一遍遍地练习写自己的中文名字，或用彩纸叠出各种小动物，整场体验活动中洋溢着孩子们的欢声笑语。克中文化基金会会长叶碎雄表示，这是克罗地亚华人社区 20 多年来第一次举行以孩子们学习中国文化为主题的活动，并且很希望萨大孔院走入华人社区的活动能够制度化。

圭亚那大学孔子学院与圭亚那国家电台 I-Radio 联合制作的电台节目——《华人专栏》，于 2015 年一经播出，便收到了当地社会各界的良好反馈。

塞浦路斯大学孔子学院于 2015 年 2 月 13 日至 16 日在塞举行了中国传统文艺节目巡演，受到了旅塞华侨华人和塞国民众的欢迎。演出包括歌曲、舞蹈和武术等中国传统艺术形式，节目丰富多彩，吸引了上千名观众前来观看。这不仅丰富了旅塞华侨华人的文化生活，对塞国民众来说这也是难得的领略中国传统文化的良机。[①]

可见，孔子学院文化活动为当地华人开辟了更广阔的中华文化学习空间，他们在这些活动中得以有机会领略母体文化的丰富内涵，还体会了身为中国人的自豪感。同时，孔院文化活动也极大地拓展了海外华人学习交流中国文化的空间。

综上三个例子可见，孔子学院在海外华文教育中正起到越来越重要的作用。而同时，如何开发以华人为对象的、专门的汉语教学方法及教材，如何将汉语教学和中文教育带到华人社区，以及如何开设专门针对华人教育的线上远程课程，也将是孔子学院未来应该进一步思考和实践的问题。

孔子学院的宗旨是传播汉语以及汉文化，让世界更好地知晓中国，让中国文化在世界文化中的地位越来越高，为世界的文化和谐做出自己的贡献。而华人是与中国有

---

① 新华网，http://news.xinhuanet.com/overseas/2015－02/19/c_127508478.htm.

着千丝万缕、无法割断的关系的特殊群体，联系好这个群体，并以之为纽带，带动更多的人真正来学习汉语、了解中国，这是一件事半功倍的事。孔子学院对华文教育的作用是值得研究并进一步在实践中探索的。

【作者简介】

孙玉红，中国传媒大学孔子学院办公室主任，主要研究汉语国际教育。

试析印尼弥勒大道对海外华文教育的促进和启示[①]

王衍军
（暨南大学华文学院）

引言

弥勒大道是源自中国台湾的一种新兴教派，系佛教的一个分支，也被称为“弥勒佛教”，崇奉弥勒佛，由王好德（号高山愚人）创立。1987 年 12 月，王好德在台湾新竹成立天恩弥勒佛院，其后在中国台湾各地乃至印度尼西亚、泰国、美国、加拿大等 20 余国家和地区均设立了分会或分院。2001 年 9 月，王好德又在台湾成立弥勒大道总会，以协调世界各地分会或分院，从而共同推动弥勒“慈”的文化与生活。目前，这一佛教支派已经“传遍 60 余国，并已于全世界 20 多国设立分会和分院”[②]。在海外传播和发展的过程中，弥勒大道积极从事慈善救济、道德教化、热爱大自然等社会公益事业，同时兴学助教，积极推动并促进海外华文教育的深入发展。

尽管目前弥勒大道在全球传播较快，并且在海外华文教育的发展上做出了不小的贡献，但国内外学界对这一新兴佛教支派的研究甚少，仅有台湾汪圆善（2009）撰写的《弥勒大道的宗教型态》一书较为全面地介绍了弥勒大道的教义、源起、宗教仪式、组织发展、社会关怀和全球传播情况，但弥勒大道与海外华文教育之间的关系则尚未有学者进行探讨。因此，笔者利用寒暑假赴印尼峇淡、巨港、邦加、实拉班让、巴厘岛等地给暨南大学华文教育本科专业函授班的学员授课的机会，收集了大量与弥勒大道有关的资料。本文首先简介弥勒大道的传承发展、核心主旨和社会实践，然后着重探讨弥勒大道对海外华文教育的促进作用及其快速而广泛地传布给海外华文教育所带来的深刻启示。

1　弥勒大道的传承发展、核心主旨和社会实践

在弥勒大道的近代道统和传承中，王好德扮演着非常重要的角色。他生于 1921 年，籍隶山东昌邑，生性勤勉，善观世风，富开拓力，年轻时已俨为工商界之大老板。1947 年，为图商务发展，赴台湾谋创商机。至台湾后，生意风生水起，各种理事

---

① 本论文是 2016 年度广东省教育厅综合类教改项目“汉语言（旅游文化）专业优秀教学资源应用、共享和推广模式研究与实践”的成果，特此致谢。

② 汪圆善. 弥勒大道的宗教型态［M］. 台北：慈光出版社，2009：587.

长、会长之头衔日添其身。1948 年，王好德因缘际会而求道。此时，该佛教支派名为“先天大道”。此后，他不断在海内外各地宣讲，著有《性理心法》《天恩师德》《醒世金钟》《茶杯之道》等数十本著作。1987 年，王好德创立弥勒大道，并将这一佛教支派正名为“弥勒大道”。对于正名的原因，汪圆善指出：“因为‘先天’二字较为抽象，属于形而上的名词，坦白而言不容易让人了解。为了让大众较容易了解先天大道的真义和宝贵，而让普罗大众所接受以‘先天为体，弥勒为用’。因为弥勒佛是全世界公认的快乐佛、欢喜佛，所以把弥勒大道定为欢喜大道、快乐大道、幸福大道，其意义就是要带给全人类幸福快乐。以此王老前人（对王好德的尊称）生前决定将‘先天大道’正名为‘弥勒大道’。”①

弥勒大道以“慈”为宗，积极宣扬“慈化世界、慈化人生”。“慈”即良心，人人良心光明，视听言动皆不离良心，必然慈心满怀、慈容满面、慈行遍处，将使家家幸福美满、社会安宁和谐、国家富足康乐、世界永久和平。

在社会实践上，弥勒大道以发扬并实践“慈”字心法为救人济世之道，以“慈容满面”为待人处世之方，以“慈行遍处”为行为举止之指南，以“皆大欢喜”“打不还手，骂不还口”为修持之究竟圆满，以助弥勒佛完成大同世界、人间净土为终生志业与生命之最高升华。具体来看，弥勒大道参与社会公益事业主要从三个方面入手：一是教育事业，包括在海内外兴学育人、传播中华文化；二是教化工作，包括宣扬大道真理、渡化众生、举办国学育乐营等；三是公益慈善事业，包括设立慈善机构、完善医疗服务措施、关注环保和大自然、积极参与社会福利事业。

由此也可以看到，弥勒大道对整个社会的关怀是全方位的，特别是在兴学育人方面。自创立以来，弥勒大道一直很关注和重视对年轻一代的教育工作，并切实身体力行，感化社会。王好德“更感于社会风气、伦理道德日益败坏与沦丧，故自 1997 年起，开始于各校园及监所中，积极推广‘良心之道’活动，并以演讲、献唱等方式，将‘感恩、惜福、欢喜’之宗旨播入各角落。由于贡献社会之效果显著，获台湾地方当局颁赠‘德惠群黎’之匾额”②。而现任弥勒大道总会负责人汪慈光对年轻一代的教育工作同样也很重视，他指出：“现在的年轻一代，都比较叛逆，从小学、中学一路上都很难教！这是一种带给家庭的苦难！今天弥勒大道针对这个苦难，付诸了实际行动，我们在中国台湾各地、在很多国家，推动热爱大自然文化的活动，协助学校的教育工作，让孩子的气质改变。”③ 与此相应的是，弥勒大道在海外传布的过程中，同样积极推动和发展海外华文教育，对中华文化在海外的传播起到了相当大的促进作用，对此，我们以印尼华文教育的发展情形来加以诠释。

---

① 汪圆善. 弥勒大道的宗教型态［M］. 台北：慈光出版社，2009：115.

② 弥勒大道总会. 师母大人代表——王前人服务员的一生［M］. 台北：慈光出版社，1999：3.

③ 汪圆善. 弥勒大道的宗教型态［M］. 台北：慈光出版社，2009：36－37.

2　印尼弥勒大道对华文教育的推动和促进作用

20世纪中叶，陈伯龄受命从中国台湾南来印尼拓荒。1950年在印尼玛琅创建印尼母堂“侨光佛堂”，此后泗水、雅加达、三宝垄、棉兰、峇淡等地纷纷建起弥勒佛堂。1975年印尼弥勒道场在印尼宗教部立案，登记在佛教之下，成为印尼合法的宗教团体，其名称为“弥勒佛教”。在佛教团体的架构下，弥勒大道发展迅速。时至今日，弥勒大道在印尼的发展已颇具规模，分为六个大区。目前印尼各地共建有佛堂400多间，信众多达百万。其中印尼峇淡的天恩弥勒佛院是东南亚最大的佛院，寺庙对外开放，每年都有成千上万的佛教信徒前来参观、朝拜和学习。因此，弥勒大道对印尼华人社会的影响力越来越大，同时也极大地推动和促进了印尼华文教育的发展。

2.1　华文遭禁锢时期，在弥勒佛堂秘密教授华文

1966年苏哈托政府上台后，实行了强迫同化华人的方针。原来是合法宗教的孔教会被视为华人宗教“异端”，有碍同化进程，于20世纪70年代被否定了其合法性。而佛教则因为是世界性宗教，在印尼历史上也曾有过辉煌地位，因此苏哈托政府继续承认它的合法性。因此，在华文遭受禁锢的32年间，弥勒佛堂秘密教授华文，这使得不少华族子弟得以继续学习华文，从而为中华文化的传承和延续保留了一批火种。据我们初步统计，现今峇淡、巨港、巴厘岛等地50多岁尚且谙熟华文的华人子弟大多都接受过弥勒佛堂的华文教育。

2.2　开设华文培训班

新时期以来，伴随着全球华文学习热潮的兴起，弥勒大道在印尼各地尤其是印尼华人比较集中的几个城市，如峇淡、廖省、巨港、北干巴鲁等地开设了华文培训班，免费提供华文学习平台。华文培训班主要教授华文基础知识，从听说到读写，内容非常全面，学习时间长短不等，一般以四个月至六个月为一期。

华文培训班由印尼弥勒大道总会支持，财力、物力、人力均比较充足；办学形式接近正规教育，有独立的校舍，也有比较规范和完善的教学计划；学校所延聘的师资，均是拥有多年教学经验的教师。这种华文培训班对于中华文化的海外传承和华人华文能力的提高有着极大的贡献，培养了大批谙熟华文的人才。为鼓励更多印尼华人学习华文，弥勒大道还规定：只要是在印尼道场担任服务员的干部，都必须经过华文的训练。因此，大批华人信徒积极参加培训班。截至目前，仅在峇淡一地，这种华文培训班就开设了十多期，培训了大批华文人才。

2.3　兴建各级各类学校

印尼弥勒大道不仅在佛堂内开设华文培训班，还在各地积极筹资兴建学校。比如

2003 年在望加丽开设慈德学校，2004 年在峇淡开设慈容学校，2005 年在北干巴鲁和实拉班让分别开设慈行学校和慈心学校，2007 年在淡味拉汉开设慈意学校，2008 年在巨港开设快乐学校，2013 年在邦加开设幸福学校。① 这些学校在教学体系上既包括幼稚园，也涵盖中小学。在峇淡、巨港等地，弥勒大道还筹资兴建大学。2015 年 9 月 20 日在峇淡开设的世界大学已经正式挂牌，这所大学目前有语言学院、经济学院、艺术学院和科技学院四个学院，下设 11 个专业（其中包括华文教育专业），明年还将开设其他与华文相关的专业，其主旨是以系统性的学校教育来培养新一代的华文人才。尽管这些学校是由弥勒大道筹资所兴建，但是授课内容仍以政府规定的一般课程为主，并不掺杂宗教内容。正如汪慈光所说的："这种教化的工作完全是以一种文化教育的角度去做，我们不掺杂任何宗教色彩。"②

在招生方面，这些各级各类学校不仅招收华人子弟，也招收其他族裔子弟，生源广泛，在校学生多达数千。以峇淡慈容学校为例，截至 2019 年 3 月，学校共设有幼儿班、小学班、初中班、高中班和高专班五个层次，其中幼儿班目前有 320 名学生，小学班有 1 539 名学生，初中班大约有 771 名学生，高中班大约有 519 名学生，高专班则约有 484 名学生，共计约 3 633 名学生。③

从教学内容和课时安排来看，慈容学校为三语学校，印尼语、华文、英语并重，尤其是在教学上安排了大量的华文内容，这样让小孩子从小就接触华文，从而逐渐培养其对祖籍国和中华文化的认同感、归属感。目前，峇淡的华文学习者不断增加，而在慈容学校成立之前，峇淡中小学的华文课程每周只有一节课（每节课 40 分钟），课时少，师资也少，华文课程只是点缀，在中小学的教学体系中根本没有立足的空间。而近年来在慈容学校的倡导和身体力行之下，在峇淡已有越来越多的私立学校效仿这种以华文为主的教学模式，从而逐渐带动峇淡及其周边地区华人学习华文的热潮。

2.4　印尼弥勒佛院提供了华文学习的环境和场所

在海外学习华文的最大难点就是缺乏良好的华文交流环境，而峇淡的天恩弥勒佛院以及其他中小弥勒佛堂就是一个个讲华文的优良场所，且在佛院内部遍布着各种华文景观，从而更好地营造出了一种良好的华文学习氛围，也大大提高了海外华文的传播效果。下面图 1 为天恩弥勒佛院张贴的慈容学校和世界大学招生宣传标语，图 2 为弥勒幸福表宣传广告。

---

① 弥勒大道在印尼各地设立学校的资料，由邦加弥勒佛堂负责人梁文馨惠赐，谨致谢忱。

② 汪慈光. 弥勒大道的社会实践［M］. 台北：慈光出版社，2013：38.

③ 峇淡世界大学和慈容学校的相关资料分别由唐根基和黄愿字两位朋友见告，谨此致谢。

图 1　峇淡天恩弥勒佛院内部的华文景观

图 2　佛院内部的弥勒幸福表宣传广告

3　印尼弥勒大道对华文教育发展的启示和模式创新

由于长达 32 年的华文禁锢，印尼新生代华人不但疏离于自身的语言文化，而且有逐渐同化入主流的趋势，华文对他们来说只能是第二语言或者是外语，这自然导致了“华文教育由语文教育向语言教学的转变”①。贾益民指出：“华文教育所进行的中国语言文化教育承担着培养海外华人、华侨学生的民族文化素质的重要任务。”② 因此，华文教育本质上是一种文化素质教育，不仅仅要学习语言，还要传承文化，把根留住。印尼弥勒大道意识到华文教育的这一重要任务，采用多种方式对新生代华人进行中国传统道德和人伦哲理思想的教化，这与华文教育“传承文化，把根留住”的根本任务是完全契合的。

3.1　印尼弥勒大道的本土化融入意识与华文教育的当地化发展战略相契合

具体来看，印尼弥勒大道在传布的过程中，注重将印尼的节日习俗和弥勒大道的祭拜仪式相互融合。其在每年的农历春节、元宵节、观音诞、清明节、端午节、中秋节等节日，都会在各佛堂举行献供敬拜，还以唱歌、舞蹈和戏曲表演等活动来庆祝。传教方式既活泼灵动，又富有弹性，使弥勒信仰在推广过程中深具本土化特色，而且这种本土化是完全建构于中华文化之上的，有利于贴近当地华侨华人之心。可以说，这种“宗教的本土化反映了一种既跨文化，又进入文化的交流，是一种体现地缘特色的‘融入’”③。

印尼是一个多元宗教、多元文化的国度，弥勒大道这种本土化的融入理念与印尼社会的多元化形态有着密切关系，这种“深度的‘本土化’正是造成信徒快速成长的原因”④。由此，我们也必须要清醒地认识到：不同的社会政治体制，不同的宗教文化

---

① 李嘉郁. 近二十年华文教育形势浅析［J］. 八桂侨刊，2005（4）：22.

② 贾益民. 华文教育学学科建设刍议——再论华文教育学是一门科学［J］. 暨南学报（哲学社会科学版），1998（4）：48.

③ 汪圆善. 弥勒大道的宗教型态［M］. 台北：慈光出版社，2009：645.

④ 汪圆善. 弥勒大道的宗教型态［M］. 台北：慈光出版社，2009：612.

背景，不同的民族意识形态，不同的历史观和价值观，同样会直接或间接地影响海外华文教育的开展。因此，海外华文教育必须要考虑当地的实际国情和民情，才能更好地为当地社会服务。例如，“公开宣传无神论的文本再美，也不宜进入伊斯兰国家的华文教材”①。

3.2 印尼弥勒大道的心灵教化与华文教育的道德传承一脉相承

心灵教化是印尼弥勒大道最为看重的社会关怀模式，往往通过举办大型活动并结合华文教育系列课程，对海外华人进行道德教化。比如，在华人社会陆续举办传统道德研习营，并培训热心人士参与演出道德真理良心剧，以“宣扬仁义道德，彰显孝道良心”为宗旨。另外，还举办音乐会，将音乐艺术和道德教化紧密结合起来，可谓“寓道于乐”。这种道德教化与海外华文教育所要求的道德传承一脉相承，而且潜移默化地对海外华人进行道德教化。正如王好德所说：“宣扬道德良心、服务社会，以我良心光明，唤醒人人良心光明为职志，将秉持慈爱精神，尽心尽力、助人成功、不图回报，继续配合社会教化的推广工作。”② 从教书育人、道德传承的社会效果来看，弥勒大道的这种心灵教化模式，对海外华文教育恰恰是一个非常有益的补充，而且取得了良好的教育效果。

3.3 印尼弥勒大道的和谐文化理念创新和发展了华文教育的模式

印尼弥勒大道主张多元文化和谐共处，支持和保护文化多样性。这一主张与华人在印尼社会的生存现状及注重文化传承的族群特点密切契合，因此弥勒大道信仰在印尼华人社会中很快地发展起来。为达到和促进印尼多元文化真正可持续的和谐状态，印尼峇淡天恩弥勒佛院负责人陈朝明长老于2010年6月成立了“和谐文化基金会”，其宗旨是学习中华儒释道的和谐文化；传播和谐文化；推动道德教育；设立华文教育班；成立远程教育教学点；培训华文教师。③

特别是与中国暨南大学华文学院合作，从2009年起，印尼峇淡、北干巴鲁、巨港、邦加、巴厘岛等地相继开设华文教育远程函授本科教学点。华文学院利用寒暑假派遣教师对印尼华文学员进行函授教学，以提升印尼华文师资水平，促进中国与印尼文化和学术交流（见图3、图4）。此外，2014年，和谐文化基金会与华文学院合作，在峇淡又开设了汉语国际教育硕士专业学位兼读制研究生教学点，为印尼华侨华人，尤其是年轻的华文教师提供了一个绝佳的进修机会，从而持续推动峇淡及周边地区的华文教育发展。迄今为止，已经有200多位华文教育专业的本科生顺利毕业，其中有20多位毕业生又继续攻读汉语国际教育硕士专业学位。

---

① 郭熙. 华语研究录［M］. 北京：商务印书馆，2012：268.

② 汪圆善. 弥勒大道的宗教型态［M］. 台北：慈光出版社，2009：495.

③ 峇淡和谐文化基金会的相关资料由该基金会黄愿字会长惠赐，谨致谢忱。

图3　华文学院邵宜院长在巴厘岛远程教育开学典礼上致辞

图4　开学典礼上与会嘉宾合影留念

不仅与暨南大学合作发展正规的学历教育，为进一步促进多元文化的和谐共处，和谐文化基金会还设立中和语文补习中心，为印尼各族群的幼儿和成人补习华文，推广华文教育，提升华语交流能力。因此，弥勒大道的和谐文化理念不仅支持和保护了文化的多样性，而且创新和发展了海外华文教育模式。

4　结语

弥勒大道自创立伊始就把社会教化、导人向善、兴学育人、推动人们热爱和保护大自然作为自己的社会使命，其核心教义由“天人合一、因缘果报、有容乃大、感恩惜福、忠恕良心”等中国传统思想酝酿而来，与中国传统文化密切相关，同时弥勒大道的经典著作也皆用中文书写。在海外传布和发展的过程中，弥勒大道特别重视华文人才的培养。特别是在印尼，信众绝大多数都是华人，而他们由于苏哈托时期长达32年的华文禁锢，已普遍不懂华文，故而弥勒大道采取了多种方式发展华文教育，对印尼华文教育的深入发展作出了相当大的贡献。

另外，作为一种创立不久的新兴教派，自20世纪中叶传入印尼后，在多元种族、多元文化、多元信仰的印尼社会，弥勒大道之所以能得以快速传布和迅猛发展，与其重视本土化、努力与本土文化和谐相融的发展思路密切相关。正如汪圆善在总结弥勒大道在六个国家快速发展的经验时所指出的：“本土化落实是这六个国家所共有的，这代表着弥勒大道在全球传播下，不可避免地还是要进行本土化的调和，才能使来自外地的宗教可以让当地民众接受，这显示出了本土化的必要性。”①

这种发展思路也给我们当前方兴未艾的海外华文教育带来了深刻的启示：海外华文教育也要立足于本土化，与所在国文化和谐融合，逐步推进本土化发展，从而“透过不同区域间文化的依赖、中介、挪移、整合，将本土文化与异质文化结合成一具新

---

① 汪圆善．弥勒大道的宗教型态［M］．台北：慈光出版社，2009：702．

的共体，完成文化移转，迈向一个更具文化整体意识的世界体系”①。

海外华文教育的发展，目前仍是问题繁多。即使是发展局面较好的印尼，也面临着诸多问题。正如已故印尼华教界前辈徐敬能老师曾指出的：“目前，印尼正规学校的中文课，普遍一星期只有一两节，最多也只有四节。三语学校虽然有中文，但还是以英文为主。全印尼有1 600多间大学，有中文系的没有几间。因此，若认为华文教育正处在高峰期，未免言之过早。”② 在这种情势之下，海外华文教育只有更好地适应所在国的社会和文化环境，才能保持旺盛的生命力，做到“落地生根”，从而持续、快速、深入地发展下去。

【作者简介】

王衍军，文学博士，暨南大学华文学院教授，博士生导师，院长助理、汉语系系主任。主要从事近代汉语词汇语法、对外汉语教学和海外华文教育方面的研究。

---

① 汪圆善. 弥勒大道的宗教型态［M］. 台北：慈光出版社，2009：650.

② 王衍军，张秀华. 多语背景下印尼华语教师语言态度调查——以雅加达地区华语教师为例［J］. 东南亚研究，2013（6）.

我国汉语产业的现状与对策探析

钱　伟
（暨南大学华文学院）

引言

长期以来，人们一直视语言为思维的工具、交际的工具，而现在人们逐渐认识到，对于一个国家来说，语言首先应该作为一种资源。这就涉及语言的保护、开发和利用。对语言的开发利用就是语言产业。汉语是世界上使用人口最多的语言。围绕汉语的学习、培训、使用、传播等相关的研发和制造产业可称为汉语产业。近10年来，随着国际上语言经济学的兴起，语言产业理论研究的不断深化，国内语言与文化产业实践的蓬勃发展以及汉语其工具性地位、国际化程度的迅速提高，汉语产业已从传统产业中初露端倪，越来越受到学界与业界的关注。汉语产业正随着中国产业结构的调整以及信息技术的快速发展而成为朝阳性产业。

1　汉语产业的形成背景

汉语产业早已存在，比如汉语培训产业、汉语出版产业和汉语翻译产业。但由于长期以来，汉语产业的相关问题一直未能引起语言学者的足够重视。直到最近几年，汉语产业的概念才开始浮出水面并逐渐进入人们的视野，相关问题也越来越引起人们的关注和思考。这一趋势的形成，归纳起来，主要有以下四个方面的原因：

（1）随着全球化进程的加速，语言实力的竞争日益成为国家竞争中的重要方面。语言发展的历史告诉我们，语言的强弱与国力强弱的变迁密切相关。由于近代大英帝国和美国的相继崛起，英语成为当今世界的通用语。就汉语（普通话）的国际地位而言，中国是世界上第一人口大国，有十几亿人在说汉语，且汉语是联合国六大工作语言之一。但与英语相比，其覆盖国家数量与人口数量都要少得多，仍处于弱势。所以，提高汉语的国际竞争力依旧任重而道远。

（2）我国经济的快速增长、文化的繁荣、综合国力的提升，都对国民使用共同语的水平和能力提出了更高、更广的要求。此外，全球“汉语热”持续升温，国际上对汉语学习的需求不断增加使得汉语产业获得了前所未有的发展机遇。

（3）西方国家早就开始了语言输出，后又扩大到文化产品输出。美国大片、韩剧、日本动漫陆续登陆中国，收获了相当多的受众。在国内，目前正在进行的产业结构调整给汉语产业带来了前所未有的时代机遇。汉语产业作为一种文化产业、知识产业、绿色产业，投入低而产出高，顺应了产业结构调整的需求。

（4）随着以互联网、移动技术为平台的信息技术的快速进步，语言产业出现繁荣和整合的状态。在现代技术条件下，语音处理、语言识别、机器翻译、语言康复等成为新兴的语言产业领域，同时，也给培训、翻译、出版等传统语言产业带来了革命性的影响。

综上所述，汉语的重要性和汉语产业的社会、文化、经济地位正在前所未有地得到凸显。

2 汉语产业的基本要素

2.1 汉语语言教学与培训

汉语语言培训包括国内外的汉语师资培训和单纯的汉语培训（教学）两部分，但是其重点是针对汉语非母语的学生（员）所进行的汉语培训（教学）。目前，随着中国国际地位的提高，“汉语热”已成为普遍现象，学习汉语的外国人越来越多。为了满足国际上学习汉语的需要，国家汉办在许多国家设立孔子学院，海外汉语培训产业日渐成熟。但是孔子学院只是汉语培训的一部分。在国家加大在外建设孔子学院力度的同时，国内的汉语培训业也在蓬勃发展，具有不可小觑的市场。在国内，正规教育体系内的高等院校始终是对外国人进行汉语培训的主战场和主力军，非正规教育体系内的社会语言培训机构则是高校汉语培训的重要和有益的补充。

2.2 汉语语言水平测试

汉语水平测试是汉语产业的重要组成部分。目前最有影响力的汉语水平测试是中国汉语水平考试（HSK），这是为测试第一语言非汉语者的汉语水平而设立的国家级标准化考试，现已成为世界上影响力最大的汉语考试，被称为“汉语托福”。考虑到社会的需求，国家汉语水平考试委员会于2004年、2005年推出HSK（少儿）、HSK（旅游）、HSK（商务）和HSK（文秘）共4个专项考试，由国家汉办颁发给考试合格者相应的等级证书。HSK不仅可以作为进入中国高等院校学习的汉语水平证明，而且还被越来越多的国际机构和跨国公司用作衡量员工汉语水平的标准，有的还与工资水平挂钩，使得一些与中国有生意往来的外国公司的员工纷至沓来。随此考试产生的经济价值不容小觑。另外，针对国内大学生及社会相关人员的普通话水平测试，不仅能够促进社会对汉语的重视，也是汉语测试产业的一个重要组成部分。

2.3 汉语书籍的翻译出版

翻译出版业是汉语产业的重要组成部分。随着中国对外开放步伐的加快，越来越多的外国人热衷于学习中国文化，翻译出版产业也随之迅猛发展。一个典型的例子便是2012年，作家莫言获得了中国第一个诺贝尔文学奖，在全球范围掀起了一股“莫言热”，其作品随即在国内各大书店畅销不衰，甚至一度脱销。中国翻译出版相关部门立即抓住这一时机，将莫言的作品翻译出版，销往世界各国，满足不同语言读者的阅读需求，扩大了中国语言和文化的影响力。再如，《新华字典》（中、英文版）自出版以来，经十余次大规模修订，发行量近五亿册，带来了丰厚的经济效益。可以说，只有通过汉语作品翻译和出版活动相结合，才能使汉语在国际语言文化交流中发挥更大的作用，推动中华文化的“全球化”。

2.4 汉语的信息自动化处理

汉语的信息自动化处理，也是汉语产业的重要组成部分。它包括汉字处理、语音合成、汉字识别，涉及智能汉字输入、文本自动分类、汉语自动分词、汉语人名地名自动识别、汉语关联词语自动识别、词语多义辨识、句法语义分析、机器翻译等在内的中文信息处理系统技术，还包括产品的开发、生产、销售、服务。这些研发技术工程量大，很可能产生巨大效益。语言和科技相结合，不仅方便了人们的交流，也能创造不菲的经济效益。IBM、微软等跨国公司专门成立了中国汉语信息处理研究院，就是为了抢占汉语信息技术市场。目前，我国正在快步追赶世界信息化的先进水平的步伐，加快语言信息处理和网络数据库的建设，争夺虚拟空间的汉语地位。这为汉语产业化发展提供了更大空间。

2.5 汉语语言艺术

中国文化博大精深，优秀传统文化以其独特的艺术魅力吸引了世界各国的注意。传统文化中很大一部分精华属于汉语产业，如相声、戏剧等。随着中外文化交流的不断加强，相声越来越受到外国人的重视和喜爱，以相声为载体的文化交流愈发频繁。2012 年 10 月 24 日，著名相声表演艺术家郭德纲率领德云社众多弟子抵达洛杉矶，在美国多地展开了巡回演出，受到了美国民众的热情欢迎。郭德纲的巡回演出，扩大了相声的影响范围和影响力，对外国人了解中国传统文化产生了积极作用，同时也标志了汉语产业的进步。作为具有丰厚历史文化资源的大国，我们应该充分发挥优势，推广独具特色的文化品牌，不单是相声这种语言艺术形式，对像小品、戏剧、书法、民族歌曲、诗歌朗诵等能够体现中华民族魅力的汉语产业也要加快发展、积极推广。

综上所述，汉语正在多元化地、异常活跃地参与语言的经济活动，并通过语言经济活动对社会、文化和语言本身产生影响，而且这种影响呈现出集中化和规模化的趋势。

3 汉语产业的发展现状

3.1 汉语市场化催生汉语产业

从语言经济学角度看，当语言满足了市场供求关系，成为某种产品时，那么语言就具备了经济价值并且随着使用密度的加大和广度的加深而增大。语言的经济价值是语言在使用过程中体现出来的经济效用。汉语的经济价值不是一成不变的，其供求市场需要持续不断地培育。作为中华民族文化的基本元素、国家重要的战略资源，汉语在很长时间里只扮演着文化载体、交流工具的角色，与经济不搭界。随着近10年中国综合实力的日益增强，特别是在当前建设文化强国的目标下，汉语的经济价值越来越显现，汉语已然不再是单纯的工具、载体，而是一种具有价值、能够产生效益的经济物品。

在汉语还仅充当语言载体和工具的时期，与汉语有关的行为活动基本上都是国家行为。推普行动、孔子学院都是国有资金在支持，由国家出面运作。随着汉语热的日渐升温，汉语开始显现出经济价值，人们开始从产业角度来审视汉语，敏锐的资本闻风先行。新航道、新东方、儒森公司等民营资本陆续涉足汉语产业，形成了汉语产业投资的多元化。汉语在市场规模化、资本多样化中从文化载体悄然转向为经济产品。

3.2 研究深入化助推汉语产业

近几年，语言经济学唤醒了国内学界及产业界的汉语产业意识。一些语言产业研究机构的出现标志着将汉语作为产业进行独立研究的开始。2008年，国家语言文字工作委员会（语委）指导下的中国语言资源开发应用中心在商务印书馆揭牌成立。该中心致力于把语言及语言知识转化为生产力和文化商品，延伸产业链，开拓产业新领域，加深产业与语言学科间的联系，打造中国语言产业的研发示范基地。2010年，首都师范大学成立北京语言产业研究中心，这是国内第一个专门以语言产业命名的研究机构。该中心着手调研北京语言产业的发展状况，研究语言产业的发展政策，建立北京语言产业数据库，研究推动北京语言产业的发展。2011年，山东大学语言经济研究中心正式成立并于2012年3月2日在《光明日报》发表了题为“语言经济学与中国的语言产业战略”的文章。2012年12月1日，第一届中国语言产业论坛在北京举行，这标志着语言产业研究在国内开始有组织地推进，也意味着语言产业化水平将持续不断提升。无疑，这些研究的开展对汉语产业的发展起到了一定的助推作用。

3.3 汉语国际化速度与产业化水平不同步

据国家汉办统计，截至2014年底，世界上通过各种方式学习汉语的学习者近5 000万人。2014年来华留学生接近30万人，预计到2020年将突破50万人。在国际上，以建立孔子学院为主要方式的汉语国际推广进展迅速。在国内，各地高校如雨后春笋般纷纷设立国际学院。这有效地扩大了中国的世界影响，提高了中国的国际地位，促进了汉语的普及。但作为汉语产业重要组成部分的国际汉语推广，对汉语产业的影响远未达到期望值，也未完全发挥带动人们对汉语教育产品需求的作用。

当前，汉语推广的主要问题在于：第一，从业者普遍未形成汉语产业意识，职能部门没有看到汉语产业在本国国民经济增长中的作用，缺乏相应的促进产业化的激励政策。第二，与成熟稳定的英语教学相比，汉语教学资源陈旧，教学手段单一，远程教育滞后，师资力量整体有待提高。第三，在中国，每年参加英语四六级、托福、雅思、GRE考试的人数数不胜数，考生除了缴纳报名费用外，还需要购买考试书籍，甚至报辅导班。可见，英语语言测试在中国产生了多么巨大的利润。但是中国的汉语水平考试与之相比，无论是规模还是影响力都相距甚远。

3.4 汉语培训市场竞争激烈、生存不易

近些年来，越来越多的外籍人士涌入中国大城市生活、工作，使得国内汉语培训悄然升温，一些城市的外语培训机构纷纷开始涉足这块蕴涵着诱人商机的新兴市场。相比而言，高校的汉语师资学历水平高，专业素质强，教学管理方式严格而规范；社会语言培训机构的教学机制和教学内容灵活，课程针对性强，实用性强，短期效果好，但其师资情况较为复杂，教师的专业知识与教学能力参差不齐，整体水平偏低，教学管理水平不高。另外，由于市场的需求非常零散，要想对在华外国人推广汉语培训，可谓费力、耗时。想要在这个领域里有所作为并非易事。只有少数真正有实力、有渠道优势的培训机构才能生存下来。

4 推动汉语产业发展的对策建议

（1）立足“大华语”概念，借鉴英语产业的发展，用市场引导产业的形成。陆俭明先生曾提出：“为了使汉语走向世界，我们有必要建立‘大华语’的概念。这个概念不同于之前有人提出的‘大中华语言圈’，‘大中华语言圈’涵盖了北京话、广州话、闽南话、客家话等；而我们所说的‘大华语’是指：以普通话为基础，而在语音、词汇、语法上可以有一定的弹性和一定宽容度的汉民族共同语。”这样做首先有助于增强世界华人的凝聚力和认同感；其次更有助于推进世界范围内的汉语教学。所以立足于“大华语”的概念是汉语全球化推广的理论基础。

（2）作为新兴产业，没有现成的产业扶持政策可以参考，应尽快制定具有前瞻性、规范性、引导性的汉语产业政策十分必要。产业政策应在充分认识汉语产业重要性的基础上制定，要能引导汉语产业结构调整、产业链延伸、业态集群。品牌汉语企业集群的出现是汉语产业走向繁荣的标志。各级政府有必要不断推出优惠与鼓励措施，为汉语产业提供多层次、全方位的服务，培育和扶持一批先进骨干企业，引领其他成长性企业；鼓励教育界和产业界合作开发、建立产学研一体化的运行机制。

（3）挖掘丰富的汉语资源，展现汉语魅力，提升汉语的经济价值和国际竞争力。作为海外汉语培训机构，孔子学院的大规模设立，使汉语资源得到了充分的开发和利用，以孔子学院为代表的汉语培训产业日渐成熟。但是，孔子学院仅仅是汉语培训产业的一部分，国家在对外加大孔子学院建设力度的同时，也应该重视对国外中小学汉语培训这一汉语产业的重要组成部分的市场开发，培养国外少儿对汉语学习的兴趣，这样才能够确保汉语学习者的基数，也能够形成一个稳定的未来市场。

（4）调整孔子学院总部现有的地位和组织框架；发挥优势、完善机制、整合资源，高效运作已建孔子学院；加快汉语进入其他国家国民教育体系的步伐；利用与其他国家有关的文化协议和外语教育的规约，扩大招收留学生的规模；积极开拓国外的汉语市场，探索汉语国际化发展的新模式，促进汉语文化产品的出口与汉语师资的

派遣。

（5）尽快确立行业标准。任何行业都必须有严格的标准来对该行业进行规范，汉语产业刚刚起步，应有意识地关注并制定汉语产业特别是培训产业标准，规范和引导国内非正规教育体系内汉语培训的市场竞争秩序，提高汉语培训机构的教学质量与管理水平，保障学员的利益，进而推动汉语培训产业的进一步发展。

（6）汉语产业的良性持续发展离不开教育界和学术界的智力支持。首先，国内学者对语言经济的关注已持续多年，但与发达国家相比，对汉语产业价值的挖掘依旧不够充分，缺少专题性、个案性的探讨与深度研究。其次，汉语产业的发展需要教育界培养优秀的汉语教师，尤其是具有国际眼光的、对东西方文化融会贯通的对外汉语教师。再次，汉语市场调查与开拓、汉语产品的研发与服务都离不开科研创新。

（7）需要激活各级语委的主体责任。汉语产业化为各级语委寻找到了工作的突破口。若干年内，各级语委的工作主要为推广普通话、完善汉语汉字的规范标准、推行和完善汉语拼音方案，提高汉语威望等，通过这些措施使汉语固本强体。现在我们可以将语委的工作和汉语产业化相连接。各级语委承担汉语产业的上连下引及产业内部的沟通协商，这将使这个语言管理机构焕发新的活力。

（8）当今时代是信息时代，手机、电脑等高科技产品越来越受到人们的喜爱，普及率越来越高。例如在青少年中，利用电子书阅读的人数越来越多，电子书的使用范围也越来越广。产业界可以抓住这一趋势，加大科技投入，积极研发迎合市场的汉语学习软件，通过多媒体电子产品，进一步扩大汉语在国际上的影响。

5　结语

就目前的状况而言，汉语产业作为新兴产业这一新的经济增长点还未充分地表露出来。不过，可以预见的是，在不久的将来，在经济全球化和教育国际化的背景下，汉语产业必将迅速发展，并成为新型产业结构的重要组成部分。国内相关行业主管部门应当顺应形势，抓住市场需求，以商业化的营销模式来发展汉语产业，并将其和教育产业、文化产业相融合，助其在不远的将来成为和英语产业一样的全球化产业。

参考文献

［1］陈鹏．语言产业的基本概念及要素分析［J］．语言文字应用，2012（3）．

［2］段奕．硬实力—软实力理论框架下的语言—文化国际推广与孔子学院［J］．复旦教育论坛，2008（2）．

［3］贺宏志．发展语言产业，创造语言红利——语言产业研究与实践综述［J］．语言文字应用，2012（3）．

［4］贺宏志，陈鹏．语言产业导论［M］．北京：首都师范大学出版社，2012．

［5］胡小玲．论语言产业的结构性、外部性与发展方式［J］．语言文字应用，2013（3）．

[6] 黄少安. 语言经济学和中国的语言产业战略 [N]. 光明日报，2012-03-02.
[7] 黄少安，苏剑，张卫国. 语言产业的涵义与我国语言产业发展战略 [J]. 经济纵横，2012 (5).
[8] 李艳. 语言产业视野下的语言消费研究 [J]. 语言文字应用，2012 (3).
[9] 李宇明. 认识语言的经济学属性 [J]. 语言文字应用，2012 (3).
[10] 李宇明. 语言也是硬实力 [J]. 华中师范大学学报，2011，46 (5).
[11] 王巍，李艳. 对当前语言培训行业的调查与思考 [J]. 语言文字应用，2012 (3).
[12] 张金江. 西班牙充分挖掘母语产业价值 [N]. 人民日报，2008-12-01.

【作者简介】

钱伟，暨南大学华文学院海外华语及华文教学专业2014级博士生，主要研究华文教育、社会语言学。

汉语国际教育硕士（国内生）培养现状调查报告①

——基于暨南大学15位硕导和2016级50名研究生的调研数据

王衍军[1]　金　颖[2]
（暨南大学华文学院）

1　汉语国际教育硕士专业发展背景及当前研究概况

2007年4月，国务院学位委员会专门批设汉语国际教育硕士专业学位，以培养高层次应用型对外汉语教学人才。经国务院学位办审批，暨南大学成为全国首批24所开展汉语国际教育硕士专业学位教育的试点单位，并于2009年9月开始独立招生。近年来随着“汉语热”的兴起，国外汉语师资出现了供不应求的局面，越来越多的高校增设汉语国际教育硕士专业，截至2017年，全国共有110所院校拥有汉语国际教育硕士专业学位授予权。与此同时，汉语国际教育硕士目标定位、培养模式和培养质量等方面的研究也逐渐成为热点。

陈青妮（2008）指出，汉语国际教育硕士专业既是一个新兴的学科又是一个交叉性很强的学科，还是一个开放的国际化学科，知识摄取的广泛性和信息的及时传播、更新尤其重要。建议在设立上述必修课程之余，学校还应安排丰富的选修课程，如中国书法与绘画、民族音乐与民族舞蹈、中医药文化、剪纸等民间艺术、太极拳法等等。

李泉（2009）通过《汉语国际教育硕士培养目标与教学理念探讨》对汉语国际教育硕士的培养目标和课程设置进行了解读，认为《汉语国际教育硕士培养方案》中的目标设定比较合理，课程设置科学可行，是一个很专业、很出色的方案。

冯丽萍（2009）则指出，《汉语国际教育硕士培养方案》的制订应该注重广泛征求意见，面向实际需求，多层次培养人才，并加强实习管理；课程内容的设置应当以教学能力的培养为核心，突出应用特色。

李向农、贾益民（2011）强调汉语国际教育是一门关于国际汉语教学和中国语言文化国际传播的人文社会学科，具有鲜明的跨学科性质。中国语言文学、外国语言文学、教育学、文化学、传播学、心理学、艺术学、国际关系学、华侨华人学等学科既

①　本文是2016年广东省教育厅研究生教育教学改革项目（重点项目）“汉语国际教育专业学位研究生特色化培养模式研究与实践”的研究成果，项目批准号：2016JGXM_ZD_10。本文在调查过程中得到了华文学院15位硕士生导师和2016级50名研究生的大力支持，谨此致谢！

是汉语国际教育最重要的支撑学科，也是其横跨的主要学科。要把面向非华裔外国人和面向华侨华人的汉语国际教育作为一个整体提出来，同时把汉语教学与文化传播紧密结合起来，突出其应用性。

赵吉英（2011）从就业角度对汉语国际教育硕士的培养体制进行了思考，认为应该改进汉语国际教育硕士的培养体制，发挥高校的培养职能，扩宽就业渠道。

陈红梅（2011）从课程设置、师资队伍的建设、实践教学以及毕业论文的撰写等方面探讨了中国与东盟交流合作背景下汉语国际教育专业硕士的培养模式。论文指出，当前的汉语国际教育专业硕士课程体系存在着缺乏实用性、课程设置不合理、课程特色不鲜明的问题，只有改革课程体系、构建合理的人才培养模式，才能培养出高层次、复合型及应用型的汉语国际教育专业师资。

林秀琴（2012）指出，汉语国际教育硕士教学能力的培养是核心，应突出其实践性。在课程设置上应注重课程的整体性和关联性，使每一门课都成为整体中的要素，达到“1 +1 >2”的效果。

田艳（2012）在分析英国英语教育硕士专业课程的基础上，对汉语国际教育硕士专业课程设置提出了四点建议：①重视特设项目的开发；②扩大课程的选择范围，注重知识的交叉性和渗透性；③注重学习者的个性化差异；④增强学生课程选择的灵活性，适当考虑增加研究方法、语言学、国际主题等方面的课程。

何海新（2012）探讨了汉语国际教育事业在当前深化文化体制改革背景下发展的新思路，认为应将汉语国际教育硕士培养成对外汉语教学的骨干力量，同时加强海外汉语教师本土化建设，并创造性地提出了应该借助信息技术推动汉语国际教育事业发展，如运用多媒体技术促使对外汉语教学手段现代化。

高琪阳（2012）以兰州大学汉语国际教育硕士专业的学生为对象展开具体调研，调查范围包括学生的基本情况、学习状态、心理状态、毕业规划、毕业去向，外国学生的生活条件、社会交往情况、对中国文化及汉语的认同度等，并对中外学生的情况进行比较，强调应加强培养模式的应用性，注重学生实践能力的提升。

杨薇（2013）指出，应在充分了解学生和社会需求的基础上，积极探索中外合作培养的新模式，充分借鉴和吸收国外二语教学方面的先进经验，并与当前汉语国际教育硕士专业课程体系形成优势互补，这样才能进一步优化培养结构，提高培养效率，提升就业竞争力。

苗苗（2015）以调查学生问卷的方式对重庆师范大学的课程设置提出了几点建议：①强化汉语本体类课程的核心地位；②教育类的课程设置要更注重实用性原则；③外语类课程应更注重多样化原则；④有针对性地开设文化类课程；⑤增加实践课门类；⑥设置和教材有关的课程。

朱小丹（2016）从招生考试、课程设置、培养方式、实习、毕业论文等方面入手，考察华中师范大学、武汉大学、华中科技大学这三所高校汉语国际教育硕士专业的发展现状，获得了学生对该专业培养情况的反馈，并对该专业培养实践、培养质量进行了分析对比，提出了一些合理的修改建议。

以上众多专家学者就汉语国际教育硕士的目标定位、课程设置以及培养模式等问题进行了深入探讨，为我们修订汉语国际教育硕士专业学位的培养方案积累了丰富的经验。那么，暨南大学作为首批获得汉语国际教育硕士学位授予资格的院校之一，在十多年的发展过程中，在课程设置、培养模式和质量保障等方面存在着哪些问题？又有哪些可资借鉴的经验？

为此，我们于2017年10月20日至30日对暨南大学汉语国际教育硕士专业学位的导师展开了一对一访谈调查，共有15位硕导参与访谈，这些导师均具有博士学位和副教授以上职称。此次访谈主要围绕“培养目标与要求”“课程设置与课堂教学”“学生培养与管理”“毕业与就业”等板块展开，访谈平均时长30分钟。此外，为了解学生对课程设置以及课堂教学的满意度，我们也对在校的2016级50名本专业硕士生进行了问卷调查。

2 暨南大学校内15名硕士生导师访谈意见汇总

2.1 暨南大学校内硕士生导师的访谈意见

根据与硕士生导师的访谈记录，我们将导师们的访谈意见从培养目标和要求、课程设置和课堂教学、学生培养和管理、学生答辩和实习就业四个方面进行了分析总结。

2.1.1 培养目标和要求

针对暨南大学汉语国际教育硕士专业的培养目标和要求，受访的导师们一致认为：

（1）目前培养目标定位清晰，整体上符合“汉语国际教育”专业特点和人才需求特征，但是学术性不强，没有针对海外中小学汉语教学或方言背景进行教学，在目标定位上将海外华裔背景的教学等同于汉语作为二语教学。

（2）在学生能力的培养上，目前学生书面表达能力较好，但自学能力、研究能力，特别是信息查阅和加工能力尚显不足。多位导师指出，自己所指导的学生不能自主选题，不能很好地在学习过程中发现、分析和解决问题，尤其是创新意识需进一步提升。

（3）在培养特色和优势上，一方面，暨南大学的华侨华人特色较为明显，有大量的海外合作单位，学生的外派机会大；学校的师资实力较强，授课教师对海外情况较为了解，有较强的中华文化意识。但另一方面，授课教师缺乏课程团队建设，各门课程间内容有重复，衔接不明显；在教学质量上缺乏对教师教学的监管，考评体系、激励机制也不完善。

2.1.2　课程设置及教学

在课程设置方面，受访导师认为当前课程是根据国家汉办“教指委”的指导性培养方案而确定的，在设置上以实际应用为导向，以国际汉语教师的职业需求为目标，围绕对汉语教学能力、中华文化传播能力和跨文化交际能力的培养，形成了一套以核心课程为主导、拓展课程为补充、实践训练为重点的课程体系。总体来看，课程设置较为合理，兼顾了汉语语言要素的学习及其教学，较为注重教学技能的培养和提高。但受访导师也指出，在课程设置上也存在着以下几个方面的问题：

（1）缺乏对课程核心内容的定位，课程设置和教学内容有一定的随意性；教学方法上仍然以灌输性教学为主，没有激发学生主动学习的意识，未能很好地培养和提升学生的创新性研究能力。

（2）在具体课程的安排上，存在“重实践、轻理论”的倾向，需增加方法论相关课程。作为一种应用型的专业学位，强调教学实践是必需的，但是如果过于强调实践，以致在教学实践中缺乏理论的指导，那又“矫枉过正”了。

（3）课程设置未结合国外汉语教学的实际情况。汉语国际教育的区域性和国家性较强，每个国家的国情不同，语言政策不同，对汉语的准入程度也不相同。因此，在专业学位研究生的课程设置上，应留有空间具体体现不同国家汉语教学的差异情况。

（4）过于重视小语种课程，未开设英语课程。这导致学生学习小语种以零起点开始，由于课时不足，一个学期未能学好；而英语又未能得到强化练习，这导致学生的外语交际能力有所欠缺。

（5）需要充分考虑教学对象的需求和特点，适当增加二语对比或方言对比课程，例如中英对比、闽南话和粤语与普通话对比课程。另外，受访导师也指出，本专业学生的教学实践没有统一安排，学生的实践考评以及中期考核流于形式，未能做到有效监管、优胜劣汰，切实保障培养质量。

2.1.3　学生培养和管理

受访导师在学生培养和管理方面的意见可归纳为以下三点：

（1）暨南大学汉语国际教育硕士专业的生源情况整体偏弱，不少本科为国内二本院校的毕业生，学校不应盲目扩招。另外，在入学选拔方面，复试环节笔试比重太高，应逐步扩大面试分数比重，在面试中要重点考察学生的发散性思维能力、反应能力和研究能力，注重学生的综合素质和研究潜力。此外，面试名单应打乱顺序，不宜按照初试成绩排列。同时，学校应适当给予导师更大的自主选择学生的权利。

（2）在指导学生工作方面，受访导师普遍反映，学生参与校内活动太多，没有太多时间看专业书；学生自主学习能力有所欠缺，知识不系统，毕业论文选题完全依赖导师；而且，学生就业压力大，忙于应付考证、招聘等琐事，导师论文指导压力也较大。

（3）在学生管理方面，受访导师也指出，学生考勤管理太松散，中期考核基本流于形式，应引进末位淘汰机制。在班级规模上，50 多人一个班不利于教学，可考虑分班。

2.1.4　学生答辩和实习就业

在学生答辩、实习和就业方面，受访导师们同样给出了以下三点建议：

（1）在开题答辩等环节中，尽量根据导师专业和研究方向适当分组；学生论文质量堪忧，尽管学位论文均实行盲审和预答辩制度，但应严格把关，加强研究生督导管理制度，可聘请省外同行专家进行盲评，实行一票否决制，严格管控硕士论文质量。

（2）在实习方面，应加强实习管理。对于在二年级时没有出国做志愿者的同学来说，需要自己联系单位进行实习。然而，这样的实习缺乏监控，也缺乏系统评价体系，学生很难从实习中获取营养。

（3）在就业指导方面，缺乏系统有效的就业引导，绝大多数同学最终没有从事汉语国际教育工作，就业方向跟专业设置有冲突，本专业就业率连年偏低。

2.2　校内硕士生导师访谈意见分析

现在使用的汉语国际教育硕士（内招生）培养方案是 2012 年修订的，从导师访谈记录来看，还存在一些问题。这里我们主要从宏观上的目标定位和毕业能力两个方面来进行分析。

2.2.1　目标定位

导师们普遍表示，当前的目标定位锁定汉语国际教育，整体上符合汉语国际教育的专业特点和海外日益增长的华文师资需求，同时也能体现暨南大学华文学院特色和优势，在同行业中具有较强的竞争力。但是，目前仍然面临一些问题，突出表现为专业定位和学生实际就业市场间存在矛盾。

从学生就业的实际情况来看，毕业后去海外从事华文教学工作的概率很低，而在国内担任中小学教师工作的比重最高，大概占 50%；另外约 40% 分别在政府机关、高等院校、公司企业、报社电台从事相关工作。

受访导师们表示，专业定位主要依赖专业属性，不能盲目跟随市场；同时，对于学生培养要密切联系市场需求，进一步凸显人才培养的宽口径特征。因此，在目标定位上既要加大针对性，也要加大适应性，逐步落实到学生的就业能力和市场需要；同时，在课程体系、质量工程、管理体系等多方面予以落实，使目标定位成为切实可行的纲领和依据。

2.2.2　毕业能力

基于受访导师们的意见和建议，我们认为本专业毕业生要在就业时具有核心竞争力，必须要具有以下四个方面的能力：

（1）综合素质能力。主要包括母语及二语的口头和书面表达能力。这其实是中文类方向专业的基础能力，但导师在指导过程中发现，学生在写毕业论文时，仍不同程度地存在表达问题，行文缺乏条理，逻辑思维能力和综合概括能力有所不足。应在课程体系中增加外语交际类和论文写作类课程，提升学生的综合素质。

（2）教学能力。这其中既包括汉语作为第二语言的教学能力，也包括汉语作为母语的教学能力。某一语言的教学，首先考验的是教学者本身是否对该语言知识有深入了解，其次才是选择哪种方式方法来传递给学习者。所以，无论是母语教学，还是汉语作为第二语言的教学，首先都要求教学者充分了解和掌握汉语语言的特点和规律，同时根据教授对象的不同，在语言知识和体系的推进程度、学习者的个性需求、文化背景等方面予以甄别。因此，我们在课程设置上，需要充分兼顾语言本体知识和教学方法的匹配度，将语言本体知识及相关体系细化并落实到每门课程中。

（3）研究能力。主要包括发现问题、对比分析问题和解决问题的能力。研究能力跟学生自我提升能力关系密切。具有良好的研究能力，即使就业从事的工作与专业相关度较低，也能很快适应并发现规律，及时作出调整。导师们普遍指出，现有课程体系中，需要加大方法论的训练，提高学生的课堂参与度，杜绝纯输入性课堂和低水平内容重复。

（4）跨学科发展能力和职业发展能力。主要涉及语言应用与语言服务领域，例如语言科技、语言智能、信息加工、心理语言学等。从学生的就业来看，当下就业渠道和领域日益多元化，能否在激烈的社会竞争中胜出，比专业知识更重要的是职业发展能力和自我学习能力。因此学生在校就读期间，需要拥有更为广阔的学科视野，具备举一反三的类推能力、沟通协调能力、规划和设计能力等。

3　2016 级汉语国际教育硕士专业 50 名在校生的问卷调查数据分析

为调查当前课程设置的满意度和教学效果，我们对 2016 级 50 名汉教硕士生进行了问卷调查，学生对课程满意度和教学效果数据可用表 1 显示：

表 1　2016 级 50 名汉教硕士生对专业课程的满意度[①]

	总体满意度			
	H（高）	M（中）	L（低）	总评
课程 1	6	29	15	81.70
课程 2	14	33	3	86.90
课程 3	12	33	5	85.90
课程 4	16	31	3	87.30

① 部分课程为选修课，学生选修内容不一致，故有些课程的统计人数不足 50 人。鉴于课程评价信息的私密性，我们在此处隐去了具体课程名称。

（续上表）

	总体满意度			
	H（高）	M（中）	L（低）	总评
课程5	18	25	7	86.50
课程6	14	30	6	86.00
课程7	23	24	3	88.70
课程8	25	23	2	89.40
课程9	8	33	9	83.90
课程10	9	31	10	83.80
课程11	21	25	4	88.00
课程12	34	16	0	91.80
课程13	4	18	4	84.23
课程14	13	21	7	85.61
课程15	20	26	3	88.16
课程16	19	16	5	87.88

从上表来看，被调查学生对所开设课程基本满意，基于以上数据，我们认为在课程设置上可做如下调整：

（1）被调查学生认为汉语课堂教学案例与微格教学在内容上有较多重合之处，可考虑合并开设；被调查学生感觉中华文化才艺与展示课程对实践能力的提升没有较大实效，可考虑删除该课程，如果需要保留，在教学内容中应增加简笔画、乐器、剪纸等易学易用、易于展示的教学内容。

（2）目前课程设置重视二语教学能力，但教育学、心理学的基本理论较为欠缺，母语教学能力也明显不足；学生跨文化传播和活动组织能力更是欠缺，应增加方法论和文化传播、活动组织类课程。

（3）跨文化交际课程与本科阶段课程有重复，且在授课内容上也未能进一步深化，可以考虑删除。另外，教学测试与评估课程讲授了很多统计分析软件（如SPSS软件），但偏重于理论教学，学生未能真正掌握和领会，感觉收获不大，应在教学中加强实操性内容。

4　有关汉语国际教育硕士专业建设的几点思考

4.1　课程设置与具体安排应科学合理，注重衔接

目前的课程设置模块主要根据教育部2009年的相关文件，相对比较陈旧，缺乏

个性，也未能体现出学院的办学特色。主要表现为：

（1）具体课程在培养目标和内容设置上还不够清晰，例如每门课程究竟要培养学生的什么能力？如何检验每门课程的实际效果？语言要素及其教学相关课程中，语言本体知识和教学部分如何分配？如何避免不同课程间内容的重复？如何体现训练课程和拓展课程对核心课程的有效支撑？这些都是我们需要思考的问题。

课程体系需要不同课程间形成互补和支撑，最终实现学生能力培养的落地，因此培养方案的目标和要求必须要跟具体课程挂钩。否则，所谓的目标和要求只不过是个纲领性口号。

（2）选修课覆盖面太小。学生的课程自主选择权范围有限，没有办法兼顾学生的个性需求，也不能充分发挥导师们研究专长的互补优势。因此可以考虑鼓励导师们申报选修课，为学生提供多样化的选择，提高课程设置的立体效应，拓展学生跨学科视野，培养学生跨学科发展能力。

（3）核心课程需要设置先修课程。目前汉语国际教育硕士专业的学生来源多元化，非专业出身比重并不低，很多跨专业报考的学生根本没有修读过现代汉语、古代汉语及其相关课程。因此，在语言要素及其教学类课程上，教师要花相当多的时间去为学生补充本科阶段的知识，无暇顾及学科体系、知识深度和教学应用。

因此，修读汉语语音及其教学、汉语语法及其教学、汉语词汇汉字及其教学等课程，需要学生已经修读过现代汉语语法、现代汉语语音、现代汉语词汇等核心课程；未修读过的学生可考虑去本科课堂旁听，保证硕士课程体系跟本科体系有衔接、有梯度，有利于教师提高课程的理论深度。

（4）核心课程排课太过集中。目前语音、语法、词汇、汉字这些语言要素及其教学课程都安排在第一学期，导致学生阅读的书目太多，课程负担过重，样样兼顾又疲于应付，严重影响了课程实际教学效果。建议核心课程安排相对分开，留给学生充分的阅读和思考时间。

（5）英语学习和其他小语种学习的时间太少。目前的汉硕专业并没有开设英语课，虽然该专业学生外派国家多为东南亚，但是这些国家英语的普及和流通程度仍然很高，海外的华文学校也多为三语学校，对英语的重视程度也很高。英语学习可以培养学生的二语对比能力，毕竟中国学生的英语教育历程长，听说较为熟练。而且，从课时上来看，英语和小语种课程均应至少 4 节/周，如果课时太少，学习效果则不明显。

（6）实践类课程的密度和力度不够。目前汉语课堂教学案例和微格教学是两门 1 学分课程，仅 20 课时。这两门课的体系并不相同，不易衔接，建议合并为 2 学分课程，增加为 40 课时，以便对学生的实际教学水平进行指导和分析。

4.2 教学效果和教学内容应加强监管，注重团队建设

比课程设置更为重要的，是具体到每一门课上什么和怎么上？各门课程间的逻辑

关系与衔接关系如何？要做到这些，我们认为在课程教学和师资建设上应注重以下四个方面：

（1）课堂教学需要监管

监管应主要从两个方面展开：一是完善考评体系和激励机制，研究生课程管理也可以借鉴本科教学课程管理制度。期末对课程进行打分，排名靠前的予以公示和奖励，排名靠后的私下警醒。二是及时向任课教师反馈教学意见，以便授课教师及时改进教法，完善内容。

目前的研究生课程并无建设教学文档的要求，例如教学日历和大纲的制作、教材或讲义的制作等都有一定的随意性。应要求教师提供教学日历或大纲，并且教学日历或大纲应在开学初发放给学生，以便学生能对该门课程的教学体系有整体认识，在教材、讲义、阅读书目等方面提前准备和安排。

（2）课堂教学内容需要设计和更新

一些导师和学生均指出，部分课程缺乏设计和规划，表现为：其一，课程内容较为随意，内容发散性太强，学生不易捕捉核心要素和精神。其二，不同课程的任课教师间缺乏沟通协调，内容间有重复，难以形成有效互补。其三，教师授课需要结合自身科研背景，但不宜在课堂上过度引入晦涩的科研专长话题，而需要聚焦课堂教学内容，并深入浅出地传达给学生。其四，课程内容需要跟本科系列课程衔接和区别，特别是同名称课程，需要在内容宽度和深度上形成有机衔接，注重启发性、系统性和发展性。

（3）课堂教学效果需要验收

学生考核方式需要甄选和对教学效果有所反馈。目前大多数课程是以课程论文的方式考核，但是学生普遍反映，课程论文的具体写作过程都发生在学期末，甚至是假期，学生们不容易跟任课教师沟通具体问题。研究材料的处理、研究方法的选择、分析理论的支持、逻辑的严密性和论文的框架等方面得不到及时的指导，所以学生虽然完成了课程论文，但研究能力和写作能力的提升效果并不明显。

因此，以课程论文作为考核方式的课程，教师应指导学生尽早确立选题，利用部分课堂时间集中答疑或讨论与材料或方法相关的问题，切实提升学生的研究能力。在学分有限的情况下，与其单独开始毕业论文写作指导课，不如以课程论文的方式，把写作指导“碎片化”，不同的课程针对不同的主题，反而有助于增强学生的创新研究意识，为毕业论文的撰写打下基础。

（4）课程团队建设迫在眉睫

目前的各门课程授课大多是任课教师的个人行为，对课程与课程间如何协调和区分，如何充分发挥教师的个性又兼顾课程的共性问题不易把握。因此，导师间可定期召开课程经验分享会，建设授课团队，每门课程由团队成员轮流授课或者由主讲老师和辅讲老师共同完成授课，加大课程的区分度和有效性，也可让学生体会到不同的授课方式和风格，扩大学术研究视野。

（5）输入性课堂向启发性课堂转换

汉教专业目前人数较多，通常都是50多人的大课堂。在课堂教学环节需要兼顾学生个性、展开启发式教学，可考虑分班教学。在教学过程应减少知识的灌输，增强对启发性、发散性、创新性思维能力的培养和提升。

4.3 培养和管理的过程中应注重质量保障，强化教学技能

目前的学生管理工作进展有序，但在两个方面还有待改善，表现为：

（1）复试环节的面试比重和内容。对推免生而言，笔试比重可以放宽。但对于统考生而言，已经经过严格的笔试，复试部分应以面试为主。面试题目要能够体现其发散性思维，以能力和潜力考核为主，避免具体知识点的考核。

（2）要加大一年级学生的实践力度，可考虑引入学术导师和实践导师“双导师制”。在一年级上学期，可以为学生配备一名有教学经验的汉语教师作为实践导师，学生作为汉语助教，耳濡目染，接受汉语教学的实践训练。在一年级下学期，根据学生的研究兴趣和论文选题，师生双向选择，为学生配备一名学术导师，进行论文开题和论文撰写。另外，为强化教学实践技能的训练，可考虑开展“语言诊所”项目，加大汉教硕士同本科留学生之间的联系，推动汉硕学生加入留学生课程作业和论文指导项目中来。在辅导留学生的过程中发现问题，并带着问题回到课堂，从而形成良性互动，针对性更强。

5 结语

本文基于汉语国际教育硕士专业15位受访导师的反馈意见和50名研究生的问卷调查数据，对本专业的培养目标、课程设置以及实践技能的培养和提升等提出了一些可供操作的建议和对策，以期对本专业培养方案的修订提供参考和借鉴，以便汉语国际教育硕士专业能更好地适应当前国内外市场的实际需求，紧贴汉语国际教育发展的需要，利用现代化的教育技术、手段，培养出将人文思考与科学精神融为一体的新型汉语国际教育人才。

参考文献

[1] 陈红梅. 面向东盟的汉语国际教育专业硕士培养模式微探［J］. 东南亚纵横，2011（9）：81－85.

[2] 陈青妮. 论汉语国际教育硕士专业的课程设置［J］. 曲靖师范学院学报，2008（5）：118－121.

[3] 冯丽萍. 论汉语国际教育专业硕士培养中的若干问题［J］. 长江学术，2009（1）：114－118.

[4] 高琪阳. 汉语国际教育培养现状调研——以兰州大学为个例［D］. 兰州：兰州大

学，2012.

［5］何海新. 当前汉语国际教育事业发展的新思路［D］. 兰州：兰州大学，2012.

［6］李泉. 汉语国际教育硕士培养目标与教学理念探讨［J］. 语言文字应用，2009（3）：105－112.

［7］李向农，贾益民. 对外汉语与汉语国际教育：专业与学科之辨［J］. 湖北大学学报（哲学社会科学版），2011（4）：21－25.

［8］林秀琴. 汉语国际教育硕士教学能力培养问题探讨［J］. 黑龙江高教研究，2012（12）：109－111.

［9］苗苗. 重庆师范大学汉语国际教育硕士专业课程设置学生问卷调查［D］. 重庆：重庆师范大学，2015.

［10］田艳. 基于英国 MTESOL 课程体系对汉语国际教育硕士课程设置的思考［J］. 世界汉语教学，2012（2）：276－287.

［11］杨薇. 汉语国际教育专业硕士培养模式的探索［J］. 天津师范大学学报（哲学社会科学版），2013（4）：77－80.

［12］赵吉英. 对培养汉语国际教育专业硕士的思考［D］. 广州：暨南大学，2011.

［13］朱小丹. 武汉三所高校汉语国际教育专业硕士培养现状调查研究［D］. 武汉：华中师范大学，2016.

【作者简介】

1. 王衍军，文学博士，暨南大学华文学院教授，博士生导师，院长助理、汉语系系主任。主要从事近代汉语词汇语法、对外汉语教学和海外华文教育方面的研究。

2. 金颖，博士，副教授，任职于暨南大学华文学院汉语系，主要从事汉语词汇的相关研究。

语言政策与华文教育定位研究

国家语言政策：泰国和中国的语言

［泰国］Nitaya Kanchanawan[1]（撰）　黄丹丹[2]（译）
（1. 泰国皇家学会艺术学院；2. 暨南大学汉语国际推广中心）

1　国家语言政策

2006年5月22日至25日，来自泰国14所高校（曼谷大学、清迈大学、清莱皇家大学、朱拉隆功大学、泰国农业大学、北曼谷先皇技术学院、皇太后大学、玛希隆大学、川登喜皇家大学、泰国皇家理工大学、泰国蓝康恒大学、诗纳卡宁威洛大学、泰国斯坦福国际大学及泰国国立法政大学）的相关教员，与美国外语教学委员会、翻译协会，泰国国家电子和计算机技术中心、泰国扶轮基金会、泰国皇家学会及泰国会议展览局合作，组织召开了“语言的力量：理论、实践与发展”第一届世界大会，庆祝玛哈·扎克里·诗琳通（Maha Chakri Sirindhorn）公主殿下诞辰50周年，感谢其作为杰出代表，为语言发展所作出的资助与贡献。大会的主题为推进语言在促进国家发展、维护国家安全与人民幸福及推动世界和平三大领域发挥重要作用。

来自澳大利亚、中国、马来西亚、新西兰、英国及美国等世界各地的400多位语言及语言学学者参与了此次大会，共发表论文约150篇。这些文章从各个角度反映语言所具有的力量及其所存在的问题，例如语言学习、语言教学、翻译以及听力障碍群体在非语言交际中的问题等。

在第一届世界大会中，泰国皇家学会（早前称为“泰国皇家学院”）共举办了两场讨论会，主题分别为“国家语言政策及其规划”与“全球化下的罗马化、音译及改写”。

2　泰国语言政策

各国均有针对国家语言及少数民族语言管理的相应政策。全世界有125个国家在其宪法中提到一种或多种官方语言。有些国家（如美国及英国）则将语言政策纳入其人权法中。有些国家并没有书写成文的语言政策，控制其语言选择的是国家对语言不成文的假设（Spolsky，2004：8）。

以泰国为例，泰语在泰国第九次国家大会上被宣布为国家语言。这一政策于1940年6月24日，陆军元帅銮披汶·颂堪掌权期间颁布。随后，泰国开始鼓励全国人民学习泰语。与此同时，因安全政策要求，当时关闭了所有的外语学校。

目前，泰国语言决策的制定大多均基于相关的不成文假设（Udom，2008：90）。

泰国宪法并未提及语言这一问题，且多数政策决策者认为泰语及英文是泰国最重要的两种语言。不过，泰国政府始终致力于支持泰语的标准化发展，以缓解国内文化沟通等相关问题。承担此项职责的政府机构为泰国皇家学会。泰－泰词典（Thai-Thai Dictionary）的编撰是他们的主要成就之一。这一词典的当前版本（2011版），被泰国总理办公室称为泰语标准。

3 泰国皇家学会与国家语言政策

2006年5月召开的“语言的力量：理论、实践与发展”第一届世界大会中，有一场由泰国皇家学会举办的名为“国家语言政策及其规划”的讨论会。2006年12月13日，泰国国家语言政策战略规划委员会成立，Udom Warotamasikkhadit 教授担任委员会主席。

委员会的职责包括评估泰国当前语言状况及预测未来与语言相关的需求，委员会职责内容可细分为以下六部分：

（1）泰国学生及国民所使用的泰语，包括对外泰语；

（2）地方语言，包括少数民族语言；

（3）商务语言及邻国语言；

（4）对前往泰国寻求就业移民的泰语教学；

（5）视听障碍群体的语言需求；

（6）口笔译及本地化标准。

为更好地收集泰国当前语言状况的相关信息，委员会在曼谷及泰国南部与北部地区组织了多场学术会议与公共论坛。各界相关人士，包括高校教授、多个部委政府官员、联合国工作人员、少数民族代表、专业译员、视听障碍社群代表、外交官员、教育工作者（来自泰国、各国际学校及高校）与商界人士，均参与了相关会议。共计有来自30多个国家的1 000多人出席会议，其他人士则通过广播及网络直播的方式参与其中。多场会议及论坛的论文集均以英文与泰语发表（Udom & Kirk，2011）。

制定国家语言政策的主要目的在于保护并支持泰语作为泰国国家语言，也包括地区及民族语言。这样做的目的在于保护少数民族语言的多样性及文化特征，因为它们均是国家的宝贵财富。泰国国家语言政策也支持为残障人士提供语言教育。这将为促进国家教育、经济发展，提升信息的可获取性奠定坚实基础，从而进一步维护泰国国内丰富的亚文化。这一切将为人民带来安全、幸福与和平。

国家语言政策还大力支持涵盖商务语言及文化语言的外国语言教学，其中便包括汉语及其他邻国语言。此举旨在加强泰国与各国间的合作，提高泰国学生的语言能力，从而更好地与其他国家展开经济竞争。同时，还鼓励使用地区及民族语言的群体，包括在泰国寻求就业机会的他国移民，接受双语或多语教育。基于母语的语言教学方法，不但能够加强泰语教学，还将促进人们学习泰语。此外，国家语言政策也支持口语及手势语言口笔译的标准化。

2010 年 2 月，泰国时任总理阿披实·维乍集瓦（Abhisit Vejjajiva）批准通过了相关语言政策，并制定了政策实施策略。2012 年 3 月 28 日，泰国时任总理英拉·西那瓦（Yingluck Shinawatra）同意继续这一项目。

4　泰语语言政策

泰国政府有义务为全国人民提供泰语教育，使其成为国内的沟通工具。通过这一方式教授的泰语便是“标准语”。

2011 年有报道称，泰国有 70 种不同民族语言。这些语言包括地区语言（如中部、东北部、北部及南部）和民族语言（如马来北大年语 Malayu Patani、泰高棉语 Thai Khmer、呵叻语 Korat、喀伦语 Karen、孟语 Mon）。同时，还有不少外语，如汉语、日语、韩语、马来语、越南语、缅甸语、高棉语及老挝语。其中约有 2 000 万人在使用中部泰语（Mahidol，2011）。随着时间的推移，在曼谷所使用的一种中部泰语发展成为了泰国的标准语或“通用语”。这一语言被整理成文，在全国范围内通用。多年来，已编撰及制定了相应的官方词典与语言使用规则。随后，这一语言在全国校园内开始教授，并在包括媒体在内的所有官方场合得以使用。

由于标准泰语是不同母语人士间交流的工具，语言规划者、教育者及决策者有必要依据人类语言学习能力制定相关政策，明确语言学习者应达到的泰语水平。此外，还应全面考虑泰语管理及教学问题，从而有效避免如国家安全、人民生命安全及文化冲突等各种问题。

而基于母语的语言教学法，所涉及的三个群体是语言学习者、课程规划者及语言教育者。

经进一步分析，学习泰语的四大群体是：

（1）居住于泰国，母语为标准泰语者。

（2）居住于泰国，母语为非标准泰语者。

a. 地区语言使用者，如使用东北部、北部及南部泰语；

b. 民族语言使用者，如使用马来北大年语、呵叻语、喀伦语、泰高棉语、孟语；

c. 外国语言使用者，如使用汉语、日语、韩语、马来语、越南语、缅甸语、高棉语及老挝语；

d. 听力障碍语言使用者。

（3）未居住于泰国，母语为泰语者。

（4）未居住于泰国，母语并非泰语者。

针对以上四组语言学习者的课程设置及教学技巧应有所不同，以适应相应群体的需求。

泰语教师应具备从语言学角度对语言现象进行解释的能力。这样，学生便不会因要记住所有的知识点而感到厌烦或沮丧。2014 年 11 月 24 日，一批泰国学生参加了语言政策核心小组会议——“泰国学生及国民所使用泰语，包括对外泰语”。会后，他们表示希望可以学习如何在正确的语境下恰当地使用泰语，而非死记硬背语法规则。

事实上，这与人类语言习得的本质相符，即语言学习始于听，后为说、读（阅读已书写成文的文字）及写（旨在交流）。语言或语法规则是语言科学的一部分。根据不同的理论，这些规则或许会有所不同，而普通语言使用者未必会对这些理论感兴趣。但即便不了解语法规则，语言学习者也可能能够像母语人士般熟练使用该语言。

语言使用者也设计出了阅读及写作的方法。因为读写并不如听说般自然，这两部分内容需分开单独学习。为方便学习沟通，还需要编写各式各样的词典。同时，还需制定语言使用规则，让居住在同一社会的不同人士能够进行无障碍沟通。因此，人们需要学习阅读、写作、使用词典推荐的正确词汇及根据情境恰当地使用语言。

5 对外泰语教学

上述四大泰语学习群体中，将泰语作为外语学习的两大群体是：

（1）居住于泰国，母语为非标准泰语者；

（2）未居住于泰国，母语并非泰语者。

相较于第二个群体，由于第一个群体可能处于泰语环境中，因而此群体泰语水平可能会更高。与此类似的情况是，在英语国家学习的英语母语者，其英文水平可能较高。

第二个群体则可能缺乏泰语语言环境。因此，需要为他们营造一个激励性的语言环境，如组织泰国展览会、泰语节目、观看泰国电影或听泰文歌曲。有时还需安排短期旅行前往泰国，从而获得当地体验。一定程度上来说，是否采用这些方法取决于语言学习者个人。

6 泰语教学目标

泰语的教学目标是让语言学习者达到适宜的语言水平。其中，语言水平可分为四个等级，即母语或第一语言水平、第二语言水平、外语水平及工作语言水平。

要达到母语或第一语言水平，语言使用者需掌握标准泰语的使用，如正确理解所听及阅读的文字，恰当地用口语表达自己的想法，依据任务目标写出正确的词汇及句子等。

要达到第二语言水平，语言使用者应具备像母语人士般使用标准泰语的能力。

要达到外语水平，语言使用者应能够根据个人目的自如地使用泰语，例如能够听、说、读或写泰语，或同时具备这四种能力，但可能不如母语人士般娴熟。

要达到工作语言水平，语言使用者或许能够在有限的领域使用泰语，如在商业、服务业或研究领域等。有些语言使用者可能能够阅读泰文，但无法流利地说泰语。还有些使用者仅能够在某一工作领域使用泰语，如驾驶、工厂工作或货物销售领域。

未居住于泰国且母语并非泰语者的泰语水平有可能达到以上提到的任一水平。不过，大多达到的为工作语言水平。

可体现政策多元化的例子之一：日本奈良天理大学以 20 名左右的学生为一个班级，系统性地为本科生提供泰语教学。美国的康奈尔大学则与其不同，该校安排学生与教师见面讨论学习，从而满足不同学生的需求。（信息来源：2015 年 4 月 1 日，与康奈尔大学教授 Dr. Jagacinsky 的电话通话）

7　国家汉语语言政策

泰国商务沟通最重要的语言之一便是汉语。2013 年，有报道表示，使用汉语、俄语、日语及韩语交流的赴泰旅客数量与使用英文交流的旅客人数持平。因此，泰国对除去英文外还会其他外语的导游的需求与日俱增。

8　汉语在泰国的状况

中国人口数量位居世界之首，汉语也在国际机构、商业领域及各大学科分支中得以广泛使用。能否使用汉语进行沟通对于泰国各方面的发展有着重大影响。因此，汉语教育迫在眉睫。而当前，泰国的汉语教学还有待改进：具有语言学背景的师资不足，大多数学校仅提供基础课程。除朱拉隆功大学外，几乎没有其他高校为研究生提供汉语学习课程。此外，政府对汉语教师志愿者的学术背景要求并不严格。不少泰语教学专家担心其中一些非专业出身的汉语教师志愿者缺乏教学经验，没有接受过专业培训。另外，母语人士只有在了解如何教授语言后才有能力教授好自己的母语。因此，这些专家表示希望政府为更多的泰国本土教师提供汉语培训，让这些教师教授汉语。缺少对汉语足够了解的人才，不仅会影响学术领域的进步，还将阻碍商业发展。

9　改善汉语教育质量

第二次世界大战期间，泰国的汉语教学中断。因政治原因，华文学校受到极大控制。据泰国教育部称，1937 年泰国的华文学校多达 230 所。然而，到 1944 年却仅剩两所。1922 年，汉语被公认具有同英文及其他外语一样的语言地位，这使得人们学习汉语的需求大幅提升。如今，泰国需要更多符合泰国需求的汉语教师，其中包括合适的教学课程计划与媒介。为此，本文提出以下建议：

（1）提升汉语教师师资水平。举办相关讲座及定期的教学实践活动，为汉语教师提供持续进修的机会，使其充分掌握汉语语言学知识，了解如何教授对外汉语及掌握汉语听说读写教学的技能。培训后须对教师，尤其是非汉语专业或并非毕业于高等院校的教师，展开后续评估。

（2）增加泰国本土教师中专业汉语教师数量。可向泰国本土教师提供学校任教岗位，或在其开始教授汉语前，派其至中国进行最短为期一年的实地学习。

（3）升级改善教学课程、媒介及内容（见图1、图2），使其符合当代泰国学生需求。接受过汉语教育的毕业生应具备就职于现实生活中任一与汉语有关职业的能力。这一过程可邀请汉语专家加入。

（4）为各语言层次的师生设立全国性汉语水平测试机构。

（5）创新设立汉语咨询委员会。展开包括媒体制作在内的教学计划及评估工作，使教师明确其教学优势及有待改进之处。

图1　对外泰语教学课本示例一

图2　对外泰语教学课本示例二

参考文献

[1]PREMSRIRAT S. Ethnolinguistic maps of Thailand[M]. Bangkok: Mahidol University, 2011.

[2]ROYAL INSTITUTE. The Royal Institute Thai-Thai dictionary[M]. Bangkok: Royal Institute of Thailand, 2013.

[3]BERNARD S. Language policy[M]. Cambridge: Cambridge University Press, 2004.

[4]NITAYA K. Teaching Thai to foreigners: from America to Japan[M]. Bangkok: Odeon Store, 2007.

[5]ROYAL INSTITUTE. Draft of NLP: Thai for Thai students and Thai nationals, including Thai language for foreigners as a foreign language[Z].

[6]ROYAL INSTITUTE. Focus group conference on NLP: Thai for Thai students and Thai nationals, including Thai language for foreigners as a foreign Language[Z]. 2014.

[7]ROYAL INSTITUTE. Focus group conference on NLP for languages of commerce and neighboring languages[Z]. 2014.

[8]NITAYA K & MATTHEW E. Learning Thai[M]. Second edition. Bangkok：Odeon Store，2005.

[9]UDOM W. Proceedings from the international conference on national language policy：language diversity for national unity[M]. Bangkok：Royal Institute of Thailand，2008.

[10]UDOM W & PERSON K. 2011. Development of the national language policy（2006—2010）committee to draft the national language policy[J]. The Journal of the Royal Institute of Thailand，2011(3)：pp. 29－44.

[11]UDOM，W，et al. Fundamental Thai for speakers of Chinese[M]. Bangkok：Odeon Store，2009.

【作者简介】

1. Nitaya Kanchanawan，泰国皇家学会艺术学院泰语副研究员，国家语言政策小组委员会主席，此前为泰国蓝康恒大学副教授及日本奈良天理大学教授。

2.（译者）黄丹丹，澳门大学英汉翻译硕士。2017年至今就职于暨南大学汉语国际推广中心。

国学、汉学与华学

陈学超
（陕西师范大学国际汉语研究所）

1　与海外华人华文密切联系的国学和汉学

国学和汉学，是近代以来世界中华文化研究中频繁使用的字眼。其概念边界虽相对模糊，研究方法也各有千秋，然而其内核大体清晰，这就是关于中国人和中国文化研究的学问。国学和汉学这两个概念的产生，都和海外华人和海外中华文明研究有关。

国学，表面上看似乎是一个纯属中国国内、古典的、传统的学术体系。其实，真正现代意义的“国学”，诞生于西学东渐、文化转型、华人自省的清末时期，其和旅居海外的华人有着密切的联系。虽然《周礼》中也有“乐师掌国学之政，以教国子小舞”的词句，这里的“国学”所指，只是学校、教育机构之谓，与近代以来我们通常所说的“国学”完全不同。1903 年，旅居日本横滨的梁启超创办了中文版的《新民丛报》，并发表了《游学生与国学》一文，提出了学理范畴的“国学”，将此前张之洞所言“中学”“旧学”① 予以引申。此后，邓实、黄节引进日本的“国粹”之说，标举“研究国学，保存国粹”②，为国学大师章太炎 1906 年在日本东京发起的“国学讲习会”“国学振起社”起到了推动作用。再后来，1910 年章太炎在日本出版了《国故论衡》一书，提出“国故”一语，引发出“国故学”的称谓③。胡适在 1923 年发表的《〈国学季刊〉发刊宣言》诠释说：“‘国学’在我们的心眼里，只是‘国故学’的缩写，中国的一切过去的文化历史，都是我们的‘国故’；研究这一切过去的历史文化的学问，就是‘国故学’，省称为‘国学’。”用“国故”这一中性词，将国学中的精华（国粹）和糟粕（国渣）区分开来，从而使“国学”成为公认的学术载体，百年来广泛应用，蔚为大观。在当代研究界，也有人直接认定“国学一词的近代意

---

① 张之洞著. 劝学篇：张之洞［M］. 陈山榜，评注. 长春：吉林出版集团有限责任公司，2011.

② 1905 年，邓实、黄节创立“国学保存会”，提出“研究国学，保存国粹”的口号。

③ 1919 年，毛子水撰写《国故和科学的精神》一文指出：“古人的学术思想，是国故；我们现在研究古人的学术思想……这个学问，应该叫做‘国故学’。”

义，转借自日本”[①]。国学一词“始于17、18世纪的日本‘国学运动’”[②]，此说法还有待于考证。总之，国学并不完全是一个本土的、原生的中国话语系统，而是在西学的刺激下，以敏感的海外华人为前驱，以再造中华文明为目标而倡导的学术范畴。

再说汉学。它基本是一个海外学者研究中国经典、中国文化的约定俗成的学科代码。虽然清代雍正、乾隆年间一些问学之士也提过汉学之名，但那是为了笃守训诂章句之学、拒斥唐宋群儒“乱经”，以别于“宋学”的复古流派。最早的真正现代意义上的汉学研究，是由20世纪初域外的传教士开创的，为首者是法国汉学家沙畹（Edouard Chavannes）。此后国际汉学研究的中坚，有巴黎学派的雷慕萨（Abel Remusat）、瑞典学派的高本汉（Bernhard Karlgren）、苏俄学派的阿列克（V. M. Alexeif）、德国学派的尼博尔（B. C. Nibuhr）、美国学派的费正清（John King Fairbank）、日本学派的狩野直喜等。海外汉学研究，已有六七百余年的历史，历经了利玛窦为代表的游记性汉学、法国教会学者为代表的传教士汉学、法兰西学院为代表的学院派汉学、美国“二战”后有关中国现实问题研究的“中国学”（Chinese Studies）几个阶段。现代活跃的外国汉学家有高罗佩、傅吾康、宇文所安、易社强、马悦然、葛浩文、竹内实、史景迁、林培瑞、顾彬、柯蔚南等上百人。因为对中华文明的钟爱和研究，他们大都谙熟中文，有地道的中国名字，且一大部分娶了华人妻子，使他们与中华文化的连接殊为紧密。特别是，一批旅居海外的华裔汉学家，更是学贯中西、出类拔萃，如赵元任、李方桂、钱存训、夏志清、高友工、梅祖麟、杜维明、黄仁宇、余英时、许倬云、郑锦全、李欧梵、王德威等。海外汉学家阅读和译介中国经典文献，把中华文明作为与印度、埃及、希腊、罗马文明并驾齐驱的世界文明之一，悉心比较研究。面对浩瀚的中国文化典籍和复杂的中国社会现实，皓首穷经，著书立说，对中国传统的语言文化的阐释、比较、探索、交流，做出了极大的贡献。海外汉学家的工作促进了中华文化的海外传播，带动了中外文化的交流和融合，甚至在一定时空下改写了世界文明的进程。比如，欧洲“启蒙运动”受到来华传教士介绍的儒学的启迪；中国“五四”新文化运动受到海外汉学中西文化比较、融通的影响；1972年，美国总统尼克松访华前夕阅读美国汉学家费正清的《美国与中国》等，这些历史细节都不可小觑。

21世纪初叶，随着中国改革开放深入，国学热方兴未艾，汉学热也随之升温。当国内国学研究深入探索“我们眼中之我”的时候，学者们也更急切地希望了解“他人眼中之我”，渴望找到反观自身的镜子，希望借鉴海外汉学的研究视野、方法，开拓出国学传统的新价值。海外汉学家研究的异质性、新鲜性，促使国内外中华文化研究取长补短，共同发展。海外汉学家也开始逐渐从以往各自封闭研究的隔离状态，转向与中国现实的文化语境沟通，吸收国学研究者的新成果。然而，这时有人偏偏要把国

① 桑兵. 晚清民国时期的国学研究与西学［J］. 历史研究，1996（5）.

② 薛涌. 中国文化的边界［N］. 南方周末，2005-06-09.

内和海外、国学和汉学对立起来，否定海外话语和西方文化的借鉴意义，否定海外汉学研究的价值观念和学术范式。这无疑是给自己披上传统文化儒雅的外衣，重新走入文化封闭的国粹派的老路，与近代因西学刺激、为再造中华文明而提出国学理念的先贤们背道而驰。所以，我们坚持国学研究应该与海外汉学研究内外融合，互为表里，相得益彰，文明对话。国学只有向世界汉学开放，向国际学术开放，才能成为对人类命运共同体建设有益的精神事业。目前的国学热中，有的地方仅仅停留在让幼儿园读《弟子规》、小学生行孔礼、中学生穿汉服的表面形式上，有的大学则成立面向富豪的所谓“国学班”攫取金钱，相信这些现象都会不断被文化现代化的潮流所淘汰。

为了适应当代研究教学的需要，近期不断有人提出“新国学”“新汉学”的概念，体现了中国学术界强烈希望改变自身在世界文化生态中的地位。当然这些标“新”的概念还未有人给出全面明晰的定义。汉学作为一门学问，由来已久，历来有因时而变的不断更新，未必一定需要以“新”炫人。欧洲汉学从考察游记的探访阶段，再到学科建制的学院派阶段，每个时期都有新的内容和方法；美国汉学在冷战以后成为“地域研究”的一个分支；东亚汉学从传统儒学经典研究，转入“儒学的现代化复兴”研究，这些均使汉学保持着多元化、交叉化、应用化，以及国际化延伸、传递、开放的特质。

2　用“华学”搭建中华文化研究的话语新平台

近年来随着国内“国学热”和“汉学热”的不断升温，海外华裔汉学家队伍的不断壮大，国内学术交流的不断深入，特别是国际华文教育的不断发展，海内外对“国学”“汉学”的研究越来越相互融合，原有的“国学”“汉学”概念其局限、偏狭、歧义、误读问题也越来越显现出来。

其一，“国学”一提出就是针对“西学”命名的，有抗衡西学的初衷，具有先天的封闭性，导致当代国内国学教学研究常常对多元文化有所戒备、拒斥。

其二，“国学”基本属于“中国古典学术体系”，以经史为核心，以儒学为主要研究对象。国学热中不少人打出“弘扬国学，复兴儒学”的旗号，不利于全面继承中国传统文化，不仅厚古薄今，而且连古代佛家、道家等其他思想文化也忽略了。

其三，“国学”比较容易被理解为“中国之学”。而对于散居海外的华人，对于东洋、西洋人来说，“国学”又容易被理解为其所在国之学。非要他们接受“国学”即“中国之学”的特指，而不指他们所在国的文化，有文化优越、文化强制之嫌。

其四，“国学”容易被误读为“国家之学”。似乎弘扬国学，就是在强调中国传统文化中的国家、政治和意识形态学说。大家知道，中国传统文化中的政治和意识形态学说主要是皇权主义和宗法制度，这恰恰是中国传统文化的软肋，不宜弘扬和推销。

其五，“国学”“国故”究竟是现代社会弘扬的对象，还是批判的对象；是历史记忆的一种留存，还是现实的一种指导思想；如何去伪存真、去粗取精，见仁见智，历来争议颇大。

其六，“国学”作为一个综合的古典的学术系统，很难与现代高等教育的学科体系融合。大学“国学专业”的招生，一直没有与国家学位系统融合，未能进入一级或二级学科目录。

其七，“汉学”本来专指中国古代经典学说研究。现在许多地方已经将其领域扩展到中国现代政治、经济、文化综合研究，显得勉强。因此，美国就将它改为“中国学”。

其八，“汉学”主要是外国人及海外华人汉学家的称谓，也涉及海归人士、比较文化研究者。但是把它扩展到国内中国文化研究或者对外华文教育，显得勉强。

其九，“汉学”一词，会被涂上大汉民族色彩，使人们对56个民族共同创造的中华文化产生歧义。

当国内外专家汇聚一起，深入讨论中华文化研究的共同课题时，这些问题和局限就越来越凸显出来了。于是，就产生了一个新的学习研究范畴——“华学”。

“华学”与“汉学”“国学”近义，都是研究华人和中华文明的学问。但其内涵和外延却不尽相同。它最初是由加拿大华文期刊《文化中国》的作者们议论提及的，其后被香港著名学者饶宗颐教授正式提出。2011年11月12日在华侨大学举办的“饶宗颐与华学国际学术讨论会”上，饶宗颐教授在书面致辞中写道：“……昔吾国学术界有‘国学’与‘汉学’之说，然‘国学’一词非吾邦独有，‘汉学’又易与汉宋学之争蒙混。职是之故，宗颐乃有‘华学’之提倡，‘华学’者，吾中华民族文化之研究也。无论中西、无分古今，举凡一切涉及与吾中华民族文化有关之研究论述，均可纳入‘华学’。”

果然是大师，一语惊四座。化用《红楼梦》句式，“好一个华字了得”。“华学”，诚可汇通“国学”“汉学”、古代经典、现代文明所有的涵盖，而且补充修正了它们遗漏忽略的部分。“华学”——“中华之学”，淡化了文化的国家属性、地域属性、民族属性、时代属性，强化了全球化格局中华文明的精神实质和内容风格，有利于国际交流、认同和共享。国内国外的中国人都被称为“华人”，语言文字称为“华语”“华文”，其文化学问总称为“华学”则顺理成章。正如著名文化学者肖云儒所指出：“由于‘华人’习惯指称那些生存于世界格局中的中国人，‘华学’的内涵也就较‘国学’更为丰富，除了本土的历史文化，也包含世世代代海外华人、华侨在新的生存环境中更世界化、更现代化的一部分。它处于中华文明和人类文明的衔接地带，对于促进世界了解中国、中国走向世界，促进中外文化在和谐的交融中共生共进，具有非常关键的作用。”①近年来国家大力从国外引进各种高端人才，也说明了这一点。确

① 肖云儒. 称“国学”为“华学”是否更好［N］. 西安晚报，2007-10-15.

实，我们不能把中华文化的研究视野和关注点只局限在中国大陆本身，必须涵盖大陆、港澳台，涵盖海外华人世界，必须借鉴外国汉学家的研究成果，共同继承和创造中华文明。其实，从海外华人世界和外国汉学研究机构，也可以找到中华文化某些完整的延续和承传，中华文化的外向传播也已经成为中国文化的新命题。"华学"的概念，应当是海内海外、国学汉学、古代现代研究中华文明的最大公约数。清华大学出版的《华学》辑刊，已经成为团结国内外华学专家、深入"华学"研究的重要平台；海内外华学研讨会已经在新加坡、中国香港、中国厦门举办过多次；华学范畴逐步被倡导认可，并可能逐步取代当代国学和汉学教学研究的指代。

一代有一代的文化，一代有一代的学术理念和符号系统。如果说"国学""汉学"在过往的一个世纪中，曾经发挥了应有的历史作用，那么"华学"在吸纳它们已有的学术积累的基础上，将创造出一个新的学习研究平台，开辟中华文明研究的新纪元。

3 基于"华学"的"大华文教育"格局的建构

"华学"既然是一门汇通古今中外中华文化的大学问，其自然包含海内外华文教育。华侨大学在这个基础上提出"大华文教育"理念，笔者以为具有开创意义。

目前笔者还没有看到系统论述"大华文教育"的材料，人们也许一时还没有清晰地说明它"是什么"，但是我们现在至少可以说出它"不是什么"。它与传统的华文教育比较，至少应该有以下区别：①不仅仅是华文教育，还包括综合人文教育、中华传统文明教育；②不仅仅是一般的华文教育，还要扩展到用华语讲授的其他专业的课程教育；③不仅仅是面对华侨生，也包括国内外对外汉语学习生、各民族汉语学习生；④不仅仅是基本知识、理论、能力的教育，还包括德、智、体、美全面教育和发展；⑤不仅仅是传统华校的教育，还要和普通高校中文系课程结合起来；⑥不仅仅是单纯的教学，还要把华文教学与华学研究结合起来，使之成为当代华学研究重要的组成部分。

以前的"华文教育"的称谓，一是海外华侨学校的教学，二是国内侨办系统学校的华文教学，三是港澳台的对外华文教育。其教学内容，主要是对华侨子弟的华语继承教育，以及作为第二语言的华语教育。作为一项海外华侨华人留根工程，华语母语教学当然是首要的，但还不够。要真正使下一代成为知华派，使下一代仍然能够用华语工作，其对中华文化的学习认同、跨文化交际和比较文化的能力，更是需要学习培养的。特别是一部分华人子弟，还希望通过华文（或者借助第二语言的华文）学习掌握某个专业的技能或研究能力，学习中华文化传统以及现代独特的思想和技艺，这些都需要以华文为基础的专业教育。另外，大华文教育，也会涉及未来海内外中文系（Department of Chinese Language and Literature）、中国学研究中心（Center for Chinese Studies）的改革。现在海外和香港的大学中文系，大多包容中国文、史、哲各科，不再仅限于语言文学，且教学、研究并重；国内大学分科过细，特别是中文系以古典文学为中心的课程结构，越来越不适应社会的需求。期待大华文教育改革，与时俱进，创新出一种崭新的教育模式。

在大华文教育的体系下，可以吸收中国传统的教学话语体系和教材教法（比如书院式教学等），也可以吸收外国当代前沿的教学理念和做法（比如沉浸式课程 Immersion Courses、行动研究 Action Research in Classroom 等），广泛借鉴，多元共享。过去传统的“国学”“汉学”，在华文教育中常常有文化上的偏颇和摇摆，有的畸恋传统文化，有的膜拜西方文化，陷入没完没了的中、西之争。基于“华学”在海内外的流布和深入研究，大华文教育将海纳百川，融合华洋，形成一种全新的教学研究气象。至于大华文教育具体的课程建构、教材、师资、教法等，还有待专业人士进一步探讨、实验、完善。

以上只是一些前瞻性的设想，很不成熟，期待大家批评指正。

【作者简介】

陈学超，博士，教授，博士研究生导师。现任世界东亚汉学学会会长、陕西师大国际汉学研究所所长。曾在美国爱荷华大学、日本名古屋学院大学、香港教育学院执教二十余年。研究领域涉及中国文学、应用语言学、国际汉学、跨文化交际学和海外华文教学。

为什么“华字”“华学”说法不常用？

衡　点
（暨南大学华文学院）

1　汉字和华字

1.1　汉字的起源

汉字是记录和传播汉语的书写符号系统，是世界最古老的民族文字之一，也是唯独传承演绎至今的古文字（其他古文字，如古埃及圣书字、古巴比伦楔形文字、古苏美尔楔形文字均早已消亡，成为死文字）。汉字起始于约 5 000 年前的大汶口文化晚期，至夏商之交（3 700 年前）逐渐定型，而今存相当成熟的批量文字资料——殷墟甲骨文，已有 3 000 多年的历史。初步成熟定型的汉字系统为公元前 1 300 年商朝的甲骨文，再是金文，然后到秦朝的小篆，发展到汉朝隶变，至唐代楷化为今日所用的手写字体标准——楷书。汉字是中国迄今为止连续使用时间最长的主要文字，中国历代皆以汉字为主要官方文字。

1.2　汉字得名的由来

一些人认为汉字之所以叫“汉字”是因为其是汉族人使用的文字。但这一说法并不准确。具体探究中国文字为什么被叫作“汉字”，就需要追溯中国的古代历史。栖息于黄河中游（古称“中原”）的华夏族及后来发展为广布东亚大陆的汉族，在古代东亚率先创造了汉字、汉字词与汉文章，形成一个强势的文字源地，在周边诸族诸国尚未创制文字之际，他们即向其输出汉字及汉文化，汉字便从汉族的民族文字逐渐发展为众族共享、多国采用的文字。中华民族经过逐渐的融合而形成，到春秋战国时期这个大的融合已经基本完成。秦统一六国，确立了统一的文字，但只有二世就灭亡了。接下来刘邦建立了汉朝，汉承秦制，继承了秦朝的许多传统并将之发扬光大，汉朝成了中国历史上有名的、光辉灿烂的王朝。中国的版图就是这个时候确定的，中国的主体民族也在这个时候基本融合完成。东汉时期著名学者许慎编写了中国历史上第一部字典《说文解字》，把当时出现过的 9 000 多个方块字，进行了形、音、义的整理和修订，建立了科学的汉字检索系统。因为汉朝在中国历史上非常强大，汉和唐往往并称，是中国历史上非常强盛、非常有影响力的王朝，所以后世称逐渐融合了其他民族的、以华夏民族为主体的民族为汉族，将其所使用的语言称为汉语。在元朝之前的古代中国，因为没有与他国区分的必要，多称呼为“字”或“文字”。

“汉字”一词最早出自元朝《金史》卷九本纪第九“章宗一”：“十八年，封金源郡王。始习本朝语言小字，及汉字经书，以进士完颜匡、司经徐孝美等侍读。”此后才被逐渐沿用。在书同文的推广下，汉字被黄河、长江、珠江三大流域周边的各少数民族竞相学习，形成汉字在东南亚大陆即今中国境内的传播。“从时间先后讲，向东传入朝鲜半岛，进而传入日本；向南传入现在的越南。同时也在不同时期对国内契丹、女真、西夏乃至壮族、白族、水族、苗族等民族的文字产生过影响。”① 虽然各地仍存在各种各样的方言，但文字的统一使各地区间的交流方便了许多，语音不通但只要写下来大家就都可以明白，促进了彼此间的交流。在相当长的一段时期内，中国在古代东亚作为最先进、强大的国家，长时间占据文化高位，是文化输出国。而汉民族作为古代中国人口最多的民族，对汉文化的发扬和传承也做出了巨大贡献。因此，在历史的传承下，中华儿女在世世代代的沿用中早已习惯于称我们所书写的方块字为“汉字”。

1.3 汉字目前的状况

目前，汉字是世界上使用人数最多的文字。汉字从甲骨文、金文等古文字阶段，发展篆书到隶书，进而产生了草书、楷书、行书。这些都是汉字形体方面的变化。在汉字结构方面，现代中文汉字大致分成繁体中文与简体中文两个体系。前者主要用于中国香港、中国澳门以及中国台湾，而后者由中国大陆制定使用，并为新加坡、马来西亚、印度尼西亚等国家采用，简体中文亦是世界上大部分学习中文的学生选择学习的文字。非中文体系中，日本也对部分汉字进行了简化，称为日本新字体；韩国也制定了官方的汉字使用规范。这些国家在历史上都曾大量输入中国文化，长期使用汉字，并用汉字创作了大量著作，与我国共同形成了长达数千年的“汉字文化圈”。

1.4 华字

除“汉字”的说法之外，也有学者提出了不同的看法。杨正苞在《重话华（汉）字改革》中认为称“华字”较好，理由有二：一是现在所使用的方块字，已相当普及于我国众多民族中，事实上已成为我国国民最通用的文字，而仍界定为“汉字”，颇觉其不能适应历史发展的现实。二是这种方块字既是从我国的象形文字演化而来，那么，我国各古老民族均应是其创制的参与者；在此后的年代中，我国经历了多次民族大融合，其文字发展和成型过程，各民族也是参与了的，限为“汉字”，稍觉偏狭。我们自称“中国”，外国也称我们为“华人”。如将“汉字”改称“华字”，名称既不违俗，含义亦较周延，不仅符合我国国情，还有助于民族团结和推广普及。

1.5 比较总结

综合以上观点，我们可以简单梳理出以下几条“华字”无法取代“汉字”的原因：①历史上，汉王朝在当时作为一个统一强盛的封建政权，继秦王朝之后在语言文

① 胡双宝. 汉字史话［M］. 北京：首都师范大学出版社，2008.

字发展史上也曾做出了开天辟地的伟大贡献；②汉民族在中华大地上千百年来所占的人数优势，使得其对中国政治文化甚至语言的影响更广泛深入；③纵观中国古代历史，基本上还是汉民族所建立的封建王朝在时间和领域上影响较大，由少数民族所建立的封建政权相对较少，甚至不乏少数民族掌握政权后为自身巩固发展而推行汉化的例子；④千古文人墨客的传承和巩固，没有这些人的不懈创造，就没有我们现在所看到的有关文字的大量灿烂文明；⑤人们沿用同一名称的习惯形成强大的使用惯性。这些因素使得目前的学术界中虽有“华字”，但未能得到大多数人的认同，更不必说发扬开来甚至取代“汉字”。

2　对中国传统文化几个不同概念的辨析

2.1　汉学

汉学是指研究与中国汉民族有关的经史、名物、训诂考据之学。历史上汉人研究经学注重名物、训诂，因而后世称“研究经、史、名物、训诂考据之学”为汉学。其治学根本方法，在“实事求是”“无征不信”。其研究范围，以经学为中心，而衍及小学、史学、天算、水地、典章制度、金石、校勘、辑佚等。而引证取材，多极于两汉。法国汉学家马伯乐（Henri Maspero）曾说：“中国是欧洲以外仅有的这样的一个国家：自远古起，其古老的本土文化传统一直流传至今。”汉学最初只是对中国古代文化的研究，主要研究古文和哲学、文学、音韵学、史学等，不包括对现代中国的研究。“二战”后，汉学也逐渐开始研究现代中国。汉学可以分为古代汉学和现代汉学。古代汉学根据不同的情况划分，有时是1850年以前，有时是1911年以前或者1949年以前中国的研究，这以后的时期则属于现代汉学的领域。

2.2　儒学

儒家思想也称为儒教或儒学，由孔子创立，脱胎自周朝礼乐传统，最初指的是司仪，以仁、恕、诚、孝为核心价值，着重君子的品德修养，强调仁与礼相辅相成，重视五伦与家族伦理，提倡教化和仁政，轻徭薄赋，抨击暴政，力图重建礼乐秩序，移风易俗，保国安民，富于入世理想与人文主义精神。后来逐步发展为以仁为核心的思想体系，是中国影响最大的流派，也是中国古代的主流意识。儒家学派经孔子创立之后，经过战国时期的百家争鸣，以及通过后世学者的重新解读，不断充实，内容上更加丰富且复杂，文化上逐渐被尊为正统。儒家经书是四书五经。战国时，已有以诗、书、礼、乐、易、春秋为六经之说。儒家早期以五经为主，宋代程朱理学以四书取代五经的地位。明代开始，儒家把《诗经》《尚书》《周礼》《仪礼》《礼记》《易经》《左传》《公羊传》《穀梁传》《论语》《孟子》《孝经》《尔雅》合称十三经。儒家学派对中国、东亚各国乃至全世界都产生了深远的影响。

2.3 国学

“国学”一词，古已有之。在中国古代指的是国家设立的学校，如《周礼·春官·乐师》曰：“乐师掌国学之政，以教国子小舞。”或指国家一级的学校，与汉代的“太学”相当。如唐代贞元中，李勃隐居读书于庐山白鹿洞；至南唐时，在其遗址建学馆，以授生徒，号为“庐山国学”；到宋代，又改称“白鹿洞书院”，这时的“国学”实为藏书与讲学之所。“国学”的另一个意思则是指本国的传统学术，这个概念最早是由江户时期的日本人提出的。留日学习的中国留学生们把这一概念引入了中国。真正把“国学”同诸多“外学”相提并论，即作为一门统揽中国学术的概念提出来，则是在西学东渐——我国社会和学术文化处于空前转型的清末民初。国粹派邓实先生曾总结：“国学者何？一国所有之学也……有其国者有其学。学也者，学其一国之学以为国用，而自治其一国也。”现如今“国学”之义是指以中国传统文化典籍为载体，表现中华民族传统社会价值观与道德伦理观的思想体系，是从古至今无数代人智慧与汗水的结晶，是经受过历史的锤炼打磨与自然的甄选淘汰，终成世界文化史上的瑰宝，受世人所瞩目与敬仰的传统文化。

刘毓庆先生的《国学概论》里将国学的内容大致分为五类：小学、经学、史学、诸子和文学。“从研究中国文化的角度来讲，这五类蕴含五个方面的意义：小学，这是开启中国文化之门的管钥；经学，这是中国人的道德精神与理想追求；史学，这是中国人的价值判断与道德坚持；诸子，我们也可以称作‘子学’，这是中国人的思想与生存智慧；文学，这是中国人的人生情怀与咏叹。这五个方面构成了国学的全部。”①

2.4 华学

华学，曾经是国外对中国国学和汉学的另一种称谓，后被用作所有与中国有关的学术的代称。华学不仅包括传统的以汉族学术为主体的国学内容，还包括中华各个民族的学术，广义上的华学甚至包括中华各民族风俗文化等。饶宗颐先生等人提出应该以华学代替国学，受到了国内外不少学者和华人的拥护。

近年来，也有学者建议将中华传统文化结晶的“国学”改称为“华学”。凤凰卫视杨锦麟先生在第三届世界华人精英论坛的演讲中也提出了相同的看法，专门谈到了他的“华学观”：“我们理解的华学，不是中华文化的源头，也不是中华文化和现代文化结合的中端，应该是一个涵盖面很广的定义。凡是属于中华文化圈内的精英荟萃，包括56个民族的各种经典和各种文化的底蕴，都应该列入华学视野。”

西安交通大学的肖云儒教授也曾提出相同观点。他认为：第一，“国学”“国故”，最初是对中国传统文化学术典籍的总称，后来扩展到对整个中华传统文化的泛称，应该说界限基本是明确的。但国学主要是指汉民族文化，总体上没有涵盖理应是中华民族文化有机组成部分的各兄弟民族的文化，这一点也一直是明确的。第二，

① 刘毓庆. 国学概论［M］. 北京：北京师范大学出版社，2009.

“国学”一开始便针对“西学”而命名，有抗衡西学东渐的初衷，它的着眼点是“学其一国之学以为国用”，而不是“学其人类之学以为国用”，它的指向也便先天性地带着一种内封性，一种对西学、对世界其他地区文化乃至对中华其他民族文化在心理上的区隔和某种程度的戒备、拒斥，这恐怕也是不可否认的。肖云儒教授所赞成的“华学”说，是想倡导把中华文化在纵横两方面作为一个结构整体，不仅包含古代学术，也应包含现当代学术，不仅包含汉民族的主体文化，还应包含各民族世代创造的文化，包含海外华侨华人传承、创造的中华文化。这种“华学”是对传统国学概念的一种补充和修正。

同时，他还指出用“华学”的说法取代“国学”的几点优势。第一，“国学”这个概念立足于国家、立足于本土，不利于中华文化走出国门、传播于世界，在境外极易产生歧义。而“中国之学”“华学”则淡化了文化的国家属性、地域属性，强调的是全球文化格局中特定民族文化的精神质地和内蕴风格，对于海内外文化的交流、认同和共享，应该是更为有利的。第二，对境内来说，“国学”的这个“国”字，又容易叫人联想到“国家之学”。这也容易造成一种错觉，好像我们弘扬国学，想要强调的是中华传统文化中的国家学说、政治学说和意识形态学说，不免让一些不太了解“国学”真正意义的外国人或者是别有用心的人望文生义。如果给人造成“国学”乃是“国家之学”这样的错觉，“国学热”也就极容易被误解为我们热衷的是推行制度儒学、政统“国学”，这非但不能给中国文化增光，反会产生负面影响。“华学”的称谓则在一定程度上避免了这种歧义，它给人的印象更多是纯文化的，是关于民间智慧、民间风俗、民间艺术方面的文化内容，这些内容才是更易于融入世界、为人类共享的东西。

除了学者们学术观点上的呼应之外，从 1995 年起，中山大学出版社和紫禁城出版社已出版多集《华学》论丛。《华学》论丛由泰国华侨崇圣大学中华文化研究院和中山大学中文研究中心编辑，饶宗颐先生任主编。华南理工大学还在校内设立了“华学创新奖”。

2.5　比较总结

将表 1 中这几个概念相比较我们不难发现，华学这一概念提出的时间较晚，传播范围不广，学术界、文化界的应和者不多，但作为新世纪下极具时代特色的新观点、新说法，华学仍值得我们继续讨论和研究。汉学更侧重于考据，儒学推崇千百年来传颂的儒家经典，国学兼容并包，无论是汉学、儒学、国学还是华学，其名称起源的时间有所不同，命名的出发点不同，发展的历史长短不一，虽然研究范围方面各有特色，但仔细分析仍有很大的共性，因为很大程度上它们都是代表着中国传统文化中优秀、精华的方面。有关这几个概念的相关研究越来越向更广泛的领域逐步扩大，因此研究内容上彼此交融、穿插也就不奇怪了。

表1 中国传统文化几个不同概念的比较汇总

名称	名称起源时间	研究范围	文化影响
汉学	起源较早，到明末清初形成理论体系	最初指研究与汉民族有关的经史、名物、训诂考据之学，之后范围不断扩大。二战后，也逐渐开始研究现代中国，可以分为古代汉学和现代汉学	学科历史悠久，形成了中国汉学、世界汉学等不同领域
儒学	自春秋时期由孔子创立儒家，后继学者不断丰富发展	主要包含儒家经典典籍、四书五经，后扩充为十三经	学派正宗，在中国文化上占有重要地位，对周边国家及世界文明也有巨大贡献
名称	名称起源时间	研究范围	文化影响
国学	古义指学校；清末民初时形成今义，主要指中华文明的精华部分	小学、经学、史学、诸子和文学等	强调文化精粹，是中华人民继承并仍须不断发扬的中正文明
华学	提出的时间较晚	内涵丰富，不仅包括古代、现当代中国的文化，甚至还包括海外衍生的中国文化	受部分学者推崇，影响范围有限

3 结语

随着时代发展，中国文化中不断涌现出新思想、新元素。对这两组概念的讨论看似仅是称谓之争，但仍具有更深层意义，只有经过细致的辨析才更能领会每种概念背后所蕴含的文化深意。事物本身是运动发展的，无论最终从哪一个角度对中华传统文化加以总结，或是采用哪一种称谓，我们拒绝保守主义、继承精华、剔除糟粕、学习传承并不断发扬光大中国文化的态度是不可更改的。

参考文献

[1] 刘汉俊. 汉字的力量 [J]. 教育文汇，2014（20）.
[2] 钱宗范，李敏. 华学：当代中国传统文化发展的新释义 [J]. 创新，2015（1）.
[3] 肖云儒. 称“国学”为“华学”是否更好 [J]. 西安交通大学学报（社会科学版），2008（1）.
[4] 杨正苞. 重话华（汉）字改革 [J]. 成都大学学报（社会科学版），1993（1）.

【作者简介】
衡点，暨南大学华文学院2014级海外华语及华文教学专业硕士研究生。

从华文教育看香港粤语和普通话的并存并用

［中国香港］林建平
（香港中文大学普通话教育研究及发展中心）

引言

华文教育指称海外华人族群的中文教育，中文作为母语教学（第一语言教学）或外语教学（第二语言教学）。马来西亚是中国大陆、中国台湾、中国香港、中国澳门以外华文教育体系保留最完善的国家，从幼儿园到大专都有华文教育（林友顺，2012）。本文所指华文教育主要指称新马地区的华文教育。

小学教育是基础教育。小学华文教育是母语教育中至关重要的一个学习阶段，语言学习理论称为“关键期”，是语文学习打基础的时期。在马来西亚，华文教育是华人的母语教育。在华小，华文为第一语文；在学校，华语是华小和独立中学（独中）的教学用语；在社会，华语是马来西亚华人社会的共同语，也是华人的母语（洪丽芬、庄惠善，2011）。马来西亚华小、独中的华文课都以华语作为授课语言，这种教改的成功经验，值得香港中小学借鉴，逐步选择普通话作为中文科的授课语言。

本文主要集中谈华小的华文教育与香港小学普通话教中文的改革，从华文教育比照香港地区粤语和普通话的并存并用，并提出建议和应对策略。

1 华文教育过程中处理好方言和通语的关系

东南亚国家地区的华文教育，在创设初期，确定以华语授课（不是方言），华文和华语二合为一，做到言文一致（即学习过程中，华语的口语和书面语统一）；华语和方言又能并存并用，共生共荣。教学环境使用华语，家庭成员之间使用家乡话（方言），各得其所，各行其是。华文教育的定位、改革与发展历程，很值得香港借鉴，给香港小学普通话教中文带来了深刻的启示。

早在1920年初期，新马地区便使用华语作为华校的教学媒介语，同时采用注音字母（后来改称注音符号。1972年，改用汉语拼音注音）作为注音的工具（卢绍昌，1984）。采用注音字母给汉字注音，对标准华语的推广，曾经起过非常大的作用。有分析认为，新马地区的先辈们从现代的学校创立开始便决定采用一种非南方的方言作为教学媒介语，可以说是十分明智、十分有远见的（卢绍昌，1984）。自确定使用华语作为华文的授课语言起，近百年来，在学校层面以及华人社会层面上，华语已经成为新马地区使用不同方言的华族的通用语了。

汉语有通语（普通话），也有方言。海外华人说通语（华语），也说方言，其中闽、粤、客三种方言流通较广，在当地被称为福建话（闽南话）、广府话（以广州、香港粤语为代表）和客家话。华语是华人的根，不能丢失；方言是家乡祖辈的"文化遗产"，也得代代相传。教学环境、社交场合使用华语，家庭成员之间使用方言，华语和方言各有使用范围，相安无事。

方言是传统华人社会在家庭和族裔之间的主要交际用语，即使在今天，方言在华人社会的许多华人社区，仍占有举足轻重的地位（彭俊，2004）。为此，我们必须承认一个事实：方言维系了华人社会的族裔文化和乡土情谊，有其不可替代的作用。吉隆坡的华人以福建人居多，他们从小看香港电视剧、港产片，听粤语流行曲，因而学会粤语。日常工作研讨会后，祖籍福建的老师们与笔者用粤语闲话家常，感觉特亲切！但是，在正式场合（如研讨会），他们都说华语。

研究华文教育的学者提出，在华语教学中，要允许用方言作为教学的媒介语（当然提倡用普通话作教学的媒介语）。尤其是幼儿园的学习阶段，方言如果更有利于交流和学习，不妨适当使用（彭俊，2004）。对于方言对学习华语所起到的过渡作用，应当予以重视和引导。

目前，香港中小学中文科的授课语言仍以粤语为主，粤教中班多于普教中班，对"一级两制"的授课语言宜宽容对待。"粤普并存"是过渡策略，要逐步创造条件，凝聚共识，增设普教中班，循序渐进，全面落实普教中。

2　香港地区粤语和普通话的良性互动

拿广州、深圳与香港相比，在社会语言生活中，香港的最大特点是粤语广为流通。在香港，"两文三语"是特区政府的语文教育政策。两文指中文和英文，三语指粤语、英语和普通话。对公营学校的中小学生，要求做到：学会中英文，学会说英语、粤语和普通话。最近几年，香港社会上有人"捍卫粤语""撑讲粤语"，甚至有人提出"写粤语"的主张，与推广普通话教育（如普教中）站在对立面。我们应当回归本位，从语文教学的观点理性讨论。

2.1　通晓"三语"，中英并重

在香港英治时期，重英轻中。1972年，中文成为法定语言。九七回归以来，香港粤语作为方言（也是多数港人狭义的"母语"），在社会交际场合中，没有因普通话的普及而受到威胁。《2011年人口普查简要报告》在"结果概要"中提到，粤语是（华人）家中最常用的语言，90%的5岁及以上人口在家里用粤语交谈，另外有6.3%的人口报称能说这种语言。换言之，约有96%的5岁及以上人口能说粤语，和2001年、2006年的水平相若。"结果概要"还提及，能说英语的人口比例，由2001年的43%增至2011年的46%；能说普通话的人口比例，则由2001年的34%大幅增至

2011 年的 48%。因此，粤语是香港社会流通最广的口头语言。只要港人在家里坚持说粤语，并社会交际场合中使用粤语，香港粤语依旧保持着活力，其地位稳如泰山，不会动摇，人们无须“撑讲粤语”。

英语是世界上最流通的语言，是国际语言。香港是国际大都会，是世界金融中心，香港学生必须学好英语，才能保持优势和竞争力。作为教育工作者的老前辈，吴康民先生提醒香港青年学生，除粤语外，其必须能说国语，即普通话；表达思想或与人沟通时，应该会写通顺的白话文（吴康民，2015）。他特别寄语青年学生做到“中英并重，中英并精”。论中英文的主次，中文是第一位的，英文是第二位的（吴康民，2015）。

2.2 守护方言，传承文化

香港社会已呈现出多元语言文化的现象（田小琳，2012：5）。香港是一个多元文化多语并用的华人社会。2011 年，香港人口 707 万。政府统计处《2011 年人口普查简要报告》显示，香港人口结构中，华人占大多数（约 94%），少数族裔人士约有 45 万人（6%）。

香港大学社会科学研究中心（2015）的调查研究结果显示，粤语仍然是香港许多场合中口头沟通的主要语言；香港社会日渐三语化，绝大多数的年轻人表示对三种主要使用的口语（粤语、英语、普通话）都有所认识。调查结果还显示，英语仍是职场上的重要语言，尤其是在书面沟通上；至少有 27 种主要或少数族群语言正在香港使用，凸显出了香港社会在语言使用方面的多样性。研究报告建议，香港特区政府和社会应充分珍视社会上同时使用多种语言的环境，并视其为宝贵资源而非问题，原因是多样语言和多元文化的环境代表着香港的重要价值，并有助香港树立区域和全球优势。

在香港，粤语是主导语言，是生活交际语言，是娱乐消遣语言，是广播语言。简单地说，粤语是强势方言。香港回归 22 年，形成口头语言以粤语为主，普通话、英语为辅的语言格局，与回归前基本没有差别。粤语根基扎实，有它生动活泼的一面，表现力强。广府文化源自中原文化，在发展过程中，糅合南方民俗信仰等元素，富有岭南地方色彩，因而产生了具有香港特色的“长洲太平清醮”“大坑舞火龙”“潮州人盂兰盆会”“大澳端午游涌”等国家级非物质文化遗产。这些文化遗产是我们的珍贵财富，必须对其传承守护。在推广普通话教育的同时，必须守护粤语和富有香港特色的本土文化。

香港在城市化的进程中，方言出现“汰弱留强”的竞争过程。20 世纪 50 年代，香港新界地区普遍流通客家话（600 多个村子中，客家村子占了一半，约占 54%），客家话成为当时新界民众的“通用语”。客家人世世代代遵循祖训：“宁卖祖宗田，不忘祖宗言。”可是，到了今天，香港客家话逐渐萎缩，年轻一代已经不会说客家话了，都向粤语转移。香港客家人的身份越来越模糊。沙头角位处边境一隅，原本平静的生活环境发生了变化，导致语言的使用也产生了变化。有研究发现：①在沙头角地区的家庭以粤语和客家话为主，大多双语或者多语，粤语、客家话、普通话、英语并存共享；②客家话只作为家庭数人使用语言，个别受访者的家庭语言已经从客家话转为粤语；③沙头角客家话的使用范围正慢慢缩小（李嘉瑜，2014）。

据估算，香港客家人共有 60 万人（包括不会说客家话的后裔）。新老派的客家人出现断层，中青年一代的客家人已经不会说客家话，都转移说粤语，这是语言发展的事实。香港客家话是否能够传承下去，以及客家文化是否能够继续在港存留，这些问题已经迫在眉睫，绝对不容轻视。与其“捍卫粤语”，不如“捍卫客语”，后者更富有现实意义。

推广普通话教育与保育粤方言是并轨发展的两个平台，不对立，也不应该互相排斥，应当“两条腿走路”。“汉语方言复杂，推广普通话并不废除方言”（周有光，2001）。詹伯慧先生（1996）预示过，即使是在 1997 年香港主权回归以后，香港的语言格局仍然只能是以粤方言为主导；同时由于普通话的大力推行，将会使普通话上升为仅次于粤方言的第二公共交际用语，而英语势必退居为一种在香港使用范围越来越窄的第三种公共交际用语。将人口普查与港大的语言调查结果相比照，詹伯慧先生的“预言”与当前的语言事实相吻合，经得起历史考验。

我们再次强调，方言是我们重要的文化资产，任何方言区人士都应当守护方言和爱护各自的文化，代代相传（林建平、黄就红，2014）。粤方言词也开始进入《现代汉语词典》[比如：爆粗、大排（牌）档、蛋挞、搞掂、狗仔队、河粉、手信、无厘头、饮茶等]，“入典”逐渐成为趋势。粤方言词融入了现代汉语的大家庭，丰富了普通话的表现力，以及打破了普通话语汇“以北方话为基础方言”的界限，在汉语发展史上，意义重大。从这个角度看，粤方言词做出了重要贡献，影响深远。保育粤方言，守护广府文化，是港人恒久不变的信念。在普通话教学中，我们应当系统整理这些粤方言词的义项，深入挖掘其文化底蕴，通过对比，与词汇教学有机结合，让学生既学会新词，也体会到岭南文化、中华文化的精妙。

无论是香港地区的中文教学，还是海外的华文教学，都必须遵循语文学习及语言习得理论的规律，妥善处理好方言和通语的关系。普教中课堂不必排斥粤语，不必禁止也不应该禁止粤语的使用，该用则用。我们应当充分发挥“粤语、普通话”双语的学习优势，比如：教师适应教学需要，有意识使用粤语，范读粤音（“纠正”的“纠”读“久”；“骨骼”的“骼”读“格”；“门券”的“券”读“劝”）；用粤语朗读古诗文（粤音接近中古音，语言节律铿锵动听）；教学生辨别平仄（粤语阴平调和阳平调为“平”，其他七个调类都是“仄”）；进行粤普口头对译的练习等。

粤语和普通话的良性互动，就是学生在学习中手握的一把双刃剑，活水泉源，得心应手。

2.3 “普教中”是人才教育

2000年后，香港中小学自发试行采用普通话作为中文科的授课语言（粤语授课是传统做法），也就是用普通话教中文（普教中）。这些学校多数先以部分班别试行（一级设两班）。2007年，香港中小学开设普教中班的学校约有20%。2014年，据不完全统计，大部分小学开设了普教中班（约有70%），开设普教中班的中学（初中）不到一半（仅有25%）。

普教中是香港语文教学改革的一环，推动力量来自民间。大学相关机构应对其进行调研，开办培训课程，提高教师见识，发挥普通话作为中文科授课语言的优势。中小学（主要是小学）通过试行，取得了预期的成效。研究发现，中小学生（研究对象主要是小学生）通过普通话学中文，减少了粤方言词入文，能够自觉地写规范的现代汉语；有的教师反映，学生写作量也因此增加，有话可写，并做到了文从字顺的要求。有人臆测，香港特别行政区政府推行普教中的行为带有政治目的，打压粤语。那是极大的误解！

普教中和粤教中在语码使用上有根本性质的差异：在粤教中的课堂上，学生的听、说是粤语（方言），读、写是现代汉语（普通话），听说与读写为两种语码，粤、普之间存有差异，学生需要转换语码（由粤方言语汇转换成规范语汇）。普教中则不然，听、说是普通话，读、写是现代汉语（普通话），为一种语码，学生无须转换。现代汉语同普通话是一纸两面的关系，说现代汉语，是指书面形式；说普通话，是指口语形式。书面形式与口语形式高度统一，能说就能写。我们认为，语文教学处理好语言材料的“输入”（通过听和读）和“输出”（通过说和写）的关系，学习效能就能够事半功倍。有足够优质的输入，才能保证优质的输出（比如写作）。

试行普教中的教师都认为，学生的写作能力有所提升，行文表达向现代汉语靠拢，强化了普通话语感。在课程设计与教学实践方面，一些学校总结了成功经验。举例如下：

蓝田循道卫理小学（“蓝循”）于2000年起试行用普通话教中文（小二开始），2004年全校30班全部使用普通话教中文（小一至小六）。研究发现，学生的课堂学习表现、老师和家长的意见都显示出十分理想，学生语文能力明显进步。“蓝循”上下一心，锐意改革，将普通话教育做出成绩。2006年11月，教统局外评队伍到“蓝循”视学，其后发表的《外评报告》评语表示：“学生运用普通话和英语能力不俗。学生普遍喜欢说话，又积极响应教师的提问和发表意见。说话流利，表现自信。”2012—2013年度，“蓝循”小六学生参加全港系统性评估（TSA），中文科通过率高达90%（即90%学生达到基本要求），与全港平均通过率78%相比，成绩优异。陈翠珍校长坚信，普通话教中文确有成效。

德望学校于2000年在初中全面推行普教中，学生通过普通话学中文，达到“我手写我口”的效果，“有助提升学生的写作能力”。德望学校是传统名校（英文中学），重视中文教学，校方推行“普教中”的教学方针更有效地强化了学生的中文水平，因而中文科教师团队获得了“行政长官卓越教学奖（2014/2015）”的殊荣。

有人主张“撑写粤语”，在严肃的问题上、正规的场合中以粤语写出相关的论述；主张由大学生在香港中学文凭考试（DSE）通识科考试中写粤语。这种主张值得商榷。有第一线的教师表示，这种想法不负责任，容易误导学生，以为可用粤语答题。香港考评局已经不接受考生使用潮语“O嘴、潜水”，又怎会接受考生“写粤语”？语文学习的基本规律是，学好通语（普通话），写好语体文（也学点文言文），是当前大中华地区华文教育的共识。文学创作无妨使用方言（方言文学），但“写粤语”（写方言）明显偏离语文学习目标，背道而驰。

我们坚信，香港学生在学好粤语的同时，兼善普通话，有利无弊。读正音（粤语和普通话），写正字，借助粤、普之间的对应规律（语音、词汇、语法）可以帮助学习、促进成效。普教中的基本信念是：学生通过普通话，学好中文听、说、读、写共同语码，有利积累语言材料（输入），增强普通话语感，便利写作（输出）；学生想什么，就说什么、写什么。在中小学语文教学中，负责任的中文教师，必须培养学生具备普通话语感，而不是粤语（方言）语感；必须培养学生具备现代汉语的语感，而不是“粤语入文”的语感，也不是“读古文写古文”的语感。

香港普通话教育是语言教育，是语文教育，也是基础教育，是培育新一代成长并富竞争力的人才教育（林建平、谢雪梅，2015）。普教中是语文教育改革的重要阵地，香港教育当局应当准确把握，理顺关系，积极应对。

3　结语

海外华文教育留下了300多年的历史足迹，一步一脚印，一路走来，战战兢兢。这些年来，海外华人依旧恪守信念：华文是华人的根，华族文化和血脉代代相传。眼下，华文教育仍然面对缺教师、缺教材、缺语境、缺学习资源的困境，大部分国家的华文教育仍未被所在国纳入主流教育的范畴，位处边缘，还需自力更生，努力开拓。华文教育还有漫长而曲折的道路要走。

香港回归以后，普通话的流通越来越广。普教中是香港小学语文教改的重要一环。教育当局宜认清方向，把握时机，做好规划，将“两文三语”政策落实到位，在教师、教材充裕的基础上，全面有序地推行普教中。在过渡阶段，容许普教中班、粤教中班并存并用，柔性对待。

参考文献

［1］陈玉甄．不教华文仍当华文教师——华文师资统计不确实［N］．星洲日报（马来西亚），2013－06．

［2］陈玉甄．中学华文师资困境——有学生没华文教师［N］．星洲日报（马来西亚），2013－06．

[3] 洪丽芬. 马来西亚华人的语言马赛克现象——语言融合的表现 [J]. 东南亚研究，2007 (4)：71－76.

[4] 洪丽芬. 马来西亚语言教育政策的变化及对华人的影响 [J]. 八桂桥刊，2008 (3)：41－47.

[5] 洪丽芬，庄惠善. 马来西亚华文教育问题：华小学生写作水平低的原因 [J]. 八桂桥刊，2011 (2)：36－41.

[6] 郭慧丽. 新马印华文教育的历史、现状与展望 [D]. 河北：河北师范大学，2012.

[7] 郭健. 马来西亚与新加坡华文教育发展历程比较研究 [D]. 福州：福建师范大学，2011.

[8] 林建平. 发挥双语学习模式 [N]. 星岛日报，2008－05－14.

[9] 林建平. 普通话教中文的现状与前景 [J]. 普通话教育研究及发展中心编.《普通话教研通讯》，2008 (19).

[10] 林建平. 华文教育给香港普通话教中文的启示 [C]. //叶新田主编. 2014 年世界华文教育论坛论文集. 加影：新纪元大学学院，2014.

[11] 林建平. 试析普通话新词新语中的粤方言词//汉语国际教育背景下的普通话教学研究 [M]. 北京：北京语言大学出版社，2013.

[12] 林建平. "言文一致"说略 [N]. 星岛日报，2008－05－14.

[13] 林建平. 粤方言词入典：兼谈国际汉语教学中的跨文化教学 [Z]. 汉语文教育及国际汉语教育的建设与发展国际研讨会. 成都：四川师范大学，2013.

[14] 林建平. 香港普通话教育的现状与展望 [C] //国家语言文字工作委员会普通话培训测试中心编. 第三届全国普通话水平测试学术研讨会论文集. 北京：语文出版社，2009：270－275.

[15] 林建平，黄就红. 三言两语谈香港语言生活 [Z]. 第八届海峡两岸现代汉语问题学术研讨会：两岸四地语言与生活宣读论文. 台北：淡江大学，2014.

[16] 林建平，谢雪梅. 香港普通话教育 50 年 [Z]. 第八届全国社会语言学学术研讨会宣读论文. 北京：北京华文学院，2015.

[17] 林友顺. 大马华文中学新生爆满 [J]. 亚洲周刊，2013，27 (3).

[18] 林友顺. 大马万人集会救华文教育 [J]. 亚洲周刊，2012，26 (14).

[19] 刘世勇，武彦斌. 马来西亚华文教育现状与发展策略 [J]. 东南亚纵横，2012 (9)：38－43.

[20] 卢绍昌. 汉语拼音的教学问题 [M]. 华语论集. 新加坡：金昌印务，1984：179－191.

[21] 卢绍昌. 使用汉语拼音的问题 [M]. 华语论集. 新加坡：金昌印务，1984：208－215.

[22] 卢绍昌. 新马地区推广汉语拼音方案的进展 [C] //陆俭明，苏培成主编. 语文现代化和汉语拼音方案. 北京：语文出版社，2004.

[23] 吕同舟. 香港语言生活调查情况介绍 [Z]. 香港地区合作开展普通话水平测试交流会. 武汉：华中师范大学，2015.

[24] 莫云汉. 粤讲愈悦 [N]. 明报，2015－08 (24).

[25] 欧阳伟豪. 撑写粤语 [N]. 明报，2015－07 (31).

[26] 彭俊. 华文教育研究 [D]. 上海：上海师范大学，2004.

[27] 齐影. 港推广普通话研究现状及思考 [J]. 语言文字应用，2013 (2)：49－56.

[28] 深圳市侨办. 马来西亚华文教育考察报告 [J]. 华文教育（菲律宾），2006 (6).

[29] 施安娜. 广东话是母语而非方言 [N]. 苹果日报，2014－02.

［30］苏俊翔．马国华教：变天就是春天？［N］．联合早报（新加坡），2013－04.

［31］田小琳．香港语言生活研究论集［M］．北京：人民教育出版社，2012.

［32］吴建平，蒋有经．新时期马来西亚华文教育的回顾与展望［J］．泉州师范学院学报，2012，30（5）：123－127.

［33］吴康民．写好语体文　学点文言文［N］．明报，2015－08.

［34］香港大学社会科学研究中心．“香港居民语言应用、语言能力及语言态度”研究结果［EB/OL］．（2015－08－25）．http://news.sohu.com/20150825/n419710710.shtml.

［35］谢诗坚．大马华文教育的窘境［N］．星洲日报，2013－07.

［36］行政长官卓越教学奖 2014/2015 特约专辑［N］．明报，2015－07－13.

［37］詹伯慧．对香港语言问题的几点思考［J］．中国语文，1996（2）：121－124.

［38］张发．马来西亚华文教育与语文教学概况［J］．广西教育，2012（7）：53－54，61.

［39］周清海．华文教学应走的路向［M］．新加坡：南洋理工大学中华语言文化中心，1998.

［40］周有光．学思集：周有光文化论稿［M］．上海：上海教育出版社，1997.

［41］周聿峨，龙向阳．马来西亚华族的民族母语教育［J］．世界民族，2002（3）：49－55.

【作者简介】

林建平，香港中文大学普通话教育研究及发展中心主任，主要研究粤方言、普通话教学、社会语言学。

华文师资与学习者研究

华文教育专业建设与师资培育述评

［中国台湾］姚振黎
（台湾私立健行科技大学）

引言

台湾地区侨务主管部门主办组织海外华文教师返台研习，进行华文师资再培训，迄今已逾半世纪。海外侨教之华文师资素质参差，且各地区需求或异：印度尼西亚、缅甸地区之华文教师专业素质良莠不齐、兼课负担沉重；菲律宾当地华文教育和升学考试脱钩、各宗教与不同学校联结；即令同为欧洲华文教师，对多媒体教学之使用能力亦程度有别。本文是以笔者受邀担任华文师训研习计划案评选、投身研究型大学之师资培育并讲授国文科教材教法、编写及参与审查国文教科书等倏尔 19 年之实务经验的基础上撰写的，面对当前全球化的，信息科技、多媒体融入的华语教学，文章针对华文师资培训之课程设计与教材编纂，分作课程设计的核心理念、专业课程内容规划与实行、师训需求之同步研究、教学设计理论与系统化之应用、华文教材编纂举隅等五部分内容。蕲将“理念”结合“策略”，且付诸实践，为有志投入以华文为第二外语教学之主事及擘画者，提供一金针。

1　课程设计的核心理念——进行创意教学设计

由于全球化互动影响与亚洲经济的崛起，加上中国大陆近二三十年来的改革开放，以及华人经济产业的活络，全球学习华文的群体不再仅限于海外华人，更多全球非华人族群学习华语的热潮上涨，从成人往下延伸至儿童。[①] 自日常家庭用语至社会专业场合所需要的语言文化，华文是现今仅次于英语的强势语言。

1.1　课程设计理念——结合教育理论与教学实务

随着各国华文学习需求的日益升高，目前全球学习华文的风潮蔚成，对华文学习的资源需求更甚于以往。不仅在台湾地区或海外华人社会，世界各国和地区皆明显感受到华文是不分国籍、年龄、性别的国际人士热衷选择的显学之一。

然而，在未及 20 日内，包括参访校外教学、游览文化景点，如何在每次仅有约 100 小时专业讲习时数内，规划、设计符合海外华文教师需求的师资训练、研习课程，

---

① 杨玛利，游常山，陈之俊. 新加坡第二次起飞［J］. 远见杂志，2007，3（249）.

是一大难题。这一难题要突破以往的课程编排框架，融入华文教学领域最新教学法趋势主流，以“华文教学学理基础”扎根，课程编排则以“教学流程三大阶段实务应用”为主轴，将教学前、中、后阶段分析解构，安排不同属性之课程，借此激发来自海外不同地区学员之教学火花；结合所属地区之在地性，了解华文专业及中华文化的传承，使之立足侨居土地与放眼全球，将华文教学之成效极大化。

1.1.1　在地化，立足侨乡：教育理论＋专业知识＋教学技巧

课程设计的理念，聚焦于课程的实务应用，跳脱既有的课程模式，以与时俱进的策略呈现优质化课程，达到师训研习的最佳成效，培育具有专业素养的华文教师，一同为华文教育的未来努力。

教学效能乃教师在教室中运用各种可能有效的教学方式，使学生获得成功的学习。凡此教学方式，包括教学计划与设计、系统呈现教材及多元教学策略。

华文教师的第一要务是具备专业华文教学知识。身为华文教育师训研习擘画者（或称作“计划主持人”），则须通晓“提供理论基础的课程”及具备“具体可行的教学技巧”，始能有效提升整体华语教师素质。是故，如何经由师训，使研习转化至海外华文教学效能？

1.1.2　国际化，放眼全球：海外现况＋既有经验＋创意思维

了解当地现况、过往开办师训研习之经验与问卷结果、华文教学趋势发展，以便规划课程、教材与教法。

为学理基础扎根，辅助华文教师课前准备、授课实操、课后评鉴三大教学流程。作为师训研习的核心，还要引导学员将专业的华文教学理论，搭配教材有效运用，延伸为实务的课程讲授。

创意教学、开发学生想象力，为当前台湾教学主轴。强化创新实用的教学法则，融入华文教学最新的教学理论与策略，跳脱以往华文教学的思维，以活化教学的目的，呈现华语语法、听说读写及汉字教学策略，借师训研习、师资再教育，以及通过以学生为本位的教学方式开发学员的创意思考，突破教学瓶颈。

1.2　文字学——提升专业知识以强化基本功

中华民族有着光辉灿烂的文化，汉字是记录并推动文化发展的重要工具。所以，汉字在这悠久的历史进程中具有重要作用。

华语是世界上使用人数最多的语言，汉字又是起源最早的文字之一。在中国以外，还有一些古代文明也创造了文字，却都已失坠淹灭，只是到近代才重新被发现和释读。相反地，汉字的传统没有中断，并且影响广泛，为日本等邻国所采用，故有学者提出“汉字文化圈”的倡议。汉字称得上源远流长，且丰富灿烂。

正因为汉字有长达几千年的历史，其衍变发展繁多且复杂。

今天，我们仍然在写汉字、用汉字。若谓汉字“增进人类全体之生活，创造宇宙继起之生命”，将继续发挥其应有的作用，谁曰不宜？

事实上，需要汉字相关知识的人是很多的。我们在日常生活中，常常可以听到有人问某个字为什么这样写、这样读或这样讲，提问者正是要求给予其自身文字学的基本知识。华文教师应有这方面的知识装备，始得以传道、授业、解惑，给学生提供知识。

了解汉字不仅可以使大家更准确地使用汉字，还能够增进我们对中国古代文化的体会认识。一种文字的形成，总是和特定的文化无法分割。有的研究者通过分析汉字的形、音、义，获得了大量文化史的信息。①

任何一种文字都代表有声语言，这是世界上一切文字的共性。它们都是以语言为基础，依赖于语言的产生而产生，随着语言的发展而发展。我们现在所使用的方块汉字，就是以华文为基础而产生的记录华文之符号体系。

汉字的起源和发展，与中华民族的文明紧密相连。可以这样说，没有汉字就没有中华民族光辉灿烂的文化。学员经由师训研习，掌握汉字的创造及其特点、汉字的结构、汉字的形体演变、古今字/异体字/繁简字/假借字的规律，讲授古典文学、阅读古代典籍、理解古文的语义对在海外“独立作业”、独自一人备课的华文教师，有极大的帮助。

总之，要对中国古代的文化遗产进行研究，并正确地加以批判继承，就必须掌握文字学的基本理论和实践技能，否则，即是事倍功半、困难重重，“未及升堂，焉能入室”?②

了解汉字究竟是如何发展演变的，不仅有助于吾人掌握汉字的基本知识，且能提高正确使用汉字和阅读古代文化典籍的能力。

1.3　教学流程三大阶段之创意策略

课堂教学包括三个教学阶段：教学前、教学中、教学后。下面来谈谈如何藉三大教学阶段与流程，安排不同属性之课程（见图1）：

教学前阶段，重点是认识学习者。教师应先掌握学员的背景资料及教学内容的特质，并预想这些背景不同的学生在其教学脉络中可能产生的问题。因此，在此阶段将安排有关教学的“教材选择”“教材教法”“教案设计”“教材观摩”等相关课程，在课前就如何认知学员学习特性，如何选择或设计合适的教材融入教学进行培训。

教学中阶段，重点为师生互动的过程，乃教学的实践。在此阶段，借由“破冰课程”“教育心理学”“实务”“应用”等相关课程，搭配实际的教学观摩、示范教学及试教等活动，藉“合作学习”“行动研究”“异质性分组”等教学法，深入检视教学的互动与活动的应用，随时调整课堂内容的进行。一言以蔽之，以融入式教学取代传

① 于2011年2月4日星期五答德国籍同事郭伟诺（Thomas Gwinner）君问“角”字。

② 左民安．细说汉字：1000个汉字的起源与演变［M］．台北：联经出版有限公司，2007．又，章季涛．怎样学习说文解字？［M］．台北：万卷楼出版社，1999．

统的指导式教学法。

教学后阶段，教学反思的重点为学员的学习成果是否达成预定的教学目标。精确的教学评量、评估学员的学习成效是主要内容，因此安排“试题编制”“多元评量”等相关课程，强化学员多元评量其学生的能力，达成效度（validity）、信度（reliability）、精确度（accuracy），系统地分析学员学习效能，以其作为反思教学的指标。

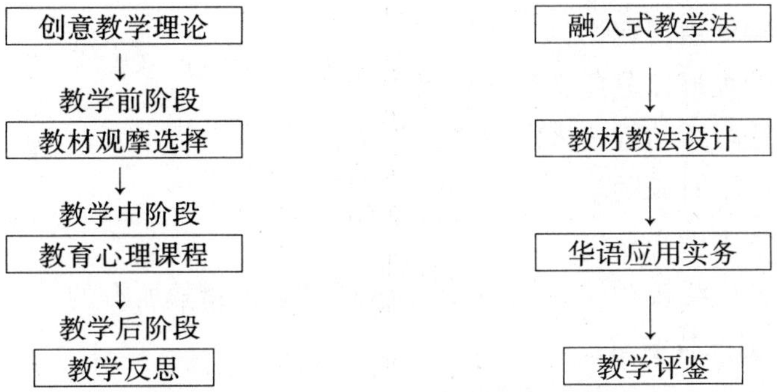

图 1　课程设计核心理念之学理基础

2　专业课程规划与执行

规划符合海外地区侨情、侨教现况之需要，有助于提升该地区华语教师教学能力。以实务为主、理论为辅的华文师资培训课程，须考虑规划的完整性、可行性及创新程度，包括课程名称、课程大纲、教材说明、课程师资满意度调查表。专业课程的规划内容涵盖：

（1）华语为第二语言教学法（含听说读写之实务技巧）；

（2）华语语言学及汉字（繁体字）教学；

（3）华语数字教学相关课程；

（4）华语教材编写（含多媒体教材）、教案制作及教学活动设计；

（5）华语教学示范及实务演练；

（6）班级经营与心理辅导实务课程；

（7）文化民俗教作课程（如：中国结、竹蜻蜓、蜡染、剪纸、变魔术……）；

（8）团康活动带领与设计。

以下仅就师训之专业课程，自“规划”“执行”申述之。

2.1　规划：课程名称及内容大要

课程安排以学员进入教学的学理基础、课前准备、课程进行及课后评量为流程规划，专业课程包括专业知识——文字学、语言学、教案写作等；教学实务——班级经营、教育心理、学习单设计等。兹拟开设专业课程名称及内容大要如下：

（1）**活用汉字教学策略：**

繁体字与简体字之差异及教学概说；

如何教汉字（结构、部件、笔画）等；

儿童汉字教学可作之调整；

错字教学分析。

＊**课程教学要点，包括：**

强调意义的理解，避免文法知识的灌输；

让学习者透过活动练习来学习第二外语；

教学过程中随时鼓励学生，避免时时纠正错误；

教学以学生为中心；

引导学习者广泛接触汉字/华语，不强调其必须精熟所有的学习内容。

（2）**实用听说教学法：**

听和说的概念及其相关理论概论；

听说教学融入情境式学习（ situated learning ）特色；

对话、机械式的……各种教学活动设计。

＊**课程教学要点，包括：**

复述练习、逆向组句练习、齐声练习、个别练习、连锁练习、代换练习、问答练习、角色扮演；

沟通式教学法之活动设计，以达到“真正沟通”的目的，口语练习分为三个阶层：机械式的练习、有意义的练习、沟通式的练习；

应多用小组方式或 pair working 进行语言游戏活动。

（3）**创新读写教学法：**

读写教学的目的与重要性；

结合语言技能的读写教学；

创意读写活动设计实例；

读写活动设计实作。

（4）**创意语法教学：**

语法教学分级与排序概念概论；

华语语法教学说明；

教学活动设计与示范。

（5）**沉浸式教学设计：**

沉浸式教学特色说明；

沉浸式教学与情境教学（Situational Language Teaching，SLT）差异比较；

沉浸式汉语教学教师素养；

沉浸式汉语教学中的视听训练；

课堂的提问艺术。

（6）**华语教材编写与评鉴**[①]：

教材编写与选用原则：介绍语言教材应具备的基本内容与其他知识性教材的异同处；

探讨教材评选项目：从科学化/量化角度，提出评选项次，并与学员进行互动分享；

以学员自制教材进行评选：共同讨论并进行评鉴；

（7）**特色华语教材观摩**[②]：

华语教材展示；

华语教学数位教材试用；

推介相关华语文教学网站：全球华文网。

（8）**教案撰写与教材教法**：

以《500字说华语》《一千字说华语》等教材，介绍教材适用对象与对应之语言程度；

探讨教材与课型的关联性：不同地区的不同课型，教师针对不同的情况，带领学员讨论如何以现有教材，规划出符合实际课室所需的教学教案；

探讨教材与教学法的对应关系；

设计简易单元活动，并针对学生程度及学习状况，撰写架构完整且清晰的教学教案。

（9）**华语教学活动设计**[③]：

华语教学活动设计原则；

创意教学活动特质；

创意教学运用至华语教学活动设计。

（10）**信息融入教学教案设计（基础班）**：

---

① 姚振黎．华语国别化教材编写的理论与实践［R］．2011年第二届华语国别化教材国际研讨会．广西：桂林电子科技大学国际学院，2011．又，姚振黎．中西人文素养培育之比较——以台湾教学评量为例［Z］．2011“跨文化管理”国际学术研讨会．上海：上海外国语大学，2011．

② 姚振黎．以信息科技融入经典阅读——国文有效教学的策略与实践［R］．2011通识教学学术研讨会．台北：台北商业技术学院，2011．

③ 姚振黎．如何进行创意教学？论技职院校教师的“先器识而后文艺”［R］．2008创意的发想与实践巡回课程计划、第四届创意的发想与实践研讨会．南投：日月潭教师会馆，2009．

培养学员网络资源的搜寻能力；

Office 系统简单操作指引；

简易多媒体影音系统操作教学；

信息融入教案分享与讨论；

信息融入教案分组实作。

（11）**信息融入教学教案设计（进阶班）**：

21 世纪的华语教与学——理论与纲要分析；

TPCK 信息科技融入华语教材教法模式；

信息融入教案分享与讨论；

信息融入教案分组实作。

＊课程教学要点，包括：

从基础数字工具应用、简报应用，到互动游戏制作、电子白板架设及网络在线平台教学延伸应用；

针对最新、最重要的教学热门主题，例如：沉浸式教学、合作学习、文化数字活动设计、AP 中文及主题式教学等，进行分享；

观摩 K 到 12 年级华文教学，不论是在传统教室内的活动还是到主流学校的电子白板教学，均为学员提供实际的教学互动新体验。

（12）**教育心理学**①：

认知发展、情绪发展、自我概念及价值与道德发展；

学校教育与家庭教育之影响；

案例分析与讨论；

学习心得分享与问题讨论。

（13）**说唱艺术融入华语教学**：

唱跳的技巧教学及歌曲动作编排；

运用游戏、唱跳、表演等团康设计华文教学活动；

班级气氛营造技巧。

（14）**华语练习（学习单）设计与试题编制**：

设计教学目标应有之考虑及标准；

教学评量与教学目标；

认知领域与评量题型；

---

① 姚振黎．如何激发学习热情？［R］．“未来想象与创意种子教师工作坊”专题演讲．新北：三莺福容大饭店，2011．

各种题型优缺点比较；

纸笔测验编制程序与一般性命题原则；

试题编制实作。

（15）**多元测验与评量：**

测验与评量的关系；

测验结果的解释模式；

华语能力分级；

华语试题设计与编制；

测验的信度与效度。

上列专业课程，以实务为主、理论为辅，课程设计为体、教学活动为用。故以华语文教案设计与写作→教具制作→观摩教学为整套训练课程的核心，经由此核心课程设计，参与师训研习之学员编写、制作教案，同时搭配各种听说读写教学法、教学活动设计、汉字教学设计、数字教学技能、教具设计与制作等，可以设计出一套完整且具体可行之教案。

以教材撰写为例，先由教师带领“华语文教案的设计与制作”，讲解设计制作教案时的原则与重点，及须注意的要点；接着“教案设计制作辅导”的部分以分组模式进行课程教学，约5～6人为一组，每组分派一位助教，教师带领助教，然后由助教辅导学员进行教案的编制，带领学员设立教学主题、编制教案细部内容，使学员能够接收更细致且符合个人需要之教学辅导。课程结束前，邀请所有学员进行观摩教学，学员以自己编制的教案为观摩教学内容。

2.2 执行：融入式教学法之运用

《沧浪诗话·诗辩》谓：“盛唐诗人惟在兴趣，羚羊挂角，无迹可求。故其妙处莹彻玲珑，不可凑泊，如空中之音，相中之色，水中之月，镜中之象，言有尽而意无穷。”此乃严羽论诗之核心。将此理运用至课程规划与设计，融入各教学法，寓有法于无法，其中尤以情境教学（situated teaching）、锚式教学法（anchored instruction）与认知学徒制（cognitive apprenticeship）、沉浸式教学（immersion program）、微型教学（micro-teaching）之运用，须与华语教材教法相结合。

2.2.1 情境教学

情境教学源自情境认知（situated cognition）、情境学习等理论，强调学习是发生在建构知识的情境过程中，使知识学习在学习情境与学习活动中进行。

1989年，布朗（J. Brown）、柯林斯（A. Collins）及杜谷（P. Duguid）首次提出情境教学理念后，引起了许多相关的讨论与研究，例如建构主义（constructivism/

constructivist teaching）[①]、锚式教学与认知学徒制的教学模式等，而且这些讨论与研究也都引起了诸多回响，并被运用于各种教学活动中。

传统教学长期以来常被人诟病是一种填鸭式的教育，致使学生无法将习得的知识灵活运用至日常生活中。但有效的情境教学却可以使学生主动参与学习，促使学生积极主动地去想象、思考、探索，去解决问题。

2.2.1.1 情境教学的意义

自从情境认知被提出后，不仅学习要情境化，同时思考也要情境化，于是建构知识学习的过程要有统整性与不可分割性，由学习者的参与学习而逐渐进入知识的核心学习。在整个过程中，须有一位资深教师引导学习过程、激发学习者的学习兴趣，让学习者在教师的教学情境、课程设计下，思维受到训练、知识得以理解、学习管道多元化。

情境认知理论提出，情境教学的意义在于教师可依据学习者不同的学习特质差异，设计出多样化的教学情境环境，学生通过参与学习而获得认知（知性）与情意（感性）的知识。

换言之，情境教学系以学习者为中心，让学习者置身于教学情境中，其过程是参与行动学习、反思探索与回馈，其目的是使学习者在多元环境中互动，能适性发展而建构出自身的知识能力。

2.2.1.2 情境教学的特征

情境教学的对象不限于单一学习者，其知识建构过程强调与周遭环境产生互动，其互动的方式是凭借教师的教学目的所设计出来的教学情境，让学习者能建构出自己的知识。根据情境认知理论及赋予情境教学的意义，可归纳出情境教学的特征：

（1）激发学习者学习兴趣。

兴趣是一切学习的前提，有兴趣才会有学习的动机，进而引领学生思考与探索，以获得良好教学成效。情境教学是以学习者为中心，借一连串的多元感官学习教材以激起学习者共鸣，使学习者置身生活实际情境问题中，进而能将所学在实际生活情境中应用（learning by doing）。

（2）尊重学习者自主性发展。

情境教学强调课程设计可让学习者得到自主性发展，尊重其个别的学习差异性，使其长处得以发展。最重要的是要让学习者多想象、多好奇与多思考，而能适性发展以得到潜能的发挥。

---

① 周崇儒. 谈建构主义的教学［J］. 教育人力与专业发展双月刊. 又，VON G E. An exposition of constructivism: Why some like it radical［C］//DAVIS, R B, MAHER, C A & NODDINGS, N(eds). Constructivist view on the teaching and learning of mathematics. Reston: National Council of Teachers of Mathematics, 1990. 又，HENRY, M. Constructivism in the community college classroom［J］. The history teacher, 2002, 36（1）: pp. 65－74.

（3）给予学习者思考探索的机会。

教师为学习者做课程设计时，必须让其有思考的过程，使知识内化（internalization）成智慧，终成为实用的知识，再以此知识为基础，去探索新的知识，进而培养自我导向的学习能力，促进学习态度与知能发展。

（4）解决问题。

情境教学是要教师设计出真实的生活情境教案，强调真实生活情境中可能会遇到的问题，再从情境问题之发掘、分析、解决过程中，认识自我，学会独立思考，形成知识内化，而成深刻的记忆，也即外显知识（explicit knowledge）转化为内隐知识（implicit knowledge）的过程。

（5）善用各种多元情境来刺激学习。

知识的学习透过多元感官学习的刺激，才能将外显知识内化为个人知识。多元情境的运用，促进了多元智能的发展，同时也可强化学习的内容。

（6）科技的运用。

科技的运用可强化教学内容与增进教学资源，并拓展教学的深度与广度；也可将资源作整合与运用，以提供学习者参与学习的经历。

（7）强调合作学习。

情境教学课程设计强调合作学习，让学习者扮演不同角色，通过学习活动使其在团队中学习互助技巧、解决问题之能力，及培养良好的学习态度。

（8）强调练习的重要。

情境教学强调对学习内容进行练习的重要，借由练习，可将短期记忆中所获得的数据转移至长期记忆中，让其在大脑中保留较长的时间。

（9）强调示范教导。

情境教学强调学习者在教师的言语与行为引导下，先做出与教师一样的学习任务行为，再在学习资源的辅助下，自行参与不同的情境去尝试出属于自己的学习体验。这种示范教导可消除学习者已学会的不适当学习行为，促进其言语与行为的合理化。汉语“教学演示”“观摩教学”即属之。

2.2.1.3 情境教学的内涵

综观国内外学者观点，可将情境教学的内涵归纳如下：

（1）情境教学是利用以形象为主体的教具、教材及教法，创设适宜的、典型的或模拟的场景；

（2）情境教学首先应建立认知主体与认知客体之间浓厚的情感氛围；

（3）情境教学的重点在于激发学生的情感反应及学习情绪，给学习者带来感性的心理体验；

（4）情境教学的目的在于结合认知活动与情感活动，以激发、活络学习者的情境思维。

综言之，教学活动宜贴切讲授教学主题与教学目标，使之尽量有意义，并在情境中进行。

语言形式之练习是属较机械式的，例如：句型（pattern）练习做太久，学生容易感到乏味，注意力下降。原则上，任何教学活动的设计都应尽量使其有情境、有意义，模拟实际生活沟通，以增加学习者互动与沟通的行为，这样不仅学得有趣，还可加深学习者对所学知识的印象。

是故，活动设计可尽量采用讯息差距或讯息交换（information gap）的技巧。这种方式可以使学生双方可透过语言的沟通而获得自己没有的讯息，这较两位学生都看着同样的图再作问答更有意义。①

2.2.2　锚式教学法与认知学徒制

情境认知学习理论本身并未论述教学观点，然而一些学者根据此学习理论制定出了适用的教学法，其中最著名的是“锚式教学法”和“认知学徒制”。

“锚式教学法”由美国 Vanderbilt 大学的认知科技小组（Cognition and Technology Group at Vanderbilt，1990，1994）制定出来。“锚式教学法”产生的背景是鉴于以往小学生解数学应用问题时，大多使用机械的解题方式，与真实生活无关。于是，他们开始研究如何设计生活化的故事情境，将解题所需要的相关数据隐藏在故事情境中，让学生自行发现要解决的问题并拟定解题计划。其故事情境采用影碟的方式呈现，透过计算机多媒体，使其动态画面具有真实感，这种教学方式一方面有助于激发学生的学习动机，另一方面用以训练学生的解题能力。徐新逸（1995）也据此设计出一套本土化的锚式教学法影碟教材——《生活数学系列——安可的假期》。基于要为学校教育塑造真实情境有其实际的困难，以计算机多媒体来模仿物理真实性的“锚式教学法”，则不失为一个变通的方法。

“认知学徒制”教学法系由 Collins，Brown，Newman（1989）所提出，强调安排真实的学习情境，尤其是体现认知的真实性。他们主张将传统学徒制应用于学校的学科教学中，如阅读、写作、数学等，教师在教学时通过示范、指导和提供鹰架（Scaffolding Instruction）等方式，让学生能观察和逐渐体会阅读、写作、数学解题时的认知思考历程。传统学徒制和认知学徒制最大的差别是：前者强调专业技术层面，后者着重认知和后设认知（Metacognition）层面。Collins 等人（1989）并未提出具体的认知学徒制教学流程，而是从内容、方法、顺序及社会学四个面向，提出认知学徒制的理想学习环境架构，作为建构与评鉴学习环境时的考虑项目。在内容方面，主张教导外显的（explicit）领域知识和内隐的（implicit）策略性知识（捷思策略、控制策略、学习策略）；在方法方面，主张采用示范、指导、提供鹰架并逐渐撤除、阐明、反省、探究等教学方式；在顺序方面，主张安排教学活动应注意由简单到复杂、由单一到多

① 王仁癸．情境教学在小学英语教学的应用［J］．北县教育，2009，（69）．

样化、整体技能先于局部技能三个原则；在社会学方面，提出影响学习的五个社会因素：情境学习、专家实务文化、内在动机、组内合作、组间竞争。方吉正（2000）曾将认知学徒制的学习环境架构应用至小学数学解题教学。[①] 要使具有不同心智特性的学生，都能接受个别化及适性化的发展，如华文师训之语文讲述、全班或分组讨论、阅读、写作活动、演讲、玩文字游戏、讲故事、录音自己的话、投稿、设立班报、脑力激荡、访问、报告、说相声、设计广告词、使用计算机处理文字等教学活动。“说唱艺术融入华文教学”之课程规划，即为一例。

2.2.3 沉浸式教学

沉浸式教学是学生学习第二语言的授课方法之一。沉浸式双语课程始于20世纪60年代，是教育者为说服当时来自加拿大中等收入家庭、说英文的父母们让他们的孩子能说法语，且欣赏讲法语的文化和传统（Baker, 1993; Dagenais, 2003）所建立的一个新课程。

沉浸式双语课程和“潜在式”的沉浸式双语课程（submersion）的不同之处在于：前者是与程度相似的主流学生同时学习第二语言；后者则是将一二位或极少数非母语的学生安置在说母语的班上（Swain & Lapkin, 2005），如将在台侨居的美国学生放到中国台湾的公立小学去上课。至于台湾父母送小孩就读沉浸式双语学校（在此学校中，所有的阅读、写作和数学皆以英文为教学媒介）的理由（Chen, 2006）不外乎是顺从全球国际化多语言沟通的趋势，把握幼儿学习欣赏多种语言的黄金期，利用大脑对语音接纳能力的最佳感受期，为孩子提供一个自然情境，借由听及复诵来学习语言、提升孩子的学术能力。不断有研究（Bae, 2007; Serrano & Howard, 2007; Torres-Guzmán & Etxeberría, 2005; Tagoilelagi-Leota, McNaughton, MacDonald & Farry, 2005; May & Hill, 2005）显示：沉浸式双语课程的学生之英语、数学、科学和社会科学能力等同甚至是优于一般非沉浸式学生的学科能力、战胜困境的能力，因为他们需要以两种语言来练习阅读和写作技巧，即使是天赋异禀的孩子们也会遭遇挫折，他们需要比一般的孩子更加努力用功。这也是东亚国家双语教学者（尤其是韩国）提倡沉浸式双语课程教学的理由。[②] 因此，可运用沉浸式教学的成功经验规划及开设华语师训课程。

2.2.4 微型教学

对于学员观摩教学的反省与修正，可分为价值、信念及行为等方面的反省。价值及信念的反省可通过撰写札记、专业对话等加以修正或强化；而教学外显行为的反省及改善，则以微型教学（micro-teaching）的方式最为直接有效。[③]

---

① 张新仁. 当代教学统整新趋势：建构多元而适配的整体学习环境［J］. 教育学刊，2002（18）：43-64.

② 陈书民，许能羡. 台北市英语村建置的理念、考虑与规划重点：参考韩国英语村经验［R］. 台北市教育主管部门委托项目研究报告，2007.

③ 蔡进雄. 教学行为的反省与修正：谈微型教学［J］. 评鉴（双月刊），2010（26）.

微型教学乃是安排一个具体而微小的教学情境，只对一小组学生进行一小段教学，使教师能在其中练习教学的技巧，并且接受回馈（单文经，1992）。顾名思义，微型教学就是一种小型的教学，教学时间及教学对象无须如一般大班教学。这种教学的流程是试教者在有录像设备的实验教室先进行约 15～20 分钟的教学，之后教学者与指导者或参与观摩者共同观看教学录像内容，并针对教学者之教学优点亟待改进处共同讨论，并给予回馈；也可针对特定教学行为与技巧之优缺点进行检视，接着试教者再对同样教学行为（如提问技巧）或单元再演练一次，直至改善为止。

简言之，微型教学是改善教学外显行为及技巧的有效回馈策略，特别是对于华文教师之师训研习，应可从中获益。

是故，观摩教学课分为前半部分与后半部分：前半部分以小组方式进行，成员在分组下进行微型教学，在组内演示一轮后，经组员和教师、助教的评比分析，选出最优秀的学员。追观摩教学的后半部分，则请每一小组内表现最为优秀的学员上台演示，与全体学员分享多日来的努力成果，再由教师带领学员们进行最终的观摩教学评量与教学反思。笔者在“中央大学”师资培育中心即以讲授“国文科教材教法”为案例实行之。

孟子曰：“梓匠、轮舆，能与人规矩，不能使人巧。”（《孟子 · 尽心下》）按照课程教学设计，使每位学员编制出一套完整且实用、可行的教案。当然，每位学员必须先行作业的完成及缴交，再由主其事之策划者将教案整理后，编制成册。由此，学员在海外教学时，便有参看的资源、切实可行的教材与教案。

3 师训需求之同步研究

为使华文师训研习之设计、构想、理念得以落实执行，且有成效，应采取同步研究，包括前置研究该地区侨教特性分析，期前研究学员程度、需求及学习意愿评估、课程规划与检讨，期后研究永续经营之建议等（见表 1）。

表 1 师训需求之同步研究

同步研究步骤	研究方向与内容
前置研究	侨居地资料搜集与整理 1. 资料搜集来源： （1）行政单位类 A. 公共部门相关工作汇报； B. 公共部门相关报告资料； C. 公共部门相关合作交流活动报告 （2）学术研究类

（续上表）

同步研究步骤	研究方向与内容
前置研究	A. 学术期刊与论文； B. 教科书 （3）大众关怀类 A. 多媒体素材——宏观电视新闻媒体、网络影音信息； B. 各项能展示语言与文化的数据 2. 搜集资料的主要方向： （1）一般数据类 A. 侨居地的风俗民情； B. 侨居地的语言教育政策； C. 国内与侨居地的合作交流现况 （2）华文教学相关资料 A. 侨居地的华文教育发展现况调查； B. 侨居地中文学校/孔子学院的需求调查； C. 侨居地中文学校/孔子学院教师需求调查
期前研究	研究对象地区的社会语言生活和教学现况调查 ★针对学员学习需求及其教学现况，进行分析，拟订教学计划 ★分析参考依据 1. 访谈对当地侨教有研究的专家学者； 2. 过去办理的相关经验； 3. 学员需求之电子问卷调查； 4. 全球华文网学习需求互动调查
期后研究	学员满意度及课程成效调查 1. 学员的课程满意度调查（采问卷形式）； 2. 学员的整体接待满意度调查（采问卷形式）； 3. 课程内容之成效调查
后续展望	学术研讨会之举办与研究档案留存 1. 公共部门指导举办“年度华文教与学”学术研讨会； 2. 相关研究资料供公共部门参考或作为来年课程规划参考

4　教学设计理论与系统化之应用

Dick 和 Carey（1996）之系统化教学设计模式与实施，运用至华文教学师训，如图 2 所示：

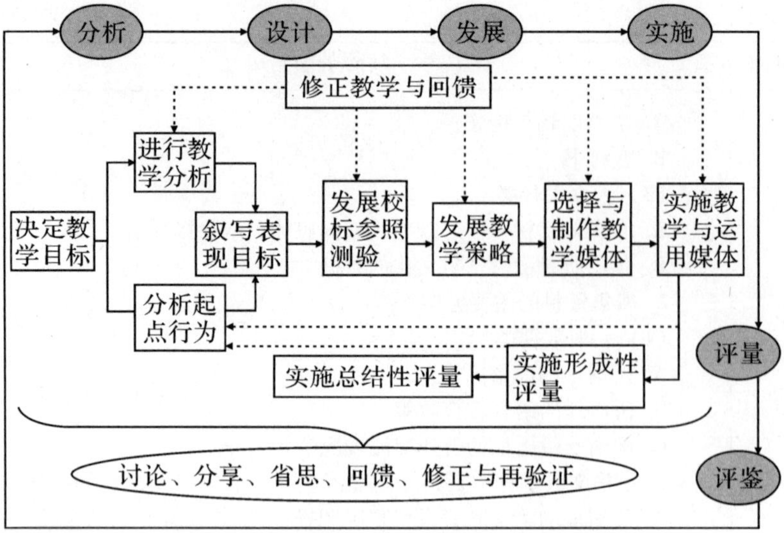

图 2　Dick 和 Carey（1996）之系统化教学设计模式与实施阶段

4.1　分析阶段

包括确定教学目标，分析学习者的起点行为（entry behaviors）、特性、学习风格，及分析教材内容。

（1）确定教学目标。

华文师训之教学目标包括：理论知识部分，如何在有限期程密集训练，使具成效？故须精核简明地将实务教学、课堂活动、班级经营理念结合。教材编纂、教案写作、教具制作作为期末学员个人成果的展示，应在返回侨居地后应用。

同时，组织教师社群，活络教师学习团队，将师训研习之课程数据上线部落格（blog），既可成为数据库，又可作为交流互动的平台，以利日后华文教学学员的发展。

（2）学员才气与学习特质分析。

了解当地华文教学现况与学员需求，师训前即须完成对学员背景资料与需求调查的分析，审视课程之合适度，进行适当的内容调整、课程润色，以符合学员在侨居地之教学需求。

（3）教学内容分析。

依海外侨教特性，征询当地教师及回台参与师训者之意见，并就现况特性分析，系统性地排定深浅合宜之课程，使学员学习专业知识从理论到实务循序渐进。各课程间横向联结，务须搭配得宜、整全规划，才能收相辅相成之效。

4.2　设计时间

包括制定单元学习目标、发展标准参照测验、确定教学方法与策略等。

（1）编写学习目标——ABCDs。

参加师训学员名单确定后，对学习者进行背景分析，并计划课程的开设，编写学习行为目标，包括 ABCD 四要素：

Audience：教学对象为何？人数若干？学程、资历等背景及程度？

Behavior：学习的行为或能力，借由教学实务与示范讨论，因材施教，进行教学能力分享。

Conditions：条件，学员的知识量或能力，有何可资运用？使增强其学习参与度。

Degree：程度，经此师训，学员之专业能力应该提升至何种程度？期末任务导向将兼顾本师训的“质化考核”与“量化评估”。

（2）设计测验。

师训研习既以期末教案编写、观摩教学为预期达成之主要目标，且须服务日后教学、建立活络网上学习社群，故有学习问卷、本次规划与教学情形观察的任务。另外，学员满意度调查表及评比，平均结果应达 80% 以上，方才符合预期成效。

4.3　发展阶段

根据教学目标、学生特质与教学内容，以确定教学方法及选择教学媒体或制作教具。

（1）发展教学策略。

教学方法与教学策略唯有适合与否，无好坏之分。是故，师训研习须于执行前与任课教师、助教、辅导员、行政支持者进行共同会议，确立教学方法、教学策略与设计教学活动，依照课程内容性质、学员程度、教学目标、计算机软硬件设备等要素，使讲授内容具整体性、一致性，横向联结、纵向统整，得以兼筹并顾，使学员的专业知识能力得到提升。

（2）选定教材与编制教具。

通过分析学员背景及需求，完成课程讲授内容的确认，由任课教师群编写教材、讲义与制作教具。

4.4　实施阶段

教学内容设计必须一次到位。因此，如何将教学设计、课程规划等付诸实行？请参考以下几点建议：

（1）督导检视师训研习。

师训研习期间，除辅导员、助教、行政支持人员，另应有统筹师训之督导老师（supervisor）留意学员学习情形，为教师及学员提供咨询服务，对授课内容提供整体的甚至后续课程之建议。

（2）妥适运用媒体。

依照课程教学需要，教师运用各多媒体，以辅导讲授内容、增强学习效益。同时，学习地点须是提供无线上网与计算机的教室，供教师及学员使用，以配合教学进行，随时检查，使学员得以“上穷碧落下黄泉，动手动脚找资料”。

4.5 实施形成性、总结性的多元评量

评鉴阶段包括实施“形成性评鉴”（formative evaluation）与“总结性评鉴”（summative evaluation），达成多元评量之成效。形成性评鉴在课程实施中进行，故除了师训前调查学员的背景与需求外，还要以问卷调查的方式调查学员研习期间的情况，须有一定的效度、信度、精确度，以了解课程教学法之引导评量方向。最后的总结评鉴，在课程结束时进行。

至于问卷调查表的设计，当考虑能否及时反映学员的意见与建议，且有效予以处理，并依照预期时间完成目标，作为总结性评量要求的主要内容。

5 华文教材编纂举隅

教材编纂及教学法，乃海外华语教学研究者长期关注之议题；优质的教材能提升学习者学习成效，兼顾理论与实务，将教学目标语（target language）之语音、词汇、语法、语用、语境等要素，经由文本形式，借合理、系统、循序渐进的方式，编排成为可进行教学操作的读物。其中两点重要因素值得探讨：

（1）能提升学习者学习成效的教学法理论为何？

（2）执行语音、词汇、语法等素材或知识的编排标准为何？

解答上述二者，缺一不可，已分析于前；若仅有教学法理论或策略，却无语言系统（language arts instruction）的知识，容易造成研习学员的纸上谈兵，甚或胶柱鼓瑟，洎乎披挂上阵，进行教学实务时却无法得心应手，无法进行精准教学，甚或制造错误。反之，若仅有语言系统的知识，而没有好的教学法理论或策略，则若土法炼钢，或是摸着石头过河，不易提升学员的学习成效。因此，从教材的角度检视，语言本体的重要性与教学法理论的重要性，二者不分轩轾，当同时兼备。① 以下为具体案例：

【案例一】

笔者受邀编著适用于基础教育阶段之《中国传统文化课本：国学》（北京大学出版社，2010）作序。

国学，即“中国之学”，是中国特有的文化和学术的总称，包括文学、历史、哲学、政治、经济，乃至书画、音乐、数学、医学、建筑等范畴，上至天文、下至地理。国学，也融会了华夏五千年灿烂文化的精华，无论中国人还是有志学习华语者均应对其认真学习。

有鉴于这套教材是专为小学生或初级华文学习者而量身打造，所选内容重视趣味生动、可亲可感的特点，使少年儿童与华语学习初阶者，对其产生兴趣，在国学经典

---

① 张于忻．外籍配偶识字教材研究与反思［R］．2011开创华语文教育与侨民教育之新视野国际学术研讨会．桃园：中原大学，2011．

的熏陶下，养成良好的生活与学习习惯，迈出国学启蒙的第一步。作序如下：

国学，为中国固有的传统文化与学术；经典，能开学养正，昭明有融。如何在浩如烟海、汗牛充栋的典籍中使孩童快乐学习，享受经典阅读的乐趣？提升学童主动学习的能力，亲尝“经也者，恒久之至道，不刊之鸿教”，得以汲取华夏文明五千年的传统文化精髓，了解文化的流变与进程、古代人民的科学发明、文学艺术及哲学思想。

记忆与理解是人类心灵的两个认知能力，不仅可以并行不悖，且能相辅相成。记忆力更是想象力的基础，而背诵经典正是训练记忆力的好方法。颜之推《颜氏家训·勉学》曰：

夫学者，犹种树也，春玩其华，秋登其实；讲论文章，春华也，修身利行，秋实也。……

人生小幼，精神专利，长成已后，思虑散逸，固须早教，勿失机也。

经典根柢盘深，枝叶峻茂，辞约而旨丰，事近而喻远；是以往者虽旧，余味日新，后进追取而非晚，前修久用而未先。经由国学，使孩童知书达理、明礼尚义、应对有节、进退有据，借前人智慧，丰富自身的经验，俾能传承并发展文化财富，是今日教育不可或缺的一环。（以上为成书背景及笔者编撰之心路历程）

本书依时代先后，选编了音韵谐美、内容丰赡、情采兼备之佳篇名作，学习经史子集的圣贤至理，培养学生逻辑思维能力，了解古代文学与文化，甚或亲手实作，提升其聪明才智；借由阅读教学，对学生的品格教育、礼仪规范、生活质量等方面产生了潜移默化的影响，确立价值观的准绳；使学生了解中国文化，培养他们对游戏、运动、艺术以及医药等方面的鉴赏能力和兴趣。（本段包括认知、情意、技能三项编撰目标。）

国学，不再是高不可攀的深奥学问，也非枯燥乏味的书本知识，更不是用来获取名利的敲门砖；实乃性灵镕匠，文章奥府的群言之祖。国学内涵如此丰盛，不是文化人的专利，也绝非象牙塔中的故纸堆；而是世代相传、至今仍散放生命的智慧。“道心惟微，圣谟卓绝，墙宇重峻，而吐纳自深，譬万钧之洪钟，无铮铮之细响矣”。

是故，国学乃吾人修身养性的处世哲学，是丰富智慧的活水源头，系建构美好品德的必从规范，为生生不息的精神源泉。经典阅读使吾人体认“为天地立心，为生民立命，为往圣继绝学，为万世开太平”。中华文化在经典的致化归一下，与时俱进，冲走任何一时的动荡与外在的变动不居。（应为本书编成，预期达成之效益。）

【案例二】

2012 年暑假，笔者参与了台湾地区侨务主管部门举办的“缅甸侨校师资培育研习班”，奔赴缅甸曼德勒、密支那等侨校为在职师资培训，并受命撰写《“侨委会”

2013海外侨校教师培育（缅甸地区）师范班计划书》，还撰写了《为缅甸侨校：如何进行阅读理解策略教学?》一文，仅摘录所撰之开宗明义，如下：

伦敦奥运闭幕日那天，也是2012年暑期缅甸侨校师训研习班结束，我返台的日子，想到Google创办人之一布尔（Sergey Brin）所说："只要有宽带或调制解调器，在家或是到网咖上网，大家的信息取得都一样方便了。不管是柬埔寨的小孩、大学教授或是我这种搜索引擎经营者，Google让众生平等。"

所言用至缅甸侨教，谁曰不宜?

以网络第二代（Web2.0）为例，维基百科网站成立不到10年，资料量却比出版了240年的《大英百科》多数十倍，正确性几乎不相上下，而且它有200多种语言，几乎人人可用。又如最大的照片网站Flickr、最大的影音网YouTube里的照片或影片，都是由网友上传的资料，数量极为惊人。而想要一睹徐志摩《我所知道的康桥》中的美景，只要进入Flickr，输入"剑桥"或"Cambridge"等关键词，就有数十万张剑桥校园美景图片呈现在你眼前。

商业经营也一样。拜科技之赐，即使一个人在家里做蛋糕或手工艺品，透过网络也能营销至全中国甚至全世界；一个人在家里开工作室，同样可以和大企业抢生意。只要有宽带，只要有雄心，无论在哪里，都不会被边缘化。同时，工作的型态也改变了：以前推销产品要请业务员，公司的业务也要找专人来做；但透过网络营销和外包的新观念，许多工作可以委托他人代工，专职人员变少，成本自然也节省了许多。

世界变平了，众生平等了，但变平的世界也是挑战的开始。每个人都可以去争取全世界的机会，但世界中其他的人也都可能来抢你的机会，那我们该怎么应对呢?《世界是平的》的作者托马斯·弗里德曼（Thomas Friedman）说："不论是个人工作室或企业员工，以下四点，至少必须做到一点：非常特殊、非常专业、非常深耕或非常会调适。"若是不够积极努力，也许世界变平后，坎坷人生路才正要开始呢!

职是之故，缅甸侨校师范班教学的目标在于保存宝贵的文化遗产，须先将华语文结晶传递给生生不息的下一代，进而以既有之知识为基础，开创更丰富的人文素养与新文化，以求文化之日新月异，进步不已。因缅侨师范班尤以缅甸族群众多，故教学之科际整合（interdisciplinary）、跨文化（cross-cultural）认知，势在必行。（全文详见原本《计划书》）

6　结语：热情，华语有效教学的源头

经济实力与语言权力之间关系密切，英语挟着16世纪的大英帝国与20世纪的美国力量不断向全球延伸。在日本经济傲人时，欧美甚或印度尼西亚亦时兴学日文；当日本国力出现削弱趋势，取而代之者，即为中文。

虽然英语已成为全球的第一语言，但中文的重要性紧跟在后，多数华语文教师皆指出：中英文俱佳将让我们更有竞争力。至少第一手信息的取得与阅读会方便活络许

多，进而开拓听闻与视野。①

然而，策划华文师训研习者当面对并省察下列事项：

第一，积学以储宝：沉淀思考、自我检视。

沉湎过去不等于开创未来。如何在既有之师训经验中实现自我突破，不仅开创前景，且是荣景？又，有何革新？有何亮点？面对 2012 年及其后之课程设计策略与执行，其研究精进之处为何？故应勾勒前瞻性、启导愿景（vision）。

第二，酌理以富才：若徒贪取得授权及承办师训的资格，将宛若粗服乱头之策划与执行。

计划书撰写以雅正为宜，且任何计划方案书写应注意遣词用字、标点符号、写作规范，全文、整册前后一致；避免突兀、散乱不整；当修正润色，细节体现本质。最终须能落实执行，且达到海外汉语师训之成效。

第三，研阅以穷照：旧学商量加邃密、新知培养转深沉。

提供学员参看的"教材主要参考书目"应与时俱进。教材、教法、教学方式应与信息科技相融合，师训不可抱残守缺。尤以华文师训在研习时限、密集训练等要求下，"教材主要参考书目"当引起学员自发性研读及学习的兴趣，"师父领进门"，也是审视教师平日治学是否勤、精、进的一个反映。为人师表，不可不慎。

第四，驯致以怿词：虚一而静的大清明。

承办华文师训研习前，宜思量前景、成效。例如做了七、八年的印度尼西亚华语文师训研习，笔者对印度尼西亚侨教的认识、对外华语文教学的热情、对印度尼西亚华语文教学的永续经营理念与实践……都有经验可传承、可资分享。

不专业的教学与师训，将无法打造有效的华文教学（effective teaching），遑论将师训运用至海外华文教学。

尤有重要者，参加师训的海外华文教师，须具志工、同理心、谦逊、热诚、"选择所爱，爱所选择"的特质。

从事研习班师训之教师，当以甘苦与共之心，与学员一起学习、共同生活；不当以"服务""牺牲""贡献""辛苦"等语随时挂在嘴边，彰显自我。英国人戴德生（James Hudson Taylor）（见图 3、图 5）在中国创办内地会时，尝谓："我若有千磅英金，中国可以全数支取；我若有千条性命，绝对不留下一条不给中国。"（If I had a thousand pounds，China should have it；If I had a thousand lives，China should have them）德国人史怀哲（Albert Schweitzer）（见图 4）拥有优渥家世及哲学、医学、神学、音乐四个博士学位，且具令人称羡之境遇，其于 1913 年前往非洲，在蛮荒丛林中行医 50 余年，并将诺贝尔奖奖金用来建麻风村。90 岁逝世于非洲。

① SHARON B. 31 ways to get smarter in 2012［J］. Newsweek，2012（1）：pp：24 – 29.

图3　21岁的戴德生

图4　20世纪人道精神典范的史怀哲

图5　穿着唐装，在中国建立125所学校的戴德生

从全球化趋势来看，现代人避免不了双语学习。台湾地区教育改革20年来①，积极推展中英双语教学。台湾中小学课程改革之语文课程部分，包括了国文、英文、河洛语、客语等的统整。今天台湾教育圈强调中学教师须有“第二专长”、大学教师须有“跨领域结合能力”，国文教师的双语能力，显得越发重要。若想推动华文教育，就应从华语文教师之专业与师训始。

参考文献

［1］范铮强，范懿文，等．信息管理导论［M］．台北：旗标出版股份有限公司，1996.

［2］张宇梁．Dick & Carey（1996）之系统化教学设计模式与实施阶段［EB/OL］．［2012-01-23］．http://el.mdu.edu.tw/datacos/09520122026A/Dick-Carey-系统化教学设计模式与实施阶段.doc.

［3］沈伟中．科技与学习：理论与实务［M］．台北：心理出版社，2004.

［4］张霄亭总校阅．教学科技的定义与范畴研究［M］．朱则刚，李丽君，单文经，杨美雪，译．台北：五南图书出版有限公司，1998.

［5］朱湘吉．教学科技的发展　理论与方法［M］．台北：五南图书出版有限公司，1994.

［6］ANDERSON H & RHODES N. Immersion and other innovations in U. S. elementary schools［J］. Classroom Techniques, 1983(13).

［7］CHEN Y L. The influence of partial English immersion programs in Taiwan on kindergartners' perceptions of Chinese and English languages and cultures［J］. The Asian EFL Journal, 2006, 8(1).

［8］DICK W & CAREY L. The systematic design of instruction (4th ed.)［M］. New York: Harper Collins, 1996.

---

① 周祝瑛．谁捉弄了台湾教改［M］．台北：心理出版社，2003年.

[9] LIGHTBOWN P & SPADA N. How languages are learned[M]. London/New York: Oxford University Press, 1993.

【作者简介】

姚振黎，中国台湾“中央”大学中文系毕业，美国明尼苏达大学（University of Minnesota）教育政策与行政学硕士、教育行政领导学博士。现任职于台湾私立健行科技大学，台湾“中央”大学中文系暨师资培育兼任教授。2012 暑假，奉派赴缅甸密支那、曼德勒、仰光，为海外侨校进行师训，并筹策、擘画及执行 2013 年侨校师资师范班专案。

大学语文科际整合范式与元认知能力培养浅探

[中国香港] 李小杰
(香港明爱专上学院)

引言

香港是个商业化、讲究工具理性和成本效益的社会。与内地强调人文精神不一样，香港的大学语文主要以实用为主。香港几所大学提供的大学语文课程，其大纲包括公函、报告、会议文书、宣传文字、投诉信等，皆是应用型的写作。① 于是，如何避免这个学科沦为僵化的公文格式教学就成了一个问题。个人认为，作为人文学科的老师，在完成课程教学任务之余，应通过大学语文训练学生的共通能力，以便学生能在其他学科、日后工作中学以致用，这既是人文学科老师的责任，也是人文的“无用”与现实发生碰撞后所要思考的出路。

孔庆东在《大学语文的教学改革方向》一文中把大学语文教学上升到“大语文”的概念：“如何理解‘语文’？语文首先不能简单理解为一个‘学科’。语文是覆盖在所有学科之上的……学语文的同时也能学其他的学科，而在其他学科里面也都有语文的因素。”②

从“词源学”上讲，meta 在英语中是“超越”“总的”“继……后”之义；在汉语中“元”有“首也”“一也”“始也”“大也”“本也”等义。孔庆东认为语文学科覆盖在众学科之上，我们不妨称之为元学科。大学语文教学，即“元”语文的教学。对老师而言，一切包罗万象和自成体系的思想，都具有普遍意义的语文教学范式；对学生而言，也是一种基要思维与存在方式。因此，老师在教授大学语文时也应该超越一般的思维：一方面自己注重以科际整合范式覆盖教授方式，另一方面培养学生时注意引入元认知能力的概念。

---

① 以香港大学为例，大学语文叫中文增润课程（Chinese Language Enhancement Program），功能是加强学生的实用和专业写作技能（practical and professional writing skills），目的是培养出实用的沟通者(effective communicators)。One of the principal missions of the Chinese Language Enhancement Programme (CLEP) is to design and deliver courses for undergraduates in ALL Faculties of the University, courses that are intended primarily to raise their level of competence in the Chinese language. Emphasis is placed on practical and professional writing skills. 见香港大学网站：http：//www. chinese. hku. hk/main/chinese - language - enhancement - program/. 2015 年 5 月 2 日。

② 孔庆东. 大学语文的教学改革方向［J］. 中国大学教学，2006（7）：20.

1 范式：科际整合的尝试

范式一词来自拉丁语，原意是“模式、样本和例子”，以动词出现时则有“展示、再现、显露”之意。《牛津英语词典》把范式定义为：“一种典型的例子或者某样东西的模式。”科学史家托马斯·库恩通过研究科学的规律赋予了这个词当代意义，在《科学革命的结构》一书里，他说：“（范式）能为一群专门人才提供问题和解决模型。”[①]在库恩看来，范式是科学家团体所共同接受的一组假说、理论、准则和方法的总和。

一般香港各所大学讲授的大学语文，大同小异，内容包括书信、评论、新闻稿、建议书、会议文书、演讲等。在教学实践的过程中，我们发现不少内容应该引入跨科际内容，以达到“学语文的同时也能学到其他学科”。

孔子说：“君子不器。”就是提倡通才式培养，放入教育界语境中就是鼓励老师整合科际，学生海纳百川。孔庆东认为：“语文什么都包括，天文地理都可以在里边。孔老夫子给学生讲课，一天到晚不就讲语文吗？讲完之后这学生不就什么都能干了吗？”“天文地理”都可以谈，其实就是将语文和其他科目相结合，达到解决问题的目的。

以个人教学经验为例，在讲授大学语文的过程中，确实发现不同文体涉及不同学科，老师讲课时经常需要穿越古今，旁征博引。比如，当我们讲授评论撰写，就需要运用社会学的知识，因为里面涉及对社会现象的阐释。又如讲授演讲词写作，因为大多时候，来听的人可能来自各个行业，包括各个年龄层，各种教育程度，需要懂得利用一点大众心理学，以便去猜测听众的习惯与需要，才能避免做无用之功。其实，这在西方的影视中，并不罕见。有部叫《副总统》的美剧，里面有不少演讲场面，总统每次都会在演讲词前面安插一个笑话，这是为其撰稿的智囊为了让听众放松下来，容易接受后面的环保、政治、社会民生等议题所作的安排。

又比如，讲授新闻稿写作，学生最好对公关学和传播学稍有涉猎。因为新闻稿是一种公关稿，并不是真正的新闻报道。新闻稿多说正面，甚至把负面消息正面化。加上香港大学语文教学的目标学生群体来自不同系别，所以，大学语文讲课时也应该意识到跨学科的概念。当学科的引入、理论和模型的运用与建立成为一种习惯，当这些尝试被固定到某一类问题时，慢慢就形成了自己的范式。

从这个角度来说，我们可以视语文为一种工具，这种工具覆盖在众学科之上。我们通过对其他学科的引入，不再让学生觉得语文只是多认识生字，而是让学生在学习语文的同时也能增长其他学问。最重要的是通过科际整合，提高学生表达议题和解决问题的能力，慢慢形成他们自己解难的模型。这样才能体现语文强大的渗透力。

---

① THOMAS S K. The structure of scientific revolution：2nd ed[M]. Chicago：The University Of Chicago，1970：pp. 7.

要使学生认识到范式的重要性，我们需要培养学生的范式，让他们认识到认知的重要性。

2 元认知能力：汇报和功课的指示

元认知反映了主体自己对某一事物“认知”的认知。[①] 拥有较强元认知能力的人，通常学习能力很强，因为他们对于自己的认知和学习过程较为了解，能够在快速的自我思考和自省后提出优化的学习策略。故此，老师应该因材施教，去培养、唤起学生对事物的认知和思考。这些学生对自己的认知能力有较强的管控能力，懂得利用自己认知能力的优势和已有知识框架来调节和评估新知识的摄入，因而能够很快地把新知识融入已有的知识当中。

故此，如果老师授课时使用社会上的热门事件，比如新闻作为题材，具体可感的新事件让学生对认知能力的管控更加容易，更容易产生效果。比如，说到撰写评论，老师可以以最近新闻中关于中东呼吸综合征的报道为切入点。按照一般程序，韩国当局本应强制隔离疑似患者，但韩国医院管理局没有把患者强制隔离，当局失职的表现无疑成为一个极佳的攻击靶子。我们可以此为例，教授学生如何评论韩国医院管理局。

我们一起看看笔者的学生考试答卷所写的一篇文章，比较能反映学生跨学科引入的学习效果。学生题目要求：为刚刚来香港的内地学生写一篇演讲词，就如何适应香港的中学生活提一些建议。以下是文章内容：

> 本人是一位大学毕业生，虽然阔别校园多年，但中学生活的境况依然记忆犹新。
>
> 本人是升中一的时候来港的。还记得开学踏进班房时，要用流利的广东话向同学做自我介绍已很不容易。庆幸第一天上学就能认识到一位友善的同学……

上面的写作，考生遵从了笔者上课时教授的辅导学理论：“如要让别人较快认同你，最好是你也分享相同的经历。”这些是来自护理学的学生，他们有学过类似的科目，在遇到这样的问题会知道如何依样画葫芦，懂得利用自己的认知能力和已有知识框架应对题目，把新资料并入已有的理论语境里面。

元认知活动的内容是对认知活动进行调节和监控，如写作中的元认知活动有明确写作目的、将注意力集中在写作素材上，对当前写作中心、大纲、意义不断进行调节、自我提问，以检视写作效果、随时采取修正策略等。[②]

---

① DAVID D. Brain changer [M]. Texas: Benbella Books Inc, 2013: pp. 40.

② DOUGLAS J H. Metacognition in educational theory and practice: 2nd ed [M]. New York: Routledge, 2009: pp. 94.

从引文第二段可以看到考生对调节元认知的实际操作，题目要求考生给新移民适应来港生活给予建议，考生把自己的背景设定为新移民，感同身受，以引起共鸣。授课老师应该从不同科际出发，通过完成功课、应对考试、解决实际问题的方式，对学生进行提高元认知能力的培养。

当然，一般学生，能够想到运用一种方法来完成任务，已非常了不起。那些可以根据不同的要求、材料和环境，而不断去调节，以达到最佳效果的学生，只靠授课是难以培养出来的。但是，在处理功课、汇报、论文时，学生也可以根据老师的及时反馈来进行锻炼，比如，侧重导修课中学生和老师的互动。

根据我们的经验，要培养学生的元认知能力，首先，老师对学生的指导要比较仔细。比如，所有学生的汇报选题都须经过老师的核准。一般来说，笔者会要求学生根据自己的兴趣，报上 2 ~3 个题目；而且在撰写汇报的过程中，笔者会投入比较多的精力，不时跟进学生的进度。

举个例子，学生拟做一个《广州话粗口研究》的汇报，可是我们认为这个题目太大，类似《粗口的句法》《粗口的语气》《粗口的使用场合》这种题目并不适合学年小论文，于是，我们建议学生加入“语境”二字。粗口的语境就是粗口在不同场合使用的情况，举例来说，关于“PK”的研究，一般人认为这个词仅表示诅咒他人“当街摔倒”，但是这种定义并不全面。例如，当一群人在踢足球时，一个人提醒另一个人：“你这样踢球，小心 PK 啊!”这里 PK 是表示提醒和关心。对此，学生汇报时，笔者直指其非：“这样的定义不够完整，逻辑不通，需要扣分。”在学生汇报之后，我们建议他把题目改为《广州话粗口语境研究》，这样把论文缩小到一定范围，可以小题大做。

通过老师的现场指导，学生在众人面前虽被扣分，但得到了即时的教训和反馈，他们最后交上来的打印版本，就自觉使用了严谨的框架进行撰写：

目录
引言
研究目的
语境定义
粗口定义
粗口字的字意和用法
粗口语境——对象
粗口语境——场合及教育程度
总结
参考数据

3 小结

故此，老师通过科际整合，把教学形成范式，再通过功课汇报训练学生的元认知能力，培养学生可转授的（transferable）能力。总之，大学语文不仅是一门识字或是教授写作格式的课程，而是培养思维能力、语言能力和人文修养的一门大课。

【作者简介】
李小杰，香港明爱专上学院助理教授，主要研究语文教学、华文教育。

行动研究与华文教师专业发展

包学菊
（中国传媒大学文法学部）

引言

行动研究（Action Research）以实践理性、反思意识为哲学基础，是教师直接对各种教学问题进行考察研究，确立理论支持，获取行动方案并实际改进教学活动的一种研究范式，在20世纪80年代开始被应用于我国的语言教学领域。目前，作为一种有价值的教育科研方法，也逐渐受到华文教育界的关注。在教师专业发展道路上，引入这种方法既可以直接服务于学生，又可以帮助教师主动建构教育知识并积累实践智慧，有利于教学专业化、标准化的发展。对于华文教育这一学科而言，也有利于把基础研究的理论成果推广到教学一线，从而促进理论与实践的结合。

行动研究之所以能产生如此积极的作用，主要在于这种研究方法本身的特性与华文教师发展的需要高度一致，其具体操作程序基本与教学过程保持同步，其研究活动可以在教师发展的全部过程中持续，是支持教研结合的有力工具之一。

1 行动研究对于华文教师专业发展的意义

目前，传统的师资培训正在为“教师专业发展”所替代。从华文教师职前教育和在职培训的内容来看，最常见的不外乎是知识传授或技能训练。学科知识、教学理论、教学策略与技能可以说都是看得见、摸得着的具体内容，在职业生涯中比较容易被教师理解和掌握。但是，教师对教学过程、教学对象、教育规律的研究意识乃至自身的教育价值观和态度是无法完全通过上述两种方式获得的，而这则是制约教师发展的内在和长期因素。正如 Darling-Hammond 和 McLaughlin（1995：597）提出，教师专业发展应该“给教师提供批判地反思自身教学实践的机会以及自主形成对学科、教学方法和学术的认识的机会”。华文教师如果要寻求这种“机会”，我们认为可以借助的一个有效途径，就是行动研究。

行动研究的方法论范式能促动华文教师的专业发展，首先与其自身的一些特性有关，具体有以下几点：

第一，直接相关性。教师开展行动研究时选定的问题和研究的结果都来自于课堂，对教学质量和效果的提高有直接的帮助。课时量大，科研时间严重不足的华文教师在试验时间和对象上反而具有便利条件，可以通过行动研究在教室里将授课过程转变为研究过程，教师自身也具有解决这些问题的主体优势。“教师是课堂的负责人，而从实验主义者的角度来看，课堂正好是检验教育理论的理想实验室。对偏爱自然观察的研究者而言，教师是名副其实的有效的实践观察者。不管从任何角度理解教育研究，都必须承认教师职业生涯中充满了丰富的研究机会。”（刘捷，2002：148）抓住了这些机会的教师才有可能确立在课堂中发现问题的研究理念，把理论假设转化成切实的行动方案，并对实施效果进行自主分析、评价、反思，最终在循环式的自我提高中实现教师专业化。

第二，自我反思性。反思性是行动研究的核心所在，Richard Sagor（2006：59）认为行动研究的目的主要在于“塑造反思型的实践者”。教师要对自己的教育理念、教学方法和效果等经常进行反思才能确立选题，整个研究过程也是不断反思的过程，要进行积极、持续、深入的自我调节性认知。这会帮助他们成为持续的学习者和自我更新式的研究者，始终全面地、客观地分析与思考自身教学观念和教学行为，突破其中的常规和定式，进一步提高自身的专业水平、认识能力和教学意识。

第三，灵活适用性。行动研究无须挑选专门的实验班级，操作简便易行，实验控制条件松缓，容许边行动边调整方案。职前教师、新任教师及专业教师，在不同的教育教学情境中都可以不断地发现问题、采取行动、改进教学，贯穿其整个职业生涯。Joyce 和 Shower（1988：207）认为，教师自我发展的中心就是教师应从容地面对不同的教学模式和不同的教学环境，应具有以教学理论为指导思想、以教学实践为基础的应变能力。行动研究更注重对实际的教育环境因素的调整，赋予教师“应变能力”而不是理论建构的结论，因而与华文教师专业发展的需求有很大恰切性。

第四，方法开放性。行动研究中教师也就是研究者，在确定选题、设计方案、监控实施的过程中可以使用多种研究方法，如文献阅读、问卷调查、观察、访谈、比较等，利于锻炼和强化自身科研能力。华文教学领域的研究方法是不断发展的，教师可以从中持续发现新观点和新策略，进行有效的自我提升。

可见，引入行动研究可以帮助华文教师利用专业优势，主动建构教育知识，积累实践智慧，为其提供内生式、自发式的专业培养道路，实现教学能力和科研能力的同步提升，助其完成实践者与研究者的统一。在华文教育学科建设的快速发展中，教师因素成了亟待突破的瓶颈之一。“教师自身的语言素质、教学理念、教学技能、教学理论水平、教师自主发展能力都是制约汉语教师进步的原因，培养的重点应该放在教师的可持续、全面发展上。”（李晓琪，2008：88－89）全面的理论知识、实践知识与内化的科研意识、成熟的研究范式都应成为教师职业生活的内容和方式，同时助推教师的主体式专业发展。

2　行动研究的具体程序和可行框架

那么华文教师应如何开展行动研究，实现其价值呢？简单地讲，行动研究在较早的科学描述中就是一个由计划、行动、考察、反思所构成的螺旋式加深的研究过程，如果将之引入教育领域，其程序模型可以借由以下步骤来简述："①当我的教育价值观遭到实践否定时，我遇到了问题；②我设想着解决这个问题；③我实施这个想象中的解决方案；④我评价我行动的结果；⑤我根据自己的评价重新系统地阐明问题。"（宋虎平，2003：80）这样的过程恐怕也是很多华文教师在职业生涯中都经历过的，例如在口语课中发现学生对自由讨论的参与度不高，教师可能会提出若干假设：学生对口语课兴趣不高所以不愿参与讨论？自由讨论的话题未能引起学生的兴趣？……如果教师力图通过责任分工式小组活动改变这种情况，继而对小组活动的模式做出详细构想，在课堂中实施及监控，再用调查、访谈等手段获取学生反馈，校订方案，这实际上就是一次完整的行动研究过程。只是目前进行过类似研究的教师常常出于自发，而未必有科学化的概念认识和技术手段，或是程序实施的具体模型比较随意，或是在操作过程中缺乏科学指导，或是还不明确这种方法范式的理论根源。

如果要获取一套规范、细致的行动研究程序，我们可以参考王蔷、张虹（2014：28－30）的论述，依其课题来源的不同而进行以下两类操作：在日常课堂教学中，教师自己发现问题，提出假设，并根据自己的调查研究确定行动计划，将其付诸实施，这属于开放型研究过程，其步骤可以借助图1来表述。

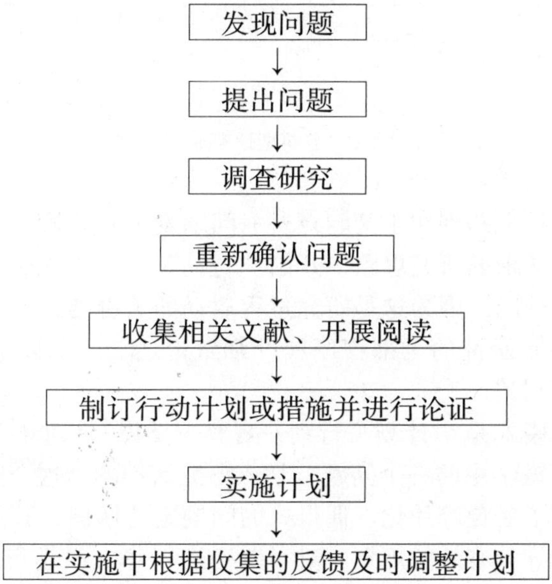

观察、收集数据

↓

分析数据、评价结果、反思过程

↓

撰写研究报告

图1　开放型研究过程

如果课题的确定来自于学习他人的研究成果，教师把既有的思路与方法贯彻到自己的教学活动中去，则属于定向型研究，操作模式如图2所示。

发现一个新观点或新方法

↓

阅读相关文献、加以论证

↓

制订一个实施方案

↓

在教学中实施这一方案

↓

在实施中调整方案

↓

观察和收集数据

↓

分析和评价效果

↓

撰写研究报告

图2　定向型研究过程

两种行动研究的最大差别在于其起点——问题发现的阶段。实际上，我们依照简明的操作程序，遵循清晰的研究思路，开始“行动”时，首先必须考虑的就是教师如何能发现问题，确立选题。因为这是研究过程启动的关键的第一环，同时本文由于篇幅所限，也无法对行动研究的全部程序展开细致论述，所以以下将专门从“发现问题”入手，就此展开讨论。

行动研究的经典模式是“计划—行动—观察—反思”。对于一线教师而言，往往是以“我发现了自己教学中的一个问题”切入研究活动的，这个问题就是研究方案的选题和计划来源。为了避免碎片化、偶得式的问题定位倾向，开展行动研究首先在选题上就需要科学的指导和有效的规划。对于着手进行华文教学行动研究的“入门者”而言，除了以课型、语言要素为框架，以特定理论模型为标记，还可以进一步按照

表1提供的五个模块进行较为系统的选题规划：

表1　行动研究选题规划列表

模块	角度	选题举例
课程设计、课程实施与调整	教学内容、教学方法和技巧、教学评估	请学生跟我一起来设计教学是否能更符合他们的实际需要？ 课外的沉浸式文化学习对语言学习的帮助有多大？
教学环节	组织教学、讲授新课、布置作业、课堂活动、教学测试	在班级规模比较大的情况下，通过增加小组活动的方式来提高学生练习的机会是否会有效？ 目前的教学评价难以测出学生实际运用语言的能力，有没有办法可以解决？
教学资源开发	教材设计与使用、教学环境和支持系统的利用	教师自编教材怎样才能更好地结合学生需求？ 多媒体教材的适用对象是什么样的学习者？ 地域文化优势如何转化为华文教学的资源？
学习者分析	教学对象的情感、动机、行为、学习策略	有什么办法可以激励学生在课外使用华文的热情？ 对于因较为被动的外部动机而开始学习华文的学生，如何提高他们的积极性？
教师个人和团队管理	时间管理、同事关系、专业发展、海外汉语教师社区合作	共享同一课型任课教师的授课案例是否可行？ 以社区活动推动当地华文教学是否有效？ 中外教师合作教学需要哪些策略指导？

美国西北地区教育行动研究者联盟①对于“寻找一个合适的教师行动研究的研究焦点问题”就给出了以下标准：第一，这个问题属于研究者擅长的和有权威的领域（在职业上，就自然意味着要有关乎教学和学习的方面）；第二，教育者个人对这个问题要有一定的热情和关注兴趣；第三，学生和教师在这个方面的表现都可以而且有必要得到提高（Sagor，2006：176）。以行动为起点和指向的教育科研活动就是从发现问题和确立选题入手的。为了帮助华文教师在“擅长的和有权威的领域”中实施行动研究，我们结合目前这种研究方法走向一线教学实践，从上述层面尝试提出了一些参考

① League of Education Action Researchers in the Northwest 美国西北地区教育行动研究者联盟，简称 LEARN，在美国华盛顿地区具体研究如何指导合作性的行动研究。

性框架及启发式选题。尽管这种构想并不能为华文教师提供一份完备的行动研究目录，供其“按章行事”，但或许对有意开展这项研究的华文教师来说，能够帮助他们选取有价值的角度，确立行动研究的课题方向，启动将自己转变为“研究型教师”的第一步。

3 推动行动研究的几点构想

行动研究理念被介绍到中国已有多年，但它始终没有成为相对主流或被教师所熟悉和认可的研究方式。具有影响力的研究成果还比较少见，甚至有的研究者把教师的行动研究排斥在主流研究之外，把它视为“工作经验总结”类的较低层研究。因此，需要更多的人致力于了解和解决行动研究的真实困境，并尝试探索开展行动研究的策略与干预模式。本文考察、提炼和规划行动研究选题，可视为推动这种研究方法的一种切实的努力。此外，参考目前英语教学研究中的既有模式，我们还可以对如何在国际华文教师中推广行动研究，做出更多远景构想：

第一，开设行动研究方法论课程。有学者认为，师范毕业生入职后专业发展缓慢，根源在于教师职前教育阶段忽视教研能力的培养（罗晓杰、谢利民，2011），而职前教育阶段课程体系中缺少培养研究者素质的课程是主要原因（张虹，2009）。在目前的华文教育专业毕业生身上也能看到相似的问题，这与培养“专业”人才而非学术人才的导向相关。多数招生高校采用的培养模式基本上都是以实践为导向的，就是着重培养履行华文教师这一职业任务所需要的技术实践能力，目标是让学生“会教”。虽然这种培养模式在短期内可以应对华文教学推广工作师资不足的问题，但注重实用而过于强调技能训练，或由工具理性而引发知识结构的失衡，根本上不利于高质量、可持续发展的教师队伍的建设。那么，在华文教育专业培养模式不断完善的进程中，如果考虑在作为教师教育的职前课程中纳入教育科研方法和教师专业发展的主题，特别是开设行动研究课程，着力培养华文教育专业学生的方法论意识，或许可以给未来的华文教师以教学研究意识的启蒙，从而以“能研”确保其“会教”，助其完成实践者与研究者的统一。

2010年，外研社曾主办以“外语教学中的行动研究”为主题的全国高校外语教师教育与发展研修活动，将行动研究作为应用语言学研究方法之一推出。如果以此为借鉴，尝试在华文教育在职教师的某些师训课程中介绍行动研究方法，将之纳入在职教师职业发展规划，相信能够为一线教师提供有效、可行的研究方法，帮助其改进教育实践，进而推动他们实现从教书匠到研究型教师的转变。

第二，通过合作式行动研究创建学习社区。了解了行动研究的内容后不难看出，这种方法本身就是教师与学生一起改进课程实践的过程，其发现和确定问题、形成方案与回收数据等活动一般须由师生共同完成。利用这种教研方法，很大程度上就意味着教师与学生之间建构起了一种教学相长的学习共同体（learning community）：研究进行的短时过程中，师生以相互作用式的学习观念、研究观念作指导，以完成共同的任务为载体，促进班级成员全面成长，实现教与学的同步提升。就长期的师生合作来看，他们通过人际沟通、交流和分享资源，更容易形成相互影响、相互促进的集体，乃至双方汇集为以知识建构与意义协商为内涵的学习共同体。

如果依研究主体来划分，行动研究的类型除了常见的由单个教师操作的模式，更大规模的是学校范围内的联合行动研究（教师之间合作）、协作型的行动研究（理论研究者与教师、主管部门、资助者组成研究队，共同参与课题）。开展这些研究的过程还意味着在学校中建立起一种相互合作的文化，在这一文化模式中，教师之间相互学习的行为受到鼓励和支持。这实际上正是适宜教师专业发展的教育科研平台和职业文化环境，利于发挥群体动力作用，使行动研究得以作为纽带在研究主体之间构建一种“学习共同体”或“学习社区”。

在较早推行行动研究的领域或地区，我们能看到这种“学习社区”最小层级是由教师工作坊开始，倡导若干华文教师组建共同开展行动研究的团体；中间层级为校本科研系统，以学校为单位开展较大主题的行动研究；最大层级还可以尝试研究机构、大学与中小学课题合作的模式，将高教机构的理论创见和实验学校的需要相结合。

第三，建构储备行动研究方案与成果的案例库。我们必须承认“大数据时代”中，信息技术为华文教学和研究增添了新质。除课堂中多媒体技术的应用，国内各高校汉语教学案例库的建设就是突出的证明。那么以数字资源集成推动华文教育专业建设，是否应该思考在教学资源、教学方法的角度之外，确立另一个与之平行的系统的研究资源与方法，使教师发展获得“教研同步”的支持？故而，我们产生了建设华文教师行动研究案例库的构想。这首先是因为，推动行动研究方法的普及，保证其长期有效实施，需要一定数量行动研究报告的积累。除了以传统的论文或专著形式发表教师共享行动研究的知识成果，获取近似问题情境中直接可行的参考方案，最便捷有效的手段就是借助案例库的数字资源集成效应。这将会在很大程度上推动教师研究成果的固化和公开化，提供大量研究方法的借鉴样本，实现行动研究最终成果的共享。而且大规模的协作型行动研究作为较为理想的行动研究类型，其成果、经验与教训都具有极大的参考价值。但目前的整合途径并不理想，是一种资源浪费。

另外，考虑到行动研究方法自身的缺陷，为了弥补样本特定性、结论有限性的弱点，增强其成果代表性和借鉴性，尤其需要广泛集合各类行动研究报告，供华文教师在相似问题情境中参考，这可以节约研究成本，最大限度发挥已经完成的行动研究报告的价值。

我们设想中的行动研究案例库应至少具备以下功能：用户接入、检索、案例提交、后台管理、与其他案例库的共享。案例类型从内容角度划分，可以与不同课型相关联，例如口语课、写作课；从来源角度划分，可以是由高校、中小学、教育机构提供的成果；从介质角度划分，可以分报告文本、音频记录、实况录像。这样的教研数字化平台的长远价值会体现在华文教师专业发展、华文教学研究资源集成、华文教育学科建设等方面。

4 结语

本文讨论了行动研究对于华文教师的现实价值、具体的应用方法，以及在华文教师中推动行动研究的可行途径。行动研究对于发展中的华文教育专业而言，其技术方法的应用与研究思路的深化还有很大的空间。如果借助开设行动研究职前教育与在职培训课程，创建以行动研究为主旨的学习社区和案例库，这种研究方法的继续推广将获得更多可能，它在教学活动改进、教师专业发展及学科建设中的价值也必然会日益显现出来。

参考文献

[1] 李晓琪. 新形势下汉语师资培训研究［C］//《第九届国际汉语教学研讨会论文选》编辑委员会编著. 第九届国际汉语教学研讨会论文选. 北京：高等教育出版社，2008. 88－89.

[2] 刘捷. 专业化：挑战21世纪的教师［M］. 北京：教育科学出版社，2002：148.

[3] 罗晓杰，谢利民. 职前教师教育研习类课程开发与实施的探索与反思［J］. 教师教育研究，2011（3）.

[4] SAGOR R. 行动研究与学校发展［M］. 卢立涛，王茂密，罗霞，译. 北京：中国轻工业出版社，2006：176.

[5] 宋虎平. 行动研究［M］. 北京：教育科学出版社，2003：80.

[6] 王蔷，张虹. 英语教师行动研究［M］. 北京：外语教学与研究出版社，2014：27－31.

[7] 张虹. 试论新课程改革背景下职前英语教师研究者素质的培养［J］. 北京教育学院学报，2009（2）.

[8] DARLING H L & MCLAUGHLIN M L. Policies that support professional development in an era of reform[J]. Phi Delta Kappan,1995,76(8):587.

[9] JOYCE B & SHOWER B. Student achievement through staff development[M]. New York: Longman,1988:207.

【作者简介】

包学菊，中国传媒大学文法学部讲师，博士，主要从事对外汉语教学理论、教师职业发展的相关研究。

浅析师生性格特征与口头纠正性反馈之间的关系

[新西兰] 孙培健
(奥克兰大学)

引言

研究表明性格特征作为个体差异因素对学习者的语言学习起着重要作用，它既有促进性也有阻碍性（O'Connor & Paunonen，2007）。因此，如何把握好性格特征与教学之间的关系是值得语言教师思考的问题。与此同时，纠正性反馈，尤其是口头性纠正反馈，作为教学过程中必不可少的一环，与学习者的语言能力发展有着密切的联系。因为不同的纠正性反馈方式对学习者的学习效果会产生不同的影响（Leeman，2007）。然而，纠正性反馈与性格特征之间的关系却未引起学界的广泛重视。因此，本文通过问卷调查等方式对师生性格特征与口头性纠正反馈之间的关系进行了初步探索。

1　性格特征与纠正性反馈

1.1　性格特征

性格特征是一个人对周围环境的态度以及所表现出的行为举止特点（Crystal，2010）。性格特征，作为一个人的心理认同，具有相对稳定性，尤其就成年人而言。大量研究表明（Cazan & Schiopca，2014；Ehrman，2008；MacIntyre & Charos，1996），性格特征能够影响一个人的第二语言习得。Ehrman（2008）的研究报告指出好的语言学习者一般性格内向、富有逻辑、直觉敏锐，并且做事一丝不苟。MacIntyre 和 Charos（1996）的研究显示性格特征与情感因素直接相关，而这些情感因素又直接影响学习者第二语言能力的发展。Cazan 和 Schiopca（2014）的研究揭示了性格特征与自主学习和学习成效之间的关系。研究指出性格特征与自主学习存在很大的相关性，并能间接预测学生的学习成效。由此可见，教师在教学过程中要关注学生的性格特征这一重要的个体内在因素，进行有针对性的教学，从而有助于教与学效果的提升。

关于性格特征的分类，英国心理学家 Hans Eysenck 经过统计分析，从稳定/不稳定和内向/外向这两个层面对性格特征进行了总结。他制作的性格特征量表（见图 1）也是迄今为止极具影响力和有效性的量表之一，并被广泛应用于不同的语言和文化背景之下（Eysenck & Barret，2013）。

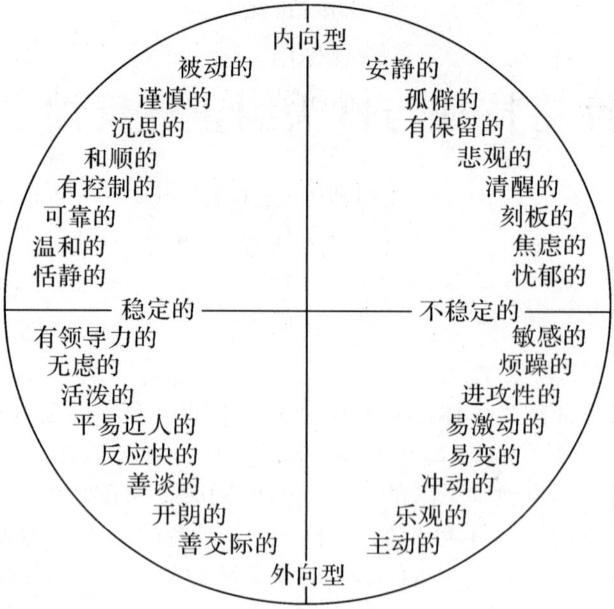

图1　内向型和外向型的性格特点

由上图可知，内向型的人一般来说自制力强、性情温和，但主动性差，有时也会表现出悲观与焦虑的情绪；外向型的人则较健谈、社交能力强、主动性强，但有时会遇事冲动、情绪善变。

1.2　纠正性反馈

纠正性反馈作为一种教学手段一般是指教师对学生的语言产出所给予的评价，目的在于让学生注意到自己的语言产出与目的语之间的差异，从而达到习得的效果。鉴于纠正性反馈在课堂教学过程中的重要性，关于纠正性反馈的研究备受国内外学者们的青睐，成为近年来二语习得研究和课堂教学研究的热门话题之一。纠正性反馈就纠正形式而言可分为口头纠正性反馈和书面纠正性反馈。

书面纠正性反馈大体上包括直接反馈和间接反馈。然而在写作水平的提高方面，是直接反馈还是间接反馈更有效，学者们并未能达成一致意见。一些早期研究表明，间接反馈更有利于学生写作水平的提高，因为间接反馈能给予学生更多的机会进行语言的自我组织（Van Beuningen，De Jong & Kuiken，2012）。更多的研究喜欢从直接反馈角度切入，结合其他因素（如元语言解释）来探讨直接反馈在写作中的作用。例如Bitchener & Knoch（2009）分析了不同组合的直接反馈方式是否有助于提高初、中级英语作为学习者的第二语言在写作中使用“a”“the”的准确度。研究表明不论直接反馈中是否加入口头或书面的元语言解释，单独形式的直接反馈足以提高学生在写作时使用“a”“the”的准确度。然而 Shintani 和 Ellis（2013）的类似研究却表明初、中级学生写作准确度的提高是元语言解释作用下的结果，而非直接反馈。Van Beuningen 等人（2012）的研究则指出直接反馈和间接反馈对提高学习者的写作准确度来说同等重要。两者唯一的区别是直接反馈更有利于学习者提高其语法准确度；间接反馈则更有利于提高学习者非语法方面的准确度。尽管学者们在直接反馈和间接反馈上所持的态度不尽相同，但是书面纠正性反馈在写作中或者说在提高学生写作水平方面的作用是不可否认的。

口头纠正性反馈包括直接更正、元语言反馈、重铸、要求澄清、重复错误和诱导六种方式（Lee，2013；Lyster & Ranta，1997）。大量研究表明，不论是基于课堂的还是实验的研究，都表明口头纠正性反馈对学习者语言能力的提高具有积极作用（Lyster & Saito，2010；Russell & Spada，2006；陆熙雯、高立群，2015）。尤其是 Russell 和 Spada（2006）对近几十年来有关纠正性反馈的研究进行了元分析，结果指出口头纠正性反馈有利于提高学习者的语言能力。然而，究竟是哪一种口头纠正性反馈对于二语学习者口语的发展更加有效，目前尚无定论。有些学者认为重铸是最有效的，因为重铸这种含蓄但明确的反馈方式有助于学习者进行认知上的比较，进而意识到自身语言上的问题，达到纠错效果（Long，2007）。然而，有些学者提出重铸并不能让学生意识到自身语言上的问题，所以不能有效地促进学生在课堂上的语言习得（Sheen，2007）。正因为这种争议性，关于重铸的研究颇受学者们的关注。与此同时，在纠错有效性上，有些学者认为如要求澄清和诱导这些口头纠正性反馈方式最有利于二语学习，而非重铸。因为这些方式能够迫使学生在重述时进行语言重组（同上）。例如，Lyster（2004）、Ellis、Loewen & Erlam（2006）都指出元语言反馈（直接反馈）在促进学生的语言习得上较重铸（间接反馈）而言更加有效，因为元语言反馈所提供的显性信息有助于学生直接意识到自身语言结构上的问题，从而更正错误。

尽管学者们在纠正性反馈上就个别问题仍存在争议，但是纠正性反馈在整个教与学过程中的作用是不容忽视的。尤其就口头纠正性反馈而言，它与课堂教学直接相关，是教学过程中必不可少的环节。

1.3 研究意义

鉴于纠正性反馈和性格特征在第二语言习得中的重要作用，本文基于 Lyster 和 Ranta（1997）提出的六种口头纠正性反馈，通过调查问卷、课堂录音和个别访谈方式，分析了汉语作为第二语言课堂背景下师生的性格特征与师生对于口头纠正性反馈的态度、选择之间的关系，以期为国际汉语教师在实际汉语教学过程中能够就不同性格特征、不同级别的学生有针对性地采取不同的口头纠正性反馈提供一个导向，从而更好地服务于国际汉语教学。

2 研究设计

2.1 研究问题

问题1：教师的不同性格是否影响他们对不同类型的偏误所持的纠错力度？

问题2：师生对于口头纠正性反馈方式的偏好是否存在较大的出入？

问题3：师生的不同性格特征是否影响他们对口头纠正性反馈方式的选择？

2.2 研究对象

本文研究的对象是来自北京A高校的20位国际汉语教师和60名将汉语作为外语学习的语言生。20位教师均为中青年教师，有着丰富的教学经验。60名语言生分别来自北京A高校某学院一班、五班、七班和十班。该学院的语言生是通过严格的分班考试，根据他们的成绩由低到高被分配到了相应的班级，而且每个学期学院也会根据学生的成绩对学生进行相应的班级调整。一班代表最初级的语言生，十班则代表最高级的语言生。基于该学院的分班考试情况，以及各班所使用的课程教材，笔者将一班至五班语言生归为初、中级语言学习者，将六班至十班归为中、高级语言学习者（见表1）。

表1 师生基本情况

	总人数	男性	女性	内向型	外向型
教师	20	6	14	5	7
初、中级语言生	26	14	12	6	10
中、高级语言生	34	20	14	8	10

2.3 研究步骤

为了保证问卷和访谈的效果，笔者进行了前期试验。根据参阅被试的反馈意见，笔者对问卷和访谈中出现的问题予以完善。在正式的数据收集中，笔者首先对四位综合课教师的课堂教学进行了录音，并就其口头纠正性反馈进行了分类统计。然后笔者分别对教师和学生进行了问卷调查。最后，笔者对问卷调查和课堂录音中所呈现出的问题通过个别访谈（四位教师）的方式进行了三角验证。

3 研究结果

3.1 课堂录音及个别访谈结果

A高校某学院语言生班级综合课的课堂模式是语言课堂中比较典型的讲练模式。教师一般通过对生词或课文的讲解，采取提问、造句、角色扮演等互动方式进行操练。笔者对每位综合课教师进行了两次课堂录音，每次录音 50 分钟。对于课堂师生互动过程中学生出现的偏误及教师的处理方式，笔者进行了标注。课堂录音分析结果如表 2 所示：

表 2　各班的总体口头纠正性反馈率

	教师性格	时间（分钟）	偏误数量	反馈数量	口头纠正性反馈率
一班综合课	外向	100	45	35	77.78%
三班综合课	外向	100	45	27	60.00%
七班综合课	内向	100	42	24	57.14%
十班综合课	内向	100	37	19	51.35%
总计		400	169	105	61.57%

由上表可知，每位教师在口头纠正性反馈力度的把握上不尽相同。初、中级阶段教师的口头纠正性反馈力度在总体上要高于中、高级阶段的教师，这可能是由于教师的性格差异和对于口头纠正性反馈所持态度不同所致。正如一班教师（外向性格）指出“我的性格就是喜欢和学生互动，愿意和学生互动 …… 我会尽可能地更正学生出现的错误，这个对于初级学生来说很重要”。十班教师（内向性格）则认为“高年级的学生语言水平已经很高了，如果反复更正学生的错误会影响课程的正常进行。有时候我感觉我更适合做研究，因为我的性格（内向）决定了我可能不太适合教书”。虽然不同级别的语言课堂在口头纠正性反馈率上有所出入，但是四个班级的总体平均反馈率（61.57%）和 Lyster & Ranta（1997）的平均反馈率（62%）还是相当吻合的。这在一定程度上说明不同类型的语言教学在纠正反馈上可能存在一定的相似性。

由表 3 我们可得，初、中级和中、高级的教师在语音、词汇和语法方面，其纠错力度或者说偏误容忍度存在较大差异。在语音方面，初、中级教师的纠错力度要高于中、高级教师。但就总体而言，其纠错力度还是远低于词汇与语法。首先，初、中级教师的纠错力度之所以要高于中、高级教师可能是由于教师的语音纠错态度不同造成的。“语音作为语言的外衣，是非常直观的。如果发音好，听的人会觉得舒服。然后，学生自己也可能因此更有自信和学习动力。所以，和高年级教师比起来，初级阶段的教学会更注重语音”。（三班教师，外向性格）其次，语音的总体纠错力度之所以不如词汇和语法的总体力度可能是因为“语音的出错率会比词汇和语法的高。如果每个语音都要更正，那么会严重拖累课堂教学。还有考虑到高年级学生的语音基本已经固化，可能老师在纠错方面也会适当放松”。（七班教师，内向性格）

表3　教师口头纠正性反馈与学生偏误之间的比率

项目＼班级	一班	三班	七班	十班
语音	21∶31（67.75%）	20∶37（54.05%）	14∶27（51.85%）	10∶24（41.67%）
词汇	5∶5（100%）	2∶2（100%）	5∶7（71.43%）	5∶6（83.33%）
语法	9∶9（100%）	5∶6（83.33%）	5∶8（62.50%）	4∶7（57.14%）
总计	35∶45（77.78%）	27∶45（60.00%）	24∶42（57.14%）	19∶37（51.35%）

在词汇方面，所有教师的口头纠正性反馈率都很高。这可能是因为用词错误更容易造成歧义和听力理解上的障碍。正如三班教师（外向性格）指出，“作为母语者，我们可以试图去理解学生想要表达的意思，就算学生可能在语音上或者语法上有错误。但如果是用词不准确或者用得风马牛不相及，这个会让人听得不知所云。所以在词汇偏误上，我会比较严格”。

在语法方面，初、中级教师对口头纠正性反馈力度也要明显高于中、高级教师。这可能也与教师的纠错态度、性格特征以及课程进度安排有关。初级阶段教师对于学生错误的容忍度相对更低；外向型的教师更愿意与学生进行互动，由此更容易产生反馈；此外，高级阶段的课程内容涵盖面更多更广，所以教师会面临教学进度的压力，以至于影响口头纠正性反馈。

由表4可知，偏误率最高的是语音。这与祖晓梅（2008）对九个小时对外汉语课堂录音进行的偏误研究所得的结果大相径庭。后者的研究结果显示最高偏误率是语法，其次是语音，最后是词汇。产生这种研究结果差异的原因可能是A高校的课堂教学模式虽然是以讲练为主，但练习部分是在教师的严格控制和引导下进行的，这样学生不能生成具有实际意义的交际话语，从而降低了学生在语法方面的偏误。与此同时，语音的偏误较其他偏误而言更易于被发现和更正。“我觉得语音偏误率会是最高的吧。因为对于外国人来说声调是他们最大的问题。尤其是欧美学生，他们对于声调没有什么概念。就算是高级的汉语学习者，我们一听就能辨别他们是不是母语者。除非他们从小有很好的语言环境，要不然声调对他们来说永远是一个问题。当然也不排除有语言天赋的学生。总之，成人学汉语或多或少都会有语音上的问题。”（十班教师，内向性格）

表4　各个项目的偏误率及总体情况

	各项目偏误总量	所有项目偏误总量	各项目偏误率
语音	119	169	70.41%
词汇	20	169	11.83%
语法	30	169	17.75%

由表5可知，就各个项目口头纠正性反馈率的总体情况而言，词汇的反馈率最高达到了85.00%；其次是语法的反馈率为76.67%；语音的反馈率最低，只有54.62%。该结果也与Lyster和Ranta（1997）研究结果相吻合（其结果为词汇反馈率80.00%，语法反馈率70.00%，语音反馈率56.00%）。由此可见，不论汉语教学还是英语教学，国内外教师对词汇偏误的容忍度最低，原因可能在于词汇的偏误会直接阻碍意义的传达和语言的交流。

表5　各个项目口头纠正性反馈率的总体情况

	口头纠正性反馈总量	项目偏误总量	项目口头纠正性反馈率
语音	65	119	54.62%
词汇	17	20	85.00%
语法	23	30	76.67%

综上所述，教师的不同性格在一定程度上会影响教师口头纠正性反馈的纠错力度——外向型教师在各个项目的纠错力度上都要高于内向型教师（参见表2）。但这并不是唯一的原因，因为学生的语言水平可能也会在一定程度上影响教师在纠正性反馈上所持的态度。此外，教师的不同性格不会影响他们在不同类型偏误上所持的纠错态度——不论外向型还是内向型教师，都对学生的词汇和语法错误容忍度较低，语音则较高（参见表3）。

3.2　问卷调查结果

本研究的问卷主要是基于Eysenck（1967）关于性格特征的分类和Lyster & Ranta（1997）的六大口头纠正性反馈而设计。在性格特征方面，被试首先参照关于内向型和外向型性格特征的总体描述，然后对其自身的性格特征进行整体性评断。在口头纠正性反馈方面，被试通过阅读六种不同反馈的例子来选出自己最喜欢和最不喜欢的反馈方式。例如一个学生在课堂上犯了这样一个偏误“我喜欢吃饭在家”，教师可以①直接更正，如“不对，应说我喜欢在家吃饭”；②重铸，如“哦，你喜欢在家吃饭”；

③要求澄清，如“对不起，请再说一遍”；④元语言反馈，如“吃饭在家还是在家吃饭”；⑤诱导，如“你喜欢在哪里吃饭”；⑥重复错误，如（提高声调）“吃饭在家”？通过对问卷数据的整理和对比分析，笔者发现在口头纠正性反馈方式的选择上，教师与学生之间、不同级别学生之间存在着一定的差异。具体的数据分析如图 2 所示：

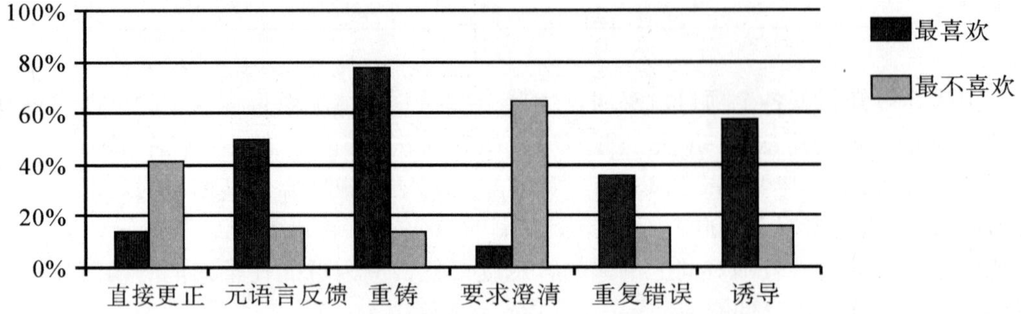

图 2　教师各项口头纠正性反馈总体情况

从图 2 我们可以发现，就总体而言，“重铸”“诱导”“元语言反馈”是教师比较喜欢的口头纠正性反馈，“要求澄清”“直接更正”则不太受欢迎。这可能是因为“要求澄清”“直接更正”的口头纠正性反馈方式对学生造成的负面影响更大。“如果我直接指出学生哪里哪里错了，他们可能会比较受挫，尤其是对那些内向的、不爱说话的学生们来说。要求澄清也一样，有点太直接了。”（三班教师，外向性格）“我会尽量避免直接指出学生的错误。外向的学生可能会无所谓，但是你也说不清楚学生真正的性格特征。所以，我会比较喜欢用像重铸和重复错误这样间接的方式。有时候直接指出学生的错误，学生可能不以为然。间接的方式反而能够刺激他们进行语言重组”。（七班教师，内向性格）

由图 3 可知，初、中级语言生最喜欢“直接更正”“元语言反馈”，最不喜欢“要求澄清”，其次还是“直接更正”。值得注意的是，“直接更正”既是学生所喜欢的又是学生所讨厌的。这种情况可能是由于学生不同的性格特征所致（参见表 7）。

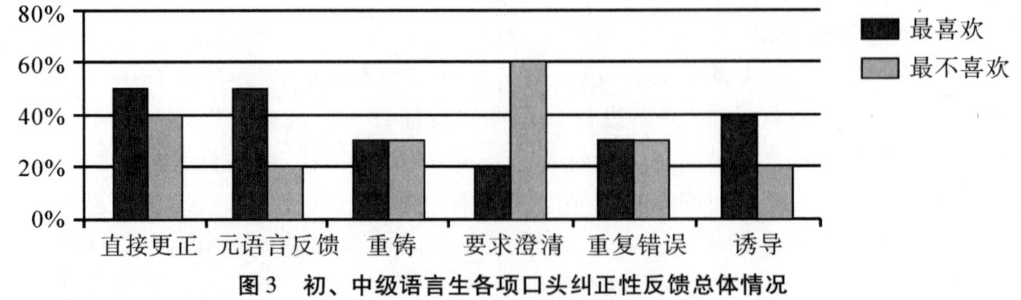

图 3　初、中级语言生各项口头纠正性反馈总体情况

从图4可知，中、高级语言生最喜欢“重铸”“元语言反馈”，“要求澄清”“重复错误”则最不受欢迎。与初、中级语言生相似，关于“直接更正”的态度，学生既喜欢又讨厌，但在总体态度上较初、中级学生缓和些。

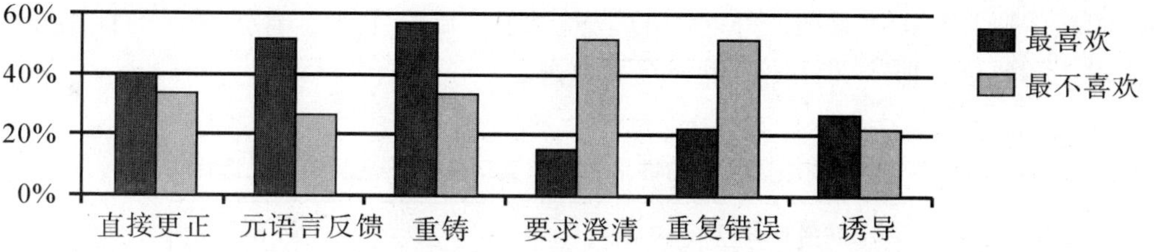

图4　中、高级语言生各项口头纠正性反馈总体情况

通过比对图2、图3和图4，我们可以发现，师生在口头纠正性反馈方式的偏好方面存在一定出入。首先，虽然从总体上看，师生们都喜欢“元语言反馈”“重铸”“诱导”，但是教师更喜欢“重铸”，学生则更喜欢“元语言反馈”。其次，“直接更正”虽然不受教师们的青睐，但是学生们总体上表示喜欢。最后，虽然“重复错误”并非教师们最喜欢的口头纠正性反馈方式，但是总体上还是对其持积极态度的。学生的态度则正好与之相反。

如表6所示，在口头纠正性反馈方式的选择上，内向型教师和外向型教师对“诱导”这一纠正性反馈方式所持的态度截然不同。“诱导”需要教师通过不断提问来引导学生说出正确的句子，这无疑要求教师具备循循善诱、耐心的性格特征。但是对外向型的教师来说，他们性格中的冲动性以及不拘泥于某种特定形式等特征可能会使他们对“诱导”这种方式并不感兴趣。同时，我们也可以发现内外兼具型的教师在口头纠正性反馈的方式上更为多样。这说明不同的性格特征会在一定程度上影响教师对口头纠正性反馈的喜好。总而言之，在口头纠正性反馈的选择上教师们都喜欢“重铸”，都不喜欢“要求澄清”。但是由于性格特征上的差异，教师们在个别口头纠正性反馈的选择上表现不一。

表6　教师的性格特征与其口头纠正性反馈方式选择

性格特征 口头纠正性反馈方式	内向型	外向型
最喜欢	重铸和诱导	重铸
最不喜欢	要求澄清	要求澄清和诱导

由表7可得，初、中级内向型学生最喜欢的口头纠正性反馈方式是“直接更正”，恰恰与外向型学生的选择相反。二者的差异，笔者认为正是由他们的性格差异造成的。内向型学生的性格特征中包含了安静、被动、不善交际等特性，加上语言水平的限制，所以内向型学生更愿意教师给予他们直接的口头纠正性反馈，而非需要协商的、间接的口头纠正性反馈；外向型的学生由于活跃、主动、善于交际的性格特征，他们对于需要语义协商的元语言反馈更感兴趣。

表7　初、中级语言生的性格特征与其口头纠正性反馈方式选择

口头纠正性反馈方式＼性格特征	内向型	外向型
最喜欢	直接更正	元语言反馈
最不喜欢	要求澄清	直接更正和要求澄清

从表8可知，不同性格的中、高年级语言生在口头纠正性反馈方式的选择上大体相同：最喜欢“元语言反馈”，最不喜欢“要求澄清”。中、高级阶段内向型的学生对“直接更正”反而变得不是很青睐，笔者认为原因在于语言水平高低已经不再是他们进行交流的障碍，他们的语言协商能力已经不再是个大问题。然而比起“元语言反馈”来说，“直接更正”这种需要语言协商的方式可能会使自尊心更强的内向型的学生更加受挫，所以中、高级内向型语言生对口头纠正性反馈方式的偏好会有所改变。

表8　中、高级语言生的性格特征与其口头纠正性反馈方式选择

口头纠正性反馈方式＼性格特征	内向型	外向型
最喜欢	元语言反馈	元语言反馈
最不喜欢	要求澄清	直接更正、要求澄清、诱导

通过比对表6、表7和表8，我们可以清楚地发现教师与学生之间、学生与学生之间的性格特征和对口头纠正性反馈方式的选择存在一定的异同。具体情况如下：

从表9可得，在“直接更正”方面，性格特征在一定程度上影响学生对该口头性纠正反馈方式的态度。初、中级内向型学生最喜欢“直接更正”，初、中级外向型学生则最不喜欢。但从总体上而言，学生们不太喜欢“直接更正”，教师们的态度则比较中立。就“元语言反馈”而言，师生之间存在一定差异。大多数学生都喜欢“元语言反馈”，教师则相反，尤其是外向型教师最不喜欢这一口头纠正性反馈。在“重铸”方面，师生也存在一定差异。教师们无论内向外向都非常支持使用这一方式，但却并非学生们的最爱。在“要求澄清”方面，所有师生不论何种性格，所持态度相当一致，都最不喜欢“要求澄清”。在“重复错误”上，师生们的态度都比较中立。在“诱导”方面，性格特征对教师的影响较大，内向型教师支持使用这一方式，外向型教师则反对。

表 9　师生性格特征与口头纠正性反馈

性格特征＼口头纠正性反馈方式	直接更正	元语言反馈	重铸	要求澄清	重复错误	诱导
内向型	s□	S□	T□	s× S× T×		T□
外向型	s× S×	s□ S□ T×	T□	s× S× T×		S× T×

注：T 代表教师，s 代表初、中级语言生，S 代表中、高级语言生，□代表最喜欢，×代表最不喜欢。

4　结论与不足

本文通过课堂录音、个别访谈和问卷调查的方式考察了师生性格特征与口头纠正性反馈之间的关系。具体结论如下：

（1）性格特征在一定程度上会影响教师口头纠正性反馈的纠错力度，但并不影响教师对不同类型偏误所持的纠错态度及反馈方式的总体选择，即外向型教师的纠错力度要大于内向型的教师；不论性格特征，教师们对学生语音上的错误容忍度较高，对词汇和语法错误的容忍度则较低；教师们都最喜欢“重铸”，最不喜欢“要求澄清”。

（2）师生在口头纠正性反馈方式的偏好方面存在一定出入。如：教师们更喜欢“重铸”，学生们则更喜欢“元语言反馈”；学生们在“直接更正”方面总体上持积极态度，但是教师们则不喜欢；教师们对“重复错误”总体上持积极态度，学生们则持消极态度。

（3）不同性格的教师和学生在口头纠正性反馈的偏好上不尽相同。如：内向型学生最喜欢“直接更正”“元语言反馈”，内向型教师则最喜欢“重铸”“诱导”；外向型教师最不喜欢“元语言反馈”，而外向型学生们则对其最喜欢。

综上所述，性格特征与口头纠正性反馈之间存在着一定联系。教师在国际汉语教学过程中应该注意了解学生的性格特征并结合自身的性格特征，有针对性地进行汉语课堂教学。当然，本研究也有诸多不足之处。首先，参与问卷调查的人数较少，其结果可能会受影响；其次，性格特征并非通过专业量表测量所得，而是通过自评的方式获得，其结果可能会受质疑；最后，个别访谈的对象均为教师，学生未参与其中。这会在一定程度上削弱三角验证的信度和效度。

参考文献

［1］陆熙雯，高立群．对外汉语课堂互动中纠正性反馈对习得的影响［J］．世界汉语教学，2015，29（1）：95－110．

［2］祖晓梅．汉语课堂更正性反馈的调查与分析［J］．汉语学习，2008（1）：93－100．

［3］BITCHENER J & KNOCH U. The relative effectiveness of different types of direct written corrective feedback［J］. System，2009，37(2).

［4］CAZAN A & SCHIOPCA B. Self-directed learning，personality traits and academic achievement［J］. Procedia－Social and Behavioral Sciences，2014（127）.

［5］CRYSTAL D. The Cambridge encyclopedia of language：3rd ed［M］. Cambridge：Cambridge University Press，2010.

［6］EHRMAN M E. Personality and good language users［M］// GRIFFITHS，C（ed.）Lessons from good language learners. Cambridge：Cambridge University Press，2008：pp. 61－72.

［7］ELLIS R，LOEWEN S & ERLAM R. Implicit and explicit corrective feedback and the acquisition of L2 grammar［J］. Studies in Second Language Acquisition，2006(28).

［8］EYSENCK H J. The biological basis of personality［M］. Springfield：Thomas Publishing，1967.

［9］EYSENCK S & BARRETT P. Re-introduction to cross-cultural studies of the EPQ［J］. Personality and Individual Differences，2013(54).

［10］LEE E J. Corrective feedback preferences and learner repair among advanced ESL students［J］. System，2013，41(2).

［11］LEEMAN J. Feedback in L2 learning：Responding to errors during practice［M］// DEKEYSER R（ed.）. Practice in a second language. New York：Cambridge University Press，2007.

［12］LYSTER R. Differential effects of prompts and recasts in form－focused instruction［J］. Studies in Second Language Acquisition，2004(20).

［13］LYSTER R & RANTA L. Corrective feedback and learner uptake［J］. Studies in Second Language Acquisition ，1997，19(1).

［14］LYSTER R & SAITO K. Oral feedback in classroom SLA：A meta-analysis［J］. Studies in Second Language Acquisition，2010(32).

［15］MACLNTYRE P D & CHAROS C. Personality，attitudes，and affect as predictors of second language communication[J]. Journal of Language and Social Psychology,1996, 15(1).

[16]O'Connor M C & PAUNONEN S V. Big five personality predictors of post-secondary academic performance[J]. Personality and Individual Differences, 2007(43).

[17]RUSSELL J & SPADA N. The effectiveness of corrective feedback for second language acquisition: A meta-analysis of the research[M]//NORRIS J M & ORTEGA L (eds.). Synthesizing research on language learning and teaching. Amsterdam: Benjamins, 2006.

[18] SHEEN Y. The effects of corrective feedback, language aptitude and learner attitudes on the acquisition of English articles[M]//MACKEY A. (ed.). Conversational interaction in second language acquisition: A collection of empirical studies. Oxford: Oxford University Press, 2007.

[19] SHINTANI N & ELLIS R. The comparative effect of direct written corrective feedback and metalinguistic explanation on learners' explicit and implicit knowledge of the English indefinite article[J]. Journal of Second Language Writing, 2013, 22(3).

[20]BEUNINGEN V C G, JONG N H D & KUIKEN F. Evidence on the effectiveness of comprehensive error correction in second language writing[J]. Language Learning, 2012, 62(1).

【作者简介】

孙培健（Paul Sun），新西兰奥克兰大学，在读教育学博士，主要从事汉语国际教育研究，具体包括教师教育、教学策略、学习策略和汉语口语。

海外"温二代"地域认同

——以欧洲温籍华裔青年为例

郑 婷

（温州大学国际合作学院）

引言

海外"温二代"是指出生或者成长在其他国家或地区的温州新生代。"温二代"是一个复合概念。就文化概念而言，他们是海外的温州人符号；就经济概念而言，他们是活跃在世界经济舞台上的新生力量；就社会概念而言，他们是加强中外交往及在温州建设中发挥着巨大作用的特殊群体。鉴于海外"温二代"的特殊性和重要性，我们有必要了解这一群体的地域认同状况，并就如何进一步增加海外"温二代"的温州认同度提出对策与建议。

1 地域认同的概念及内涵

地域是一个广阔的概念，它不仅包括人们生活的自然居所，还包含发生在该地方的社会历史与文化等。地域认同不单是对居住地的认同，更多的是以文化为载体附着在空间的一种意义认知，是一种归属感。1983 年 Pros Hansky 等将认同概念引入环境心理学，认为与社会认同概念相对，地域认同可延伸至客体和事物、空间和地方，它所指的是个人或群体与地方互动从而实现社会化的过程。朱竑和刘博（2011）提出："这种特殊的社会化包含了情感、感知与认知等多种复杂的过程。"通过这一过程，个人与群体将自身定义为某个特定地方的一分子（Rowles，1983：81）。

对于海外"温二代"的地域认同研究包含两个方面：一是对于出生地或者祖籍地的认同，二是对于他们目前侨居地的认同。通过比较二者对于海外"温二代"群体的影响程度，有利于探寻该群体的地域认同特点。基于此，我们做了调查问卷与实地访谈。

2 调查对象、内容和基本情况

此次调查对象主体为参加 2012 年度和 2013 年度海外华裔青少年"中国寻根之旅"的华裔青年（祖籍地均为温州地区），通过网络和现场共发放问卷 120 份，收回 116 份，有效问卷 116 份。参与调查的被试平均年龄为 20.3 岁，男女比例为 52%：48%，被试来自意大利、法国、西班牙、荷兰、奥地利、德国、葡萄牙、丹麦八个欧洲国家。

调查内容包括以下两个方面：一为海外温州籍华裔青年（以下简称“华裔青年”）的个人背景信息，包括性别、年龄、现居住国、移民代数、在温州居住时间、受教育程度、掌握汉语水平、掌握温州话水平等；二为华裔青年对侨居地社会和温州社会的地域认同度。问卷以社会认同理论为基础，结合海外温州籍华裔青年具体情况制定。我们将地域认同中的关键问题进行了梳理，挑选了20项作为考察变量，采用五点赋值法进行计算。这20个关键项涵盖了以下四方面内容：一是个人对于地域的熟悉感（Stedman，2002：561－562）；二是某一地域带给人的情感满足；三是某一地域成为自我的一种符号；四是地域认同对人的影响。这也是Breakwell在系统剖析了地域认同的概念后提出的地域认同四维度，即自我尊重（self-esteem）、自我功效(self-efficacy)、独特性（distinctiveness）及一致性（continuity）（Breakwell，1986：76－78）。在问卷调查的基础上同时对海外温二代进行观察及个案访谈，与本文相关的调查项目基本情况如下：

（1）参与本次调查的华裔青年男女比例。

较为均衡，男女比例为52%：48%。其中，出生于侨居地者占87%，出生于温州者占13%；侨居时间5年以下者占14%，侨居时间5～10年者占26%，侨居时间10年以上者占60%。

（2）受教育程度。

参与本次调查的华裔青年受教育程度情况为：已取得大学或大学以上学历的为3%，大学在读50%，高中在读为34%，高中及其以下为13%。

（3）温州话水平。

参与本次调查的华裔青年温州话水平情况：能流利运用温州话听说者占80%，能听懂但是不会说者占12%，完全不懂温州话者占8%。

3 调查结果与分析

3.1 “温二代”对温州认同度及侨居地认同度的比较

我们对20个关键项采用五点赋值法，非常不符合的赋值1，非常符合的赋值5。总分在80～100分标志为高认同度，40～70分标志为中认同度，10～30分标志为低认同度，得到以下数据（见表1）：

表1 侨居地认同度与温州认同度得分

维度	低认同度比例（%）	中认同度比例（%）	高认同度比例（%）	认同度平均分值（分）
侨居地认同	15	73	12	62.85
温州认同	18	74	8	60.25

表1显示：华裔青年的温州认同平均分值与侨居地认同平均分值基本持平，二者不存在显著的差异。

为了进一步分析以上结论，我们具体采访了华裔青年，充分了解到大部分海外“温二代”认为自己的身份既是温州人，也是侨居地人，并不属于某一特定地方，体现出显著的双重身份认同特点。访谈对象中认为温州及侨居地都能给人带来满足感的超过90%；认为温州熟悉感超过侨居地熟悉感的仅仅为7%；96%的被试认为“温州”这一地域已成为他们的自我符号，他们是名副其实的温州人，绝大多数人流露出作为“温二代”的自豪感；认为侨居地地域文化比温州地域文化更能影响他们行为习惯、思维方式的占34%。大部分“温二代”认为财富积累与社会地位成正比，希望能融入侨居地主流社会，并对改变社会阶层表示出强烈欲望，这一观点较接近温州社会观念；在行为方式和生活习惯上，有60%的“温二代”认为自己较认同侨居地生活习惯，但并不排斥温州生活习俗。

3.2　显著影响“温二代”温州认同度的三个因素

3.2.1　*受教育程度*

图1显示，处于高中、大学在读教育层次群的“温二代”，对温州及侨居地认同度的平均得分基本一致，但是高中以下和大学以上这两种教育层次群对应的两种认同度有明显差异。通过访谈了解到，不少“温二代”出生在侨居地，但大部分人出生后即回国接受小学教育，有些一直待到初中甚至高中毕业才回侨居国，受中国传统教育观念影响较深，出于光耀门楣或者家族事业发展的需要，不少人选择了继续做研究，这类人群能较为客观理性地认识侨居地和故土，因而对于两地的地域认同度没有表现出明显区分。而相当一部分低学历者，受教育程度有限，对于学问的追求并不高，加上缺少在温州生活的经历，因而其对侨居地的认同度更高。

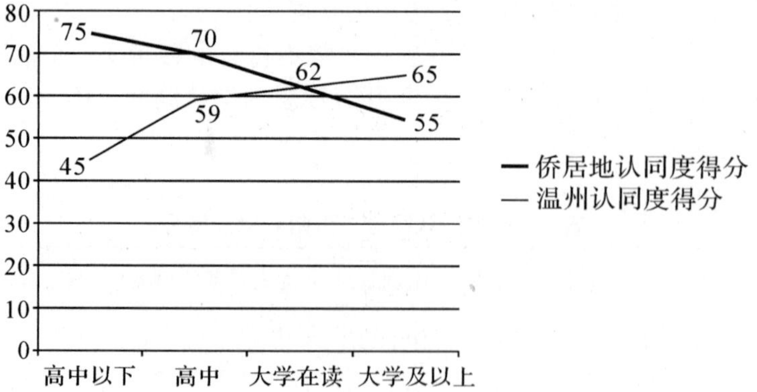

图1　“温二代”教育程度与地域认同关系

3.2.2　温州话水平

图2显示，“温二代”温州话水平越好，并且使用频率越高，其对温州认同度越高；但温州话水平对侨居地认同不具明显影响力。

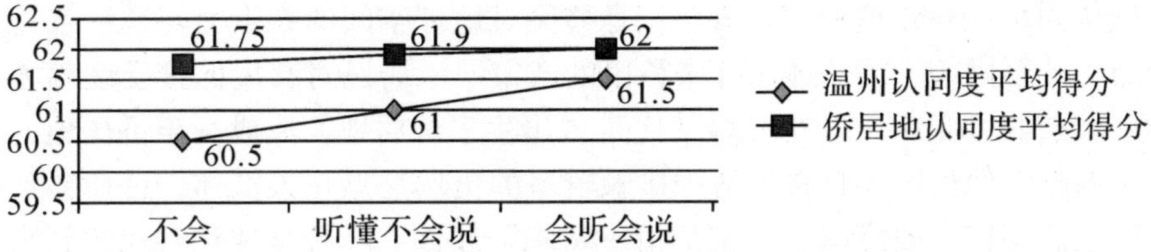

图2　“温二代”温州话水平与地域认同关系

3.2.3　来温频率及时间长短

在我们的访谈中，有20多位“温二代”每年在温州的时间达2～3个月，而且已经坚持了十几年，他们对温州的认同度远远高于四五年才回温州一两次的温二代。图3显示，“温二代”来温次数越是频繁，对温州认同度越高。

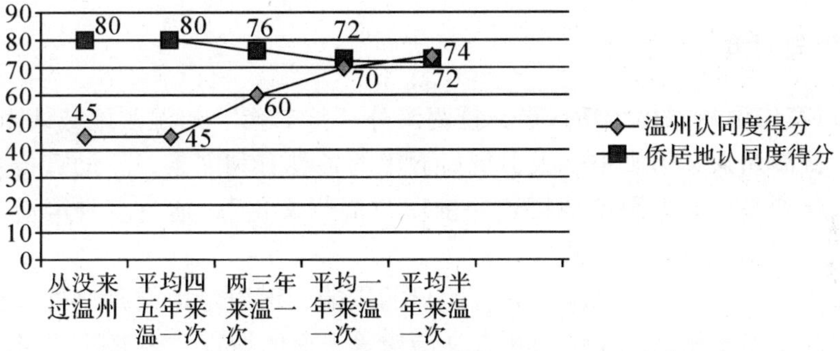

图3　“温二代”来温频率及时间长短与地域认同关系

3.3　导致“温二代”温州认同度偏低的两个因素

3.3.1　生活习惯及行为方式的不同

有60%的“温二代”认为自己较认同侨居地生活习惯，但并不排斥家乡习俗。从生活习性方面而言，大部分“温二代”已完全融入侨居地的生活，也接受当地人关于生活的文化及理念。对温州地域的一些特定文化习俗，大部分“温二代”表示理解与尊重，但不会接受，更不会去改变自身已形成的习惯。

3.3.2　不了解温州文化

在我们的问卷设计中，温州地域文化包括了温州人文历史、自然风光、居住环境、温州教育、温商文化等子系列，但这一系列的认同度得分都较低，尤其是温州的居住环境和温州人文历史这两项。通过访谈我们了解到，大部分海外“温二代”对家乡的人文历史不了解，不清楚家乡的发展脉络，无法理解自身与家乡千丝万缕的联系，因而无法形成与温州地域认同的“一致性”。

3.4 海外“温二代”地域认同的显著特点

地域认同是一种心理地理学概念，是移民对地理空间的亲近力。这种亲近力受到个人经历、社会网络、侨居地对外来移民的政策、原居民对移民的接受度等方面的影响，具有较强的可变性。海外“温二代”或出生于侨居地，或成长于侨居地，但他们多居住于温州人聚集区，日常生活中接触较多的仍然是温州人群体，这使得他们对于温州的地域认同较多地停留在“记忆情感认同”层面。随着全球化时代的到来和欧债危机的爆发，海外“温二代”或因求学，或因职业选择，频繁地在欧洲各国内部区域间流动，在侨居地与温州之间流动，在各国之间流动，形成了再移民与回归移民现象。周聿峨和余彬（2009）指出：“这种再移民与回归移民现象，导致出现了同时参与两个社会生活的‘哑铃’模式、在多个社会之间不停运动的‘太空人’模式、以某一社会为中心在多个社会运动的发散型的‘风筝’模式的华人或者华商。”“温二代”地域认同已经从单纯地对某一地域的“记忆情感认同”逐渐地过渡到了“跨国地理空间认同”这一层面。

4 建议与对策

4.1 以宣传温州文化为切入点，提高海外“温二代”的温州地域认同度

积极挖掘温州人文历史中能吸引华裔青年的各类有利因素，资助宣传含有温州元素的各类文化产品，最大限度地构建并推广“温州文化”，通过多种渠道和平台，提高“温二代”的温州地域认同度。

鉴于温州话水平对温州认同度有着明显的影响，可以考虑鼓励海外温州人创办华文学校，增加学习温州话、了解温州人文历史等方面的课程，为海外“温二代”提供语言文化教学。

4.2 将温州这一品牌资源化

温州人被称为东方的犹太人，温商的过人胆略和吃苦耐劳的精神是特定历史条件下的产物，这种“温州精神”也是颇具地域特色的人文资源。对于这种不可复制的独特的祖地品牌，我们可以积极利用，参考犹太民族以及国内一些侨乡的做法，具体归纳为以下方面：

（1）在海外华侨华人较为集中的聚集地，设立温商博物馆或者文化馆。

这个场所应展示华侨形象，弘扬温籍华侨文化，定期举办大型文化活动，成为海外“温二代”直接感受温州精神和温州社会的桥梁和纽带，以此来提高其温州认同度。

（2）吸收优秀“温二代”参与世界温州人大会，发挥青年华裔承上启下的作用，在青年群体中提倡“温州精神”。

世界温州人大会是基于地缘、语缘、血缘和族群等传统性社会关系而组成的官方认可的温州人联合组织。对于这个跨文化共同体，以家乡情结为基础，以温州认同为纽带，可以吸引更多华裔青年文化精英的加入。同时，也可以举行各类联谊会、文化节等具有鲜明地域文化特色的活动，完成海外温州精神的地域性建构。

（3）建设海外“温二代”数据库，建立温州—侨居地关系资源库。可成立族谱研究指导机构，发掘两地关系交往史。在合适的条件下，可协助“温二代”开展族谱修订，并邀请其来温寻根谒祖、观光旅游。

4.3　打造宜商宜居的良好环境，提高温州城市吸引力

调查中发现，温州目前的城市形象和环境状况直接导致了海外“温二代”对温州地域认同度的降低。而“温二代”地域认同已经从单纯地对某一地域的“记忆情感认同”逐渐过渡到“跨国地理空间认同”这一层面，那些拥有更好的自然资源与宜商宜居环境的城市无疑比温州更有吸引力。温州要留住海外“温二代”精英层，除了打感情牌，更应理性地考虑，能为海外“温二代”做什么。通过改善城市人居环境，提高政府服务效率与服务水平，加快从人情社会向法治社会转变、硬性管理向人性服务转变这一系列变革措施，或许能获得海外“温二代”的温州认同。

参考文献

［1］周聿峨，余彬. 东南亚华人地域认同的历史和未来［J］. 暨南学报（哲学社会科学版），2009（139）：23.

［2］朱竑，刘博. 地方感、地方依恋与地方认同等概念的辨析及研究启示［J］. 华南师范大学学报（自然科学版），2011（2）：4－5.

[3]BREAKWELL G M. Coping with threatened identity[M]. London:Methuen,1986.

[4]ROWLES G D. Place and personal identity in old age:observations from Appalachia[J]. Journal of environmental psychology,1983(3).

[5]STEDMAN R. Toward a social psychology of place:predicting behavior from place－based cognitions,attitude,and identity[J]. Environment and behavior,2002(34).

【作者简介】

郑婷，温州大学国际合作学院，主要从事汉语国际教育、华文教育研究。

华文教材与教学资源研究

以教师选用教材为导向的国际汉语教材评价标准研究

梁　宇

（高等教育出版社）

引言

教师是选择和使用教材的主要群体。教师不仅能够反映自身需求，也能间接地把握教学机构和学生的需求，因此从教师选用教材的角度设计教材评价标准具有实用价值。目前，大部分国际汉语教材评价研究（赵金铭，1998；董明、桂弘，2005；赵新、李英，2006；薛艳君，2005；黄金城，2011；李泉，2012）都提到教材评价对引领教材编写、优化教材选用的双重作用，却没有进一步明确其研究成果（评价标准）将为谁所用，所为何用，即未来的评价者是谁，评价目的是什么。

教材评价者是多元的，包括内部评价者（教师、学习者、编者、出版者）和外部评价者（专家、行政部门），不同的评价者具有不同的评价视角。教材评价目的也是多重的，包括以选用为导向的评价、以选优为导向的评价、以指导编写为导向的评价、以比较为导向的评价、以反思为导向的评价等。进一步明确评价者和评价目的更有利于建构具有针对性的评价标准。为此，本研究首先将教材评价者分为两组，教材编写组和教材使用组；然后通过问卷调查检验两组的评价标准是否存在差异，有何种差异，为建立以教材选用为目的的教材评价标准提供实证依据；最后再通过指标项筛选、分类、改写确定评价标准。

1　研究设计

1.1　研究问题

（1）检验教材编写教师和教材使用教师（只使用教材、不参与编写）对教材的认识和态度是否存在差异？有何差异？

（2）如果存在差异，教材使用教师更侧重哪些教材评价维度和评价指标？

1.2　研究对象

研究对象为国际汉语教师。本研究发放问卷共 87 份，回收问卷 87 份，有效问卷 84 份，其中国内教师 46 份、国外教师 38 份。本次调查范围具有一定的广泛性，国内教师分别来自国内33所不同院校，国外教师则来自美国、加拿大、意大利、印度尼西亚等9个国家，基本可以反映汉语教师对教材的总体态度。

1.3　研究步骤及研究工具

如图1所示，在研究前期，通过整理文献收集教材评价描述语，通过焦点团体访谈对描述语进行初次筛选和分类，形成“国际汉语教材评价教师调查表（80项）”。本文主要通过问卷调查检验组别差异，并通过二次筛选、分类、改写指标项，从而建构评价标准。调查表共三部分：第一部分是被试的基本情况，共12个问题；第二部分由16个模块的80项封闭式问题组成（可视为16个一级指标、80个二级指标），答案采用5度量表的形式，要求被试根据自己对教材的认识和看法，按各项内容的重要程度打分，分值依次为0、1、2、3、4分；第三部分有3道开放式问题，让被试对第二部分的作答进行补充或进一步阐述。为保证调查表的信度和效度，在正式发放问卷前，在部分教师中征求意见并进行了前测，最终形成问卷。

图1　研究步骤

2　统计分析

本研究采用SPSS15.0对数据进行分析和处理。首先通过内部一致性检验，Cronbach's alpha数值为0.978，80项问题之间起伏不大，内在一致性较好，统计数据的信度较大。

然后，通过主成分分析法对16个一级指标进行了探索性因子分析。KMO值等于0.924，Bartlett球形度检验近似卡方分布为982.662，自由度为120，显著性概率值$p=0.000<0.05$，达到显著水平，表示数据适合进行因子分析。从旋转后的成分矩阵表和碎石图中提取因子数目，结果显示，三个因子具有显著差异。“教材与教学情境、教材与教学大纲、教材与教师、教材与学习者、教学法和整体结构”属于一个因子，“主题与内容、语言材料、语言知识与技能、活动、文化、情感、策略”属于一个因子，“版面安排、配套资源、实际考虑”又属于一个因子。在此基础上，再将“教材与教学情境、教材与教学大纲、教材与教师、教材与学习者、教学法和整体结构”拆分为“教材适配性”“整体设计”两个维度，“主题与内容、语言材料、语言知识与技能、活动、文化、情感、策略”拆分为“教学内容”“情感与策略”两个维度，“版面安排、配套资源、实际考虑”归为“教材形式”维度。

2.1 组别差异的宏观检验

将教师分为“编写组”和“使用组”。在方差齐性检验中，16个一级指标的概率值都超过了0.05的标准值，表明它们的方差是相等的，满足单因素方差检验的方差齐性条件，也说明此次单因素方差分析的检验结果是有效的。

在单因素方差检验中，各组方差的显著值都大于0.05，说明组别差异并不显著，各个组别对指标的选择趋同。只有在“教学大纲、活动、实际考虑”三方面显著值分别为0.015、0.005、0.011，且小于0.05的标准值时，说明不同组别在这三方面的看法不太一样（见表1）。

表1　单因素方差检验结果

		Sum of Squares	*df*（自由度）	Mean Square	*F*	*Sig.*（显著值）
教学大纲	Between Groups	3.575	3	1.192	3.698	0.015
	Within Groups	25.780	80	0.322		
	Total	29.355	83			
	Within Groups	25.025	80	0.313		
	Total	26.752	83			
活动	Between Groups	4.468	3	1.489	4.682	0.005
	Within Groups	25.452	80	0.318		
	Total	29.920	83			
实际考虑	Between Groups	5.586	3	1.862	3.922	0.011
	Within Groups	37.985	80	0.475		
	Total	43.571	83			

2.2 组别差异具体考查

为进一步分析组别差异，本研究采取高低分组方法，比较各组在具体二级指标上的差异。先将两组问卷分别处理，通过对80项二级指标得分求和进行高低排序，把得分高的约1/3指标看作高分组，把得分低的约1/3指标视为低分组。通过整理，形成“教材编写评价表”（共55项指标）和“教材选用评价表”（共55项指标）。通过对比两个量表发现，其中12项指标有差异（见表2），说明在以下方面两组对教材评价标准的看法不同。

表 2　编写组和使用组的评价差异

	编写组		使用组
Q2	教材适合该地区或学校的外语教学理念、教学方法以及教学手段	Q8	教材容量适合该地区或学校汉语课的课时安排
Q5	教材符合教学大纲的宗旨	Q9	教材使用方便，节省备课时间
Q13	教材利于教师综合地使用多种语言教学方法和技巧	Q22	教材涉及了多种语言教学方法和技巧
Q17	教材适合学习者的文化背景	Q31	教材没有令我反感的内容
Q21	教材合理借鉴了相关教学理论的研究成果	Q67	教材利于调动学习者的创造力和活力
Q25	教材对自身的描述准确，级别之间衔接顺畅	Q74	插图和字体具有功能性，吸引人
Q26	教材的整体框架结构（包括语言知识、语言技能、文化、策略等）合理，联系紧密	Q75	拼音处理得当，方便使用
Q28	主题和内容国际化，具有全球意识	Q76	教材配有必要的辅助材料，如练习册、教师用书、测试卷等
Q30	教材内容可以丰富学习者的个人知识和经验，能够培养学习者积极向上的性格	Q77	教材配有多媒体、立体化的辅助资源，如视频材料、多媒体学习课件、配套网站等
Q42	教材利于学习者发现语言规则，而不是简单呈现规则及其解释	Q78	配套资源能够与教材形成有机整体
Q59	教材体现了多元文化观，文化描述客观、中立，且具有包容性	Q79	教材价格合理
Q62	教材以适当的方式处理文化比较中的相似与差异处	Q80	教材容易获取或买到

从表 2 可以看出，编写组和使用组的教材评价标准各有侧重，归根结底还是“编”和“用”的区别。让我们对表 2 作以下几点分析：

（1）在“教材与教学情境”“教材与教学大纲”“教材与教师”“教材与学习者”的 20 项二级指标中，编写组选定了 12 项，使用组选定了 10 项，其中有 8 项一致，说明无论是教材的编写还是教材的选用，教材与这四个维度的适配性和符合度都是非常重要的方面。同时编写组对教材适配性的重视程度略高于使用组，编写组选择 Q2、Q5、Q13、Q17，说明他们对适配性的要求更为全面、具体，对教材为谁编、依据什么编写等方面考虑得更周详。

（2）在“教学法”方面，编写组显然更注重教材中蕴含的教学理论、运用的教学方法（Q2、Q13、Q21、Q42）。一方面，他们强调了教材编写实践背后的教学研究分量，从事教材编写和研究的教师往往看重这些标准；另一方面，具有编写实践的教师才会知道，要编出一套好教材，在编写前确立教学指导思想，并在此基础上确定编写理念，是决定教材编写是否具有科学性、创新性的关键所在。相反，授课教师更关注教材使用中的实用方法和技巧（Q22），不管教材体现了怎样的设计思想，编写理念是否创新、先进，只要教学方法有效、使用方便、教学效果良好，就是好教材。

（3）在“整体结构”方面，编写组考虑了纵向级别设置、横向知识技能分布（Q26）、外部说明（前言等）与内文的一致性（Q25）和体例设计的合理性。使用组关注的是级别设置和体例设计。

（4）在“主题与内容、文化”方面，编写组注重话题和内容的国际化和思想性（Q28，Q30）。近年来，教材编写中话题选择越来越注重国际化原则，强调应反映全人类共同关注的话题，如环保、科技、教育等；同时也重视对学习者情感和心灵的教育，如梦想、友谊、责任等主题。编写组的评价标准反映出了话题选择上的新趋势。在“文化”部分，编写组提倡“多元文化观”（Q59）和“文化比较观”（Q62），恰当地处理中国文化、学习者本土文化和国际文化之间的关系，这种编写理念在教材评价中也是显而易见的。

（5）编写组和使用组共同关注了“语言材料、活动”，对这两部分的指标选择完全一致，“语言知识与技能”部分也基本一致。编写组和使用组对教材活动设计的评价标准都很重视，特别是使用组对问卷中关于活动的10项指标都一致认可，从侧面反映出无论教材编写还是教材使用，活动设计和应用都是至关重要的。对Q51“活动提供了尽可能多的机会，使学习者使用汉语进行交流”，两组一致赞同，表明在“使用中学习语言”的观点深入人心。除此之外，使用组还强调了活动的类型和组织形式，丰富多样的活动形式有利于教师灵活地使用教材。

（6）对“教材形式”的判断标准，调查结果基本是“一边倒”：编写组只认可两项指标：“版式设计清晰，方便使用”“拼音的处理得当”；而使用组除以上两项以外，还认可插图字体（Q74）、配套资源（Q76、Q77、Q78）和实际考虑（Q79、Q80）。使用组比编写组更看重教材形式，反映了他们以教材使用为出发点的评价视角，这与编写组更侧重“教学理论”形成了鲜明的对比。

3　国际汉语教材选用评价标准

3.1　指标项改写

经过筛选和比较，本标准确定了5个维度55项具体评价指标。然后又从两方面对部分指标项进行了改写，一是突出教师“我”的立场，例如“教材容量适合我所在学校汉语课的课时安排”“教材利于我对教学效果进行评估”等；二是突出了教材

"方便使用"的功能，例如"教材具有灵活性，我可以灵活处理"，"版式设计清晰、方便使用"等。经处理，最终形成了"国际汉语教材选用评价表"。该评价表对每项指标采取了平均权重的方式，更加简洁、易于操作。

3.2 评价标准的内容

评价标准的具体内容如表3所示：

表3 国际汉语教材选用评价表

使用说明：该表格适用于授课教师选择教材，检验教材的使用效果。全表共55项，请您在相应的分值下面打"√"。

教材名称＿＿＿＿＿＿＿＿　作者＿＿＿＿＿＿＿＿

出版日期＿＿＿＿＿＿＿＿　出版单位＿＿＿＿＿＿＿＿

适用对象＿＿＿＿＿＿＿＿＿＿＿＿＿＿＿＿

序号	指标	分值				
		非常差	不太好	一般	好	非常好
		0	1	2	3	4
一、教材适配性 （一）教材与教学情境						
1	教材符合我所在学校的教育文化特点，例如竞争型教育文化或参与型教育文化					
（二）教材与教学大纲						
2	教材符合教学目标，并能够清晰地呈现					
3	教材参考教学大纲确定教学内容且分布合理					
4	教材容量适合我所在学校汉语课的课时安排					
（三）教材与教师						
5	教材使用方便，节省备课时间					
6	教材利于我对教学效果进行评估					
7	教材具有灵活性，我可以灵活处理					
（四）教材与学习者						
8	教材适合学习者的年龄、认知水平、心理水平					
9	教材适合学习者的汉语水平					
10	教材适合学习者的学习需求、学习动机					

（续上表）

二、整体设计 （一）教学法							
11	教材为我提供了教学思路和教学流程						
12	教材提供了有效的教学方法和技巧						
（二）整体结构							
13	教材级别设置合理，级别之间衔接顺畅						
14	我很喜欢课内各部分的编排设计，使用很方便						
三、教学内容 （一）主题和内容							
15	主题和内容的编排由易到难，循序渐进，符合教学规律						
16	教材没有令我反感的主题和内容						
（二）语言材料							
17	教材语言真实、地道、自然						
18	教材语言生动、有趣						
19	教材语言规范						
20	教材语言风格多样，体裁多样						
（三）语言知识与技能							
21	教材对语言知识与技能的结合处理得当						
22	各项技能训练比重合理						
23	教材提供了主要的语言知识，每课新知识的输入量适中						
24	教材对语言知识的编排合理有效						
25	教材采取螺旋上升的方式对语言知识进行了合理复现						
26	教材提供了必要的语言知识注释和范例，且简明易懂						
27	注释等内容翻译准确						
28	教材对语言教学的安排合理得当（如果评价中高级教材，可忽略此项）						

（续上表）

（四）活动（包括练习、任务、游戏等）						
29	教材对汉字教学的安排合理得当（如果评价中高级教材，可忽略此项）					
30	活动量充足，覆盖主要教学内容					
31	教材提供了综合运用语言技能的活动					
32	教材提供了控制性活动、过渡性活动和交际性活动					
33	教材提供了个人、结对、小组等多种活动形式，且方便好用					
34	活动提供了尽可能多的机会，使学习者使用汉语进行交流					
35	互动具有趣味性					
36	活动利于激活学习者原有知识和经验					
37	活动与活动之间层次清晰，具有内在联系					
38	活动指令清晰、简洁且易于理解					
（五）文化						
39	教材提供了广泛、真实、准确的文化知识					
40	教材提供了得体、实用的交际文化					
41	文化内容的编排合理适度					
42	文化内容的融入方式自然恰当					
四、情感与策略						
43	教材利于提高并维持学习者的学习动机					
44	教材利于发展学习者积极的学习态度					
45	教材利于调动学习者的创造力和活力					
46	教材提供了主要的学习策略，并注重培养学习者使用学习策略					
47	教材提供了积极的交际策略和技巧					
五、教材形式 （一）版式设计						
48	版式设计清晰，方便使用					
49	插图和文字具有功能性，方便使用					
50	拼音处理得当，方便使用（如果评价高级教材，可忽略此项）					

（续上表）

（二）配套资源						
51	教材配有必要的教辅材料，如练习册、教师用书、测试卷等					
52	教材配有多媒体、立体化的教辅资源，如视频材料、多媒体学习课件、配套网站等					
53	配套资源能够与教材形成有机整体					
（三）实际考虑						
54	教材价格合理					
55	教材容易获取或买到					
总分						

注：全表满分 220 分，使用者可以根据实际情况对教材评价结果进行分档。

本文建议：得分≥165 分，为适用教材；165 分 > 得分≥110 分，为合格教材，需要您在使用中进行一定的调整和改编；得分 < 110 分，为不适用教材，建议您换用教材，或进行较大改编。

4　结论与建议

4.1　教材选用评价有别于教材编写评价

组别差异检验初步证实，教材使用教师的评价视角有别于教材编写教师，这为我们分别建构教材编写评价标准和教材选用评价标准提供了可能。从表 4 中可以清晰地看到，两种评价在视角、功能、用途、服务对象 4 个方面均有差异。

表 4　教材编写评价和教材选用评价的比较

	教材编写评价	教材选用评价
视角	教材编写者和研究者的视角，侧重教材编写质量，注重教材本身的特点	教材使用者的视角，从教与学的角度，检验教材表现出的性质和特点是否适用、好用，与教材实际使用情况密切相关
功能	通过判断教材编写质量优劣为教材建设/研发服务	通过判断教材的适用性，为提高教材在教学活动中的使用质量服务
用途	用于教材评优或教材研究	用于教材选用、改编与调整
服务对象	为教学活动外部服务的，其评价结果供行政人员、专家、研究者参考	为教学活动内部服务的，其评价结果主要为正在进行教学活动的人员提供信息

同时，教材编写评价和教材选用评价并不是两种完全不同的评价标准，而是有一定的重合。教材编写教师具有双重视角：教学和编写。教材编写不可能脱离教学实

践，优秀的教材编者一定是教学经验丰富的教师；而教材使用教师只有使用教材进行教学的单一视角，缺乏编写的经验和认识，教学能力强的教师却不一定是优秀的编者。

4.2　教材选用评价有利于优化教材选用、提高课堂教学水平

教材在“教”与“学”两方面都发挥着重要作用。在品种繁多的国际汉语教材中科学、理性地进行选择，清晰地认识教材，理解教材的编写意图，合理地使用和改编教材，使其积极作用和编写特色在教学中发挥到极致，是教学机构和教师们共同追求的目标。教材评价对教材使用具有反拨作用，通过评价可以引导、调整、优化教材的选择和使用。以教材选用为目的的评价标准将更具针对性，可以在教材使用前、中、后实施评价，监控教材使用过程，为教学机构和教师选用教材提供科学参考，对教师客观认识教材，甄别、筛选、评判、利用、改编教材提供指导，有助于教师合理地、创造性地使用教材，从而有效地提高课堂教学水平。

4.3　树立“适用优先”的新型教材观，重点考察教材的适配性

国际汉语教学的发展现状表明，世界汉语教学的规模和地域不断扩大，增强汉语教材在其使用地域环境中的适应力和针对性，是汉语国际推广新形势下教材建设的当务之急。“适用优先”教材观是指，教材编写要全面考虑各种环境因素，包括不同国家（地区）宏观的社会环境、中观的教育环境和微观的课堂环境以及使用者因素，即教材编写要建立在科学的情境分析和需求分析之上，教材评价要全面考量教材在以上环境因素中的适配性。

教材选用评价更加重视“适用优先”原则，因为它直接服务于教学活动和教学参与者。本标准从“教材与教学情境、教材与教学大纲、教材与教师、教材与学习者”4个维度建构了10个指标项，评价者可以比较全面地考量教材的适配性。英语作为第二语言的教材评价中不乏以适配性为评价核心的先例，如Grant（1987）教材评价表由三部分组成，分别衡量教材是否符合学生的需求和兴趣，符合教师的教学需要，符合官方课程标准和测试的要求。同时他提出：“完美的教材不存在，而适合你的教材一定存在。”这说明好教材的标准是“适合”。Byrd等（2001：415－427）也是从教材与教学大纲、学习者和教师的适配性三个维度评价教材是否适合课程和使用者。

4.4　教材选用评价需要融入质性研究方法

在教材评价研究领域，量表分析法能够在短时间内搜集到教材的所有重要信息，直观地记录在表格中，便于横向、纵向比较，易于获得具体、清晰的评价结果，因而受到大多数研究者的青睐，使用比较广泛。量表法的实质是将一份表格中的项目与教材的具体内容进行比对、核查、记录，最终将教材的性状转换成简洁的数量。这个过程其实就是将教材设定为一个静态物，教材的各要素是可测量的，通过测量这些要素，可以“计算”出教材质量的优劣。

实际上，教材质量是由多种要素，特别是各种动态要素相互作用的结果。更重要的是，教材只有在教学中才能发挥其作用，教学是一个多因素交互的动态过程。钟启泉（2008）指出："我们对教材的关注不应仅停留在静态界定层面，更应关注教材的动态功能性。"在教育学界，有学者提出教材知识的"动姿化"（郭晓明，2004），"对话式"教材、"活动式"教材等，都是将教材看作一个活生生、真切切的对话者，在教学中发挥着思维交换、精神交流的作用。因此，评价教材的动态表现和活力显得越发重要。借鉴质性研究中常用的访谈法、日志法、观察法等，考察教材的动态功能，考察教材与教师、学习者的互动，考察教材对使用者产生的效果，是教材评价研究中的新课题。

参考文献

[1] 董明，桂弘. 谈谈好教材的标准 [J]. 语言文字应用，2005 (4).

[2] 黄金城. 加拿大阿尔伯塔省中小学汉语教材的评审和选用 [J]. 国际汉语教育，2011 (1).

[3] 郭晓明. 论教材的生态式设计 [J]. 教育理论与实践，2004 (8).

[4] 李泉. 对外汉语教材通论 [M]. 北京：商务印书馆，2012.

[5] 薛艳君. 初级阶段对外汉语精读教材评估指标体系研究 [D]. 北京：北京语言大学，2005.

[6] 赵金铭. 论对外汉语教材评估 [J]. 语言教学与研究，1998 (3).

[7] 赵新，李英. 中级精读教材的分析与评估 [J]. 语言文字应用，2006 (2).

[8] 钟启泉. 优化教材——教师专业成长的标尺 [J]. 上海教育科研，2008 (1).

[9] BYRD P & CELCE-MURCIA M. Textbooks: evaluation for selection and analysis for implementation [C] //CELCE-MURCIA M (ed.), Teaching English as a second or foreign language. Stamford: Cengage Learning, 2001.

[10] GRANT N. Making the most of your textbook [M]. London: Longman, 1987.

【作者简介】

梁宇，高等教育出版社副编审，博士，主要从事国际汉语教材研发和评价研究。

“现代汉语”的对外汉语视角研究

——语音、汉字部分

傅思泉

（北京理工大学珠海学院）

引言

目前许多高校的对外汉语专业架设在中文系下，师资、课程也依托于中文专业。随着对专业特色的认识进一步深化，学术界越发重视对外汉语专业课的自身特色，其中，“现代汉语”作为对外汉语专业的基础语言学课程，既要讲述现代汉语的全部基础知识，又要承接后续对外汉语专业课的学习，成为专业学习的重中之重。

学术界对于应如何展开对外汉语专业的“现代汉语”教学颇有研究，但多是提出纲领性的意见（黄姗姗，2013；陈熹，2011；刁世兰，2012；郭智辉，2007，等等），并未给出具体的教学要求。2007年商务印书馆出版了齐沪扬先生的《现代汉语》，成为专门针对对外汉语专业的现代汉语教材，这本书在每章后面都会引入对外汉语教学的教学原则与教学难点，带给学生实际的对外汉语教学思考，意义重大。但是，整套教材给我们带来两点困惑：①对于刚接触语言学的大一新生而言，在学生还未掌握语言本体知识和对外汉语教学基本概念的基础上就添加对外汉语教学内容，会不会增加学习负担，并且与后续的“对外汉语教学概论”“对外汉语教学法”等课程内容重复？②整套教材在内容的编排上主要是在语言本体研究后增添了对外汉语教学实例，会不会显得简单了些，而不是严格意义上用对外汉语视角梳理“现代汉语”内容？

从整个专业发展来看，我们认为对外汉语专业的“现代汉语”课在教学上要注意：

（1）保证“现代汉语”内容的完整性。“现代汉语”提供整个语言学最基础的理论知识，需要学生对整套内容有比较全面的认识。在教学时我们不仅要考虑到今后从事对外汉语教学的学生，也要考虑到毕业后从事国内中小学教育、考研深造以及其他工作的学生。因此，以对外汉语视角来研究“现代汉语”，不能随意删减对于对外汉语教学无关或不重要的内容，在教学时要保证“现代汉语”的内容完整。

（2）教学时以对外汉语视角为导向。在保证全面讲授知识的基础上，要用对外汉语的眼光来审视教学内容。“现代汉语”注重对语言本体的研究，有的内容对于对外汉语教学并不重要，可以快讲；有的内容对于对外汉语教学非常重要，则需要多讲。

同时，在教学时还要注重汉外对比，引导学生在掌握“现代汉语”基础知识时，了解外国学生在学习“现代汉语”时常见的问题。总之，在教学时要做到有的放矢，突出对外汉语教学关注的重点。

（3）避免与后续对外汉语教学课程重复。用对外汉语视角审视“现代汉语”，是看哪些内容是对外汉语教学的重点，哪些不是，因此在教学中不应过于增加具体的教学策略和教学方法，这些内容应留待后面专门的教学课上予以解决。

本着这种思想，我们以发行广泛的黄伯荣、廖序东的《现代汉语》（增订五版）为例，从语音、汉字部分来具体研究“现代汉语”的对外汉语视角。

1　语音

语音教学是对外汉语教学的重点。针对外国留学生，学界围绕“声韵中心”或“声调中心”，采用“音素教学法”“音节教学法”或“语流教学法”等各种手段，从汉语基础的声、韵、调入手，结合教学对象的母语特点和发音偏误进行适当的操练和纠音。

而《现代汉语》（增订五版）的语音部分主要从语音的三大属性入手，围绕辅音与元音的特点，重点分析了汉语声韵母的发音特点，分析了声调和音节，最后简介了汉语常见的几种音变现象。

以对外汉语视角审视“现代汉语”语音教学，我们认为以下是课堂上教学的重点，需要学生理解后记诵，并进行大量练习。

1.1　声母

“现代汉语”声韵母部分无疑是整个语音的重点。其中必须详细讲解 21 个辅音声母的发音部位和发音方法，特别是每个声母准确的受阻部位和破阻方式，要求学生能够描绘出整个声母的发音过程；同时，详细讲解所有声母的国际音标，并辨析 17 个清声母相对的浊音的音标，提醒学生避免与汉语拼音字母混淆，避免外国学生在学习清声母时与母语的浊音字母相混。

此外，让学生注意外国留学生常见的声母发音问题（如英语国家学生缺乏送气与否的对立，常常用自己的浊音代替汉语的清音，zh、ch、sh、r 与 j、q、x 音是发音难点；日本学生也缺乏送气与否的对立，但有清浊的对立，因此常将汉语的清音发成浊音，zh、ch、sh 容易发成舌叶音，没有 r；韩国学生容易把 b、d、g 与 p、t、k 音相混，r 容易发成 l，同时无 f 音，zh、ch、sh 和 j、q、x 音容易发成舌尖前音等）。

1.2　韵母

韵母教学重点是要让学生掌握 10 个单元音具体发音方法及舌面元音图，要求学生能熟练写出整个韵母表中 39 个韵母及其国际音标，其中要特别注意 ɑ、e、i 的变体。

由于对外国留学生而言，复元音韵母和鼻音韵母是学习难点。因此，在教学时还要重点分析复元音韵母和鼻音韵母中的发音过渡，特别是三合复元音和前后鼻音的过渡情况。

此外，也要指出外国留学生常见的韵母发音问题（如英语国家学生 ü 音难发，常与 u 音相混，前后鼻音发音不到位；日本学生无 ü、e、er 音，发元音时开口度和圆唇度不够，复元音会发成连读元音或者单元音；韩国学生 ü 常发成 ui，无 e 音，复元音发音时常丢失元音，in、ing、ong、iong 不分，an、en 会发成 ang、eng 等）。

1.3 声调

汉语靠声调来区别音节的意义，而世界上绝大多数语言都没有声调，因此建立外国学生的声调系统是语音教学的关键内容。在“现代汉语”声调教学中，要让学生熟练掌握四种声调的调值和音高的升降曲线，并了解外国留学生常见的声调发音问题（如对英语国家学生来说，声调是个大问题，阳平上不去，上声与阳平混淆，去声要么用力过度要么与阴平混淆，轻声也难以掌握，这些问题在语流中更明显；日韩学生的声调发音都偏低，阳平会发成低平调，上声发成阳平调，去声下不去等）。

1.4 音节拼写

拼写音节是对外汉语教师的基本能力。尽管学界认为汉语拼音方案存在许多拼写问题（蔡永清，2013；刘燕，2011；三阳，2006，等等），但其仍是目前最好的汉语语音拼写方案。这部分，教师应重点讲解汉语拼写方案规则，让学生能准确写出拼音，特别注意：i、u、ü 什么时候前面加 y、w，什么时候被 y、w 取代；ong、iong、ao、iao 的实际发音与拼写形式不一致，在对外汉语教学中这些容易让外国学生不知所措；此外，iu、ui、un 省略了韵腹，容易导致外国学生忽视真正的发音；ü 上两点的省略也容易导致拼读的混乱。

1.5 音变和语调

尽管在对外汉语教学中通常不特意进行音变的教学，但是作为对外汉语教师应明白语流中轻声、上声、去声、儿化等音变现象的规律，特别是外国学生较难掌握轻声，发轻声时的偏误并不比四声偏误少；同时，语调教学也是对外汉语教学的重要组成部分（特别是在对外汉语高级阶段），它关系到表达时的流畅自然。因此，在“现代汉语”教学中，语调部分的规律应作为重要内容让学生掌握，如句法重音和语调停顿的位置会引起语义的变化，各种句末语调所起的表达作用等，这些都是外国学生说汉语时的难点。

除以上外，在教学时，可将所涉及的专有名词，特别是声韵母的发音部位和发音方法，都标出对应的英文注解（如“舌尖 tongue tip”“硬腭 hard palate”），以便日后的对外汉语教学。

2 汉字

现在学界越发重视汉字教学，从“语文一体”到“语文分开”，从“词本位”教学到“字本位”教学，汉字在对外汉语教学中越发起着举足轻重的作用。

在对外汉字教学中，教师多以“部件教学”为中心，按照“笔画—部件—整字”的析字顺序细致地剖解字形，依据汉字的理据性和文化性讲解字义，并将汉字代入词、句子中使用，避免学生识字不识词，会写不会用；同时，在教外国学生学习汉字时，以认读为主，会写为辅，注重形近字的区分。

“现代汉语”文字章节则主要分析了汉字的特点、形体演变和汉字的结构（内部结构和外部结构）等。从对外汉语教学角度来看，“现代汉语”的汉字部分应重点讲解以下内容：

2.1 汉字的特点

《现代汉语》（增订五版）中描述了与拼音文字相比汉字所具有的四大特点。从对外汉语教学角度看，这四大特点还不能清晰解释对外汉字教学中的各种现象。因此，应进行适当的补充，围绕汉字的优缺点进行说明：

2.1.1 汉字的缺点

汉字难学、难写、难记的主要原因在于：①汉字是表意性文字，字形本身不表音，也不常表意，故造成汉字形、音、义三部分各自独立。②汉字是平面性文字，7 000个通用字平均每字10.75个笔画，意味着一个平面平均有10.75个线条铺展开；同时，又非常讲究各笔画线条在平面内的布局安排，导致形体结构非常复杂。③汉字不分词连写，容易造成学习效率低下和语义理解的障碍。④相对拼音文字而言（如英语26个字母），汉字量多，常用字就有3 500个，而其中有1 000个常用字是要外国学生在短时间内掌握的，学习难度大。⑤汉字存在许多同音字、多音字和形近字，更增添了学习的难度。

2.1.2 汉字的优点

与缺点相对应，汉字又有许多优点：①汉字量虽多，但常用字覆盖面广，使用频率高，前1 000个最常用字覆盖率达91.36%，2 500个常用字的覆盖率达97.97%；②汉语以“字”为纲，组合延伸出的词在意义上具有高度关联性，能通过类推方式获悉词义，从而可以归类集中学习，如以“牛”为纲，派生出“水牛、黄牛、公牛、母牛、牛心、牛肺、牛奶”等词，而拼音文字写法各不相同，往往毫无关联；③汉字复杂的平面性使得汉字的信息量大，带有丰富的形象意义和文化意义，在表达相同内容时比其他文字更节省空间，在进行阅读和检查时效率也更快；④汉字笔画多，结构多样，使得汉字能够成为一门艺术——书法，增添了汉字的魅力；⑤汉字无形态变化，在表达中无须考虑语法意义的变化；⑥汉字不与一时的语音挂钩，从而能超越时空，沟通古今和各地方言，凝聚中华民族，传承中华文化。

2.2 汉字的“六书”

在对外汉语教学中，经常要采用追本溯源的理据性教学方法来帮助外国学生了解汉字、掌握字义。因此，在“现代汉语”教学中，应着重讲解象形、指事、会意、形声四种造字法的特点。

其中在初级对外汉语教学阶段，由象形、指事造字法形成的独体字虽然不多，但是组成合体字的能力强，往往既能做形旁又能作声旁，是初级对外汉字教学的重点（沙宗元，2011）。因此，在“现代汉语”教学时应锻炼学生对象形字、指事字的字源分析能力。

同时，要特别注意形声字的结构特点。由于形声字占通用汉字的80%以上，因此，掌握好形声字，也就掌握好了汉字。而要掌握形声字，就要对形声字的形旁和声旁有清晰的了解：①3 500个常用字中，2 522个形声字共有形旁167个，其中具备有效表意作用的占83%（凌帅，2009），可见形旁有时虽不表意，但通常情况下能够作为推理字义的依据；②由于社会的发展和语音的演变，声旁的表音功能大为减弱，只有四分之一左右的声旁能作为汉字读音的依据（李东伟，2011），因此在好好利用这些声旁的表音功能时，需告诉外国学生声旁不能作为认字的常用手段；③形旁与声旁常见的6种结构部位是教学的重点内容，需要让学生仔细分辨出形旁、声旁以及各自的部位，这是“部件教学法”的重点。

2.3　笔画、笔顺和部件

在“现代汉语”教学中，这部分内容一般作为常识性内容快速讲完。但是，在对外汉字教学中，这部分却是核心内容。因此在“现代汉语”教学中，应重点讲解笔画的类型、笔顺的先后和部件的拆分。

2.3.1　笔画

在“现代汉语”教学中需要让学生熟悉汉字的整个笔画系统，同时，特别注意：①汉字笔画系统多样化，常见的是“永字八法”和“札字五笔”。在书写时，基本笔画往往会因所在位置发生或稍长或稍短弯曲变形等变化（如“太”与“小”字的“点”长短不一），这些细微变化须跟外国学生说明。②汉字的笔形除“点、撇、捺”外多是直笔直线，而拼音文字以弧线居多，外国学生在写汉字时容易扭曲汉字直笔。③汉字笔画的起始方向一般是由上往下，由左往右，书写时笔尖不走回头路，笔画与笔画之间存在书写停顿，而外国学生在写汉字时有时会像绘画一样一气呵成。④汉字笔画之间的相离、相接、相交的空间关系非常重要，如“八”和“人”都是两笔，但是两笔之间的空间关系不同，这点是外国学生学习汉字的重难点。

2.3.2　笔顺

①在进行“现代汉语”教学时，一定要让学生通过练习来熟练掌握基本笔顺规则，另外课本里补充的一些特殊规则也应掌握；②在对外汉语教学中，对外国学生的笔顺问题虽然持宽松原则，但必须让其明白笔顺的重要性，以及正确的笔顺能让书写更为快捷舒适。

2.3.3　部件

目前“部件教学法”已成为对外汉字教学的主流。在“现代汉语”部件部分应重点讲解：①部件的拆分和分类；②部件组成合体字所采用的五大类组合关系；③由部件引出偏旁、部首概念，汉语偏旁数量有限，但使用频率非常高；④有的部件位置非常固定，如“草字头”“三点水”，应向外国学生强调；⑤根据部件的表意和表音作用可进行汉字的归类，从而加强形声字的学习和解释，如“贝——财、赌、贵、贿”“青——请、清、情”等。

2.4 外国留学生常见的汉字学习难点

对外汉字教学中，欧美等非汉字文化圈的学生学习汉字的难度明显高于日韩等汉字文化圈的学生。由于历史原因，日韩等汉字文化圈的学生本族母语中就有大量汉字，如日语的《常用汉字表》中 91.25% 的汉字都是对外汉语教学用字（张凡，2012），因此，他们在学习汉字的时候不存在难学、难写、难记的困惑。但是，也有一些问题，主要是他们母语中的汉字多为繁体字，与简体字不一致，同时他们母语中部分汉字与我们的汉字并不对应，在学习的时候也会出现因形似或音近而写错别字的现象。

欧美等非汉字文化圈的学生学习汉字则存在较大困难，需要给他们建立整个笔画、笔顺、部件的心理认识。他们在学习汉字的过程中，各种错误层出不穷，常见的问题有：①写字像绘画，笔画不规范，运笔方向不正确，如将“口”字画成个圈；②笔画数目不清，随意增减，特别是横笔和点笔容易增加或减少，如“真”里的三横写成两横；③笔画间关系错乱，相接的写成相交的，相离的写成相接的，如“刀”写成“力”；④整字认识不清，结构错误，部件常常张冠李戴，出现部件增减、变形或移位等各种问题，如“名”写成“夕口”、“女性”写成“女姓”、“放心”写成“方心”；⑤混淆形近字，记住了整体轮廓，但忽视了局部细节，如将“目”写成“日”；⑥写成同音字，如将“在”写成“再”等。

3 结语

从上面的分析来看，对外汉语专业的“现代汉语”教学重点应紧紧围绕对外汉语教与学的需求，丰富和完善对外汉语专业所需要或者重点关注的内容。可以说，“现代汉语”应进行适当的改革，才能让教学内容更加符合对外汉语专业要求。

当然，以上只是本人对“现代汉语”教学内容如何适应对外汉语教学进行的一次粗浅尝试，希望通过本文抛砖引玉，有更多专家来指导对外汉语专业的“现代汉语”的具体教学，并期待更多专家学者研究这类中文专业课的对外汉语视角问题，从而促进整个对外汉语专业的课程建设。

同时，本篇论文主要围绕“语音”和“汉字”两部分来谈现代汉语的对外汉语视角问题，后续还将进一步研究“词汇”和“语法”两部分的对外汉语视角问题，以期形成较为完整的“现代汉语”对外汉语视角研究。

参考文献

［1］蔡黎雯. 基于 HSK 动态作文语料库的日本学生汉字书写偏误分析［J］. 黑龙江教育学院学报，2013（7）.

［2］蔡永清. 再论汉语拼音方案的历史局限性［J］. 现代语文，2013（4）.

［3］陈建萍. 韩国留学生汉字学习字形偏误浅析［J］. 语言教学研究，2008（8）.

［4］陈熹. 针对对外汉语专业现代汉语教材的几点思考［J］. 宜春学院学报，2011（10）.

［5］陈子骄. 对外汉语教学视角下的汉字笔画分类［J］. 大连教育学院学报，2011（1）.

［6］刁世兰. 对外汉语专业现代汉语教学改革论析［J］. 语文学刊，2012（1）.

［7］郭圣林. 汉字的笔画特点与外国学生汉字笔画偏误［J］. 暨南大学华文学院学报，2008（4）.

［8］郭星. 现代汉字字形分析及在对外汉语教学中的应用述评［J］. 海外华文教育，2010（3）.

［9］郭智辉. 谈对外汉语专业的现代汉语教材建设［J］. 语言教学研究，2007（12）.

［10］国泽昆，李国慧. 对外汉语教学中汉字教学实践探究——以零起点的非汉字文化圈留学生为例［J］. 黑龙江教育学院学报，2012（12）.

［11］胡文华. 汉字与对外汉字教学［M］. 上海：学林出版社，2008.

［12］胡永鹏，郭照川.《说文》“六书”在对外汉字教学中的运用［J］. 漯河职业技术学院学报，2013（12）.

［13］黄伯荣，廖序东. 现代汉语［M］. 北京：高等教育出版社，2011.

［14］黄姗姗. 对外汉语专业现代汉语教学探索［J］. 教书育人·高教论坛，2013（2）.

［15］李秋萍. 浅谈对外汉语中的汉字教学［J］. 德宏师范高等专科学校学报，2013（1）.

［16］李妍. 论入门阶段对外汉语语音教学的原则［J］. 语文学刊，2009（7）.

［17］凌帅. 从外国学生汉字书写偏误看形声字意符在对外汉语汉字教学中的作用［J］. 赤峰学院学报（汉文哲学社会科学版），2009（5）.

［18］刘居红. 对外国学生汉字书写偏误的分析——兼谈汉字教学［J］. 喀什师范学院学报，2008（2）.

［19］刘逆平. 对外汉语语音教学的实践与思考——浅谈韩国学生学习汉语声母的偏误及对策［J］. 长沙铁道学院学报（社会科学版），2009（10）.

［20］刘燕. 论汉语拼音方案存在的问题及其对对外汉语语音教学的影响［J］. 大众文艺（学术版），2011（10）.

［21］毛世桢. 对外汉语语音教学［M］. 上海：华东师范大学出版社，2008.

［22］倪彦，王晓葵. 英语国家学生学习汉语语音难点分析［J］. 汉语学习，1992（2）.

［23］齐沪扬. 现代汉语［M］. 北京：商务印书馆，2007.

［24］三阳. 制定“对外汉语拼音教学方案”的建议［J］. 海外华文教育，2006（3）.

［25］沙宗元. 对外汉语教学所用独体字及其构字状况分析［J］. 云南师范大学学报（对外汉语教学与研究版），2011（9）.

［26］施正宇. 从汉字教学看对外汉语教学中的本位问题［J］. 民族教育研究，2010（6）.

［27］史迹. 论欧美学生的汉字认知与汉字应用［J］. 西南交通大学学报（社会科学版），2012（2）.

［28］宋春阳. 谈对韩国学生的语音教学——难音及对策［J］. 南开学报，1998（3）.

［29］唐玉萍. 对外汉语教学中的语调教学［J］. 当代教育论坛，2008（6）.

［30］文艳. 韩国人汉语语音偏误研究概述及命题要点［J］. 现代语文，2009（7）.

［31］徐静. 对外汉语教学中汉字部件位置教学的研究［J］. 科技风，2012（12）.

［32］杨洪荣. 对外汉语语音教学研究述评［J］. 邯郸学院学报，2008（4）.

［33］叶南. 对外汉语语音偏误研究［J］. 西南民族大学学报（人文社科），2008（10）.

［34］于晓薇. 留学生汉字偏误探源［J］. 襄樊职业技术学院学报，2010（6）.

［35］余维. 日汉语音对比分析与汉语语音教学［J］. 语言教学与研究，1995（4）.

［36］袁昊. 汉字、词汇在对外汉语教学中的应用［J］. 语文学刊，2012（2）.

［37］张东艳.《说文》中的“六书”理论与对外汉语教学［J］. 语文学刊，2008（9）.

［38］张凡. 中日常用汉字对比分析与对日学生的汉字教学［J］. 韩山师范学院学报，2012（1）.

［39］张明明，陆湘怀. 汉字的特点与对外汉语汉字教学［J］. 厦门广播电视大学学报，2010（4）.

［40］张燕来. 对外汉语的轻声教学探讨［J］. 语言教学与研究，2009（6）.

［41］周健. 汉字教学理论与方法［M］. 北京：北京大学出版社，2007.

［42］周小兵. 对外汉语教学入门［M］. 广州：中山大学出版社，2009.

［43］朱博. 浅论对外汉语语音教学［J］. 内蒙古民族大学学报，2012（1）.

【作者简介】

傅思泉，北京理工大学珠海学院讲师，硕士，主要从事现代汉语研究。

华文词汇等级大纲研制①

刘　华[1]　周建设[2]

（1. 暨南大学华文学院；2. 首都师范大学）

从对外汉语兴起之初到汉语传播国际化的当下，词表研制一直是一项意义重大的课题。

1992年由国家汉语水平考试委员会办公室考试中心研制的《汉语水平词汇与汉字等级大纲》（简称《词汇大纲》）一直被当作汉语水平考试的主要依据。2010年，《汉语国际教育用音节汉字词汇等级划分》（简称《词汇划分》）由教育部、国家语言文字工作委员会发布，它依据当代大型动态语料，建立了音节、汉字和词汇三维合一的基准体系，成为新型中国国家级汉语水平考试的主要依据。

在华语词表方面，主要有叶德明《华语文常用语词汇频率等级统整研究》（1995）；张莉萍等学者于2002年提出了华语能力测验词汇分级表，此表共收录10 155个词汇，分为初、中、高三个等级；张郁雯等学者于2004年进行了华语分级工作，共收录18 261个词汇，分为五级；张莉萍等学者于2006年研制了《华语八千词》，书中共收录了华语词汇8 000个，分为初、中、高三个等级；信世昌主持研制了《华语教学基础词库1.0版》。

词汇大纲是语言词语教学的总指挥和统筹纲领。长期以来，华语词语教学都被汉语作为第二语言的词汇大纲统领着，其本身的“华语”特色并没有得到很好的重视和体现。

1　华文词汇等级大纲研制的必要性

1.1　华语水平测试的必要性

按照汉语水平考试中心的界定，HSK是专为母语非汉语者设计的标准化语言考试。所谓母语非汉语者，包括外国人、华侨和中国少数民族考生。（刘英林，1996）外国人、华侨和中国少数民族考生的外延界定，决定了HSK在面向对象上，起码应该具有三个子方向。目前，民族汉考MHK就是这种发展方向分类的结果。

---

①　2013年度国家社科基金一般项目：海外华语语言生活状况调查及华语多媒体语言资源库建设（13BYY090）；广东省“理论粤军”重点科研项目：东南亚华侨华人语言生活及华语语料库建设研究（LLYJ1321）；广东省高层次人才项目：基于语料库与计算方法的汉语国际教育资源库建设。

本文为“第二届华文教育国际研讨会”论文，后刊发于新加坡《华文学刊》2016年第1期。

陈宏（1995）的研究表明有中国背景的考生团体与HSK考生总体在同质程度上存在显著差异，属于常模误用，并建议开发专为有中国背景的考生团体而设的HSK0。

王汉卫（2009）从海外华人的总量、分布及构成，华语状况，汉字及汉文化情结，开发华语水平测试的意义等几个方面探讨华语测试（面向海外华裔的汉语测试）作为一种国家级语言测试的必要性，并指出华语水平测试微观上将对华语教学和华语传承产生积极的作用，宏观上将对海外华裔的族群凝聚和发展产生积极作用。

1.2 华文词汇等级大纲研制的必要性

长期以来，华文教学与华语水平测试是以《词汇大纲》或者《词汇划分》作为词汇教学和考试的依据，并没有单独的词汇大纲。但是，鉴于华语教学与华语水平测试的特殊性，HSK所适用的群体包括外国人、海外华裔和中国少数民族等，不同的目标群体使用同一种大纲体系的做法肯定存在一定的盲目性。因此，研制面向海外华裔学习者的"华文词汇等级大纲"是十分必要的。

华文词汇等级大纲是编写华文教材、编撰华语词典、开展华语课堂教学和华语水平测试的重要依据。

2 华文词汇等级大纲建设的基本理念

2.1 华文教学的性质与多样性

华文教学以华裔青少年为主，其具有明显中国文化背景和环境，多以幼童为起点，大多处于儿童及青少年阶段。华裔学习者历来就有家庭、社区的华语文背景，较少非零起点学习者。华裔学习者处于以中华文化为主导的多元文化背景下，能更快适应新的学习语境，其汉语学习更具有"习得"色彩，能够学得更快更好。

华文教学介于第一、第二语言教学之间，甚至是第一语言教学或母语教学，以母语教学为明显特征，是一种非母语环境下的母语教学。华文教学除了语言教学之外，还重在对中华文化的教学，重在通过母语学习，最终认同和传承中华文化。

但是，华文教学又有其多样性。例如，马来西亚的华文教学类似于国内的语文教学，新加坡和菲律宾则趋向于介于第一语言教学和第二语言教学之间，印度尼西亚、泰国、越南等地主要以第二语言教学为主。而且，东南亚地区的华文教学又和欧、美、澳大利亚地区的华文教学有区别。

另外，值得特别重视的是，移民新生代、新移民子女的华文教学有其特色，以第二语言教学为主，在不久的将来，可能会占据华文教学的主体。

2.2 华文词汇等级大纲的建设理念

鉴于华文教学的多样性，华文教学既要满足马来西亚母语教学的学生的需求，又要满足印度尼西亚、泰国的第二语言学习者，特别是新生代华裔青少年的需求。因此，其词汇等级大纲建设，也面临着多样化需求的要求。

华文教学的基础目标是训练学生的华语听说读写能力，达到交际目的，特别是面向作为第二语言学习者的新生代华裔，这是华文教学最基本的特性。因此，满足交际功能是华文教学及其词表建设的基础理念。当然，即使都属于第二语言教学，华裔学习者和非华裔学习者还是有区别的。

其次，华文教学与对外汉语教学不同，华文教学兼有母语教育的特点。华文教学与国内汉语作为母语的中小学语文教学应该有一定程度上的契合点，词汇的语文百科性应当作为华文词语教学的一个重要参考因素。

此外，华文教学还兼有传承中华文化的作用。华文教学的目标不但是要训练学生的华语交际能力，而且需要通过学习华文，使学生认识母族文化和传统价值观。华文教学中有关母族文化的项目也应该考虑进去。因此，词语的文化性也应该是华语词汇教学需要考虑的一个重要的因素。

总体上，华文教学用词表的研制应该从华文的特性出发，以交际功能为基础，以语文百科为主体，参照国内中小学生语文能力，兼顾文化、地域特色词语。这是总的指导原则。

3 华文词汇等级大纲分级标准及依据

王汉卫（2013）指出：华测的参照性质是以汉语母语者标准为基础，以典型华裔为常模进行调校得到的“华语标准”，这个标准是低于汉语母语者而高于一般二语者的参照标准。它参照的语言能力标准是基于母语标准的华语能力。

同时，王汉卫（2013）通过对比“中国义务教育阶段语文课程标准、马来西亚华文课程大纲、新加坡华文课程大纲”中对于汉字认写的要求，以及来自大规模海外华文学习者、教师的调查数据，确定了海外华裔学生在听说读写四方面大致希望达到母语者 70% 的水平。并且认为在制定华文考试等级时，可以参考国内义务教育语文标准的基础，大致取其 70% 作为标准（见表 1）：

表 1　华文水平测试等级标准

等级	年级	会写字量（个）
一级	小学 1～2 年级	600
二级	小学 3～4 年级	1 000
三级	小学 5～6 年级	1 500
四级	初中 1～2 年级	2 000
五级	初中 3 年级至高中 1 年级	2 700
六级	高中 2～3 年级	3 500

基于上文对华文教学多样性的描述，以及华文词汇等级大纲建设的指导原则，同时参考王汉卫（2013）的“华文水平测试等级标准”，我们将华文词汇等级大纲设置为六级（见表2）：

表2　华文词汇等级大纲分级标准

等级	能力描述	会写字量（个）
一级	最基本的汉语交际能力	600
二级	一、二年级小学生实际语文能力	1 000
三级	三、四年级小学生实际语文能力	1 500
四级	五、六年级小学生实际语文能力	2 000
五级	初中学生实际语文能力	2 700
六级	一般成年人实际语文能力	3 500
附录	文化词语、东南亚特色词语	

和王汉卫（2013）“华文水平测试等级标准”六级分别对应中小学各年级不同，我们的六级词汇大纲做了修改，原因如下：

（1）语言的最基本功能是交际功能。华文教学要满足语言学习者的基础需求，移民新生代、新移民子女可能会是今后华文教学的主体对象。而且，国内小学一年级学生在入学前就已经具备较强的语言交际能力，对于华裔学习者来说，打个七折，即应该有最基本的汉语交际能力。此为一级，不管是对于一语学习者还是二语学习者，这是最基础、最必需的语文能力。

（2）既然“制定华文考试等级时，可以参考国内义务教育语文标准的基础，大致取其70%作为标准”，那么，对应到打折后的实际语文能力，则应该是二级对应一、二年级小学生实际语文能力（$2\times0.7=1.4$），三级对应到三、四年级小学生实际语文能力（$4\times0.7=2.8$），以此类推。

（3）初中阶段结束后，语文能力习得以及词汇教学任务基本完成，因此，六级不应该再对应高中阶段，而应该对应一般成年人实际语文能力。

（4）中小学语文教材是中国文化百科知识的典型载体，教材所倡导的价值观是中国优秀民族文化的承袭。考虑到华文词汇等级大纲需要特别兼顾文化、地域特色词语，因此，我们增加附录，以专门收录一级至六级之外的文化词语、东南亚特色词语。

4 华文词汇等级大纲建设基础

4.1 教材语料库

中小学语文教材包括国内的基础教育语文新课标教材与海外主流的中小学华文教材。

4.1.1 国内的基础教育语文新课标教材

北京师范大学出版社、人民教育出版社、江苏教育出版社、语文出版社出版的九年义务教育新课程标准语文教材，每一套教材均包括小学一年级至初中三年级，共九个年级；每年级上下两册，共18册；四套教材共72册。具体情况如下：

北京师范大学出版社的《语文》教材，小学12册，马新国、郑国民主编；初中6册，孙绍振主编。（简称“北师大版”）

人民教育出版社的《语文》教材，小学12册，崔峦、蒯福棣主编；初中6册，顾振彪、顾之川、温立三主编。（简称“人教版”）

江苏教育出版社的《语文》教材，小学12册，张庆、朱家珑主编；初中6册，洪宗礼主编。（简称“苏教版”）

语文出版社的《语文》教材，小学S版12册，王均、杨曙望主编；初中6册，史习江主编。（简称“语文版”）。

4.1.2 海外主流的中小学华文教材

（1）小学华文教材（见表3）：

表3　小学华文教材

国家	名称	编写者	出版者	时间（年）	册数
新加坡	小学华文	新加坡教育部课程规划与发展司	新加坡教育出版社、中国人民教育出版社	2007	12
	好儿童华文	新加坡教育部课程规划与发展司	新加坡教育出版社	1999—2000	12
马来西亚	华文	郑辉龙、王赛梅、黄雪玲等	Hypersyrf Corporation Sdn. Bhd	2003—2007	8
泰国	中文	李润新、程相文	泰国圣卡比利安基金会中文教学中心	2006	6
	快乐学中文	郭少梅	Nanmeebooks	2004—2009	10
印度尼西亚	我的汉语	Priska Hermin Leonny	Penerbit Erlangga	2005	6
	基础汉语	Tim Penulis LBM SINO	Gramedia Widiasarana Indonesia	2008	6
越南	华语	陈晓（Tràn Tiêu）	越南教育出版社	2009	10

（2）初中华文教材（见表4）：

表4　初中华文教材

国家	名称	编写者	出版者	时间（年）	册数
新加坡	中学华文（高级）	新加坡教育部课程规划与发展司	新加坡教育出版社	2004	8
	中学华文（快捷）	新加坡教育部课程规划与发展司	新加坡教育出版社	2004	8
柬埔寨	华文（初中）	暨南大学华文学院	暨南大学出版社	2013	6
马来西亚	华文（初中）	马来西亚董教总	马来西亚董教总	2005	6

4.2　中小学作文语料库

一、二年级的学生作文，3万篇；三、四年级的学生作文，6万篇；五、六年级的学生作文，9万篇；初中一年级至三年级的学生作文，4万篇。

4.3　语文百科分类汇总的儿童华语词语表

将（6～12岁）华文、百科、词表三者研究相结合，构建了儿童华文百科主题库（见表5）及主题词表。以12套具有代表性的少儿华文教材为语料，统计分析了这些教材的主题分布情况，构建了儿童华文百科主题库（8个一级、40个二级、60个三级主题）。运用计算语言学的相关技术实现主题词语聚类，通过人工干预筛选出与主题密切相关、使用频率高、难度较低的词语，并按常用度对这些筛选词进行排序，并适当补充相关词语。每个主题一个词表，去重后整个词表共有词条2 970个。

表5　百科主题库

个人信息（一级类）	
基本信息（二级类）	姓名、性别、国籍、语言、住址、年龄、性格（三级类）
爱好特长	
理想愿望	
家庭	
成员与称谓	
家庭成员故事	
家务琐事	
亲情	

（续上表）

日常生活	
起居作息	
身体与健康	身体部位、卫生习惯、就医等
饮食与就餐	食物、饮料、饮食习惯、外出就餐等
服饰	
住房	
日用品	
购物	
出行与交通	出游出行、问路、交通规则、交通工具等
健身娱乐	
通信	信件、邮件、打电话、留言条等
生日	
朋友	
人际交往	介绍、邀请、问候和道别、感谢和道歉、帮助等
时间与空间	
天气	
职业	
颜色与数字	
学校生活	
学校	
教育	爱国教育、品德教育等
学习情况	课程、课堂、学习经历、学习策略、考试与成绩等
活动	课外活动、学校活动等
假期	
其他	学习用品、上学、放学、班级、知识、师生关系、请假等
文化	
文学	人物故事、民间故事、动物故事、成语故事、寓言故事、神话故事、童话故事、其他故事、古诗、文学作品等

（续上表）

节日民俗	节日、民俗、宗教、禁忌等
人文地理	
艺术	
动物与植物	
动物与植物	
自然与环境	
自然景观	四季、名山大川、日月星辰等
自然灾害	
环境保护	
科学技术	
科学常识	
科幻	

百科主题词表示例（家庭—成员与称谓）：

家、代（名词）、口、家庭、父亲、儿子、母亲、兄弟、妈妈、妹妹、爸爸、弟弟、姐姐、年纪、姐妹、哥哥、亲戚、称呼、爷爷、奶奶、叔叔、阿姨、探亲、婆婆、外婆、祖父、祖母、外公、长辈、表哥、表弟、舅舅、表妹、公公、姥姥、姑姑、表姐、老爷、伯父、伯伯、姥爷、姨妈、姑妈、外祖父、婶婶、外祖母、伯母、舅妈、姨夫、姑夫、孩子、人、女儿、大、小、多、少、老、年轻、有、是、叫、个、谁、像、和、孙子、孙女、爱人、堂姐、堂妹、堂哥、堂弟

4.4 话题分类汇总的交际词语表

话题词表主要是在选定话题的基础上，按照话题为“纲”分类相关词汇形成词表。话题及话题词表建设主要有三步：第一步，确定话题选取原则，选取话题，建立话题库（见表6）。第二步，人工分类与词语聚类在线检索相补充，实现话题词语分类。第三步，利用字词常用度计算方法将词汇按常用度分级。

话题词表收录一级话题40个，二级话题50个；共收录词语2 401个，其中话题通用词1 187个，话题分类词1 214个。

表6　交际话题库

生活类	
个人信息	个人基本信息、爱好特长、性格
住房	买房、供房、租房、外出住宿
交通出行	出行（乘火车、乘飞机、乘出租车、乘轮船、乘地铁、乘公共汽车）、问路、指路
购物	买水果、买衣服、买书
就医	生病、看病、买药
就餐	食物和饮料、烹饪方法、外出就餐
银行	
婚姻家庭	恋爱、婚姻、家庭
休闲娱乐	运动健身、上网、看电影电视、旅游、逛公园
报警、求助	
理发	
联系	邮局、电话联系、其他联系方式
公安局	
时间	
天气	
请客、做客	
过生日	
宠物	
业务类	
招聘、应聘	
商业谈判	
签约	
投资	
工商税务	
营销	
海关	

（续上表）

教育类	
家庭教育	
学校教育	图书馆、宿舍、食堂、语言学习、留学生业余生活
成人教育	
文化类	
社交礼仪	问候、道别、请求、致谢、致歉、劝诫、安慰、询问
情绪表达	
态度表达	
假日文化	传统节日、西方节日
特殊话题	
环境保护	气候变暖、水资源、保护资源
养老	
愿望	
传统文化	
运动会	
经济发展	
科技发展	
面对灾难	

话题词表示例（生活类—交通出行—乘火车）：

火车、车站、列车、车厢、站台、进站、上铺、火车票、晚点、正点、候车室、订票、列车员、车次、月台、下铺、查票、餐车、补票、列车长、硬座、报站、中铺、软卧、行李架、硬卧、吸烟室、换票、停车、易爆物品、易燃物品

4.5 基于时空分布均匀性计算的词语常用度①

字词的常用度或使用度一直是汉语研究和汉语教学研究中的热点和难点，汉语常用字（词）表的建设应该以合理科学的字词常用度计算为基础，汉语字词教学要解决的基本问题“教多少，哪些先教”也是如此。

① 刘华，方沁．汉语教学用话题库及话题分类影视资源库构建［J］．世界汉语教学，2014（3）．

我们认为词语的常用度与词语的分布密切相关，这主要表现在时间与空间两条轴上。以词频来描写的话，在一段时期内，从时间上来说，常用词语的词频很少或较少变化，在领域空间（主题）上，常用字词的词频在每一领域空间基本一致。实质上，词语常用度就是词语在时间和空间上均匀分布的程度。

可以采用词语在主题领域的分布均匀性（分布越均匀，越常用）和词语本身的生成能力（生成能力越强，越常用）来模拟词语常用度（时间分布因素暂未考虑进计算公式，只是通过按年历时抽样来平衡语料）：

$$U_{w_i} = (\log (N(w_i)/N))^2 \times \sqrt{\sqrt{\sum_j (p_{ij} - \overline{p_i})^2} / \sum_j p_{ij}} \times |\log (p_{di})|$$

我们用 IDF 的改进公式 IWF×IWF 来体现“词语在总语料中越多，分布也应该越广”的规律；但是，这种频率多少并不能完全说明词语在领域中的分布差异性。因此，我们再采用方差除以该词在各类中的频率之和，来表示词语在不同领域之间的分布差异性（方差大小会受到词频大小的影响，方差需要的只是词频之间的差异性表示）（陈克利等，2003：540）。

其中，U_{w_i}表示词语 w_i 的常用度，$p_i = T_{ij}/L_j$，L_j 是类 c_j 含有的所有词的次数之和，T_{ij}是词 i 在类 c_j 出现的次数；$\overline{p_i} = \sum_j p_{ij}/m$，$m$ 为类别数；$N(w_i)$ 表示训练语料中出现词 w_i 的次数，N 是所有词在所有类的频次之和；p_{di}是词语左右搭配的频率，以此来模拟词语的生成能力。

我们已经在构建的超大规模平衡语料库中（1919 年至 2010 年，历时抽样，16 大类，23 亿字）进行了词语常用度计算和搭配抽取（刘华，2010：95）。由于人工过滤搭配的量太大，因此，抽取搭配后，只是批量删除了互信息值小于 3 或者 Z 值小于 2.58（洪荣丰，2009：74）或者频次低于 10 的搭配词，并未进行人工过滤；之后，将左右搭配词的频次相加，除以语料库中总的词语频次，即为 p_{di}。

词语常用度举例如下（数值越低，常用度越高，前 20 个）：

的（4.76）、在（6.76）、了（8.08）、是（8.28）、一（9.43）、和（10.90）、有（11.20）、也（12.09）、这（12.19）、还（12.50）、与（12.74）、上（12.79）、个（13.18）、一个（13.26）、中（13.70）、多（13.72）、不（14.35）、到（14.43）、为（14.43）、就（14. 48）

4.6 面向华文教学的中小学课文常用词分级词表

对国内中小学语文教材和海外华文中小学教材，按学段分级。国内小学一、二年级为第一学段；国内小学三、四年级为第二学段；国内小学五、六年级为第三学段；

国内初中为第四学段，分别对应为一级至四级。

通过对以上各个学段的课文用词词种总数与新增词种数、词长、词语在《汉语国际教育用音节汉字词汇等级划分》（词汇部分）中的分布情况等各方面的比较，可以看出，四个学段的课文用词之间有清晰的难度层级变化，足以证明按学段分级这种方法的可行性。此外，海外小学华文教材课文用词的整体难度介于第一层级和第二层级之间，中学华文教材课文用词的整体难度相当于国内第三学段。

第一层级为第一学段的课文常用词，第二层级为第二学段的课文常用词，第三层级为第三学段的课文常用词，第四层级为第四学段的课文常用词。我们将海外华文教材课文独有的常用词归并于第三层级。

总体顺序上，先选取国内中小学语文教材课文常用词，后选取海外中小学华文教材课文常用词对前者进行补充。

词语筛选的主要方法如下：

（1）分别提取四个学段的高共用度词和低共用度词（“高共用度词”是指在国内所有版本教材的课文用词中，有三套或者四套教材都使用过的词语；“低共用度词”是指只有一套或两套教材使用过的词语）。

（2）分别提取四个学段高共用度词中覆盖率为前95%的高频词语。前一层级中已经出现过的词语，后一层级不再重复。这些词语将是每个层级的词语的主体部分。

（3）将海外小学华文教材的课文用词从上述已经确定的四个层级的词表中过滤一遍，提取小学华文课文独用词。

（4）在小学华文课文独用词中，保留覆盖率前95%的高频词。我们将其命名为表A。

（5）将海外中学华文教材的课文用词从上述已经确定的四个层级的词表中过滤一遍，提取中学华文课文独用词。

（6）在中学华文课文独用词中，保留覆盖率前95%的高频词。我们将其命名为表B。

（7）提取表A和表B的共有词，计为表C。将表C的词语归为第三层级（依据华文教材课文用词的整体难度）。

（8）进行人工干预，对已有词语进行适当增删。例如人名、地名（历史文化内涵丰富的、被广大百姓熟知的人名和地名除外）、由数字组成的词语、生僻词或专业性太强的词语、不符合时代特征的词语。

最终，我们得到10 333个词语，其中一级词语1 431个，二级词语2 170个，三级词语2 332个，四级词语4 400个。

4.7 词语处理

利用中国传媒大学分词软件进行分词，删掉频次3以下，或者覆盖率99%以外的词语。利用《现代汉语词典》（第五版）（简称《现汉》）的词条进行过滤。《现汉》

外来词语再滤掉专名，再用《现汉》词条再分词，人工校对。重新计算频次、频率、覆盖率。对全部教材语料的分词结果进行人工校对。

将百科分类儿童华语词语表、话题分类交际词语表、中小学课文常用词分级词表按词语常用度排序。

5 构建方法与流程

在具体操作时，以中小学语文能力为基准，同时兼顾交际功能的等级性，以及语文百科的等级性。中小学语文能力通过中小学作文和教材中的词汇及其在不同年级中的等级分布来体现；交际功能则通过“话题分类汇总的交际词语表”（简称“话题交际词语表”）来体现；语文百科通过“语文百科分类汇总的儿童华语词语表”（简称“百科儿童华语词语表”）来体现。其中，后两个词语表通过词语常用度来排序，根据排序将其词语对应到不同级别中去。

因此，每一等级的词汇以中小学作文和教材中相应年级的词语为主，同时，将按词语常用度排序的交际功能词语和语文百科词语根据其常用度和“词汇大纲”的分级，对应到不同等级中。

5.1 一级词汇

采用史有为的最低量基础词汇。

5.2 二级词汇

语料来源：小学一、二年级的学生作文（3 万篇）、四套中国小学语文教材 1、2 册（加权系数为 3①）、小学华文教材（马来西亚华文教材 1、2 册；新加坡、菲律宾华文教材 1、2、3 册；印度尼西亚、越南、泰国华文教材 1 ~6 册）②（加权系数为 2）。

流程一：参照 1 000 字的标准，选取频次大于某数的词语约 1 200 个（不含一级词汇），按常用度、频率双排序，人工干预排在后面的词语，删除部分难度较大的词语；加入“百科儿童华语词语表”和“话题交际词语表”排在前面的词语（依据词语常用度排序）作为补充，使得总的二级词表用字种量控制在 1 200 字左右。

流程二：利用“中小学课文常用词分级词表（一级）”与上述二级词表做交集，保留共有词语，人工干预独用词语，酌情删减。控制词汇总量，使得最终二级词表总用字种量控制在 1 000 字左右。

流程三：结合“华文汉字等级大纲”，利用字词对应关系，进行人工干预。

5.3 三级词汇

语料来源：小学三、四年级的学生作文（6 万篇）、四套中国小学语文教材 3、4

---

① 由于作文数量较多，教材字数较少，但是教材针对性更强，参考价值更高，因此教材分词后分别进行加权。考虑到中国语文教材是基准性参考来源，所以，中国语文教材加权系数高于华文教材。同时，每个年级的作文数量不一样，根据作文数量，每个级别相应的加权系数也不一样。

② 考虑到华文教材的难度不同，因此，各国华文教材在每个级别上，对应的册也不一样。

册（加权系数为5）、小学华文教材（马来西亚华文教材3、4册；新加坡、菲律宾华文教材4、5、6册）（加权系数为3）。

流程一：参照1 500字的标准，选取频次大于某数的词语约2 000个（不含一、二级词汇）。按常用度、频率双排序，人工干预排在后面的词语，删除部分难度较大的词语；加入“百科儿童华语词语表”和“话题交际词语表”排在前面的词语（依据词语常用度排序，不含一、二级词汇）作为补充，使得总的三级词表用字种量控制在1 700字左右。

流程二：利用“中小学课文常用词分级词表（二级）”与上述三级词表做交集，保留共有词语，人工干预独用词语，酌情删减。控制词汇总量，使得最终三级词表总用字种量控制在1 500字左右。

流程三：结合“华文汉字等级大纲”，利用字词对应关系，进行人工干预。

5.4 四级词汇

语料来源：小学五、六年级的学生作文（9万篇）、四套中国小学语文教材5、6册（加权系数为7）、小学华文教材（马来西亚华文教材5、6册）（加权系数为5）。

流程一：参照2 000字的标准，选取频次大于某数的词语约2 500个（不含一、二、三级词汇）。按常用度、频率双排序，人工干预排在后面的词语，删除部分难度较大的词语；加入“百科儿童华语词语表”和“话题交际词语表”排在前面的词语（依据词语常用度排序，不含一、二、三级词汇）作为补充，使得总的四级词表用字种量控制在2 200字左右。

流程二：利用“中小学课文常用词分级词表（三级）”与上述四级词表做交集，保留共有词语，人工干预独用词语，酌情删减。控制词汇总量，使得最终四级词表总用字种量控制在2 000字左右。

流程三：结合“华文汉字等级大纲”，利用字词对应关系，进行人工干预。

5.5 五级词汇

语料来源：初中作文（4万篇）、4套初中语文教材（加权系数为4）、柬埔寨初中华文（加权系数为2）、新加坡中学高级华文（加权系数为2）和中学华文快捷（加权系数为2）、马来西亚华文（加权系数为4）。

流程一：参照2 700字的标准，选取频次大于某数的词语约3 100个（不含一、二、三、四级词汇）。按常用度、频率双排序，人工干预排在后面的词语，删除部分难度较大的词语；加入“百科儿童华语词语表”和“话题交际词语表”排在前面的词语（依据词语常用度排序，不含一、二、三、四级词汇）作为补充，使得总的五级词表用字种量控制在2 900字左右。

流程二：利用“中小学课文常用词分级词表（四级）”与上述五级词表做交集，保留共有词语，人工干预独用词语，酌情删减。控制词汇总量，使得最终五级词表总用字种量控制在2 700字左右。

流程三：结合“华文汉字等级大纲”，利用字词对应关系，进行人工干预。

5.6 六级词汇

原《词汇大纲》和《词汇划分》中的词条，减去上述前五级词表的词条，剩余约4 000词，参照常用度排序，人工反复权衡，将其分级至一到六级词表（六级为主，删除了部分词条，如政治类词条）。

选取国家语言资源监测语料库4年汇总词语表①中覆盖率大于90%的词语（13万余条），对其在上述前五级词表之外的词条，人工斟酌，选取部分加入六级词表。

5.7 附录词汇

5.7.1 中华文化特色词条

例如：北京、长江、孔子、孙悟空、天坛、王母娘娘、西游记等。

5.7.2 东南亚特色词语

这是一个开放的词表，主要选取东南亚华语语料库②中的特色词语（频次前100，共600余条），以及东南亚地域专名。例如：椰浆饭、敬师节、食盒、鱼露、肉骨茶、组屋、泰铢、宋干节、泰国、雅加达等。

6 华文词汇等级大纲描述

6.1 总体情况

表7是一级至六级词汇表的总体情况。

表7 华文词汇等级大纲总体情况

级别	词条数	用字种数	新增字种数③	词长	在《词汇划分》中的分布（%）				
					甲级	乙级	丙级	丁级	纲外
一级	572	513		1.49	79.90	6.99	5.59	1.05	6.47
二级	1 168	991	676	1.67	26.88	40.24	14.21	6.59	12.07
三级	2 337	1 643	810	1.86	6.93	31.54	21.69	13.82	26.02
四级	2 764	1 923	535	1.96	0.47	13.49	19.43	20.91	45.69
五级	3 694	2 329	611	1.99	0.68	6.79	16.70	17.81	58.01
六级	2 303	1 769	231	2.16	0.00	1.13	9.33	73.09	16.45
汇总	12 839	3 376		1.94	7.56	14.78	16.15	25.91	35.60

① 2001年开始，国家语言资源监测中心的平面媒体语言分中心、有声媒体语言分中心、网络媒体语言分中心分别建设了平面媒体动态流通语料库、有声媒体监测语料库、网络媒体监测语料库，合称为国家语言资源监测语料库。我们选取了其中2005—2008年语料库中生成的词表。

② 暨南大学海外华语研究中心建设的语料库，主要由东南亚各国主流报纸、网站、教材的语料组成，约8亿字。

③ 例如，三级新增字种数指的是在一、二级所用字种基础上，新增加的字种。

6.2 详细情况

我们以二级词汇为例列举其详细数据。

6.2.1 词语词长情况

如表8所示：

表8 词语词长情况

词长	词种数	占词种数比例（%）
1	443	37.93
2	677	57.96
3	35	3.00
4	12	1.03
5	0	0.00
6	1	0.08
>6	0	0.00

6.2.2 汉字使用情况

共使用汉字次数1 952，字种数991，平均每个词语由1.671 232 876 712 33个汉字组成（即词长），平均每个汉字使用次数1.969 727 547 931 38，平均每个汉字在1.178 607 467 204 84个词语中出现（即每个汉字的构词数）。

6.2.3 词语用字情况（降序排列，斜杠后为构词数，仅列举构词数大于4的）

子/42、不/16、一/15、大/14、花/13、小/12、面/12、好/12、边/12、心/11、来/11、生/9、上/9、人/9、气/9、动/9、得/9、园/8、下/8、色/8、球/8、后/8、出/8、要/7、学/7、时/7、去/7、家/7、发/7、地/7、到/7、有/6、样/6、头/6、水/6、是/6、身/6、老/6、过/6、儿/6、成/6、知/5、雨/5、游/5、意/5、行/5、玩/5、外/5、山/5、沙/5、然/5、皮/5、美/5、乐/5、快/5、可/5、开/5、进/5、机/5、国/5、电/5、道/5、草/5、步/5。

6.2.4 词性分布统计（斜杠后为词语数）

名词/477，动词/332，形容词/129，副词/59，时间词/21，方位词/20，连词/20，系动词/17，介词/15，代词/12，量词/11，拟声词/10，习用语/10，能愿动词/6，趋向动词/6，助词/5，其他/4，数词/4，叹词/4，人名/3，地名/1，数量词/1，缩略语/1。

6.2.5 纲外词语

做事、走路、粽子、桌、爪子、竹、中国、知了、吱、在家、雨点、右手、游玩、迎春花、樱桃、咦、衣、一路、叶、阳台、烟花、鸭、雪人、谢、鞋子、笑脸、校、小雨、小时候、小区、向上、五颜六色、五彩缤纷、乌黑、乌龟、蜗牛、王子、顽皮、玩耍、外公、兔、童话、跳绳、桃子、抬头、松鼠、说话、水面、树苗、石、扇、闪闪、山羊、山坡、山顶、沙沙、人山人海、泉水、皮球、喷泉、啪、鸟儿、闹钟、南瓜、喵、迷人、咪咪、美味、妈、绿油油、绿色、林、李、乐园、老鹰、老爷爷、老奶奶、快要、口水、恐龙、开门、脚下、假山、机器人、叽叽喳喳、欢、哗、花丛、花草、花瓣、虎、猴、红色、盒子、海里、哈、果子、果园、公公、歌声、父母、粉红、发芽、豆、咚、叮、第一、登机牌、灯光、袋子、大雨、大片、大门、打雪仗、打开、刺猬、春游、春风、除了、出租车、虫、充电器、吃饭、车子、超市、唱歌、草坪、草莓、蚕宝宝、餐馆、彩虹、宝宝、班级、拜拜、白色、爸、巴士。

6.2.6 新增字种（斜杠后为构词数，仅列举构词数大于2的）

心/11，园/8，成/6，知/5，玩/5，沙/5，皮/5，美/5，乐/5，道/5，草/5，步/5，直/4，于/4，迎/4，乌/4，味/4，全/4，其/4，毛/4，力/4，紧/4，害/4，光/4，彩/4，租/3，周/3，争/3，油/3，向/3，鲜/3，细/3，望/3，王/3，题/3，松/3，思/3，试/3，市/3，食/3，扇/3，清/3，亲/3，跑/3，牛/3，闹/3，奶/3，目/3，木/3，母/3，领/3，林/3，金/3，接/3，急/3，观/3，赶/3，底/3，等/3，登/3，蛋/3，袋/3，虫/3，宝/3，巴/3。

7 结语

华文词汇等级大纲关系到华文教学的根本，意义重大。因此，词汇大纲的制定需要谨慎理性。大纲初步制定后，仍需要交给华文教学的专家和一线华文老师试用，由他们提出宝贵建议，再反复修改。

参考文献

[1] 蔡雅薰. 华语文教材分级研制原理之构建 [M]. 台北：正中书局，2009.

[2] 陈克利，宗成庆，王霞. 基于大规模真实文本的平衡语料分析与文本分类方法 [C] //孙茂松，陈群秀主编. 语言计算与基于内容的文本处理：全国第十届计算语言学联合学术会议论文集. 北京：清华大学出版社，2003.

[3] 国家对外汉语教学领导小组办公室汉语水平考试部编. 汉语水平词汇与汉字等级大纲 [M]. 北京：北京语言学院出版社，1992.

[4]《汉语国际教育用音节汉字词汇等级划分》课题组编. 汉语国际教育用音节汉字词汇等级划分 [M]. 北京：北京语言大学出版社，2010.

[5] 姜德梧. 关于《汉语水平词汇与汉字等级大纲》的思考 [J]. 世界汉语教学，2004 (1).

[6] 刘英林，马箭飞. 研制《音节和汉字词汇等级划分》探寻汉语国际教育新思维 [J]. 世界汉语教学，2010 (1).

[7] 马清华. 唯频率标准的不自足性——论面向汉语国际教育的词汇大纲设计标准 [J]. 世界

汉语教学，2008（2）.

［8］史有为. 对外汉语教学最低量基础词汇试探［J］. 语言教学与研究，2008（1）.

［9］王汉卫. 论词汇大纲研制原则［J］. 暨南大学华文学院学报，2009（3）.

［10］信世昌，等. 华语教学基础词库1.0版［M］. 台北：文鹤出版有限公司，2010.

［11］翟颖华. 对外汉语词表研制的新进展：简评《音节和汉字词汇等级划分》的词汇部分［J］. 江汉大学学报（人文科学版），2011，30（6）.

［12］张莉萍，陈凤仪. 华语词汇分级初探［C］//第六届汉语词汇语义学研讨会论文集，COLIPS Publication，2006.

［13］赵金铭，张博，程娟. 关于修订《汉语水平词汇等级大纲》的若干意见［J］. 世界汉语教学，2003（3）.

【作者简介】

刘华，博士，暨南大学教授，博士研究生导师，海外华语研究中心主任助理。研究领域：计算语言学、智能汉语教学、华语。

对外汉语教材中的虚拟人物分析

吕玉兰
（首都师范大学国际文化学院）

引言

目前，在不少二语教材中，利用人物展开情节与对话的情况比较常见，例如人民教育出版社20世纪90年代出版的初中英语教科书里的李雷和韩梅梅（Li Lei and Han Meimei），《实用汉语课本》中的古波和帕兰卡等。这些教材中的人物，往往是“虚拟人物”。之所以被我们称为虚拟人物，是因为他们既区别于历史和现实中的真实人物（如秦始皇、爱因斯坦等），也区别于在文学艺术作品中出现的人物（如林黛玉、哈姆雷特等），而是编写者为二语教材编排的需要而设置的。

这些虚拟人物的具体功能是什么？对课本内容的呈现和师生的教学活动有何影响？在设置教材虚拟人物时应该注意哪些原则？这些问题还没有引起足够的思考。然而，我们在教学实践中发现，如果教材编写者未对以上问题进行深入思考而随意设置教材虚拟人物，这个看似细小的问题会直接影响到教材的趣味性和适用性，甚至对课堂教学的组织，对学习者的学习兴趣和效果等都会产生比较直接的影响。

本文将主要剖析三本对外汉语教材中的虚拟人物设计，并结合其他二语教材的编写经验，分析在教材编写时进行虚拟人物设计所要考虑的因素，希望为教材编写者提供一定的参考。

1　教材虚拟人物的作用探讨

首先我们应该明确二语教材中虚拟人物的作用有哪些。我们分析发现，教材中虚拟人物在以下几个方面能够起到比较突出的作用。

1.1　教材虚拟人物能够拉近读者与课文内容的距离

在二语教材中，虚拟人物的主要作用体现在对教材内容的引领功能上。例如在初级教材中，教材往往通过虚拟人物的社交活动，展现相识、购物、问路、换钱、庆祝生日等基本的交际场景。这些社交场景同时也是二语初级阶段教学的重点，有了比较固定的虚拟人物，教材的对话场景显得更加真实和具体，特别是形象比较鲜明的教材人物能够使学习者产生一种亲近和崇拜的“人物代入”心理，从而缩小读者与教材之间的距离，进而增强对二语学习本身的兴趣。例如《实用汉语课本》通过精心的虚拟人物设计，使得在长达 20 多年的时间里，“古波”和“帕兰卡”的名字因这部教材为那一代的汉语学习者所熟知。反之，如果没有设计虚拟人物，而仅仅使用 A、B 这样的人物代号，课文中的交际场景就会显得无所凭依，也难以使读者获得比较生动深入的阅读体验。

1.2 教材虚拟人物能够对教材中的内容起到贯穿联系的作用，是一种非常实用的教材编写技巧

一般来说，对外汉语教材的编写基本上是分课式的，而每课之间的内容如果没有比较固定的人物来引领，就会显得缺乏有机连贯性。例如《实用汉语课本》就通过古波和帕兰卡的生活学习经历，把各课的内容贯穿起来。使学习者在整个学习过程中跟随主人公的生活场景行进，也使得整个教材内容非常自然地被整合在一起。除此以外，如果没有比较固定的教材人物，编写者就不得不在每次对话人物出现时加上对于人物背景与关系的介绍，这显然也是非常不经济的。

1.3 教材中的虚拟人物的身份背景还可以比较自然地引领不同的社会生活场景

例如《实用汉语课本》中的古波和帕兰卡的身份是学习汉语的学生，在自己国家学习汉语，因此，生活交际范围限于非中国场景。为了打破这种局限，教材第一册最后安排古波和帕兰卡去北京留学，把场景拉到中国，以便展示中国社会生活。而编写者基于了解中国文化的需要，还安排了帕兰卡的父母布朗夫妇来中国旅游（《实用汉语课本》第三、四册的内容），使得课文内容有机会打破仅仅在北京生活的小圈子，课文场景因此扩展到了长江三峡、上海南京路和杭州西湖等。又如《大为和海琳在中国》中的大为从美国去北京留学，而她的女朋友海琳则去了台湾实习和工作，通过二人各自的经历，教材为读者展现了大陆和台湾不同的生活场景，以及学习和工作两种不同的社交场景。这些教材人物可以说是经过精心设计的，也是非常成功的。

2 教材虚拟人物的设计对教材使用的影响

教材中虚拟人物的设计是否合适，表面看来仅仅是教材编写者的一种编写技巧，但我们在教学实践中发现，这种看似细枝末节的因素有时甚至影响到教学过程和教学效果。我们将以《新实用汉语课本》（第一册）、《中级汉语口语》（上）、《汉语口语速成 · 提高篇》（以下简称《提高篇》）三本教材为例，分析教材中的人物设计以及对教材使用产生的影响。

2.1 教材虚拟人物的数量与主次关系设计及其对教材使用的影响

教材中人物的数量与人物之间关系的处理，是人物设计的一个重要方面。这方面

三本教材的设计区别比较大，请看表1。

表1　教材中虚拟人物的数量与关系对比表

	《提高篇》	《中级汉语口语》（上）	《新实用汉语课本》（第一册）
小课文篇数（含复习课）（篇）	87	20	27
总人物数（人）	87	47	16
人物主次关系	几乎没有主要人物	人物主次比较明显	人物主次非常明显

《提高篇》中人物数量众多，达到87个，几乎每篇小课文中都出现新的人名，人名中又含有不少学习者未掌握的汉字，例如仅在第一课中，学习者就要应付："昆丁、马丁、克雷门、傅华夫"这四个辨识度不高、发音较为拗口、汉字较为难认的人名，难免会造成识记负担，可以说是非常不经济和不必要的。在人物关系上，《提高篇》中的人物众多，但是重现率极低，因此几乎可以认为这部教材中没有主线人物，学习者在面对每篇新课文时需要重新定位对话者的姓名、身份和关系，给教材使用者带来了不必要的麻烦。

相比之下，《中级汉语口语》（上）中的主要人物与次要人物的区别比较明显，有的在对话中比较注重人物身份的对比度。例如第六课中玛丽分别与"过路人"和"值班人"的对话，由于彼此身份对比鲜明，读者就不容易混淆二者的话语。

而《新实用汉语课本》（第一册）中的人物数量相对较少，主次人物的区别非常明确，人物重现率比较高，同一个对话课文中所涉及的人物基本上以两人为主，对话内容脉络清晰，更加有利于课堂教学。

2.2　教材中虚拟人物的形象刻画及其对教材使用的影响

按照我们前文的分析，理想的教材虚拟人物，应该具有引领情节、吸引读者等作用。我们认为，虽然不能要求汉语教材中的虚拟人物形象能够像文学作品中那样丰满鲜活，但是编写者所设置的虚拟人物至少应该是性格鲜明的，应该"赋予这些虚拟人物个性化的语言和鲜明的性格特征，这样的虚拟人物不仅会给学生留下深刻的印象，同时也给教材增加了趣味性"①。这就要求编写者要从人物身份背景、外貌、嗓音、性格特点、语言特点等多个方面对这些人物进行刻画描摹。但这个问题还未引起足够的重视。表2是我们对三本教材中人物形象刻画的比较：

① 刘弘，孔梦苏．对外汉语教材中虚拟人物的刻板现象研究［J］．语言教学与研究，2014（1），53－58．

表2　三本教材中人物刻画情况对比表

	《提高篇》	《中级汉语口语》（上）	《新实用汉语课本》（第一册）
职业身份	除了几位留学生以外，大部分中国人的职业身份没有交代	主要人物大部分有明确交代	大部分有明确交代
性别	多数没有交代	有些有明确交代，有些可以从名字推断	主要人物有明确交代
年龄	完全没有交代	完全没有交代	主要人物有明确交代
相貌	在插图上没有一对一的外貌设计，多数没有插图	插图较少，人物形象不够鲜明	主要人物的外貌通过插图来表现，多数课文有配上相应人物和场景的插图，但人物形象特点还不够突出
性格特点	性格特点不太鲜明	性格特点不太鲜明	性格特点不太鲜明
嗓音（根据其教材所配的录音材料）	嗓音特点不明显	嗓音特点不明显	嗓音特点不明显
语言特点	多数人物不明显	多数人物不明显	多数人物不明显

我们发现，在这三本教材中，《提高篇》中的人物大都缺乏国别、职业、年龄等信息，在人物性格塑造上也未加以注意，因此很难谈得上人物形象塑造。可以认为，《提高篇》中的人物只是“人名符号”，与一些教材中使用“甲、乙”或“A、B”代替不同的对话者并无二致。在实际使用过程中，由于对对话参与者的背景没有任何交代，人物与信息内容的关系不够明确，人物即使互换也不影响内容。这使得学习者很难搞清楚不同人物与话语之间的所属关系，教学中我们不止一次遭遇此类尴尬和混乱。如：

（小黄和小马边走边聊）①
小黄：我发现你花钱很节省。
小马：对，我从来不买奢侈品，能省就省。
小黄：我喜欢让自己过得舒服一点儿，干吗跟自己过不去呢？
小马：我过得也挺舒服的，只不过不大手大脚罢了。我想多攒点钱去旅游。

① 《汉语口语速成·提高篇》第62页第九课课文1。

以下是教师对该课文进行提问时的课堂录音片段[①]：

教师：（根据课文提问）谁花钱比较节省，小黄还是小马？
某学生：小马？小黄？不知道。
教师：是小黄？不对，是小马！是吗？

《中级汉语口语》（上）中部分课文在人物背景关系的处理上比较清晰，例如第二十四课中玛丽和王峰分别代表外国留学生和中国人，由王峰向玛丽介绍中国人的春节习俗，这就达到了课文内容与人物关系的一致性，显得顺理成章，学习者不会产生混乱感和芜杂感。但该教材的人物设计也存在一些不足之处，比如该教材中主要人物的形象刻画不够深入，加之有些人物的背景过于相似，例如玛丽与安娜，山本与田中等。以其中的第十课为例，其话轮形式如下所示：

苏珊　玛丽　苏珊　安娜　苏珊　玛丽　安娜　玛丽　苏珊……

上例中苏珊、玛丽和安娜三人在性别、国籍背景、身份上都属于“同类项”，她们出现在同一对话课文中时，由于人物背景相近，性格对比度差，加上对话内容缺少戏剧焦点，话轮转换无规律，极易造成读者理解上的混乱，影响师生的教材使用体验。

《新实用汉语课本》（第一册）比较注意人物形象的刻画，比如教材前言中配有人物表，并配有插图和中英双语的正式人物介绍，让学习者认识和熟悉教材人物的性别、年龄、国籍、身份、外貌等特征。不过这本教材也还有一些方面可以进一步提升，例如外貌刻画还显得不够生动形象（见图1），声音效果区别度也不够明显。

图1　《新实用汉语课本》（第一册）人物图例

① 内容来自作者本人的课堂教学实录资料。

三本教材比较起来，除了《新实用汉语课本》（第一册）中表现出了一定的人物形象刻画意识，其他两本教材中的人物形象比较模糊，这就容易使他们沦为人名符号，难以对学习者产生特定的吸引力。同时，人物形象的模糊对学习者的阅读理解也会造成不必要的困难，比如《中级汉语口语》（上）中主要人物安娜和玛丽的性格特点不明显并且背景极为相似，因此两人的对话内容很容易被读者混淆。

在教材虚拟人物刻画方面，一些二语教材的设计值得我们借鉴，如《剑桥国际儿童英语》教材中，不但在前几课中多次通过插图和录音展现人物的外貌形象和嗓音特点，还通过有针对性的练习，使读者加深对教材中的人物 Mr. Star 一家的认识（见图2)，从而让读者产生比较深刻的印象，而主要人物的年龄、性别、职业、性格等信息也被充分利用到之后的课文中去，这样的虚拟人物设计值得我们借鉴。

图2　《剑桥国际儿童英语》中的人物认识练习

2.3　人物的重现率与贯穿性及其对教材使用的影响

教材虚拟人物的贯穿性也是我们需要重视的问题。人物的贯穿性强，有利于进行情节引领和单元组块，使教材内容整体化。而人物的贯穿性主要体现在两个方面：一是以同样的人物引领不同的课文内容，使得人物在教材中具有一定的重现率。二是在故事情节上，不同的教学单元之间存在情节发展关系，也就是说不但以人物来体现贯穿性，最好也以人物的故事发展体现出整体性。在这个方面，三本教材的比较如表3所示：

表3　三本教材中人物重现率与情节贯穿性对比表

	《提高篇》	《中级汉语口语》（上）	《新实用汉语课本》（第一册）
人物重现率	人物重现率非常低，多数人物重现率为零	主要人物重现率较高	主要人物重现率较高
情节贯穿性	几乎不存在情节贯穿性	几乎不存在情节贯穿性	体现出一定的情节贯穿性

这三本教材中，《提高篇》几乎没有体现出人物重现率和情节贯穿性；《中级汉语口语》（上）人物重现率较好，但情节贯穿性比较弱；《新实用汉语课本》（第一册）则在这两个方面都比较强。

如果教材人物的贯穿性比较差，教材使用者很难对其中的人物达到一定的熟悉度，也就很难形成亲近感，教学中师生都要重新定位新的人物与故事背景，同时也不利于自然展现人物经历与社会场景。

3 教材虚拟人物的设计原则

上文中我们比较分析的三本教材都是在国内外比较流行的优秀的对外汉语教材，但是在教材虚拟人物设计这个方面，也都或多或少地存在着一些问题。例如人物设置随意性比较明显，身份不够明确，形象特征比较模糊等。

编写者在进行教材人物设置时应考虑哪些因素，如何能使这些虚拟的人物发挥其应有的作用，并且服务于教材使用者呢？综合以上分析，我们对教材编写者提出以下建议：

首先应该确立人物设计意识。编写一部兼具科学性、趣味性、实用性和针对性的教材，进行前期的构想设计无疑是非常重要的。其次，在教材编写构想中，如何设置和利用虚拟人物，应当成为编写者需要考虑的因素之一。最后，我们主张，对教材虚拟人物的设计，不仅仅是为人物取不同的姓名，更应在人物的身份背景、人物的相互关系、具体人物的性格特征等方面精心考虑，并在编写中严格实施。目前有的教材已经注意到这个方面，例如《新实用汉语课本》（第一册）的编写者在教材编写的前期调研中就充分考虑到了人物的总体设计；而《中级汉语口语》（上）的编写者也在前言中提到“以若干主线人物贯穿始终，赋予人物一定的性格特征”，这都是非常值得提倡和学习的。

具体来说，我们认为，教材虚拟人物的设计应该遵循以下几条原则。

3.1 主线人物数量应精简，加强人物贯穿性

教材中虚拟人物应该少而精，人物之间的关系应该主次有别。因为人物数量过多，主次不分容易给教师的教学带来一些困扰。从上文中我们对三本教材的比较来看，只有人物数量精简，才能使主线人物突出，并且为人物多次重现创造更多的机会。如果人物每次都随文出现，就难免沦为“甲、乙”或者“A、B”一类的人名符号，并且这些人名还会浪费教材使用者的时间和精力，是完全没有必要的。

人物重现率和情节贯穿性也是保证人物形象刻画的必要手段。只有在不同的场景中多次重现，才能多角度和多层次地对人物形象进行描摹，从而有利于学习者对相关课文内容的把握，因此这种贯穿性是非常必要和值得提倡的。

3.2 人物的背景信息要有鲜明的区分度

理想的虚拟人物设计应该是人物背景信息清楚并且具有较明显的区分度，例如国籍、性别、职业、年龄等最好有所区分，使他们能够代表不同的社会人群，便于在教

材编写中引领不同的社会生活场景。如果人物背景过于相似，例如不少教材的人物角色基本局限于外国学生，就不太有利于展开课堂以外的社会场景。

在这方面，刘珣等主编的《新实用汉语课本》体现出对人物的精心设计。人物背景的设计思路明确，比如设计主要人物丁力波为混血儿，兼通中西两种文化，便于他在两种语言和文化间穿插。设置几个中国人如宋华、王小云，可以较好地体现汉语和汉文化。该教材还设置了一位职场人士——陆雨平，为教材的故事情节提供了扩展空间。

除了整本教材的人物设计以外，在单个的对话课文中，人物的设定也应注意身份区分度和性格区分度，避免太多的“同类项”混淆、干扰读者的信息提取。如《中级汉语口语》中的“田中和山本”“安娜和玛丽”“王峰和李阳”等同类人物在同一篇课文中出现的情况应尽量避免。

3.3　教材虚拟人物应性格鲜明，形象丰满，并与课文情节统一

在虚拟人物的塑造方面，我们认为人物性格应鲜明生动，区分度较高。在教材中，我们应通过插图设计加强其外貌形象描绘，通过音频文件塑造其嗓音特征，通过话语突出其语言特点，通过具体的事件展现其性格特征。

此外，还要加强人物性格的贯穿性，人物性格最好是固定的，并与课文内容统一起来。例如我们设定一位性格比较马虎的人物，那就应在课文中展现其丢三落四、健忘、迟到等对应情节。

3.4　虚拟人物的设计要具有针对性，充分考虑目标使用者的情况

在编写汉语教材时，编写者还应针对不同年龄和身份背景的学习者，设计相应的教材人物。例如《汉语乐园》针对的是儿童学习者，《体验汉语》主要针对中小学生，因此应考虑教材中虚拟人物的年龄、身份背景等，使读者与教材虚拟人物之间能够产生更多的互动与共情。

参考文献

[1] 刘德联，刘晓雨. 中级汉语口语［M］. 北京：北京大学出版社，1996.

[2] 刘弘，孔梦苏. 对外汉语教材中虚拟人物的刻板现象研究［J］. 语言教学与研究，2014(1)：53－58.

[3] 刘珣. 实用汉语课本［M］. 北京：商务印书馆，1981.

[4] 刘珣. 新实用汉语课本［M］. 北京：北京语言大学出版社，2001.

[5] 刘珣. 为新世纪编写的新实用汉语课本［J］. 暨南大学华文学院学报，2003（2）：1－5.

[6] 马箭飞. 汉语口语速成. 提高篇［M］. 北京：北京语言大学出版社，2006.

[7] PHYLLIS N ZHANG. David and Helen in China[M]. New Haven: Far Eastern Publications, Yale University, USA, 2003 .

【作者简介】

吕玉兰，首都师范大学国际文化学院副教授，博士，主要从事对外汉语课堂教学理论研究。

浅谈中高级专门汉语的教材与教法

[瑞典] 李　瓅
(瑞典林雪平大学)

引言

中国经济的发展让更多人看到了机会与潜力，也让外国人学习汉语和中国文化的热情不断高涨。这其中，越来越多外国留学生为在中国的高校深造，选择学习专门汉语。与基础汉语的“生活化”“接地气”不同，专门汉语是跟某些特殊专业紧密相关的“高端”领域。例如医学汉语、法律汉语、商务汉语、经济汉语、科技汉语等。

以理工专业著称的瑞典林雪平大学，率先在瑞典推出理工跨语言的多元化学科。要求学生在掌握理工专业知识的同时，也要习得一门外语，以适应国际化需求。语言选择方面，除了欧洲常用的几种语言，还有亚洲通行的语言，如汉语和日语。学习汉语的学生将在大学的第三年，作为交换留学生去中国（或其他有汉语授课的地区）学习一年。如何在有限时间内使学生达到专业要求的汉语水平，是任课教师的一大重任。2014 年初，笔者受领导委托，着手整顿汉语专业，进行教学改革。笔者针对当时教学中出现的教材不符合学生专业要求等问题，重新考量并修改教学计划。本文是对新教学计划实施办法和成果的总结，旨在探讨适合中高级专门汉语的教材和教学方法，给相关领域的教师提供参考。

1　教学难点与解决方案

在选定新教材和教学方法以前，笔者分析了当前教学中的难点，有针对性地提出解决方案。

难点一：学生所学专业复杂，相应的专门汉语教材难以选择。

笔者任教的汉语专业隶属于理工学院，其生源主要来自两个不同专业——工业经济管理专业和物理电子科技专业。为两个差距颇大的专业选择共修的专门汉语教材，只能考虑一些公共科目。

难点二：课堂时间有限。

以二年级为例，整个学年安排的课堂时间只有 90 个学时，而要达到中国国内大学要求的 HSK5 级（部分大学要求 HSK6 级）水平，仅靠课堂时间是远远不够的。优化课堂时间，有效利用课余时间进行自主学习成为教学改革的目标之一。

2 教材与教学方法

笔者根据学生所学的公共科目，将相关的专业汉语大致分为两类——社会科学汉语和自然科学汉语。前者主要是商务汉语和经济汉语；后者主要是数学、物理、电力学、计算机科学等理工类科技汉语。下一步就是选出适合这两类专门汉语的教材和教学方法。

2.1 商务汉语和经济汉语

2.1.1 教材

对于商务汉语和经济汉语，笔者选用《卓越汉语：公司实战篇》这一教材。此教材也是美国哥伦比亚大学商务汉语课程的指定用书。每章由会话、文化和文章三部分组成。会话的部分既有工作汇报、产品展示等商务汉语的内容，也有同事闲聊等生活场景，但是谈话内容均与当今的经济话题相关，如“股票”等。文化部分既介绍了中国人的生活习惯、礼仪习俗，又讲述了中国人的消费观。文章部分主要介绍了隐藏在这些生活习惯或现象背后的经济背景、中国经济现状等，此外还介绍了一些营销学常识。生词部分有简体和繁体两种，分别适合选择在简体字和繁体字使用地区就读的学生，生词的英语翻译也比较精准，较少出现歧义。语法部分采用英语解释，简明清晰。每个语法点后的例句也都跟热点话题息息相关，如“拇指族”等。课后练习部分形式多样，发音朗读练习、词汇练习、阅读练习、热点讨论等，让教师不需要额外花费时间和精力自备练习，大大减轻教师备课的负担。

当然，此书中有部分练习是为有工作经验的人设计的，例如，谈谈自己所在的公司如何实施本土化策略这一练习，对于无职场经历的学生来说，着实很难做出回答。在这种情况下，教师需要灵活一些，对练习的要求做适当调整，比如可以将题目改为“请选择一家知名企业，说说它本土化策略的实施情况”等。

2.1.2 教法

主要采用内容为依托教学法、案例学习和任务教学法结合的“三步走”方法。下面会详细说明这三步的内容和具体的教学实例。

第一步，内容为依托教学法。

内容为依托教学法即“以有意义的主题或学科内容为外语课堂教学的依托，它把对语言技能的教学转换成集内容和语言于一体的教学”（王蕊，2012）。此教学法的特点是弱化语法，重点在内容。在英语教学中，这一教学法已被一些欧洲国家的中小学用来教授历史、音乐等科目。在一些母语为非英语的欧洲国家的高校，英语授课的非语言课程也屡见不鲜。在汉语教学的领域，我们同样可以考虑采用此教学法，以内容为依托，教的重点不是语言本身，而是知识内容。在扩展学生知识面的基础上，提高学生的语言技能。值得注意的一点是，任课老师须熟知学生已学和未学的科目，参考第三年留学时的必修科目，找到最适合的教学内容。

第二步，案例学习。

在第一步内容学习的基础上，学生们要开始学习相关案例。这一步的目的是让学生有更多机会参与学习活动。案例通常由任课老师事先准备，在课堂上让学生们共同学习。教师针对案例提出问题，启发学生思考，鼓励学生参与讨论，并把讨论的结果在课堂上汇报给其他同学。

第三步，任务教学法。

在前两步的基础之上，学生们将被分配一项任务，在规定的时间内独立完成。任务通常分为书面报告和口头演示两个部分。书面报告着重调查研究、总结归纳；口头演示旨在表达概括。书面报告和口头演示的长度、评分标准等皆由任课教师根据教学目标来决定。

2.1.3　教学实例

以“营销方式及其优缺点分析”这一题目为例。

在这一章里，学生会学习几种基本的营销方式，并对其优缺点加以比较分析，这是第一步。

第二步，在对基本营销方式有一定了解后，学生将学习“万得城进军中国市场”这一典型案例。德国有名的电器连锁销售商万得城 2010 年进军中国市场，在上海开了 7 家分店。但是短短 3 年后也就是 2013 年，万得城就被迫关闭在上海的所有分店，退出中国市场。这期间到底发生了什么？是什么原因导致万得城在中国电器市场的溃败？学生通过阅读案例，结合查阅资料，在课堂上分析其失败原因。这一案例学习也给学生们带来许多启发，比如今后该如何选择在中国的营销方式等。

第三步，学生们得到的任务是分析一个品牌成功的营销手段。诸多知名品牌如红牛、可口可乐、宜家等都成为广受欢迎的分析对象。学生会将自己的分析结果写成书面报告，并做口头演示。这一练习不仅可以锻炼学生分析总结的能力，更加强了口头表达的能力，为以后工作中的实战做好准备。

2.2　理工类科技汉语

2.2.1　教材

在众多科技汉语类教材中，笔者重点选取了几本具有代表性的，其内容符合林雪平大学专业科目的教材。下面将对这些教材的特点进行简单总结。

《科技汉语：中级阅读教程》：具有针对性和专业性的阅读教材，包含生物、化学、材料、数学、物理、计算机科学六个不同主题。课文篇幅较短但趣味性强，适合中级学生使用。

《基础科技汉语教程》：文章内容新颖实用，适合理工专业学生。生词表全面详细，语法注释由中英文写成，清晰易懂。例句丰富，既有基础汉语词汇组成的例句，也有专业汉语词汇组成的例句。

《汉语科普阅读课程 2》：词语难点的解释由中英文写成。例句多为基础汉语内容，如在讲解“被”这一语法点时，教材中给出的例句之一是“屋子被妈妈收拾得干干净净”。如果将例句改为如“硫酸被稀释时会放热”等科技汉语例句，可以帮助学生尽快习惯科技汉语的表达方式。

《电力科技汉语阅读教程》：主要是为电力相关专业的留学生准备的科技汉语教材。专业性强，适合中级以上学习者。生词表总结略显简单，需另外整理课文中的生词。专业术语注释清晰实用。常用句型和词语注释后的例句大多属于基础汉语范围，与电力学科技汉语内容略有偏差。

2.2.2　教法

在教授物理等理工科目时，为配合实验讲解的题目，主要选择翻转教学法（flipped classroom）。翻转教学法又被称为翻转教室或者翻转课堂。这一全新的教学法打破了传统的教学模式，先让学生在上课前自学课程内容，然后在课堂上跟教师做练习或讨论。自学用的课程内容可以是教师编写的讲义，也可以是相关视频。

2.2.3　教学实例

例如，在教学摩擦力的相关知识点时，教师将讲解摩擦力的视频上传至学习平台（林雪平大学使用的是 Moodle 学习平台），并给出 2、3 道问题让学生解答。视频多为边实验边分析讲解的类型，临场感较强，学生容易理解。问题的形式多为选择题、判断题和配对题等有标准答案的问题，便于系统自动打分，让学生得到即时反馈。学习平台上多有类似的出题功能，可以选择出题的形式，并提供正确答案、评语和提示，从而缩短教师批改作业的时间，并减少纸张的使用。此外，推荐使用与自己校方有合作或交换项目的学校的教学视频，以便学生提前热身，适应对方学校的教学方法和进度。观看视频的时间和次数可以根据个人情况自由决定，比如在上下学的校车中，利用一些空闲时间进行学习，这也是移动信息化时代的一大特色。

3　常用练习方法

下面，笔者从听说读写这四个基本方面来说明常用的练习方法。

3.1　听

为了适应在中国大学的学习环境，听力练习是至关重要的一个环节。但在课时受限，无法设置专门听力课的困境下，如何提高学生的听力水平呢？笔者根据听力练习的种类，选择进行练习的时间和方式，具体如下。

3.1.1　听记练习

让学生边听边记由专业词语写成的短篇文章，训练学生尽早习惯教师的课堂语言，抓住课堂内容要领。在此笔者使用的教材是《科普汉语听记》。教师也可以自己把某些重点词和语法点汇总编成句子，让学生做听记练习。一来锻炼听力，二来可以顺便复习词汇和语法。对于在数学或物理等科目中需要画图的部分，可以采用教师描述、学生画图的方式。例如，教师说“两条直线相交，交点为 P”，学生根据这句话画出示意图。

3.1.2　纯听力练习

它是指只听不需做笔记的练习。此类纯听力的练习，建议从课上转为课下。这样做的目的就是优化利用课堂时间，将网上资源和学习平台相结合，引导学生利用课余时间进行练习。举例来说，台湾交通大学跟林雪平大学有交换留学项目，所以希望学生被派去留学之前就能够熟悉对方大学的授课内容和风格。因此笔者在制作练习时决定采用交通大学开放式教育课程的部分资源，根据双方大学的授课进度，选择了电子物理系的李威仪老师关于向量的授课视频①，并将视频的链接发给学生。附带的听力练习采用填空题的方式（见图1），让学生在看完视频后将关键词填入空格中并上交结果，由系统自动评分。出题的工具可利用 Moodle 学习平台的出题功能，最为快捷方便。如果暂无使用学习平台的计划，教师也可以利用 Hot Potatoes 等免费的出题软件制作类似的习题。

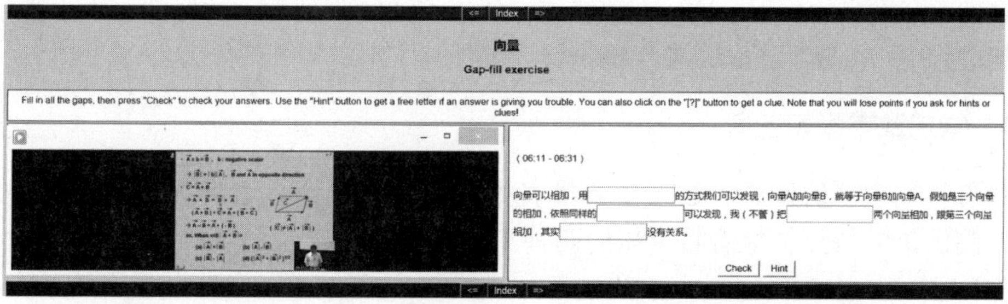

图1　利用 Hot Potatoes 6 中的 JCloze 功能做出的听力练习题效果图

3.2　说

对于商务汉语和经济汉语，常使用的方法是复述课文。这一练习的好处是，加深对课文内容的理解，锻炼组织句子的能力。同时，为了理清复述顺序，要求学生对文章层次有透彻了解，无形中帮助学生提高组织文章结构的能力。理工类科技汉语，常使用角色互换的方法，让学生在讲台上用汉语说明自己解题的过程。当存在不同见解

① http://ocw.nctu.edu.tw/course_detail_3.php? bgid=1&gid=3&nid=382#.VgPicZcStbc.

时，鼓励学生使用汉语进行课堂辩论。

3.3　读

3.3.1　速读练习

在案例学习时，教师会将事先准备的部分案例在课堂上发给学生，要求在限定时间内阅读，然后在小组内汇报阅读结果并进行讨论。由于和之前第二步的学习内容相关，所以在词汇方面的阻力较小。话题的相关性也让学生有阅读的热情。

3.3.2　扩展阅读练习

通常安排在课后，主要选取课堂内容的延伸话题，难度可以适当提高。可将扩展阅读材料放在学习平台上共享，供有兴趣和有能力的学生自学使用。

3.4　写

很多专门用语和科技词汇，学生普遍反映理解意思不成问题，但自己不会用。如果只停留在理解意思的层面上，那么这些词语将很难被消化吸收，更谈不上熟练应用了。针对这一点，笔者使用很基础但也很有效的造句练习。

造句练习不应是课本例句的单纯复制，而应让学生敢于说自己想说的句子。此类练习不推荐在课堂上进行。因为在没有上下文的情况下让学生凭空造句，被检测的与其说是语言能力不如说是想象力。一般的结果是，学生在绞尽脑汁后一脸无助，而教师在等待无果后匆匆收场，很难达到预期效果。因此，造句练习建议安排在课后进行，让学生有充分的时间去考虑。林雪平大学学习平台的“交作业”功能，让每位学生上交的句子归纳在统一页面中，便于作业的查找与保存。在学生上交与教师反馈的过程中，也能让双方看到逐渐进步的过程。这一方法实施一年来，陆续收到学生的好评，不少学生反映在造句过程中，既掌握了词语使用的语境，又提高了组织句子的能力。

4　常用数字学习工具

随着科技水平的发展，数字学习工具推陈出新，让语言学习变得不再枯燥乏味。针对专门汉语的特点，笔者将常用的两种工具归纳如下。

4.1　Quizlet

学习单词的工具之一。有 Flash card、拼写练习、自动生成考卷等功能。其中的 Flash card 功能，可以自由选择两侧的输入方式。特别是对于数学符号或图形类词汇，可在一侧输入汉语单词，另一侧输入符号或图形。这样做的优点是，跳过学生母语这一媒介，将符号或图形与汉语单词直接联系起来，记忆更深刻。此外，学生可以随时随地利用碎片时间背单词。除了单词，也可以将一些常用短句输入其中，在重复观看的过程中加深印象。教师也可以通过上传相应的语音文件，让学生在背单词的过程中顺便练习听力。另外还有自动生成考卷功能，便于学生自我评估学习成果。对于教师来说，随堂的生词测试可以通过“打印考卷”轻松完成（见图2），节省出卷时间。

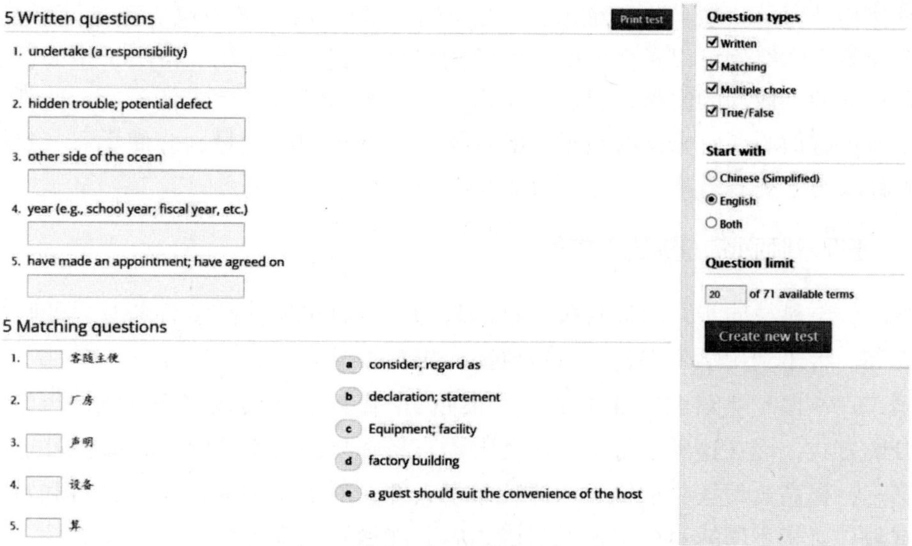

图 2　Quizlet 中随机生成的考卷

4.2　Podcasts

一种网上电台广播，可以通过网络下载后在电脑或手机上收听。可用来练习听力、增加词汇量。话题新、内容丰富且更新迅速。比如经济新闻等，可以选择长度在 1 分钟左右的精听，5 分钟左右的泛听，坚持每天进行。播放速度可调节，便于学生根据水平自由选择。

5　中高级班授课时的注意事项

第一，优化课堂时间。教师不需要倾注过多课堂时间在领读课文和语法操练上。中高级的学生有一定自学能力和自我约束力，可将读课文和语法预习等布置为作业，要求在课前完成。

第二，脱离母语。教师在语法解释、句子分析、课堂指示以及意见反馈等方面都应当使用汉语，也鼓励学生在课堂上脱离母语。但这并不意味着教师不需要懂得学生的母语。相反，只有了解学生母语的教师，才深知两种语言的异同，对于常见的难点与重点的处理才能做到游刃有余。

第三，公平对待每位学生。随着课文内容和难度的增加，应多鼓励中高级水平的学生发表自己的见解。课堂时间有限时，教师应找准时间切换点，既不刻意打断学生发言，又要做到巧妙传球，让每位学生有发言机会。

第四，正面收尾。无论何种形式的练习，都不应该一味遵循由简到难的顺序，而应把难度适中并且具有积极意义的内容放在最后，作为结束点。这样，即使前面的练习题做得差强人意，但只要最后一点是好的，学生的挫败感和排斥感就相对减少，也会继续保持学习的热情。除了练习，在案例学习和课后任务中也应遵循同样的原则。教师上课给出的案例可以是负面的、失败的案例，起警示作用。留给学生的课后任务则应是正面的、成功的案例，目的在于启发与借鉴。学生在完成任务后，通常会对今后的学习更有信心，对未来有更积极的展望。这种正面的能量，会使学习气氛更轻松愉快，让教与学更有效率。

6　任课教师面临的挑战与成长

第一，与科技同步。教授科技汉语的教师，本身也应该跟着日新月异的科学技术同步提高。善于利用学习平台，节省资源，提高教学效率。

第二，掌握专业知识，自我提高。单纯的语言教学将会转向语言教学与内容教学相结合的方式，而在这种趋势下，单纯的语言教师将面临不进则退的现实问题。

第三，提高选编教材的能力。通读教学大纲，对学生需要学习的科目和难度做到心中有数。对于不同教材中类似题目的内容，能做到选取得当。

7　结语

以上介绍了专门汉语教学实践中使用的几种教材和教学方法。应根据不同的科目，选择相应的教材和教学方法。商务汉语和经济汉语选择内容为依托教学法、案例学习和任务教学法。理工类科技汉语选择翻转教学法。配合完善的学习平台，提供方便的自主学习模式，既能节省课堂时间，又能激发学生学习热情。学习平台中的成绩保存功能也可以让教师随时检阅学生们的学习进度，及时做调整。此外，任课教师本身应该学会利用有效的科技手段，广泛阅读，学习科技方面的知识。这既是一种挑战，也是一种自我提高。

参考文献

[1] 安然. 科技汉语：中级阅读教程［M］. 北京：北京大学出版社，2012.

[2] 常俊跃，刘莉. “内容依托”教学模式及对大学双语教学的启示［J］. 江苏高教，2009（1）.

[3] 杜厚文. 基础科技汉语教程［M］. 北京：华语教学出版社，2012.

[4] 黄晓颖. 对外汉语课堂教学艺术［M］. 北京：北京语言大学出版社，2011.

[5] 胡灵均，王肖丹，史中琦. 卓越汉语：公司实战篇［M］. 北京：外语教学与研究出版社，2010.

[6] 蒋以亮. 科普汉语听记［M］. 北京：北京语言大学出版社，2010.

[7] 李昊，王俊棋. 汉语科普阅读教程 2［M］. 北京：高等教育出版社，2011.

[8] 王蕊. CBI 教学法及其在高校英语教学中的应用［J］. 教育探索，2012（5）.

[9] 徐玲玲，贾林华，吴春卿. 电力科技汉语阅读教程［M］. 北京：中国水利水电出版

社，2012.

[10] 林雪平大学学习平台. https：//lisam. liu. se/.

[11]台湾交通大学开放式课程网站. http://ocw. nctu. edu. tw/course. php.

[12]Hot Potatoes 网站. https://hotpot. uvic. ca/.

[13]Moodle 网站. https://moodle. org/.

[14]Podcasts 下载地址. https://itunes. apple. com/us/app/podcasts/id525463029? mt =8.

[15]Quizlet 网站. https://quizlet. com/.

【作者简介】

李瓅，又名 Li Li Tunek，瑞典林雪平大学教师，硕士，主要从事汉语和日语教学。

华文教育技术研究

电子填字游戏的理论与应用

[中国香港] 何万贯
(香港中文大学教育学院)

1 填字游戏广受重视

1.1 长期以来，填字游戏受到广大参与者的喜爱

填字游戏是现代人生活中的一项富有知识性的娱乐，也被成人视为一种消遣的方式（Eliot，2001）。Nikerson（2011）指出，填字游戏非常受欢迎，其程度无法估计，在美国可能有多达5 000万人参与其中。填字游戏于1913年首次出现于报纸上，从那时开始，很多报纸杂志都开始开设填字游戏这一栏目。其中，于1942年出现的《纽约时报》的“星期日填字”（New York Times of Sunday Puzzle）和1950年的“每日填字”（Daily Puzzle）这两个填字游戏专栏，是填字游戏发展过程中的两个重要里程碑（Frantz，2007）。时至今日，在欧洲，填字游戏同样很受读者欢迎。在那里，每间书店大都设有“填字游戏”专区，而大部分报纸每天都设有“填字游戏”一栏，很多读者都喜欢用笔去做“填字游戏”。

国外如此，中国香港和内地同样如此。填字游戏是学校一项常见的课外活动，不少学生都曾参与过。玩是孩子的本性，离开了玩，学习便成为一个负担。对孩子来说，游戏魔力没法挡。当然，不少人喜欢的不是填字游戏，而是打打斗斗之类的武打游戏，孩子们更是对它乐此不疲。有些孩子玩这样的电子游戏玩得十分痴迷，以致荒废了学业。因此，一些家长不喜欢孩子玩电子游戏。但许多家长认识到，“知之者不如好之者，好之者不如乐之者”。他们认为，如果把孩子对这一类电子游戏的热情转移到填字游戏上来，并且使他们“好之”“乐之”，顺应孩子的本性，让孩子从游戏中学习（learn through play），孩子便能学得愉快，提高学习的效率。许多家长是这样做的，于是形成了做填字游戏的热潮。

1.2 为什么填字游戏能够流行起来

其中一个重要原因就是，这种游戏能考验一个人的知识水平和思维能力，具有挑战性。在填字游戏中，对参与者来说，每个题目，就是一个提示。他们要根据题目的提示，以填字格中出现的文字（另一种提示）为刺激项，从长期记忆中提取适当的答案。在答题的时候，各种提示仿佛一个“谜”，他们在解“谜”的过程中受到方格上下文字的限制，思维要活跃起来。所以，填字游戏不但可考查参与者的知识量，亦可

考查他们的思维能力和解题能力。同一道题目，有些人根本想不到答案，有些人分析来分析去，才想出来，有些人根本用不着分析，马上就能填上合适的词，这就反映出参与者知识水平和思维能力的差异。自己的知识水平如何，思维能力如何，每一个参与者都会关心。通过游戏，去了解自己的知识水平和思维能力，从而提高知识水平和思维能力，填字游戏正顺应了人们的这种心理，它能广泛流行起来，并且广受欢迎，这绝不是偶然的。

Whisenand 和 Dunphy（2010）邀请了 90 位大学生，试图探讨填字游戏对他们学习的帮助和影响，从而测试填字游戏受欢迎的程度。用于测试的填字游戏是根据学生学过的书本内容和概念去设计的。在每完成一课的教学后，教师就要求其中一半的学生做有关的填字游戏，而另一半则为控制组。在那一半学生做完填字游戏后，研究人员就比较两组学生在测试上的成绩分别。结果显示，在考试平均分上，参与填字游戏的组别高于控制组的。而学生的反馈也指出，填字游戏是一个有效帮助他们记忆词汇的学习方法，能够协助他们检索词义和字词，提高他们对词汇的理解。学生也认为，这一项活动是有趣的，并希望在往后的教学中，教师能够提供更多的填字游戏。测试证明，学生喜欢这种游戏，欢迎这种游戏。

1.3 填字游戏不但受到参与者的欢迎，而且受到了学界的重视

近年来，像 Whisenand 和 Dunphy 一样，很多学者对填字游戏进行了多方面的研究，并且取得了成果。Nickerson（1977）指出，可以把填字游戏看作词语提示的检索过程（cued retrieval task）。简单的填字游戏能够评估个体的词库量。填字游戏的提示需要依靠个体分析记忆词库中与提示相关的同义词、反义词和相关词语，当联想的词语与目标词语相近，且符合所填字的字长又与前后左右的词汇相符合时，便能得到答案。Underwood，Diehim 和 Batt（1994）指出，参加者在做与词汇、字谜和词汇提取有关的测试时，所得到的分数与填字游戏的表现存在显著的相关性。这间接说明了填字游戏能够训练个体的词汇提取速度。Whisenand 和 Dunphy（2010）认为，填字游戏能够加强学生的语文学习能力，并且提高他们的学习速度。所有这些研究都说明，填字游戏对学生的语文学习有所帮助，具有积极的意义。

能否成功完成填字游戏取决于什么因素？这是许多学者注重研究的一个问题。

Nickerson（2011）指出，能否成功完成填字游戏，取决于个体的记忆和认知能力。他分析了填字游戏的提示是如何引导个体检索出正确的答案的。填字游戏中有不同的提示，其中包括了语意线索（semantic clues）、结构性线索（structural clues）和主题线索（thematic clues）。

语意线索可以细分为以下几个不同的种类：

陈述性知识线索（declarative-knowledge clues）：通常都是一般的知识。这种类型的线索，通常能够让测试者一看到线索后立刻联想到答案。

相关词语（word associates）：其中一个相关词语的测试为实验者提供一个刺激字

(stimulus word)，然后让测试者说出第一个在脑海中出现的词语。有趣的是很多测试者对于某些刺激字所得出的第一词语都是相同的。因此，很多的填字游戏设计者都会用此种相关词语线索让测试者联想到相关的答案。

结构性线索可细分为以下几种：

目标字的字母数量：这是直接告诉测试者目标词语包含了多少个字符，从字的结构上给予提示。

在特定的位置上放上特定的字符：这个线索收窄了测试者的思考空间，所想的答案为包含这些特性的字符。特定的字符出现于首位比位于中间位置更容易让测试者联想到目标词语，而且某些字符的出现频率对测试者的限制也有所不同。例如，当线索给予的最后一个字符为字母z时，比起e所引起的限制更多，因为相比e，以z为结尾的英文单词少很多。而这种线索是希望通过字符，启发测试者的联想。

主题线索：通常填字游戏都有一个主题，而主题的本身就是一个很好的线索。主题线索有时会直接显示出来，有时则需要测试者自己去发掘。很多时候在填字的途中会发现有不止一个答案，而哪一个才是最符合要求的、正确的，则需要透过填字游戏的主题来辨别。

Nikerson（2011）指出，能否成功完成填字游戏，受三种不同知识类型影响，分别为语言知识（linguistic knowledge）、一般知识（general knowledge）以及与填字游戏有关的知识。

语言知识包括语义（semantic knowledge），即字词的意思、同义词、反义词和相关词语；也包括字词结构（syntactic knowledge），即字的读音和拼写，更包括统计知识（statistical knowledge），即具体的字母存在于单词的具体位置的相对概率。

一般知识指的是日常生活中的知识，也就是常识，主要的知识来源是个体对生活中或者对其他周边发生的事情的认知。

与填字游戏有关的知识主要来自个体玩填字游戏过程中所累积的经验。如果测试者对于填字游戏十分熟悉，当他们看到某些提示的时候，答案会自然地在脑海中出现。

考虑到填字游戏受到各界的重视，在坊间广受欢迎，学者对其也有相关的研究，我们便设计了一种电子填字游戏，希望把它推广开来。

2 令人增长知识的填字游戏

填字游戏不但成为人们生活中的一个休闲的游戏，而且开始被广泛地应用于教育上（Gagnon，1995；Talacinia-Pasek，1995）。可以说，玩我们设计的这套填字游戏，是学习语文的一个好方法，好处很多。

2.1 做填字游戏可以使参与者增长知识

孩子在校学习，首先要掌握好课堂上的各科知识，把语文、数学、科学乃至音乐、美术等各门功课学好，使自己的知识丰富起来。我们设计的填字游戏，所涉及的知识以语文知识为主。通过做游戏，一是可以巩固课堂上所学的语文知识，二是可以学到一些新知识。以成语知识为例，在语文课上，参与者学过一些成语，但数量有限。填字游戏涉及的成语比较多，如果参与者对未学过的成语认识少，那么玩填字游戏时，脑海里就可能会一片空白，一个字也填不上。所以，学生必须懂得比较多的成语知识，包括每一个成语的意思、出处、用法等。如果懂得这些，他们在做这样的填字游戏的时候，就会很容易把字填上，取得成功。当然，除了平时加强学习外，在关键时刻，他们也可以通过查阅相关的工具书来解决做游戏时遇到的困难。例如，参与者可以查阅成语词典，找出正确的答案。这样做不但可以令参与者学习到有关成语，还可以使参与者对这个成语的印象更为深刻。这样一来，他们在以后的一段较长的日子里，就不会忘记这个成语，从而学以致用，把它运用到现实生活当中去。如果参与者在此之前已在课堂上学过这个成语，或者在阅读其他书籍时已经碰到过这个成语，那么在做该游戏时，就能够很快填写好答案。这种情况，也有好处。他们通过做游戏，温故知新，对该成语有了更进一步的认识，也就巩固了过去所学的知识。

参与者做成语方面的填字游戏如此，做其他方面的填字游戏亦然。他们所做游戏的涉及面越广，巩固和增长的知识就越多。

2.2 增加词汇量，提高词频和组词能力

儿童的字词量（the size of children' s vocabularies）与他们对印刷出来（in print）的字词的理解能力有很大的关系（Anderson & Freebody，1981；Adams，1990 ；Uchikoshi，2006）。Rupley（2005）指出，阅读能力较弱的人因为字词量不丰富，于是难以从阅读中得益。如能增加他们的字词量，将会提升他们的阅读理解以及于文章间或文章内作推断（make inferences within and between text they read）的能力。频率较高的字，相比起频率较低的字，被处理的速度会较快，也会较少出错（Dell，1990；Stemberger & MacWhinney，1986；Gershkoff – Stowe，2002；何万贯、萧炳基，1981；何万贯、梁子勤、欧佩娟，2008）。因此，如能反复练习（practice），不论是通过聆听该字还是自己阅读该字，都会使该字的使用频率提高，从而增强了该字的活化程度（activation level）（Gershkoff-Stowe & Hahn ，2007；何万贯，2010）。填字游戏也属于这种练习。

在小学阶段，儿童学习的字词量会迅速增加，构词知识（morphological knowledge）起了重要作用（Carlisle，1995）。何万贯（2011）表示，在相同的测验中，组词能力的高低可反映一个学生所属高、中、低学校类别和年级。因此，它可以评估学生的语文能力。组词能力高的学生，阅读能力和写作能力也相对较高，这直接影响到他们的语文水平。填字游戏有助于提高一个学生的语文水平，帮助他们增加词汇量，提高他们的组词能力。

2.3 提高字词搭配能力

词是语言的建筑材料，句子是由词语组合而成的。如果一个句子里面词语搭配不

当，那这个句子就存在语法毛病。因此，提高学生的词语搭配能力，可以减少他们所写句子中出现语法毛病的情况（何万贯，2014）。

词语搭配的性质是语法问题（林杏光，1990；常敬宇，1990）。词与词之间的搭配作用是产生语法结构作用的不可缺少的基础（马挺生，1986）。王希杰（1995）认为，词语之间的搭配关系是词语的生命和它的存在价值。而词语搭配的性质是语义的组合关系（常敬宇，1990）。李子云（1995）指出，语言中词与词的组合不是任意的，相互之间具有选择性。一个词语能与某些词语组合而不能与另一些词语组合，反映了词语之间的选择关系。因此，词语组合有个搭配问题，一个词有一定的搭配域，不同的词有不同的搭配面。语法和句法对词语搭配具有限制的作用（黄淑美，2009）。理解和熟悉一个词跟哪些词能够搭配，对提高学生运用词语的能力，提高他们的写作水平是一件很重要的事（李裕德，1998）。

2.4 掌握近义词

近义词是同义词中的一种。同义词，也就是意义相同或相近的词。所谓“相同”和“相近”，是就两个或两个以上的词意义之间的关系来说的，并非就一个复合词中的内部关系而言。从意义的角度去分，可以把同义词分为两种。一种叫作等义词，也就是意义完全相同的词，如“番茄”和“西红柿”；一种叫作近义词，指意义相近的词，如“安定”和“稳定”。从数量上看，近义词比等义词多。

近义词中以动词和形容词为多，它们意义相近，但使用场合、感情色彩却不一样。每一组近义词，包括因意义相近而容易混淆的两个或两个以上的词。比如，“安静”和“清静”是一组，“猜测”“推测”和“猜想”是一组，如此等等。每一组词意义相近，容易混淆，但使用起来还是有所差别，这主要体现在词义上的差别、一般运用上的差别、词性和句法功能上的差别、词的内部结构上的差别（刘家桢，1998）。例如，“强烈”和“热烈”是一组近义词。“强烈”表示力量很大，强度很高，比如“阳光很强烈”。“热烈”表示兴奋激动，如“气氛热烈”。两者意义相近，容易混淆，但细心分析，二者的区别还是明显的。“阳光”可以讲“强烈”，气氛则不可以讲“强烈”，反过来也一样。

2.5 掌握反义词

词义反映的是人们对客观现象的认识。当某一客观现象与另一客观现象有抵触时，人们脑海中便产生两种相反的词义，这两种词义分别用两个词语表示，这样，反义词就产生了。刘家桢（1998）说，反义词的一个作用在于“揭露事物的矛盾，把不同的现象，彼此明显地对立起来，达到论证的反驳的目的”。“两个成分的意义相反，并列起来构成的复合词，是反义复合词”（郭良夫，1985），如“成功”和“失败”、“差错”与“正确”、“嘈杂”与“安静”等。

从不同的角度出发，可以把反义词分为不同的类型。从词性的角度去分，可以分为名词性的反义词、动词性的反义词和形容词性的反义词三种。名词性的反义词就是指两个词语都是名词的反义词。这一类反义词为数不多，稍微多一点的是动词性的反义词。形容词性的反义词数量最多。为什么这一类反义词有那么多呢？按陈必恒、傅雨贤、叶国泉等（1983）的说法，是因为“形容词是表示事物的性质、状态的，在这个范围内，反义的现象表现得最为明显”。

2.6 熟习成语

成语是人们长期以来在运用语言的过程中所形成的一种固定词组，比如“胸有成竹”“恍然大悟”“天衣无缝”等。成语不但准确、简练，而且生动活泼、富于表现力，运用得好不但能收到很好的修辞效果，而且可以使文章显得生动，富有吸引力。

陈必恒、傅雨贤、叶国泉等（1983）指出，成语的来源有两方面：一是来自历史文献，由古代寓言、历史故事、古书中的语句等节缩而来；一是来自民间口语，这类成语占了很大的一部分。

在成语当中，大部分都是四个字的，例如“一劳永逸”“藕断丝连”“草木皆兵”。但是，也有一些成语是四个字以上的，例如“醉翁之意不在酒”等。

教育局《香港小学学习字词表》（2007）列出了四字成语 1 086 个，这些成语在本游戏中都可以运用得到。同学们若能理解、熟悉这些内容浅显的成语，将有助于阅读、写作和说话。

2.7 熟习诗句、古文名句

在阅读和朗读的时候，总会遇到诗句、古文名句。如果学生是第一次碰到这样的句子，首先他有可能不知道句子中某个字的读音，其次有可能不知道其中某个字的意思，从而影响了他对有关句子的理解。这样一来，他就要去查找有关资料，以帮助自己了解句子的意思。这样的话，阅读速度就会减慢，朗读就要中断，阅读和朗读水平就会降低。所以，帮助学生熟习诗句、古文名句，就显得很有必要。

同样地，帮助学生熟悉诗句、古文名句，对他们的写作也很有帮助。如果学生熟知一些诗句、古文名句，就可以在写作的时候运用到文章中，达到语言简洁、精练、形象生动的效果。例如，他们知道“谁知盘中餐，粒粒皆辛苦”这一诗句，在写到不要浪费食物的时候就可以运用进去，告诫读者要珍惜来之不易的粮食。这样简单引用一句诗，不但可以使读者印象深刻，而且可以使文章更有说服力，比长篇大论地去讲为什么要珍惜食物效果会好得多。

教育局《香港小学学习字词表》（2007）列出了诗句、古文名句 137 句，而本游戏则增加至 200 句，以使学生学习到更多的古诗文名句。

2.8 认识传统文化和历史

唐太宗李世民说：“以铜为鉴，可以正衣冠；以人为鉴，可以知得失；以史为鉴，可以知兴替。”历史是现实的前身，现实是历史的延伸，我们一定要懂得，我们跟历史有着不可分割的联系，所以一定要认识历史。历史是怎样发展下来的？从什么朝代到什么朝代？中间有什么历史事件？所有这些，我们都要懂得，要“知兴替”。另外，在历史上，前人总结了许多经验和教训，对此，我们都要很好地吸取，“以史为鉴”。

作为后辈，我们要继承先辈优秀的历史遗产，试想，如果我们的祖先什么也没有给我们留下来，我们能活得这么舒心吗？祖先给我们留下的遗产，有物质方面的，有非物质方面的，而传统文化则属于非物质方面的遗产。传统文化凝聚了古人的智慧，博大精深，中华民族能够绵延五千年，与传统文化根基深厚有着密切的关系。我们要领悟其中的奥秘，把它的精华传承下来。要传承，前提就是要认识。传统文化内涵丰富，内容广泛，种类很多，比如中国的饮食文化、名胜古迹、风俗习惯、绘画书法等，每一种里面都大有学问，需要我们好好认识；每一种里面都有许多词汇，在填字游戏中会碰到。

2.9 普及通识教育

填字游戏中有许多关于通识科各大学习范畴方面的词汇，包括个人成长与人际关系、今日香港、现代中国、全球化、公共卫生、能源科技与环境等方面的词汇，起了普及通识教育的作用。

通识教育的目的，有如下几个：一是要加深学生对社会、国家、世界和环境的触觉，培养他们的正面价值观（Positive values and attitude towards life）；二是要拓宽学生的知识基础与看事物的角度（Broadening）；三是要联系不同学科的知识，提升他们的批判性思考能力（Connection skills & Critical thinking）。

通识教育科特别重视培养学生的知识基础，理解当今影响个人、社会、国家或全球日常生活的问题，成为有识见、负责任的公民。他们应该具备世界视野，应该尊重多元文化和观点，并成为能够批判、反思和独立思考的人。他们还应该掌握终身学习所需的信息科技及其他技能。在进行通识教育时，老师应该多引用社会时事考核学生的资料分析及审题能力，要求学生多角度思考并进行客观评论。

我们希望，学生通过参与填字语文学习游戏的活动，在身心愉快的同时，能够在以上各方面有所收获，掌握有关词语，令自己的语文水平得到提高。

3. 帮助参与者提高思维能力

填字游戏在令参与者增长知识的同时，还可以帮助他们提高思维能力。

Crossman，E. K.（1983）和 Childers，C. D.（1996）曾探讨填字游戏对于学生学习行为和表现的影响。结果发现，玩填字游戏，在加强他们对于所学知识的记忆的同时，能够激发学生的批判性思考能力。每个人都懂得思维，但各自的思维能力却不尽相同。良好的思维能力能够使人更易于学业有成，事业有就，使人更快攀上各个科学领域的高峰。因此，许多人都在想方设法，令自己的思维能力得到提高。提高思维能力的途径有很多，做填字游戏不失为一种有效的方法。Jaramillo、CMJ、Losada、BM（2012）指出，在填字的过程中，学生必须对主题和字词有一定的认识，才能完成整个填字任务。在填字的过程中，学生至少训练了以下其中一种技能：获取新的词汇或术语；在相似的词语中进行分析，正确拼写词语；练习字典搜索或发音技巧、进行推论、评估选择、发展逻辑思维、找出结论、个人学习风格的反思。Augarde（1984）指出，填字游戏是一项有益身心的游戏，不但是一个休闲的游戏，而且能够通过做游戏扩充词汇量，激发思想，从而加强词汇的提取能力。Walls（1962）把创作思维分为四个阶段：预备（preparation）、孕育（incubation）、启发（illumination）、验证（verification）。填字游戏的过程，其实也得按照这些阶段进行。在这个过程中，参与者的思维能力便能得到提高。

填字游戏的答案要在一定的框架下寻找，这就为参与者思维能力的锻炼提供了一个特殊的"战场"。所谓"框架"，一般是指建筑工程中，由梁、柱等联结而成的结构，又指事物的组织、结构。填字游戏也有类似的"框架"：所填的字，受到游戏中有关条件的约束和限制。填字游戏的设计者所提供给参与者的条件是很严格的，这就大大地缩窄了参与者的思考范畴，使他们在受到约束与限制的情况下去思考问题。这样的"框架"实质上就是一个锻炼参与者思维能力的特殊"战场"。在日常的教学活动中，我们主张给学生大量自由发挥的空间，培养他们的创造性思维能力。同样，我们也主张给学生提供一定的条件，让他们在一定的框架制约下进行思维活动，培养其在思维上的应变能力。平时，我们不要求学生按照填字游戏的格式去思考问题，但在自愿的原则下，作为游戏进行填字，对他们思维能力的提高也应该是有益无害的。

Hambrick，D，Z.，Salthouse，T. A. 和 Meinz，E. J.（1999）认为，能否成功在每一个空格填上字，个人的知识量是最重要的因素，但推理能力（reasoning ability）亦是个体能否完成填字游戏的关键，因为填字游戏中常包含一些抽象或误导的提示，会影响参与者的判断力。Franklin，Peat 和 Lewis（2003）通过分析学生做填字游戏的过程，得知填字的过程涉及许多方面的技能，包括拼写（spelling）、推理（reasoning）、进行推论（making inferences）、评估选择（evaluating choices），最后才能顺利得出结论。填字游戏当中的答案，有些不是那么容易得出来的，需要运用一些推理能力。同学们根据已有的条件，例如题目、另一道题目的答案，去进行推理，左思右想，最后才得出答案。

当然，记忆提取的技巧也会影响填字游戏的完成效率。研究人员认为，最少有三种解答填字游戏的方法。第一种，有些答案在看了提示之后立即出现，甚至不用考虑目标字的字数限制，脑海中直接出现了正确的答案。第二种，由于某些提示的限制，答题者受到了字的长度和次序的约束，需要根据这些约束寻找合适的答案。第三种，包含了广泛的检索，目的是试图从解释线索的意义上寻找合适的答案，或是试图搜索与主题相关的目标知识，甚至是从自己的知识库中检索与主题有关的词汇。采用第三种方法的时候，需要重新审查先前所写下的答案和涉及各种有意识的搜索，同时需要一个推理过程。因此，个体无法完成填字游戏时，可能是因为他们对于目标主题的知识量不足，没有足够的技巧或策略从记忆中检索相关信息，未能有效地分析和将相关信息进行改造和操作，欠缺足够的推理能力解释线索。参与者只要不被困难吓倒，反复尝试，就可以让自己的推理能力得到锻炼。

4. 帮助参与者提高学习兴趣

此外，玩填字游戏还可以提高参与者的学习兴趣。

要引发学生的内部动机，培养他们对学习的兴趣，可以尝试让他们参与填字游戏计划，使他们通过游戏在娱乐之中学习，在娱乐之中培养兴趣。McKeachie（2002）指出，多做填字游戏，能够激发学生的学习兴趣。

要做好填字游戏，有一定的难度和挑战性，也正因为这一点，参与者才会感到它有趣味性，才会有要取得成功的念头。那种好胜的心理会一直鼓动着参与者，促使他们去翻工具书、请教别人、与别人一起讨论。经过一番不懈的努力，表中的一个个空格被填上了字，参与者也一步步迈向了成功。这时，他们心中那愉快的情绪就会越来越强烈，感到这样的学习方式很有趣。久而久之，在做了一个又一个的填字游戏后，他们就对学习产生了喜爱之情，热爱学习了。如果引导他们把这种学习兴趣转移到对各科知识的学习上，将会产生不可低估的积极作用。

Goh 和 Hooper（2007）指出，填字游戏为学生带来了独特的学习动力，并且以不同的方式挑战和测试学生的能力。因为填字游戏不但需要学生运用横向的思维，亦需要纵向的思维方式。Goh 和 Hooper 分别为大学一年级和三年级学生提供填字游戏，以此作为教学工具，帮助学生学习新词汇。结果显示，两个组别的学生都认为，这种创新的学习方法，能够提高他们的学习兴趣，并且认为这是一个有趣的学习方法。Jaramillo 和 Losada（2012）认为，无论是解答还是设计填字游戏，学生均表示他们享受游戏，认为此种方法能够提高他们的学习兴趣，提升他们的学习效率，能够有效地巩固他们所学到的知识。

苏宜芬（2008）以计算机游戏的形式，帮助认字能力较差的学童练习辨识已经学过但还不熟练的生字，以提高其认字正确率及自动化程度，效果显著。所谓“自动化”，就是原本读者需要非常专注才能掌握的技能，经过一段时间练习后，变成不需要投注很多的注意力即可完成任务的历程。当达到“自动化”程度时，他们运用某种技能做练习，不但正确率高，速度快，而且不费神。因此，认字技能的自动化是良好阅读理解的一个重要条件（Ehri，1991；Perfetti，1985；Stanovich，1986）。为了增强学生的练习动机，有些学者在研究中也将类似计算机游戏的情境加入认字学习系统中，例如“Hint and Hunt”，“Construct-a-Word”，以及“RACER”。在计算机游戏中学习，可减少学生的失败经验，从而获得学习的成就感（Torgesen & Barker，1995）。失败经验的减少，可以提高他们的学习兴趣。

Weisskirch（2006）在实验中，使用教师自制的填字游戏作为学生复习教材的一种手段。学生完成了其中的一个与考试科目有关的填字游戏后，再给予他们第二次机会，让他们利用课堂外的时间去完成第二个类似的填字游戏。结果是，大部分学生都认为填字游戏是一项有趣的活动。他们认为，填字游戏的锻炼能够有助于他们温习已学的概念。他们也认为，在课堂上一起完成此活动，比起自己在课堂外进行，更加有效率和有趣。Saxena，Nesbitt，Pahwa 和 Mills（2009）利用填字游戏，帮助大学二年级的医学生学习医学词汇和新的概念。结果，学生认为这种游戏能够提高他们的学习兴趣，并且有助于认识新的词汇。

通过做填字游戏，可以帮助学生掌握语文知识，提高思维能力和学习兴趣，这说明做填字游戏是很有意义的活动。

为了使学生在玩填字游戏时不觉得单调，本研究员另行设计了一套拼图游戏，也叫方块游戏。在文字方块中，文字的顺序被打乱了。在做游戏的时候，同学们要利用打乱了的字词作为刺激项，借此启动在长期记忆中与刺激项有关的知识，进而把各打乱的字词按照题目的要求拼成一系列适当的答案。这个游戏，可以锻炼学生的反应能力和判断能力，并能测量他们的知识水平。这个游戏跟填字游戏关系密切，可以互相配合使用。

参考文献

[1] 常敬宇．语义在词语搭配中的作用：兼谈词语搭配中的语义关系［J］．汉语学习，1990（6）：4－8.

[2] 陈必恒，傅雨贤，叶国泉，等．现代汉语［M］．南宁：广西人民出版社，1983.

[3] 陈炳昭．近义词应用词典［M］．北京：语文出版社，1997.

[4] 郭良夫．词汇［M］．北京：商务印书馆，1985.

[5] 何万贯．朗读：帮助读写困难的学生提高阅读能力的方法［J］．基础教育学报，2010，18（2）：105－122.

[6] 何万贯．中学生组词能力［M］．香港：香港中文大学香港教育研究所，2011.

[7] 何万贯．读写易：高小中文读写辅助教材（家长实验版）［CD］．香港：香港教育局，2014.

[8] 何万贯，梁子勤，欧佩娟．香港中学生中文读写能力测验（测量工具）［M］．香港：香港教育局，2008.

[9] 何万贯，萧炳基．中学生生改错别字、错词、错句能力之研究［J］．教育学报，1981（2）：10－15.

[10] 李裕德．现代汉语词语搭配［M］．北京：商务印书馆国际有限公司出版社，1998.

[11] 林杏光．词语搭配的性质与研究［J］．汉语学习，1990（1）：7－13.

[12] 刘家桢．中学语文词典［M］．北京：中国人民公安大学出版社，1998.

[13] 马挺生．试谈词语搭配的形式和条件［J］．语言教学与研究，1986（3）：35－47.

[14] 苏宜芬．认字补救学习系统之建立与效果评估研究［J］．教育心理学报，2008，39（4）：589－602.

[15] 王希杰．论词语搭配的规则和偏离［J］．山东师范大学学报，1995（1）：100－104.

［16］ ADAMS M J. Learning to read：Thinking and learning about print ［M］. Cambridge，MA：MIT Press，1990.

［17］ ANDERSON R C & FREEBODY P. Vocabulary knowledge ［M］. In J. T. Guthrie（ed.），Comprehension and teaching：Research reviews，1981：pp. 77 – 116. Newark，DE：International Reading Association.

［18］ AUGARDE T. The Oxfords Guide to word games ［M］. New York，NY：Oxford University Press，1984.

［19］ CARLISLE J. Morphological awareness and early reading achievement ［M］. In L. B. Feldman（Ed.），Morphological aspects of language processing，Hillsdale，NJ：LEA，Inc，1995：pp. 189 – 209.

［20］ CROSSMAN E K. The crossword puzzle as a teaching tool ［J］. Teach Psychol，1983（10），article 98.

［21］ CHILDERS C D. Using crossword puzzles as an aid to studying sociological concepts ［J］. Teach Social，1996（24）：pp. 231 – 235.

［22］ DELL G S. Effects of frequency and vocabulary type on phonological speech errors ［J］. Language and Cognition Process，1990（5）：pp. 313 – 349.

［23］ ELIOT G. Brief history of crossword puzzles. American Crossword Puzzle Tournament. Retrieved from http：//www. crosswordtournament. com/more/wynne. html.

［24］ FRANTZ C. The history of the crossword puzzle. In-formation Please? Database，Pearson Education，Inc. Retrieved from http：//www. infoplease. com/spot/crossword1. html#ixzz1YPjYlH0O.

［25］ FRANKLIN S，PEAT M & LEWIS A. Nontraditional interventions to stimulate discussion：The use of games and puzzles ［J］. Journal of Biological Education，2003，37（2）：pp. 79 – 84.

［26］ GAGNON J D. Radiation oncology crossword ［J］. Int J Radiat Oncol Biol Phys. 1995（32）：pp. 263 – 264.

［27］ GERSHKOFF – STOWE L & HAHN E R. Fast mapping skills in the developing lexicon ［J］. Journal of Speech，Language，and Hearing Research，2007，50（3）：pp. 682 – 696.

［28］ GERSHKOFF – STOWE L. Object naming，vocabulary growth，and the development of word retrieval abilities ［J］. Journal of Memory and Language，2002（46）：pp. 665 – 687.

［29］ GOH T. & HOOPER V. To TxT or Not to TxT：That' s the Puzzle ［J］. The Journal of Information Technology Education，2007（6）：pp. 441 – 453.

［30］ HAMBRICK D Z，SALTHOUSE T A，& MEINZ E J. Predictors of Crossword Puzzle Proficiency and Moderators of Age – Cognition Relations ［J］. Journal of Experimental Psychology：General，1999，128（2）：pp. 131 – 164.

［31］ JARAMILLO CMJ& LOSADA BM Designing and solving crossword puzzles：Examning efficacy in a classroom exercise ［J］. Developments in Business Simulation and Experiential Learning，2012（39）：pp. 213 – 222.

［32］ LEONG C K & HO M K. The role of lexical knowledge and related linguistic components in typical and poor language comprehenders of Chinese. Reading and Writing：An Interdisciplinary Journal，2008（21）：pp. 559 – 586.

[33] MCKEACHIE W. J. (2002). Teaching tips: Strategies, re-search, and theory for college and university teachers. Boston, MA: Houghton Mifflin.

[34] NICKERSON R S. Crossword puzzles and lexical memory [M]. In S. Dornic (Ed.), Attention and performance, VI. Hillsdale, NJ: Erlbaum, 1977: pp. 699 – 718.

[35] NICKERSON R S. Five down, Absquatulated: Crossword puzzle clues to how the mind works, Psychon Bull Rev, 2011 (18): pp. 217 – 241.

[36] RUPLEY W H. Vocabulary knowledge: Its contribution to reading growth and development [Electronic version] [J]. Reading & Writing Quarterly, 2005 (21): pp. 203 – 207.

[37] SAXENA A, NESBITT R, PAHWA P et al. Crossword puzzles: active learning in undergraduate pathology and medical education [J]. Arch Pathol Lab Med., 2009, 133 (9): pp. 1457 – 62.

[38] STEMBERGER J P & MACWHINNEY B. Frequency and the lexical storage of regularly inflected forms [J]. Memory & Cognition, 1986 (14): pp. 17 – 26.

[39] TALACINIA – PASEK T. Pediatric/neonatal critical care respiratory corssword puzzle [J]. MCN Am J Matern Child Nurs, 1995 (20): pp. 46 – 7.

[40] UNDERWOOD G, DIEHIM C & BATT V. Expert performance in solving word puzzles: From retrieval cues to crossword clues [J]. Applied Cognitive Psychology, 1994 (8): pp. 531 – 548.

[41] UCHIKOSHI Y. English vocabulary development in bilingual kindergarteners: What are the best predictors? [Electronic version]. Bilingualism: Language and Cognition, 2006, 9 (1): pp. 33 – 49.

[42] WEISSKIRCH R S. An Analysis of Instructor – Created Crossword Puzzles or Student Review [J]. College Teaching, 2006, 54 (1): pp. 198 – 202.

【作者简介】

何万贯，香港中文大学教育学院教授，博士生导师。主要研究语文教学。Email：mankoonho@ gmail. com。

基于网络信息技术的华文教学协作学习研究[①]

李　莹
（暨南大学华文学院）

引言

现代信息技术以网络和多媒体技术为核心，教学的网络化已成为现代教育的一大特征，必将引起华文教学的革命性变化。李莹（2014）提出，网络信息技术的特点是组织形式超媒体、信息表现形式多媒体、传播方式多向性、交流形态交互性。目前基于网络的华文教学往往缺乏人际交互、缺少学习者之间的深层次协作，本文探讨如何在华文教学中有效地开展基于网络信息技术的协作学习。

董宏建（2012）提出，基于网络信息技术的协作学习是在网络环境下实施的，学生分成若干小组，有共同的学习目标，小组成员通过讨论、角色扮演、竞赛、辩论、头脑风暴等形式，在一定的激励机制下，合作完成学习任务，将个人和小组的习得成果最大化。

1　网络信息技术对华文教学产生巨大影响

熊玉珍（2007）提出，华文教育的对象主要是海外华人、华侨，他们的母语或第一语言不是汉语，教学内容主要是汉语言和中华文化。华文教育是一门新兴学科，网络信息技术对华文教学产生了全面、深刻的影响。网络信息技术的飞速发展，给华文教学带来机遇，也带来挑战，华文教学方式已经由传统的纸质教材加面授转变为充分利用多媒体网络信息技术，调动多种手段为教学服务。

1.1　网络信息技术提供了丰富的教学资源

网络环境下，各种华文教学资源极其丰富，形象生动，资源的载体涵盖了文字、图片、音频、动画、视频等媒介。网络无边界，学生可以很方便地与校外、国外的老师、同学进行远程互动、交流协作。

1.2　网络环境适合开展协作学习

学生处于虚拟的学习环境中，没有现实环境中的社交压力和情感负担，学生之间

---

① 广东省本科高校教学质量与教学改革工程建设项目——精品开放课程“魅力科学——天文物理基础”；广东省教育科研“十二五”规划研究项目“基于网络信息技术的高校教与学新型模式研究”（2012JK258）。

可以无拘无束地对话和交流，敢于表达自己在面对面时不敢表达的看法和思想，无须面对当众出错的难堪，降低交流过程中的焦虑，增加活动的参与度，提高思维的质量，使每个成员都有机会获得协作学习的成果。在轻松愉快的学习状态下，才能学得更好。协作学习不仅可以使学生有归属感，让学生觉得学习华文是有意义的，而且使学生愿意学，并学好它。

1.3 网络环境可以实现长期协作学习

网络环境下，学习华文的小组成员不受地域、个体性格、年龄、工作状况的制约，成员之间可以形成稳固的协作关系，甚至能够实现终身协作学习的目标。

1.4 网络环境方便华文学习者定制个性化的学习环境

网络教学方便华文学习者自己制订学习计划，控制学习进度，在家里、办公室及任何一个合适的地方随时学习，减少空间限制带来的不便。学习者借助方便的交流方式解决学习问题，实现个性化学习。

1.5 教师和学生的角色发生彻底改变

网络信息技术支持下，学生成为学习的主体，学生可以运用微信、QQ 等线上语言交流工具和网络进行华语交流，学生搜集、整理和传递信息的能力得到培养。熊玉珍（2007）提出，基于网络的华文教学中，教师的角色从传统教育中的讲授者、教导者和权威者变成了情景创设者、学习活动设计者、协作学习指导者，对教师的自身素养提出了更高的要求，因此成功的网上协作学习离不开教师的策划、组织和指导。

2 网络华文教学协作学习中的常见问题

2.1 教育观念落后

受传统教学观念的影响，在许多网络华文教学中，教师仍然用传统的观念和方式进行网络教学，只是将纸质教案变为多媒体课件来演示，师生的信息交互和疑难解答转换到网络上进行，还是以教师为中心，并没有将网络教学观念和协作学习的理念运用到教学过程中。目前的网络华文教学，在教学形式上，教师往往把学生分成非正式的小组，对学生角色分工缺少指导，对学习活动监管不够。网络华文教学的教学内容，往往注重知识教学，技能方面的训练有待加强。在组织形式上，网络华文教学中的协作学习还主要局限于浅层次的问题讨论。

2.2 情感交流不够

网络华文教学在虚拟世界中交流信息、传播知识，往往缺少情感交流，过于依赖网络媒介，使师生之间、同学之间的交流产生距离感。如果在结构复杂的网络课程中迷失方向，又没有得到教师及时的沟通与鼓励，学生们容易困惑迷茫，产生孤独感。如何解决师生之间、同学之间的情感互动，加强交流，激发学生的学习兴趣，调动学生的学习气氛，是需要深入研究的问题。

2.3 缺少对协作学习的评价

谢幼如（2007）提出，目前的网络华文教学常常缺少对协作学习的效果评价，不重视评价过程，没有自我反思，不能全面分析网络华文教学中协作学习的优势与不足，不利于有效培养学生的协作学习能力与学习技巧。

3 提高网络华文教学中协作学习的实效性

3.1 精心设计教学策略

网络协作学习在实施中需要正确的设计才能发挥效用，教师应仔细分析学习者和学习环境，精心设计教学策略，正确使用各种技术。

现代化的网络华文教学是教学思想、教学模式、教学方法和教学手段的改变。教师要改变教学观念，依靠精心的教学设计和课程实施，实现大规模现代化、高质量的网络华文教学。协作学习的教学策略是协作学习有效实施的保障，也是培养学生协作能力的有效途径。董宏建（2012）提出，基于网络的华文协作学习模式分为几类：语言情境创设模式、主题探究模式、任务协作模式；具体形式分为问题讨论、作品设计、资料搜集、作品评价、角色扮演、“头脑风暴”、小组竞赛等。

3.1.1 问题讨论

教师在网络平台上提供文本资料和设置讨论的问题，学习者通过聊天工具（QQ、微信等）、论坛、网络课程中的协作区（例如 Blackboard 平台的小组协作会话区）、音视频会议等进行讨论，互相帮助，共同完成任务。每个小组的人数最好为4人以下，多于4人则不能保证每个小组成员都有足够的机会参与到问题讨论中。时间最好为20~30分钟，时间过短难以保证小组成员经过深入思考并提出观点，时间过长会造成学习者的疲惫，也可以根据议题适当调整时间。步骤包括：搜集资料、协作学习（讨论）、总结。

3.1.2 作品设计

教师布置题目，华文学习者利用 Word、PowerPoint、视频编辑软件等完成作品，可以在 Blackboard 平台的“小组”模块进行此类协作，参与者建议不超过4人，时间为3~5天。华文学习者围绕任务确定主题、组内分工、搜集资源、创作作品、修改完善作品、提交作品或小组汇报，在完成作品的过程中实现知识的建构。

3.1.3 角色扮演

角色扮演在网络平台上进行，参加人数依据具体主题确定，活动时间约20分钟。例如以“商业谈判”为题目，设置采购方和供应商（若干），采购方根据心理价位与供应商谈判，确定最终要采购哪家的产品；供应商要充分介绍自家产品的优势，并指出别家供应商产品的缺陷，合理压价，充分竞争，取得采购方的信任，争取获得订单。协作学习的小组成员之间通过互动解决问题，完成知识的建构。

另外一种角色扮演的模式为互助模式，网络华文教学的小组成员自行分工，分别学习课程的某一部分，对这部分的知识研究透彻，然后当小老师，教小组的其他成员，每个人扮演一次老师的角色，最后，所有成员学习并掌握了所有内容。

3.1.4　“头脑风暴”

“头脑风暴”可以利用聊天工具、网络平台的讨论区、协作会话区、共享白板、概念图等工具开展，教师给定一系列的引导词以刺激观念的产生，小组成员畅所欲言，尽量为给定问题提出多种解决方法，记录小组成员的观点，形成问题的最佳解决方案。参与人数5~10人，时间约10分钟，时间过短，不能形成“头脑风暴”；时间过长，会造成参加者的疲惫。

3.1.5　小组竞赛

基于网络的小组竞赛式的华文协作学习，将学员分成两个组，小组之间展开竞赛，采用辩论或者游戏的形式进行，每组3~4人，依据规则展开辩论或者游戏，持续时间15~30分钟。为了共同完成学习任务需要协作，为了得到更好的结果就必须有竞争。每个小组成员不仅要完成好分配给自己的任务，还要关注其他成员，关注小组整体任务的进展和质量，成员间开展协作学习，高质量完成小组任务，与其他小组展开竞争。

3.2　合理分配参与者角色

网络华文教学协作学习需要合理分配参与者的角色，可以在学习活动过程中由学习者自发分工，也可以是由组织者规定其在协作学习过程中承担某个角色。参与者的角色按任务分为规则制定者、构想提供者、信息提供者、查询者、解释者、提问者、记录者、评价者等；参与者按在协作学习中所起的作用分为统筹者（领导者）、进程观察者、追随者、激励者、调解者等。教师（组织者）要帮助学生明确协作学习的目标并帮助他们合理分工，鼓励学生独立进行任务分工，让每个参与者明确自己的责任，并在此基础上和其他成员协作完成小组任务。

3.3　优化协作学习环境

网络华文协作学习适合个人无法完成的高复杂性的任务，要提高其实效性，不能简单机械地套用一般的协作学习模式，滥用协作学习。李莹（2014）提出，网络化的学习环境包括学习内容、学习活动、学习情境、学习资源和基础设施，还包括学生（学习的主体）和教师（不作为主体，仅作为组织者和指导者）。网络华文协作学习环境的设计原则是：实现网络华文课程与协作学习的深层次整合并易于推广。

董宏建（2012）提出，有效开展基于网络的华文教学协作学习需要具备以下几个要素：小组规模（参与协作学习的学习者人数）、进行协作学习的时间、协作学习的材料（供小组使用的资料）、协作学习的工具（认知工具和通信工具等）、协作学习的开展过程（学习者进行知识建构）等。基于网络的华文教学协作学习中，学习者对知识的建构分为三个阶段：信息汇聚、群体思维和知识建构。

有效的协作学习必须建立积极互赖的合作氛围，重视情感因素，从而实现有效的协作学习。教师要努力营造积极互赖的协作关系，使华文学习者认识到，为了完成某项任务必须进行协作，个人的成绩有赖于同伴和整个小组的成功，若同伴或者小组失败，自己也就失败了，从而使小组成员认识到自己与同伴之间协作的重要性。

3.4 实施有效评价

学生在进行网络华文教学协作学习时，有可能出现迷茫、忽视协作技能、质疑同伴的学习能力等情况，教师要不断鼓励学生，对踊跃的学生给予加分奖励。教师的评价具有很强的导向性，教师对协作学习客观的总结、科学合理的评价能促进小组协作学习的有效开展，是促进网络华文教学不断发展的重要措施。

基于网络的华文教学协作学习的评价类型包括教师评价、学生自评、组内互评和组间评价，应注重协作学习的过程性评价和发展性评价，还应设置绩效评价。评价的内容包括：学习目标的设置、学习任务的完成、成绩的提升、独立思考和创新能力、学习态度和兴趣等。

华文教学的网络协作学习中，要加强反思，在小组反思中，小组成员可以探讨协作学习时值得推广和发扬的经验、需要改进的地方，教师应给予必要的反馈。

4 结语

网络华文教学协作学习的关键是交流，精心设计适宜的教学策略，合理分配参与者的角色，优化协作学习环境，进行有效的学习评价，让学习者产生亲密融洽的关系并互相支持，充分发挥教师的指导作用，实现网络课程与协作学习的整合，通过模拟日常真实情境中使用的汉语语言，培养和训练学生捕捉、整理和传递信息的能力，提高理解能力，增强语言表达的能力和准确性，提高学习能力和自觉性。基于网络的华文协作学习对提升学习者语言认知能力、移情和适应能力、语言操作能力有积极的促进作用。通过开展基于网络的华文教学协作学习研究，希望能够更有效地传播知识与中华文化，培养学生的合作能力与合作精神。网络信息技术支持的协作学习必将推动海外华文教育的发展。

参考文献

［1］董宏建. 网络课程中协作学习环境的设计框架研究［J］. 电化教育研究，2012（5）：43－47.

［2］李莹. 协作学习在通识课教学中的应用［J］. 教育评论，2014（7）：123－125.

［3］谢幼如，宋乃庆. 网络环境下课堂合作学习的现状分析与深化研究［J］. 电化教育研究，2007（10）：44－47.

［4］熊玉珍. 网络环境中海外华文教学过程和模式研究［J］. 开放教育研究，2007（6）：55－58.

【作者简介】

李莹，暨南大学华文学院副教授，博士，主要从事港澳台华侨学生的教学与管理、网络信息技术辅助课堂教学的研究。

华文教育信息化

——浅谈如何多方面运用多媒体信息技术优化中文课堂

［西班牙］潘丽丽
（西班牙埃尔切博思语言学习中心）

引言

21 世纪是信息化时代，近年来由于信息技术的逐渐成熟，多媒体辅助教学也越来越受到重视。欧洲教育技术和师资培训研究所项目部门（INTEF）提出和总结欧洲 14 个国家 2011 年关于通信技术和教育的报告。其包含几个关键领域：（在教育背景下）信息和通信技术在课程上的设置、信息通信技术政策、数字化教学资源、师资信息和通信技术培训等。2013 年 10 月 25 日，教育部以教师〔2013〕13 号印发《关于实施全国中小学教师信息技术应用能力提升工程的意见》。其内容为提升工程的总体目标和任务、建立教师信息技术应用能力标准体系、实施教师培训、推行符合信息技术特点的培训新模式、开展教师信息技术应用能力测评、推动教师主动应用信息技术等。学校纷纷把多媒体教学设备请进了课堂，利用多媒体辅助教学，优化了教学质量。

华文教育当然也需要跟上时代的步伐。如能将信息技术正确、有效地引入华文教学当中，将对华文教育起到重要的促进作用。

1　华文教育信息化概念

1.1　教育信息化

所谓教育信息化，是指在教育中运用现代信息技术，开发教育资源，优化教育过程，以培养和提高学生的信息素养，促进教育现代化的过程。教育信息化是一个过程，一个运用现代信息技术，不断改进教育教学方法，培养、提高学生的信息素养，促进教育现代化的过程。①

1.2　信息技术在教学中的性质和作用

不管是哪门学科，引入哪门技术，其出发点都是为了有效实现学科的教学目标。故即便引入信息技术也不能将其作为教学目标。不管是信息技术还是其他的任何教学设备，都是通过有效支撑教与学的步骤发挥作用的，他们的性质归根结底就是教学工

① 南国农．教育信息化建设的几个理论和实际问题（上）［J］．电化教育研究，2002（11）．

具。所谓的教学工具，其性质和作用是明确的，就是支撑教与学过程有效实施的手段。从这个角度讲，信息技术与常规教学手段是同等性质的教学工具，但其所起到的作用与常规教学手段是有区别的。①

1.3 华文教育信息化

所谓华文教育信息化，是指在华文教育中运用信息技术手段，培养和提高学生的信息素养，优化华文课堂教育，提高课堂教学效果，激发学生华文学习兴趣，提高学生学习华文的主动性与积极性并促使他们从多渠道的信息中学习华文。当然，在华文教育过程中，信息技术是支撑华文教与学的一种特殊的教学手段，并不是华文教育的教学目标。

1.4 信息化华文教育和传统华文教育的区别和联系

华文教育由于受地域的影响，教育资源、教学设备等方面都会产生一定的局限性。传统华文教育则是以中文学校教室为载体，中文教师为传播主体，课本作为传播的主要工具的传统教学模式。

信息化华文教育则在传统的华文教育基础上，把信息化引入教学中，以中文学校、中文教师为依托建立起多方面多功能的信息化教学平台，激励学生们在课堂外也能自主有效地学习。教室不是学习的唯一场所，课本不是华文教师教学的唯一资源。计算机、手机、平板电脑、电视等都将成为华文学习的工具。

1.5 信息化华文教育特点

1.5.1 灵活性高

众所周知，传统华文教育对华文学校及华文教师的依赖度极高，学习场所固定。而信息化背景下的华文教育，其基本特征是开放、共享、交互、协作，将充分利用信息技术的网络化、智能化和多媒体化，大大增加华文学习的灵活性。

1.5.2 趣味性强

信息化华文教育将打破传统课堂模式的沉闷，运用不同形式的多媒体、教育软件等资源来丰富课堂内容，如用文字竞猜、文字游戏等来提升学生学习中文的兴趣。

1.5.3 学生主动性强

信息化华文教育将运用一系列趣味性强、信息量大的网络平台，激发学生们在课余时间也能自主地学习中文。

1.5.4 对华文教师的技能要求高

信息化华文教育不仅要求华文教师具备专业的学科教学知识和能力，同时他们还得具备信息化在教学中的运用能力，特别是把课本知识和信息技术教学有效结合的能力，引导学生有兴趣地学习华文，并培养他们在学校课堂外自主学习的意识和能力。

---

① 姜军. 浅谈传统教学手段之去留. http://www.docin.com/p-984986242.html 2004（1）.

2 华文教育信息化实施

2.1 教学环境

2.1.1 校园宽带网的建立

信息化是建立在网络的基础上运营的。网络构建起来的智能环境，为学校带来了教学和管理的高效率，为教学提供了一个广阔的智能平台，为学生增添了一个广大的充满生机和活力的学习环境和场所。

2.1.2 教室多媒体设备的建设

从古至今，主要的教育活动都是在教室中进行的。教室多媒体设备的建立是实施华文信息化教育的基础和手段。教室里有了多媒体设备，教师们才能够充分实施和进行信息化华文教育。

2.1.3 电子阅览室（平台）的建立

众所周知，海外华文学校特别是欧美国家与中国距离较远、运输不便，普遍存在图书种类不全、数量有限等不足，因而有可能造成学生们无法第一时间阅读到最新的或者他们感兴趣的华文书籍。电子阅览室或者电子阅览平台将承载大量的最新新闻、报纸、杂志、书籍等，它们的建立将有效解决这个问题。海外学生们虽然远在祖国万里之外，也将及时阅读到国内的第一资讯，了解到相关华文信息。

2.2 教学内容

2.2.1 教材多媒体化

教材是教学基础。教材多媒体化就是利用多媒体技术使教学内容实现动态、形象、直观模式。现今已经有部分中文教材实现多媒体化，比如《中文》这套教材，就有相配套的多媒体教学课件，不仅呈现文字和图形，还呈现声音、动画、游戏等，大大增加了课堂的趣味性，从而促使学生有效集中课堂注意力，提高课堂效率。

2.2.2 课堂内容的丰富和延伸

21 世纪的我们，仅仅掌握书本内容是不够的，对相关教学内容的拓展和延伸是非常有必要的。网络的作用是可以让广大的教育资源连成一个信息海洋，让各用户能够信息共享。寻找利用网上教育资源，补充丰富现有的书本教学内容，充实华文课堂，这是每位华文教师都需要做的。

2.3 教学手段

所谓教学手段，是指师生为实现预期的教学目的，开展教学活动、相互传递信息的工具、媒体或设备。在教学过程中，学生是在教师指导下，借助教学手段认识周围世界的。

2.3.1 由传统的教学手段过渡到现代化教学手段

传统的华文教学手段多数是由教科书、粉笔、黑板及教师的讲授组成的。现代化教学手段，它可细分为电化教学手段、多媒体教学手段和网络视频手段。随着科技革命的推进，各种以现代科学技术为基础的教学手段逐渐发展起来。现代化教学手段多以动画、图像、声音的形式显示教学信息，更利于学生感知。不仅有清晰的图像，更有直观的动画，与传统教学手段相比，更能准确地显示事物的空间特性和运动特性等，从而提高信息的表现力。①

2.3.2　多媒体教学资料的制作

华文信息化教学中，多媒体教学资料的制作和运用是非常重要的。除了平常比较多见的 PowerPoint 外，Prizi、Impress、Google Slides 等工具也是非常不错的选择。

在多媒体教学软件方面，举个例子，有一个关于汉字的多媒体学习软件，只要你一输入某个汉字，那么这个汉字会自动生成笔顺、组词、偏旁等语音和图像。相较于传统的教师把汉字写在黑板上分析，教师在多媒体上对文字进行解释就显得更加有趣和直观了。

再举个例子，在人教版一年级下册《语文》中有篇课文叫作《曹冲称象》，对于母语非汉语的孩子们来说，学习这篇课文非常困难。首先是个别词语的含义，比如"官员""秤杆"，单凭课本和教师的解释，学生们理解起来非常困难。再者，称象的过程理解起来也是难度较高的。因而需要给这篇课文适当加入一些图片和视频来辅助学生正确理解各个方面的内容。录音、录像等多媒体，因其具有比较形象且生动的特点，使表达信息的效果大大增强，进而吸引学生的注意力，且能够激发学生兴趣，优化课堂教学效果。

2.4　教学模式

教学模式是教学活动中一个非常重要的部分。

现阶段的华文教育也是受我国传统教育模式影响的传递—接受教学模式：一种以教师为中心的教学模式。其基本程序是：讲授知识—课后做题—校对巩固—检查评价。其本质上属于以教师为中心的教学模式。当然，这种模式有利于发挥教师主导地位，有效管理与控制课堂教学；但它存在一个很大的不足，它阻碍了学生主动性、创造性的发挥。很多学生逐渐养成了一种不想问"为什么"、也不知道要问"为什么"的习惯。

随着多媒体计算机和网络的加入，一方面，我们可以充分利用现代教育技术手段，运用尽可能多的教学媒体、信息资源，积极引导并发挥学生的积极性和创造性，使学生从真正意义上积极主动地探索知识，不再是被动地接受知识信息，而是成为知识信息的主动建构者。另一方面，教师的角色要从灌输者向引领者转变，有效引导学生主动去构建学习体系。

2.5　学习环境

环境是影响创造性思维的一项重要因素。所有的学习活动都是发生在特定的环境

---

① 孙志凤．交流与协调：建立长三角教师教育信息化基地［J］．教育发展研究，2004（1）．

之中的。因此，在华文教学过程中构造一个什么样的学习环境将对学习活动有很大的影响。构建一种能多为学生提供开放性学习资源的自主学习环境来促进创造思维的发展、提高学生学习华文的主动性是非常有必要的。

网络学习环境的构建将大大增加学生学习汉语的信息量，并通过一种直观、有效的形式来促使他们主动去探索和学习汉语。举个例子，edmodo 就是一个以教育为主的社交网络平台。教师可以在该网站上建立一个群，取得一个群体代码，然后学生就可以凭这个群体代码登入该网站。教师可以把作业、学习信息等放入该网络教室中，同学们可以在线提交作业以及和老师进行互动交流。

3 华文教育信息化下的教育者和受教育者

教育者和受教育者作为教学活动的两大主体，在教育信息化背景下该如何适应和共进呢?

3.1 教育者：华文教师

从传播学的角度来看，教师的教学在很大程度上属于信息传播行为。教师把自身获得的知识经过筛选、加工、提炼，继而传递给学生，然后根据目标要求再对学生的接收效果进行评价。这实质上是一种信息加工、传播与评价的能力，也是信息素养能力中的基础。教师的这种能力在实践中的具体表现直接关系到学生的学习效果。所以，教师的信息素养在传统的教学过程中同样有着相当重要且不可替代的作用。但信息时代教师的信息素养，有着更丰富的内涵。①

过去，教师一直被视为知识传授的权威代言人。在华文教育中也是如此，教师是华文知识的垄断者、学习活动的支配者。但是在信息化教学环境中，华文信息量浩如烟海，教师应该从垄断者转变成学生学习和活动的引导者，引领、鼓励并指导学生进行各类华文学习活动。此时的教师更是作为学生的一种有效资源形式，与学生进行平等的交流，实现教与学的和谐发展。

当然，为使华文教育者即华文教师在信息化社会得到有效发展，华文教师必须拥有良好的信息素养，因此，华文教师学习计算机教学等信息化教育知识是势在必行的。

3.2 受教育者：学生

信息化改变教育资源配置方式。传统教育模式下的华文教学必须建立在以学校为实体的基础上，但信息化的华文教育不仅仅局限于传统意义上的华文学校。网络上大量的华文教育信息都是华文教育的组成部分，学生可以在这浩瀚广阔的知识海洋里畅游。但任何事物都具有两面性。信息化给学生的华文自主学习提供了个性化的学习环境，其内容更为丰富，交互性更强。但同时，信息化资源环境很容易让作为主体的受

---

① 钟绍春，张琢，李吉南，等. 信息技术与课程有效整合的方法与实践［J］，中国电化教育，2007（10）.

教育者迷失方向。在复杂的网络环境下的学习中，由于学生年纪尚轻，自我控制能力不足，难以辨别哪些资源是可以利用的，哪些是没有价值的。他们甚至还会被一些和学习无关的东西如游戏所迷惑，从而偏离学习的轨道。

因此，华文教育信息化背景下，教学者必须要给予学生充分的重视，切不可让他们迷失学习方向。

4　华文教育信息化具体策略举例

华文教育平台系统的建立、网上作业及批改系统、华文教师教学资料空间的建立和运营、网络教室等。

5　总结

把信息技术作为工具与资源运用到华文教学中仅仅是应用的开始。华文教育信息化是一个过程，需要运用信息技术不断改进华文教学，使学生的信息素养得到提高，从而优化华文教育，促进华文教育现代化。而作为重要角色的华文教师当然必须不断增强教学信息化意识，学会运用、加工、储存有效信息，不断丰富教学资源，运用信息技术研究教学并使它得到发展和创新，有效实现现代信息技术与教育的整合，实现华文教育信息化。

参考文献

［1］南国农．教育信息化建设的几个理论和实际问题（上）［J］．电化教育研究，2002（11）．

［2］姜军．浅谈传统教学手段之去留［EB/OL］．http：//www．docin．com/p－984986242．html（1）．

［3］孙志凤．交流与协调：建立长三角教师教育信息化基地［J］．教育发展研究，2004（1）．

［4］钟绍春，张琢，李吉南，等．信息技术与课程有效整合的方法与实践［J］．中国电化教育，2007（10）．

【作者简介】

潘丽丽，西班牙阿利坎特大学教育研究博士在读，西班牙博思语言学校创办者，负责课程设计、课程开发、学生能力考查、教学规划、教师管理。Email：academiabossychino@hotmail．com。

新加坡教育专用语料库的建设与应用[①]

［新加坡］吴福焕
（新加坡华文教研中心）

引言

语料库语言学与语言教学一直被认为是可以相辅相成的两个学科。然而，不少语料库却往往无法起到辅助语言教学的功能（林进展等，2015；余国良，2009）。其主要原因在于这些语料库在建设时多从语言本体的研究角度出发，而忽略了课程开发和语言教学的需要（Braun，2007；Cook，1998；Gavioli & Aston，2001；McEnery & Xiao，2010）。为了让语料库更加紧密地与华文教学配合，新加坡华文教研中心自 2011 年起就致力于华文教育专用语料库的开发和建设。

所谓教育专用语料库，顾名思义，就是专为语言教学目的而开发的语料库，而教育的专用性主要体现在两个方面，一是在建设的过程中尽可能从课程与教学需要上去进行采样和建构，二是在完成建库后进一步开发出实用的功能，让教育界人士能直接使用库里的信息或借助语料库的信息为教育工作者提供切实、有用的功能或应用程式。

新加坡华文教研中心在新加坡教育部委托下，建设了两个教育专用语料库，分别是“新加坡学生日常华文书面语语料库”以及“新加坡小学生日常华语口语语料库”。前者旨在找出学生应该学习的日常词汇和句型；后者则旨在探索不同年龄层学生所能基本掌握的词汇与句型。这两个语料库的建设可以分为三个阶段，一是语料采集，二是语料处理，三是语料分析。本文将对这两个语料库的建设过程和特点进行介绍，并总结它们初步提供的语言信息。结合这两个语料库所提供的信息，课程开发者将能定位课程所应涵盖的汉字、词汇和句型范围，并预期不同年龄层与不同家庭背景学生所能达到的基本语言水平。

除了为课程开发者提供信息外，2013 年相关研究团队在书面语语料库的基础上，

① 鸣谢：本文所采用的资料是新加坡教育部资助之“新加坡学生日常华文书面语语料库”与“新加坡小学生日常华语口语语料库”项目的部分研究成果。在研究中，我们得到了教育部、教师、学生、家长和相关人士的大力支持，在此一并表示感谢。

为一线教师开发了一个教学资源平台，这个平台除了具备让教师搜索字词句等语言信息的功能外，还专为教师开发了一个文本分级功能，协助教师鉴定课外阅读材料与阅读测验题目的适宜程度和难易程度。

1 语料库的建构流程

上述两个语料库的建设基本经历三个阶段。在第一个阶段，两个项目都进行了学生问卷调查，书面语语料库的学生调查主要针对学生接触语料的范围和频率，以此界定采集语料的方向后才开始语料的收集；口语语料库则主要调查不同年龄层学生的爱好和兴趣，以便设计访谈的话题和课堂活动。在第二个阶段，书面语语料库以“灵玖数据挖掘 & 语义分析智能开发平台”（Lingioin Text Mining & Semantic Parser Development Platform），对语料进行了分词和词性标注，并采用新加坡华文教研中心自行开发的句型标注系统对句子的类型进行人工标注；口语语料库的语料处理过程与书面语语料库类似，但在这之前多了一个转写环节，所有收集到的录音都转写成文字才入库进行语料处理，并反复进行人工校对。在第三个阶段，项目组对两个语料库的字词句的分布情况进行了总结，并产出了字表、词表和句型表。结合这两个语料库所提供的语言信息，课程开发者将能定位课程所应涵盖的词汇和句型范围，以及不同年龄层与不同家庭背景学生所应达到的基本语言水平。

在建设上述的两个语料库时，语料的处理有一些共同的流程。简单来说，我们需要对收集来的语料进行处理、建库和加工。由于上述两个语料库的语料在来源和格式上有所不同，不同的语料需要采取不同的处理工序、使用不同的应用软件和语料处理平台，进行一系列的预处理工作。在语料预处理过程中所使用到的软件就包括：转写录音的专用工具 Transcriber、用于处理文本的专用软件或文本整理器（如：Power GREP、AntConc 和 UltraEdit）以及由新加坡华文教研中心语料库项目组自行开发的语料处理辅助应用软件。以下是这两个语料库所涉及的几种语料的处理方式：

（1）报章语料的处理：由于报章语料绝大部分直接下载自新加坡报业控股的 *Newslink* 档案库，在下载过程中出现了乱码、标点符号不一致以及非自然断句的现象。对这些有问题的语料，我们进行了人工校对，并将少量无法核对的语料加以删除。同时，我们也借助上述不同的应用软件，集中处理标点符号及非自然断句的问题。

（2）儿童读物、漫画和杂志的处理：对于收集到的图书资料，我们进行了扫描、文字识别及格式转换，并对提取出来的文字进行校对。

（3）口语的处理：口语的处理过程基本包括录音和转写，之后统一转换格式，并进行人工校对。

（4）网页的处理：网页资料的处理虽然较为直观，但由于内码和编码的不同，在下载后仍需要经过格式转换及人工校对的工序。

经过预处理的语料会通过“灵玖数据挖掘 & 语义分析智能开发平台”进行语料加工处理。加工的程序如下：

首先，对语料进行查重分析，将重复的文本剔除。

其次，由于两个语料库所收集的语料包含了大量本地特色词汇及惯用搭配，这些词汇和搭配并未收入“灵玖”平台，因此需要研究人员在“灵玖”平台上识别新词，并标注其词性，以便系统之后依据确认的新词切分语料。

再次，“灵玖”平台会对语料进行自动化分词和词性标注，进而生成词表初稿，供研究人员以新加坡华文教研中心的语料校对，与标注系统逐词进行校对。之后根据本课题组研制的句型与句类标注体系对库内的句子进行标注。

最后，在完成词汇校对与句型标注后，即可使用新加坡教研中心开发的语料提取与数据分析工具，生成所需要的词表和句型表，并提取词频、词汇丰富度、词汇密集度、词汇覆盖率、句频、句长等信息。

总的来说，书面语语料库和小学生口语语料库的建库流程基本包括：语料采集、语料预处理、语料入库、语料分词和校对，以及数据产出。图 1 是这 5 个步骤的示意图。

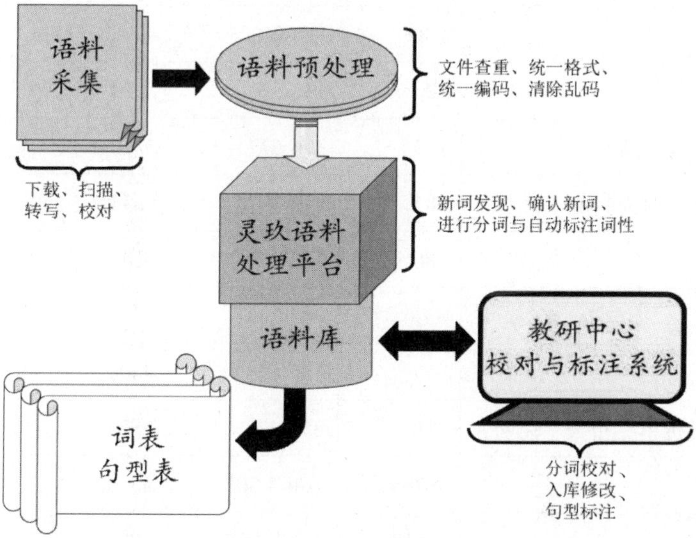

图 1　语料处理流程

2　书面语语料库的内容与初步结果

为确保所采集的语料具有代表性，语料库课题组首先开展了一个学生阅读兴趣问卷调查，以了解学生在日常生活中会接触到的文本或媒介类型，以及这些文本或媒体的具体名称。这个调查涉及大约 1 700 名中小学生，覆盖各个年级与学校基本类型。

在分析了学生的阅读兴趣后，我们展开了语料的采集工作，所采集的范围相当广：在文体方面，包括了学生报、故事书、教辅材料、歌词、剧本、网络资源等；在内容和主题方面，涵盖了学生专题报道、时事、体育、娱乐、旅游和休闲等。这些语料按学生们接触的比例收集，力求文本类型与生活主题平衡，以尽可能涵盖不同书面媒体和主流文体中各种题材和领域的用词与句型。表1是书面语语料库中语料的文本分布情况。

表1　书面语语料库的语料分布

	文件数	字次	各语料字次占库比例（%）
•《逗号》（学生报）	279	292 125	11.07
•《大拇指》（学生报）	300	239 272	9.07
•《联合早报》	703	442 010	16.76
•《联合晚报》	248	94 430	3.58
•《新明日报》	297	102 786	3.90
报章总计	1 827	1 170 623	44.38
•漫画	12	132 876	5.04
•故事书与文学作品	169	396 672	15.04
•杂志（娱乐、时尚、文学）	285	240 397	9.11
•网页	380	143 463	5.44
•参考书	83	362 234	13.73
•教材	477	106 628	4.04
•其他文本（传单、布告、说明）	380	85 097	3.22
非报章总计	1 786	1 467 367	55.62
主库总数	3 613	2 637 990	100

如表1所示，书面语语料库共2 637 990字次，覆盖报章和非报章两种语料。为了贴近学生接触报章和非报章文体的实际情况，报章文本的收集比例略少，占全库的44.38%，且以两份学生报为主，即《逗号》和《大拇指》，共占报章类语料的一半左右（20.14%）。非报章语料部分，根据学生文本接触的比例，在收集的比例上略多，

共收集了1 467 367字次，占全库的55.62%。在非报章语料中，占比例较多的是故事书与文学作品及参考书，分别占全库的15.04%和13.73%。这里值得注意的一种语料是非报章中的其他文本，它所占的比例虽然不高（仅3.22%），却和学生的日常生活更为密切，它包括了学生平日在学校看到的壁报、街上拿到的传单，以及在一些本地名胜景点所能取得的文物介绍或历史事件说明。

上述两百多万字次的语料经灵玖分词软件切分，以及相关课题组的人工校对后，共得词次（型符数，Token）1 695 214次，词条（类符数，Type）53 230个。为便于教材编写者参考，该课题组以覆盖全库95%的覆盖率为限，将53 230个词条的前10 290个高频词视为新加坡学生最常接触的词汇。以下是这些常接触词条的分布情况。

表2　书面语语料库的词条分布

序号	词类	词条数	序号	词类	词条数
1	普通名词	3 978	12	连词	106
2	时间词	151	13	介词	59
3	方位词	68	14	数词	37
4	处所词	66	15	助词	32
5	地名	149	16	拟声词	30
6	机构团体名	29	17	感叹词	24
7	动词	3 416	18	语气词	21
8	形容词	1 112	19	成语及习用语块	209
9	副词	500	20	前缀	3
10	量词	181	21	后缀	7
11	代词	112	合计		10 290

这一万余个词条分布于21个词类，分别是：普通名词、时间词、方位词、处所词、地名、机构团体名、动词、形容词、副词、量词、代词、连词、介词、数词、助词、拟声词、感叹词、语气词、成语及习用语块、前缀、后缀（如表2所示）。在这些词类中，实词类（即名词、动词、形容词、数词、量词和代词）所占的比例最大，共有9 299个词条，约占词表词条数的90.37%。虚词类的词条则最少，共991个，仅占词表词条数的9.63%。

表3　书面语语料库小学与中学子库的词条分布与共有词条

词性	小学词条数	中学词条数	两库共有词条
名词	10 058	15 699	7 231
动词	6 917	9 812	5 932
形容词	2 388	3 164	1 996
副词	728	838	635
量词	285	320	254
时间词	328	355	245
代词	142	162	131
连词	134	159	125
处所词	144	170	122
方位词	109	131	97
介词	70	78	64
拟声词	140	98	64
数词	70	56	44
助词	42	47	35
叹词	39	40	28
语气词	27	34	25
后缀	8	14	8
前缀	3	6	3

为更具体地锁定新加坡学生应该掌握的基本词汇，课题组分别产出该语料库中两个子库的个别词表，分别是小学子库词表和中学子库词表，并对它们之间共有的词汇进行对比（见表3），对比结果显示，两个子库中共有的词条共17 039个，其中94.21%是实词（共16 052个），5.79%是虚词（共987个）。这些两个子库共有的词汇可以视为学生在小学至中学间必须学会的基本词汇。

除词汇外，课题组也对书面语语料库中的句子进行了句型的标注和计算。在全库118 956个句子中，单句以动词谓语句、无主句和形容词谓语句较为常见，分别占句子总数的77.33%、13.03%和7.79%。至于复句方面，较常见的3种句型包括承接复句中的“……就……”、并列复句中的“……也……”和转折复句中的“虽然……但是……”，分别占全库句数的0.06%、0.04%及0.03%。

3 口语语料库的内容与初步结果

新加坡小学生日常华语口语语料库的建设工作较书面语语料库复杂。该库首先设定了三种数据收集的方法，以求全面捕捉小学生的口语情况或能力。这三种数据收集方法包括：一对一访谈、课堂实录和家庭对话。一对一访谈主要采取研究员诱导学生说话的方法来采集语料。这种方法能较为直接有效地取得大量的口语语料，然而它相对不自然，属于非自然的口语语料。课堂实录则是通过老师组织口语活动的方法让学生在活动中自发地产出口语语料。这种方法能提供相对自然的语料，因为课堂上的互动原就是学生使用口语的一种情景。家庭对话则是在家长配合下录制学生于家庭活动中以华语交谈的语料。这种数据最自然，因为学生是在一种自己熟悉的氛围下，随需要产出口语语料的。表 4 是这三种数据收集方法所收集的语料大致数量。

表 4　口语语料库取样对象的分布

	学校类型	小一	小三	小六	总数	小时
一对一访谈（人数）——诱导型语料	特选学校	60	60	60	180	90
	传统英校	60	60	60	180	90
	邻里学校	120	120	120	360	180
	合计	240	240	240	720	360
课堂实录（班级数）——半自然语料	特选学校	4	4	4	12	12
	传统英校	4	4	4	12	12
	邻里学校	8	8	8	24	24
	合计	16	16	16	48	48
家庭对话（家庭数）——自然语料	特选学校	6	6	6	18	18
	传统英校	6	6	6	18	18
	邻里学校	12	12	12	36	36
	合计	24	24	24	72	72

如表 4 所示，该语料库预计收集 720 名学生的一对一访谈语料，然而因为学生缺席和录音设备故障，最终只收集到 699 名学生的一对一访谈语料。在课堂实录方面，该库收集到所预计之 48 堂课的语料，而在收集数量上最少且最珍贵的家庭对话也如预期地完成了 72 名学生和家人的生活对话语料收集。这里必须一提的是在进行语料收集前，课题组向学生发放了两份问卷，第一份是有关学生家庭语言使用情况的调查，这个调查将最终为每名学生计算出他所属的家庭语言背景类型（分别为：主讲华

语家庭、双语家庭和主讲英语家庭）。另一份问卷则主要调查学生们所喜爱的话题，调查的结果则用于设计一对一访谈中的诱导题目和课堂实录中所会进行的口语活动，这是为了让学生在最熟悉的话题里，最大限度地发挥自己的口语能力。

在完成语料的收集后，所有的语料都被转写成文字（即逐字稿），并根据先前提到的语料库共通建构流程进行建库。该语料库最终得到词次1 285 096次，词条8 371个。这8 000余个词条中，普通词汇（即汉语中有的词汇）7 358个，包括成语的语块164个，以及人名、地名专名等849个。这些词外，课题组还发现了290个在新加坡、马来西亚和中国港台地区才使用的特有词汇（也可视为未规范的词汇），这些词汇有些仍保留在华语中，有些则需要有所扬弃或进行规范。

在句类与句型方面，全库共有299 394个句子。其中，绝大部分是陈述句，占全库句子数的90.46%；其次是疑问句，占全库句子数的6.91%；再次为感叹句和祈使句，分别占全库句子数的2.20%和0.41%。在单句方面以动词谓语句、简略句和独词句较为常见，分别占句子总数的28.55%、22.80%和9.73%。至于复句方面，较常见的3种句型包括因果复句中的“因为……所以……”，承接复句中的“……然后……”和假设复句中的“如果……就……”，分别占全库句数的3.15%、0.97%及0.77%。

除分析口语语料库的分词与句型结果外，该语料库还根据上述学生家庭语言使用情况调查，给每位参与调查的学生换算出一个代表其家庭语言背景类型的“华语接触指数”（Chinese Exposure Index，简称CEI）。该指数介于1到-1之间。指数越接近“1”代表儿童来自主讲华语的家庭，趋于“0”则代表儿童来自双语并行的家庭，而接近“-1”则代表儿童来自主讲英语的家庭。以这一指数，该课题组对比了不同家庭语言背景儿童在词汇丰富度（lexical diversity）、语法复杂程度（syntactic complexity）和语码转换频率上的表现。表5至表8为初步比较的结果。

表5　儿童家庭语言背景与其词汇丰富度的关系

CEI对	总词条数	总词次	总TTR值	华语词条数	华语词次	华语TTR值
Pearson	0.152**	0.108*	0.016	0.231**	0.144**	0.049
Sig.	0.001	0.014	0.723	0.000	0.001	0.270
N	516	516	516	516	516	516

在词汇丰富度上，课题组计算了几个丰富度指标，分别是每名儿童在一对一访谈中的总词条数、总词条数对总词次的比例（即Type-Token Ratio，TTR值）、华语词条数，以及华语词条数对华语词次的比例。这些指标的数值越高就意味着儿童的词汇越丰富。所以，根据表5，参与研究之儿童的家庭语言背景和几个词汇丰富度指标的

相关系数虽然不高，但仍呈现一些显著的正相关趋势。CEI 与总词条数的相关系数为 0.152，与华语词条数的相关系数为 0.231。CEI 与总 TTR 值和华语 TTR 值则未呈现显著的相关性。换言之，部分词汇丰富度的指标（如：总词条数、华语词条数）显示，主讲华语家庭的儿童，其总词汇量和华语词汇量较为丰富，反之，主讲英语家庭的儿童则较低。然而，有部分词汇丰富度指标（如：TTR）则未显示出显著的相关性。

表 6　儿童家庭语言背景与其话轮类型的关系

CEI 对	独词话轮数	短语话轮数	单句话轮数	复句话轮数
Pearson	-0.113**	-0.050	0.040	0.101*
Sig.	0.010	0.255	0.365	0.022
N	516	516	516	516

表 7　儿童家庭语言背景与其单复句平均句长的关系

CEI 对	单句话轮句长	复句话轮句长	连词词条数
Pearson	0.163**	0.168**	0.172**
Sig.	0.000	0.000	0.000
N	516	516	516

在语法复杂程度上，课题组计算了以下几个指标：每名儿童在一对一访谈中的独词话轮数、短语话轮数、单句话轮数、复句话轮数、单句话轮句长、复句话轮句长，以及他们使用的连词词条数。表 6 显示，与儿童家庭语言背景产生显著相关性的是独词话轮数和复句话轮数，相关系数 r 值分别为 -0.113 和 0.101。值得注意的是，家庭语言背景与独词话轮数呈现了负相关，这意味着主讲英语家庭的儿童较常使用语法复杂度较低的独词话轮与人沟通。相反地，主讲华语家庭的儿童较常使用语法复杂度较高的复句话轮与人沟通。

此外，表 7 则显示，家庭语言背景与单句话轮句长和复句话轮句长皆产生显著的正相关，相关系数 r 值分别为 0.163 和 0.168。这意味着主讲华语家庭的儿童能够产出较长的单句与复句话轮。相反地，主讲英语家庭的儿童则会产出较短的单句与复句话轮。在连词的使用方面，主讲华语家庭的儿童能使用的连词较多，而主讲英语家庭的儿童所能使用的连词则较少，因此家庭背景指数 CEI 与连词词条数就呈现了正相关，r 值为 0.172。换言之，主讲华语家庭的儿童能用较多的连词产出较为复杂的话轮，而主讲英语家庭的儿童，由于较少接触华语，无法自如地使用连词，因此只能产出语法较为简单的话轮。

表8　儿童家庭语言背景与其语码转换倾向

CEI对	英语词条数	语码转换话轮数	话际语码转换数	话内语码转换数
Pearson	−0.179**	−0.196**	−0.197**	−0.147**
Sig.	0.000	0.000	0.000	0.001
N	516	516	516	516

除了观察儿童家庭语言背景和词汇丰富度与语法复杂程度的关系，课题组还标注和计算了每名儿童语码转换的情况，所使用的观察指标包括英语词条数、语码转换话轮数、话际语码转换数，以及话内语码转换数。表8显示，家庭语言背景与这些指标基本呈显著负相关，相关系数r值分别为−0.179、−0.196、−0.197，以及−0.147。这表示主讲英语家庭的儿童更倾向于在进行华语沟通时使用语码转换，而他们所使用的语码转换类型（即在同一个话轮内切换语码）主要为英语。这种语码转换意味着说话人无法连贯地用华语表达，而需要借助英语语块完成沟通。总的来说，上述相关系数意味着较少接触华语的儿童会在需要用华语沟通时，使用其替代资源（即英语）。综合口语语料库的语言信息统计结果，预知不同儿童家庭背景所展现的语言使用特点，教材编写者和语言教师将能更好地掌握语言学习的焦点以及所要解决的问题。

4　语料库的应用

上述两个语料库的核心产出（按照相关要求）仅向课程编写者提供参考的词表与句型表。然而，这类产出对教学一线未必有直接的贡献。实际上，语料库的用途并不仅限于标准词表或句型表的拟定，它在教学上有三大主要的用途或应用方式，这里简要陈述并谈谈课题组对于这三大应用方式所做出的努力。

首先，建设语料库的其中一项核心用途就是梳理和描述语言的基本使用规律，找出语言成分（如：字、词、句、篇）的基本形态、搭配、使用范围、使用方法等。这些规律既要彰显语言成分间存在的共性，也要显示个别成分的特性。上述两个语料库中的书面语语料库基本完成字、词和句的共性梳理，并已把这些共性特征以频率字典、频率词典和句型索引的形式发布（请参考《新加坡学生日常华文用语调查系列》）；对于词汇与句子的个性特征则尚在整理之中。

其次，语料库的另一用途是整理和了解不同学习者在学习同一语言时所产生的语言现状，尤其是学习者在学习过程中所形成的中介语（Inter-language）或所面临的问题或惯性错误等。对这些现象的整理将有助于教师开发针对性的教学。在这方面，上述所提到的小学口语语料库正在进行相关资料的整理。该语料库将从学生的口语转写语料中找出新加坡不同年龄层、不同家庭语言背景学生的普遍口语特点和偏误，予以标记，并提供相应的教学建议。这个语料库最终将开发成一个教师培训资源，让需要的教师能在线了解学生的口语问题，并找到相应的解决方法。

再次，建成的语料库还可进行后续开发，作为教学的资源。所能开发的资源，既可作为教师教学的素材（如进行真实语料的导读、基于数据库的词汇或语法教学），也可作为学生自学的材料（如进行数据驱动的学习 Data Driven Learning）。在这方面，上述的书面语语料库已开发成新加坡首个基于语料库的平台——新加坡华文教学资源平台。该平台除了一般的语料检索功能（如字词句的查询）外，还同时配置了帮助老师备课的核心功能（如文本级别鉴定功能与全文检索功能）。该平台还开放了教师论坛，供教师对教学课题展开讨论，教师们甚至可以为个别字词的教学提供建议并分享教学心得。

5 结语

综上所述，本文简介了新加坡华文教研中心自 2011 年开发的两个语料库，分别为"新加坡学生日常华文书面语语料库"以及"新加坡小学生日常华语口语语料库"。这两个语料库的诞生主要对应于新加坡华文学习者素质与要求的改变。这两个语料库的结果除了能对课程编写有所贡献外，它们的后续开发将有助于一线教师与学习者的教与学。在往后的科研工作中，教研中心将继续探索语料库的其他教学用途，如以书面语与口语语料库为基础进行试题难易度鉴定以及以口语语料库为基础建设一个培训口语教学的资源平台。

参考文献

［1］华文课程与教学法检讨委员会. 华文课程与教学法检讨委员会报告书［M］. 新加坡：华文课程与教学法检讨委员会，2004.

［2］林进展，赵春生，洪瑞春，等. 基于语料库的新加坡华文教学资源平台开发［J］. 华文学刊，2015，13（1）：1－15.

［3］母语检讨委员会. 乐学善用［M］. 新加坡：新加坡教育部，2010.

［4］谢泽文. 教学与测试［M］. 新加坡：新加坡华文教师总会，2003.

［5］吴福焕. 泛读技巧［J］. 语言教学，2003（4）.

［6］吴福焕. 英语学习法［M］. 台北：志文出版社，2009.

［7］吴福焕，郭秀芬，赵春生，等. 新加坡小学一年级华语口语词汇表（阶段性报告）. 新加坡：南洋理工大学新加坡华文教研中心，2012.

［8］吴福焕，黄雪霞，林进展，等. 新加坡小学常用词汇与句型报告（阶段性报告）. 新加坡：南洋理工大学新加坡华文教研中心，2012.

［9］姚剑鹏. 语料库研究与语言教学［J］. 全球教育展望，2005（12）.

［10］余国良. 语料库语言学的研究与应用［M］. 成都：四川大学出版社，2009.

［11］BRAUN S. Integrating corpus work into secondary education：From data-driven learning to needs-driven corpora［J］. Recall，2007，19（3）：pp. 307－328.

[12]COOK G. The uses of reality: A reply to Ronald Cater[J]. ELT Journal,1998,52(1):pp. 57 –64.

[13]GAVIOLI L & ASTON G. Enriching reality:language corpora in language pedagogy[J]. ELT Journal,2001,55(3):pp. 238 –246.

[14]KAPLAN R B & BALDAUF R B jr. Language planning:From practice to theory[J]. Clevedon:Multilingual Matters,1997.

[15]LIU Y B & ZHAO S H. Chinese Language Education Research in Singapore:Making a case for alternative research orientation. In V. Vaish,S. Gopinathan & Y. B. Liu (eds.) Language,Capital,Culture:Critical Studies of Language in Education in Singapore. Amsterdam:Sense Publishers,2007:pp. 133 –153.

[16]MCENERY T & XIAO R. What corpora can offer in language teaching and learning. In E. Hinkel (Ed.),Handbook of Research in Second Language Teaching and Learning. London & New York: Routledge,2010(2):pp. 364 –380.

[17]PAKIR A. The Status of English and the Question of'standard'in Singapore:a Sociolinguistic Perspective. In Tickoo,Makhan L. Languages & standards:issues,attitudes,case studies,SEAMEO Regional Language Centre,1991:pp. 109 –130.

[18]SHEPHERD J. Striking a Balance:the Management of Languages in Singapore[M]. Frankfurt am Main:Peter Lang,2005.

[19]SILVER R E. The discourse of linguistic capital:language and economic policy planning in Singapore[J]. Language Policy,2005,4(1):pp. 47 –66.

[20]TAN C. Change and Continuity:Chinese language policy in Singapore. Language Policy,2006,5(1):pp. 41 –62.

[21]ZHAO S & LIU Y. The home language shift and its implications for language planning in Singapore[J]. Asia-Pacific Education Researcher,2007,16(2):pp. 11 –26.

【作者简介】

吴福焕，新加坡南洋理工大学新加坡华文教研中心研究科学家、院长室研究参谋，香港大学教育学院荣誉副教授，博士，主要从事社会语言学、语料库语言学、双语教育学、儿童语言发展、中小学华语文课堂研究。

华文教学研究

汉字形义研究与教学变革

［中国台湾］郎　锋
（台湾高雄港务分公司）

1　绪论

1.1　问题的提出

为什么汉字要如此书写？这种书写字形与其字义又有什么关系？几千年来，吾民识字用字从来都是死记硬背，即使个别简单字如“日、月”等可望“形”知“义”，但一追究更多的汉字，就无能为力了。而编纂的古今字典，虽然每一字皆呈有“形、音、义”，但它们之间却无联系；许多汉字虽有相同的部件，但它们之间也没有联系。汉字个个如“僵尸”。吾人坚信，汉字创设的笔画不是胡乱没有依据的，它一定有某种指涉，以表达其“义”。重点是，这些笔画是怎样表意的？为此，吾人找来9 000个常用汉字（含8 105个通用规范汉字）作为样本，分别对每个字的形与义从整体上进行考掘、研究。

由于汉字历经甲骨文、金文、大小篆、隶书之演化，到汉晋时期发展至成熟定型的楷书（即今正体字或繁体字）①，无论是字形还是字音，其断代变化相异巨大，这与福柯强调历史呈断裂式突变之史观相一致②。本着现代人使用、学习汉语汉字之立场，本次研究吾人把汉字限定于现代使用的正体字，即以楷书字体研究客体，而对之前的古体字如甲骨文等，一律以断代排除，包括用前代的理据来解释正体字以及用建立的理据推及前代。因为断代之间的演化，虽有联系，但同代之内自成独特的认识体系是其之所以为其自身的依据，而各个时期的人类认识是毫无关系的“断代”③。否则，又何必演化呢？

在许多人眼里，每个汉字都是一幅画，画中描绘的都是中国历史文化④，问题是这幅绘画看上去具体是怎样的？吾人像考古一样挖掘正体汉字之形义联系，使字形背

---

① 台湾所谓“正体字”，大陆称为“繁体字”——编者注。

② 在研究方法上，米歇尔·福柯（Michel Foucault）的《知识的考掘》侧重横向论述的断裂法，质疑传统史学的纵向延续式研究法，强调历史是断裂的，注重历史变迁性的探讨，倾向“共时性”的研究（彼得·柏克1997：105，127）。

③ 巴谢拉（Gaston Bachelard）曾以“认识论断层”（epistemic break）来诠释科学史上的断裂（rupture）、突变（mutation）现象，强调科学知识形构发展的不连续性，科学的进步并非是直线式的，而是跳跃式的。

④ 李景生．汉字与上古文化［M］．北京：中国社会科学出版社，2009：12.

后所指涉的事理情境或自然景观表象，如一幅栩栩如生的绘画，历历在目，难以忘怀，而字义则从中自然引出。自此，汉字将不再是“僵尸”，其每一个象形部件都将生动形象起来，这为大幅提高汉语识字的学习效率及效果打开了大门，同时也具有非常重要的现实意义。

1.2　**文献评论**

汉字理论主要是围绕字形的结构分类及其发展变化的。古时最著名的“六书说”（许慎《说文解字》），除了象形，其余并不能很好地说明汉字的形义关系，而且六书针对的是小篆，小篆与楷书间又隔着隶书，断代差距大。因此，研究对象的差异必然导致理论概括的差异。

然而，近代的“三书说”（唐兰、张世禄、陈梦家、裘锡圭）、“字素”理论（李圃）亦因为脱离不了音韵成分，硬是从汉字构形中找出音符，而无法清晰说明汉字的形义关系。汉字构形学（王宁等）虽然运用了现代系统观念，也强调构形与构意之间的对应关系，但终究离不开“示音构件”“形音合成”“表形构件”等，把音符、形符当作“区别”符号，换汤不换药，而难以摆脱束缚[①]。

对于西方的现代符号学，从索绪尔以来，受到拼音语言的影响，认为能指与所指之间是任意而无内在联系的约定[②]，致使把汉字当成了纯符号。

无论如何，吾人认为，汉字字形如果不能与某种事理情境或自然景观发生表象联结，致使字义凭空而来，那么再多的研究成果终究是“隔靴搔痒”，愧对创字或演进的本意。

过去的汉字理论缺失，主要表现在：

（1）只围绕字形而未把字义联系起来（虽然王宁把构意引进了，但对广大的音符视而不见，仍不彻底）。

（2）把字形中的某部件视为音符（形声字），使得吾人忘了这些所谓音符本意是用于表意的，虽然它们发音有被借用，以致走向了“近古文字已不容易看出字形所代表的意义，到了近代文字里……更看不出来了，于是文字就渐变成单纯的符号了”[③]的歧路。

（3）断代不分，也就是只作纵向研究而未分清同代，特别是最近的同代研究，以致用甲骨文来解释现代正体字，对学习汉字的指导意义甚微。

（4）在方法论上，虽然王宁已提出现代系统论有关的元素、结构、层次等观念[④]，但始终未能发展出象形组合的象位规则，及象形组合背后的象意组合，更别说

---

① 王宁．汉字构形学讲座［M］．台北：三民书局，2013：98.

② 索绪尔．普通语言学教程［M］．高名凯，译．上海：商务印书馆，1980：102.

③ 唐兰．古文字学导论［M］．台北：学海出版社，2013：126.

④ 王宁．汉字构形学讲座［M］．台北：三民书局，2013：98.

导出汉字的事理情境与自然景观的表象了。

吾人认为，汉字只有“一书”，即都是象意字：所有的字形，无论如何组合，都是象形及其组合（复合象形部件）的结果，这些组合依据象位规则都是某种事理情境或自然景观的表象呈现，而字义就蕴含其中。这种由象形及其组合，至象意及其组合，进而引出汉字的事理情境或自然景观表象，最终导出字义的“一书”说，吾人称为“象意论”或“象意说”。

自此以后，汉字字形的结构及其发展变化将更加概括、一致，亦更趋于科学，成为有要素、结构、层次的严密系统。

1.3 研究途径、方法及架构

为探究汉字的形义关系，吾人认为象形或其组合的象形部件（复合象形部件）是贯通汉字形义的“桥梁”或途径，因为象形本身就是具象实物的形状简化，复合象形部件是更大、更复杂事物的象意“画面”，它们组合在一起形成汉字，映照的是某种事理情境或自然景观的表象，而字义就蕴含其中。

吾人把9 000个常用汉字依象形或复合象形部件一一拆解，虽然这些有限象形或其复合象形部件大部分不知道其所代表的是何具象的事物意象，但吾人可以通过包含相同象形或复合象形部件的汉字及其背后所代表的意义反向归纳出该象形或复合象形部件的意象及其象征的具象事物，即找出它们的象意，使得相同象形或复合象形部件的汉字都能获得一致的解释。

经过大量的工作，吾人建构之内容及步骤，大致如下：

（1）确认出汉字的象形或其组合的象形部件（复合象形部件）的事物意象（象形的象意）。

（2）归纳出象形或其组合的象形部件在汉字中因象位（象形上下、左右、内外等的位置）差异所导致的象意差异规则。

（3）还原出汉字所代表的事理情境或自然景观的表象，尽管它是由象形或其组合的象形部件所指涉的事物、象位规则、该字之意义及历史文化或自然现象的常识共同聚集的结果。

（4）从事理情境或自然景观表象中，自然引出字义。

这样一来，正体汉字是由基本象形为要素、象位规则为结构及复合象形部件为层次的纵横交织的网状系统；汉字形义之间由汉字所代表的事理情境或自然景观的表象相联结；汉字终于在遗失了千年本相之后，重新获得了复原。

1.4 重点说明

汉字都是由象形或复合象形部件组合而成的，这种组合又利用象位（象形组合的位置关系）规则，反映的是象形背后象意之组合变化，最终反映呈现的是该字所代表的事理情境或自然景观表象，并导出该字的意义。这种以简驭繁的组合创字，先由181个独立象形相互组合成1 632个复合象形部件，然后再由复合象形部件相互组合出9 030个常用汉字，最终由这些常用汉字组合出无尽的词汇，交织成一个不断扩大的网状概念群，互相诠释，成句表达，这就是汉字（汉语）最本质的特征及其造字原理。

本文分六个部分，除了第一节绪论外，第二节探寻每个象形或其组合的复合象形部件所代表的具象事物及其象意（象形的意象或表象），它们是通往字义的基础，需要对9 000常用汉字之象形或复合象形部件一一检验归纳。由于同一个象形部件分布在许多不同的汉字里，任何调整都将牵一发而动全局，故探寻象形或复合象形部件之象意是一项庞大的工程，需要顾及汉字的各个方面。第三节探索汉字组合方式，即象位差异之规则，这是经过大量深入的汉字检核、分析归纳的结果，主要表现为上下、内外、左右三种结构样式。第四节还原汉字所代表的事理情境或自然景观表象，这是汉字创设时古人匠心独具由象形及其组合推导出字义及文化背景共同聚集表象的结果，也是经吾人一个字一个字像考古一样验证、挖掘的结果，而有了这幅表象“画”才能引出字义。第五节探讨字词的构成原理，这是由于中国近代受西方影响，大量新事物决堤突变式地涌入，而生成许多新词汇，其本质仍是汉字横向的扩大（更大的模块）。第六节表述对汉字教学之影响，包括方法与步骤。

2　象形及复合象形部件

汉字是由许多笔画构成的，惟笔画多寡各字有别。当一个汉字可以拆解为部分时，这个部分就称为部件。部件可以是一个汉字，也可以不是汉字。笔画多的部件一般还可以再拆分，如此层层拆分，就会得到许多不同的部件。这些部件有些重复出现在许多汉字中，有些却出现在少数字中，甚至只出现一次。吾人关心的是那些大量重复出现的部件。

汉字背后的意义，字典一查便知，但为什么非得如此字形才足以表达其意义呢?能让吾人从字形上一眼看穿字义的，也只有象形字，如“日、月”等；而一些简单的部首部件，如“氵、艹、扌、亻”等，吾人一般也都知道，但这些只是占极少数的部件，大部分是吾人望尘莫及的。

许慎对象形的解释是“象形者，画成其物，随体诘诎，日月是也”，也就是指用笔画描摹事物的外形特征。然而，吾人把象形的内涵再扩大，只要汉字的部件有明确而稳定的事理意象者都称为象形。这里的意象是指有构形意图的表象，吾人把这种用象形来反映事物或事理之意象称为象意，简单讲就是象形的意象（表象）；而把象形部件拆分后不成为象形的部件称为独立象形或基本象形；把一个以上的独立象形组合在一起的部件称为复合象形部件。

有了象形及复合象形部件之后，吾人对汉字拆分的部件就有了拆分依据，这种依象形拆分之方法称为象拆法。

本次研究首先就是把9 000常用汉字依象形或复合象形部件一一拆解，然后再观察部件，如果还能依象形再拆分，则再拆之，直至不能再拆解为止。这样一来，汉字都是独立象形及其复合象形部件组合的结果。唐兰把象形又区分为象身（属人身之形）、象物（自然界一切生物和非生物的形）及象工（人类的智慧的产物）①。

这里怎么不见形声字了？原来吾人不认为有形声字；换言之，在汉字部件中根本找不出所谓的音韵或声符。这是对汉字学最大的挑战。

首先，在汉字中的任何象形部件都为表意之用，都是象形或复合象形部件，它们不是音符。依汉字学理论，形符音符都是汉字结构中的一个部件，然而所谓音符却是有意象的意符，如“構（构）”字中的“冓”，它的象意是加固井壁连接两端桁架，它在别的字中如“溝（沟）”“講（讲）”发音也不同。

请看赵元任的同音文：

季姬击鸡记

季姬寂，集鸡，鸡即棘鸡。棘鸡饥叽，季姬及箕稷济鸡。鸡既济，跻姬笈，季姬忌，急咭鸡，鸡急，继圾几，季姬急，即籍箕击鸡，箕疾击几伎，伎即齑，鸡叽集几基，季姬急极屐击鸡，鸡既殛，季姬激，即记《季姬击鸡记》。

此文每一个字都发音相近，它们有相同的音符吗？虽然这是一篇有意义的文章，但一个音符如果不能在各处发出同样的声音，或相同的发音不能用同样的音符，这能叫音符？因此，汉字的“形、音”之间是随便的约定：没有必然的联系，它们是借用关系。

其次，几千年来，无论是盛世，还是乱世，中国人使用的口语、方言统一过吗？要不是近百年前制定出统一的拼音（注音）符号，汉字里哪有什么统一固定的音符？即任何字中出现相同音符皆发相同之音。也许王宁会说“汉字的声符本质上不是用来标音，没有指读字音的功能”，“汉字声符要起的作用只是在义符表示的意义类别范围内，区别出文字表示的个体事物”②，但是只为区别事物为何要选择该音符以示其声？事物的区分不是反映在事物的特征上，反而从人为的发音上找区别，可见拼音语言影响深远。例如“榆、松、桐、梨、桃、枫”中的“俞、公、同、利、兆、风”，它们承担的是对树种特征或其譬喻的意象，虽然也借用了它们的音韵。

再次，也许有人说形声字是许慎就定下的。许慎说：“形声者，以事为名，取譬相成，江河是也。”所谓“以事为名”，即依事类而定名字，但“取譬相成”是指依事例或比喻来相辅相成，这里没有专指发音的意思。而此处“江、河”中的“工、可”亦是表意的（江：大力之水流；河：尚可之水流）。可见近代的后人误解了许慎

---

① 唐兰. 古文字学导论［M］. 台北：学海出版社，2013：96.

② 王宁. 汉字构形学讲座［M］. 台北：三民书局，2013：99.

的形声字。

事实上，《康熙字典》包括之前的文字典籍都是用同音字来标注语音。实际的情况恰恰相反：正是因为国土广阔，各地口语方言杂陈，汉字的字形不可能是语音的标记，它只能依赖使用者共同熟悉的事物，以之作为基础而展开书面沟通，也就是一个共同的视觉经验。就像现今的国际机场所使用的图形标示语言一样：虽然各国语言不同，但大家看上去都懂，因为大家看到的世界（非听到的世界）是同一的，视觉经验人人皆同。

最后，吾人对 9 000 个常用汉字的验证表明，汉字的语音是借用其他相关语义之汉字或象形部件的声韵而来，字音与字形之间没有关系，各地方言中相同汉字发音亦异。形声字是借用了该字其中的象形部件或与其相近之音韵，所有声（音）符都是象形或复合象形部件，亦即都是表意的。

事后统计，基本独立象形大约有 181 个，复合象形部件大约有 1 632 个，它们共同组合出 9 030 个汉字。吾人相信，再多的汉字都只能是基本或独立象形数量的调整，但汉字这种以形表意的本质不会改变。

象形及其组合的象形部件（复合象形部件）都应该有它们对应的事物或事理意象，然而这些事物或事理意象大部分吾人事先并不知道。这里就涉及两个问题：①这些事物或事理意象到底是什么？②这些事物或事理意象为何能如此确定？即如此之合理性是什么？

像“漢（汉）”字，左边是三点水，这容易了解，但右边是什么呢？“艱（艰）、難（难）、嘆（叹）、歎（叹）”这几个字里面都有它，这几个字之间又有什么关系呢？原来右边这个被称为“革夫”的复合象形部件是盛行于西北黄土高原地区的一种水上交通工具，叫皮筏，它是用羊皮或牛皮充气后做成的简易筏舟；当皮筏（革夫）与水（三点水）组合在一起成“漢（汉）”字时，表示盛行皮筏的水域，也就是汉水；而这一地区的人称为汉人，他们使用的语言和文字称为汉语和汉字。再看这个“艱（艰）”字，右边是“艮”，表示初始（走到日落处），它与皮筏组合在一起，表示行驶于上游陌生水域之皮筏，当然就艰难了。再看这个“難（难）”字，右边这个“隹”是鸟类的意思，与皮筏组合，是说连鸟都停留在皮筏上了，表示人不见了，当然是遇难了。这个“嘆（叹）”字，左边是“口”，它与皮筏组合，表示对船夫生死搏命悲惨命运之哀叹。最后再看这个“歎（叹）”字，右边是“欠”，表示人疲而哈欠，它与皮筏组合表示对船夫经过一场惊涛骇浪而幸存的欣叹或感叹（嘆、歎在古汉语中是有区别的）。

怎么样？汉字简单吧！在这种视觉画面情景下，还需要死记硬背吗？重点是，这几个字的形义联结是特例或偶然吗？不是！吾人已经把 9 000 个常用汉字破解了，1 813（即 181 +1 632）个独立象形及复合象形部件背后所代表的具体事物意象都探寻出来了。它们都可以用这种方式以简驭繁地由意象通达字义。

现在的问题是，这个皮筏（革夫）是如何寻得的？或者为什么“革夫”这个复合象形部件是皮筏呢？吾人的方法就是回溯归纳：从有相同部件的汉字意义，包括它们的多义中反向回溯归纳而得。上述就是从“漢（汉）、艱（艰）、難（难）、嘆（叹）、歎（叹）”等字的意义中反推而得的。事实上，“革”字的象意是指三十年为一世而道更，引申为整理过的皮件，“夫”也有男子之义，合起来就是皮筏船夫。

当然，吾人对探寻象形部件背后的事理意象（象意），仍坚持两项原则：

（1）客观性原则，即遵从现代正体字的笔画部件形状，过去断代以前的字体一概不取或尽可能不用。像“北”，应从“丬”“匕”，而不是“匕”“匕”反背；

（2）一致性原则，即探寻出的象形部件的事理象意要有一致性，不可以在甲字中为某事意象，而到乙字中又变为另外的事物意象。而且，复合象形部件也要符合所组合的独立象形所表征的事理象意之解释。

像上例的皮筏既能解释“漢（汉）、艱（艰）、難（难）、嘆（叹）、歎（叹）”等字及它们的多义引申，又符合“革、夫”本身象形的解释。这样才能保证系统的完整、完美性，符合汉字原本之义，并达到以少识多，减少学习及记忆量，以获得最终效率及效果之提升。

更重要的是，吾人把汉字的构形建立在牢固可靠的象形之上，也就是人的意象之上，使建立在沙滩上的汉字理论终于奠基于系统科学的磐石之上。

在吾人的建构下，汉字构形系统的最小结构单元或构形元素是由181个独立象形组成的（以9 000个常用汉字为样本），独立象形像堆积木一样组合出1 632个作为第二层次以上的复合象形部件；然后再用同样的方式，由复合象形部件这个更大的模块继续组合成最外层的汉字。于是，一个严密的以简驭繁的构形系统于焉成形，汉字相互之间由少数的独立象形或复合象形部件联结成一个有层次的网络，每个汉字各就其位。

每一个独立象形或复合象形部件都有其对应的事理象意，它们构形上的组合也一同引发其事理象意方面的合成意象，问题是它们的组合方式或组合模式又是如何的？①

3　组合方式（象位规则）

上一节吾人讨论了象形及复合象形部件，然而它们在汉字方块中所摆放的位置不同也影响着组合结构的事理意象不同。例如“唯”“售”二字，同样是“口”“隹”组合，但“口”的位置，一个在左边，一个在下方，这使得组合之意象相差甚巨：“唯”是指一张鸟嘴独唱，“售”是指诱鸟入笼。因此，汉字的象位（象形部件之位置）是有其组合方式的规定性。

① 由于独立象形及复合象形部件数量多达1 813个，在此暂不一一列举它们及它们背后所代表的事物象意。待将来编制形义字典时再一并公告。

先看左右型结构的汉字。这类汉字多被学界称为形声字，即一边为意符（表义、表类），一边为音符（或声符、表音）。事实上，左右两边都是意符，一般它们之间是修辞关系，即左边表类，右边表特征，或这种关系左右互换。这类左右结构占汉字的大多数，创设的事理意象画面就像是背景与主题细节特征的关系。例如，“特”字，左边为“牛”，右边为“寺”，表示牵到寺庙的种牛（非一般的牛）。又如前述的“唯”字，也是表达了“口”与“隹”之间的从属关系。这种组合关系也影响了后来近代的创词，因为近代的词都是两个或两个以上汉字的组合，它们都是前后左右之关系。

另外，左右结构型汉字也指事物空间上的并列关系，例如“行”字，分列左右的“彳”“亍”表达了人之双脚并列行走的状态。又如“阝”，当它在字的右边，表示是在城里，如“都”字；当它在字的左边，表示是在城外荒山野外，如“阵”字。

再看上下型结构的汉字。上下关系直觉上就是“上”是“下”非、“上”真“下”假，及“上”实“下”虚等对立关系，这与人类价值评判上之二分法是同构的。例如“辱”是由“辰”与“寸”上下组合，表示错失耕种时机（分寸、法度）而受耻（古代错过官田耕种时节要受到官方处罚）；又像“虛（虚）”字，上“虍”下“丱一”，表示给周岁小孩戴虎帽的民俗（祈求无冲无刹，文采华丽如虎纹）。又如近年来引起争议的“愛（爱）”字①，它由“爪冖心夊”上下组合，表示发自内心的亲自付出与施予（夊：行至，乃譬喻送达；冖心：发自内心的，乃譬喻从内心的。此二者皆为譬喻，非实）。

另外，上下型结构汉字也指事物空间上的上下关系，如“口”，当它在部件之上，表示“出去”，如“呈”；反之在下，表示“进来”，如“售”。更多的上下型结构的汉字被应用于譬喻（非实、非真）的关系，如“學（学）、覺（觉）”等字（象孺子脑内发生了改变，象见到脑内发生了变化），可见古人已成熟应用譬喻之思维方式。

最后，再看内外结构型的汉字。内外主要指特定范围的内外关系，在现实中主要指门内外（屋内外）、城内外、边界内外等，像“囚”（屋内之人）、“高”（城楼）、“國（国）”（边界）等字。还有一种时间上的先后变化，如“因”，表示范围状态从小变大的过程；又如“回”，表示从入口到原点出口的过程。

当然，汉字象位变化不止这三种结构，还有其他类型，只是数量较少。例如插入型，就是把一个汉字从中间切开，加入另一个汉字或部件，如“黃（黄）”字就是把“共”切开，加入“由”字，表示共同的由来（西北黄土高原是中华民族的发源地，而且其四周土壤恰为黄色。这也是为什么抗战时要高唱“黄河大合唱”及黄河为什么象征着中华民族之原因）。又例如缺件型，就是把象形部件或字拿掉一个笔画，使其不完整，如“夬”就是“央”拿掉左边一竖，使完备的中央整体缺了一角；又如

① 费锦昌．简化字“爱的风波”［EB/OL］．江苏师范大学语言文字网，2015－05－05．

“匹”是“四”字右边拿掉了一竖，表示一个拉起四丈的布匹。又例如位移型，就是某一笔画位移到别的位置，如“冢”就是“家”上的最高点移到下方“豕”的脚下，表示地下之家；又如“告”字，“说文解字”说是“牛”与“口”的结合，但应是“壬”与“口”之结合，它表示士大夫被摘乌纱帽而关入了牢房，所以“壬”（戴乌纱帽任职的仕官）上的一撇掉到下方。

前面说过，两个以上独立象形组合在一起称为复合象形部件。但有时复合象形部件又和其他象形或复合象形部件组合，以致出现构形结构的层次化。例如“構（构）”字，先是由“冂”（特定的范围）与“土”组合成“冉”（挖井提土），然后“冉”与“一”组合成“再”（又一次提土），“再”又与“井”组合成“冓”（加固井壁连接两端之桁架），最后“冓”与“木”组合成“構”（木制连接的桁架）。

一个复合象形部件就像是一个模块，可以直接拿来使用，不再追究模块内部的细节，这种模块化物件导向的意义堆叠方式，大大减少了学习认知量。

这种汉字构形层次化、系统化是否严密，要从以下几个方面考察：第一，独立基本象形数与总数量的比例，比例越低，层次能量越大，汉字的构形系统越严密。第二，构形组合模式越单纯，汉字的构形系统越严密。小篆时许慎定为六书，近代又有三书说，而吾人只定为一书，即只以象形为核心。第三，越是层次结构占主导地位，系统越呈网状且严密。在象拆法下，几乎未见不能入网的汉字。第四，异写字和异构字的比例越小，规整程度越高，汉字的构形系统越严密。吾人选取的9 000个常用汉字，已排除了异写字和异构字。

在吾人选取的9 000个汉字中，拆分至独立象形，最多有7个层次，具体数字和比例如下：

层次	1	2	3	4	5	6	7
数目	648	2 549	3 530	1 701	450	129	21

可以看出，结构层次以3层次最多，4层内已达8 428个，占93%，可见系统严密程度。

其中，构字量超过100个的汉字部件有27个：水（533）、艸（390）、口（387）、木（387）、人（347）、手（338）、金（310）、土（256）、心（251）、糸（224）、言（220）、月（216）、女（186）、玉（185）、山（158）、竹（158）、日（152）、石（148）、火（144）、足（141）、衣（128）、魚（121）、辵（120）、鳥（107）、目（105）、疒（105）、犬（104）。

总之，这些象位规则是经过长期深入拆解大量的汉字形义而归纳获得的。它是汉字组合有效性的语法（程序）界面，使有限的象形组合出大量的汉字及无尽的词汇。

相同的象形因不同的排列组合，产生完全不相同的构形象意，这种基本象形和它们的组合方式双元架构被重复使用在不同面向的汉字，这就是所谓创意的表现了。

4 事理情境与自然景观

前两节吾人考察了象形或复合象形部件的象意与象位规则。然而，汉字构形不仅只是象形外观形位上的简单堆垒叠加，而是象形或复合象形背后意象的渲染：借助象形组件与它们间的象位关系共同营造建构汉字的意象。吾人把这种汉字意象称为汉字的事理情境或自然景观表象，也只有这种表象才能与汉字的意义相联结。就像绘画有了题材及表现手法，剩下的只是情境主题的表达。换言之，虽然象形或复合象形部件组合在一起只是汉字的构形，但更重要的是它们的象意组合意味着什么？部件构形只不过是载体，象意才是灵魂。因此，重要的是由象形组合的汉字，它们的事理情境或自然景观这个作为与字义相连的中介表象又是如何被召唤出来的？

每个独立象形都对应着一个简单象意，像“一”对应着天地相交于远方之一条横线（可表天地），“口”对应张开的人嘴，“、”对应一个突出之点，“冖”对应着覆盖的象意，等等。当两个以上的独立象形相互组合时，也就是两个以上的象意相互渗透之时，结果产生了“你中有我，我中有你”的新象意。例如“、”（突出之点）与“冖”（覆盖）相组合，成了“宀”，表示屋檐房顶的象意；它也是复合象形部件，又与“豕”“女”分别组合，成了“家”与“安”字，分别对应着有财斯成家之事理情境（汉朝时期猪象征财富）及家有贤妻而安心的事理情境。

这种由简单象意而随部件组合成复合象形部件之象意，称为象形的事理情境或自然景观。而汉字的事理情境或自然景观，是指存在某种历史文化生活经验的表象，包括对生活中的事物的理解（事理）及对自然现象的观察，这种表象既是由象形或复合象形部件所指涉的事物意象所构成，又依象位规则指出象形或复合象形部件之间的关系，使得建构出的意象（表象）蕴含了该汉字的意义元素。

就像吾人要绘制一幅有关历史文化上的风俗生活实况或自然现象的风情画，画面中的景物都是汉字象形所指涉的事物象意，而且景物关系符合汉字象位规则，整幅画所表达的主题（意义）就是该汉字的意义及其引申。例如，“巠”字就是高处流下来的水柱冲击水车做功的画面（象意）；像“歡（欢）”字是鸟巢里小鸟们张着大嘴急待刚回巢的鸟妈妈喂食的画面（象意）。只要熟悉历史文化，观察过自然的景象，就不难重建还原这种画面。

重建这种“画面”是吾人全部工作的终点或目标。这种画面是当年古人创设字形时的现场表象与发想的历史性跨越，又是抽离出汉字意义的丰富养料，为后来的人们识字架起共时性的“桥梁”：它一方面让人们回到了生活或自然现场，使人们身临其境，重新感受；另一方面，一千多年来，汉字终于回到了它的“家”：重新召唤出曾经中断失传的古圣先贤在创设汉字时脑内显现的事理情境或自然景观的表象，并将其浓缩于一个小小的方框之中。这既是一种由具象升华为抽象的思维跨越，也是一种把生活经验与常识固化并随汉字贯穿时空而来之教诲。古人劳心谆谆，一番苦心孤诣，不言而喻。

像“多”字把我们带到万古的星夜（字义就蕴含在数不尽的繁星之中）；“幸”字把我们带回意外难得的极度反差心理（字义就蕴含在意外获得时的释放之中）；“售”字向我们展示了现代营销的本质（字义就蕴含在诱鸟入笼之中）；“尚”字像诗歌一样把我们引向窗外星空的想象（字义就蕴含在遥望窗外星空之渴望之中）；“得”字告知我们一早迎向朝阳先耕耘而后收获之义理（字义就蕴含在迎着朝阳有分寸地去耕耘）。

9 000个汉字，太多了，在此无法一一列举。只能说，汉字透过其象形或复合象形部件所指涉的事物意象、象位规则、该字之意义以及历史文化背景或自然现象的常识，这多方面的汇聚召唤，作为中介的可视化的表象才终于还原浮现：这是一幅令人难忘、历历在目的中国历史文化或自然景观的风情画，它的每一笔画、每一部件都将形象起来。汉字再也不是没有灵魂的“僵尸”，再也不是死寂苍白的符号骨架，再也不会被无知的子孙任意切割。它的事理情境或自然景观表象，上连字义，下接字形象意，形成一个可视的、有意义的形义联结的表象图，为大幅提高学习汉语的效率及效果打开了大门。

吾人知道，世界上任何语言不外“形、音、义”。“形”是书写给眼睛看的，“音”是说话给耳朵听的，“义”是“形、音”表达给大脑想的。另一方面，世上的语言多数都是拼音语言。所谓拼音就是对任何一个事物都用一个固定的语音来标示记录它，世界有多大，就命名多少不同的语音；而阅读的书面文句都只是对这些语音沿水平方向飞逝的记录，书写的文句就像是书写汉语的注音（拼音）符号。因此，拼音语言是“形、音”一致，但形音（语音）与意义表象之间是一个纯粹的任意约定。于是，与其说是阅读，不如说是转译为听觉，而意义表象之显现却必须经事先强制性的记忆及熟悉后之召唤，而更大的表象“画面”须经由一组句子才能详述召唤完成。

然而，中文汉字则不同：“形”为视觉“画面”的简化及记录，“义”是这个视觉“画面”情境的事理当然，也就是说汉字的“形、义”是紧密联系在一起的，而字音却是相似意义的字或部件音韵的借用。对应书写者的“视觉—字形—字义”与接收者的“字形—表象—字义”，围绕突出视觉的体验，这与心理学强调的视觉强势（visual dominance）① 现象是相符合的，这是汉字最可贵及最重要的突出特征，且世上唯一。

因此，汉字和汉语是非常符合人性的，是最易于掌握的标示（标记）语言，而拼音语言是无法与之相比较的。由于汉字的图像性，汉语是最适合不同发音的世界各国

① 视觉强势（Visual dominance）由Posner、Nissen和Klein于1976年提出。

作为通用的标示语言。因为人类面对的是同一个客观世界，它对所有人开放，视觉经验人人皆同。

今天的“地球村”似乎正在重复文字形成之初的历史，以象形的模式又一次开始，只要把象形背后的象意及汉字的事理情境或自然景观表象都挖掘显现出来，配合国力的增强及交往需求的扩大，相信汉语汉字百年内终将被世人所认可，成为全球通用的标示语言或世界语。

5 汉字及其构词

汉字在“五四”白话文运动之前，是作为“词”被使用的；换言之，一个字就是一个“词”：直接对应一个事理情境或自然景观，及引申的字义，包括字义的多样性。如果仔细检视《古文观止》里的文章，当会发现双字组成的词很少。

近代中国被迫打开国门，西方各种新事物蜂拥而至，在文化上就面临一种断裂式的突变：旧有的文化系统无法适应新状态，表现在语言文字上，就是继续发扬汉字以简驭繁的特性，利用组合法扩大新字。例如“熵”这个字就是1923年普朗克来中国南京讲学，由著名物理学家胡刚复当场造出的字（像火一样的热能除以温度的商，描述某种乱序转化为秩序之程度）。

然而，汉字方框有限，容不下更多的笔画，最好是利用原来的字，如同汉字由象形部件组合一样，用两个字或多个字组合成新词，以重建词义，并与西方的“单词”接轨。因此，“词”这个由西文传来的概念，实际上就是汉字横向组合的再扩大。例如“火箭”，是由“火”与“箭”相组合，表示尾部冒火像箭一样的飞行器；“计算机”由“计”“算”“机”组合（能计算的机器）。因此，由字而组词，如同汉字由象形组合一样，都是抓住事物概念之“类”及其“特征”或譬喻之字而组合的。

新词由于是排列在句子中，故只能是两字或多字之前后组合。依据汉字左右象位规则，前后汉字组合的新词主要是前者修饰后者，因此，大部分两字词重点是后字。当然，也有并列关系词，如“孑孓”。

从汉字到由汉字组合成词这一过程，汉字的地位发生了变化：原来汉字所代表的“事理情境或自然景观”被迫成了词意的特征，汉字的意义成为词的基础。如“火箭”，已经没有“火”及“箭”的本义了，而是作为具有“火”及“箭”的特征的新事物。

但无论如何，只要了解了汉字，再了解词意是轻而易举的，因为词的意义是由组合它的字义决定的，命名新词时须用字来把握词的某些意义特征。汉字是象形组合的结果，而词是汉字横向组合的结果，因此，本质上词仍是象形组合的结果，不过是层次上的进一步衍生扩大而已。

这种双字造词之法，仍传承了汉字以简驭繁之优势，按事物之类别命名词汇，如左右型结构的汉字。例如，“车门、车窗、车灯、车头、车尾、车轮、车顶”等词，都是以车为类，减轻了识词量及记词量，使得不认识这几个词的人可轻易猜出它们的意义，只要认得这几个字。

而拼音语言如英文，就不能这样直接组词，因为太长了。如火箭将成为“FIRE－DRIVEVN－ARROW”，计算机将成为“COMPUTAIONAL－MACHINE”等。人的视角有限，太长的字会降低文章的可读性与读者的理解能力。因此，英语每一个词大都是独立词，是一个开放发散的词汇系统。没有几万个词汇量，特别是专业词汇，是看不懂相关文章的。但汉语字词就像生物基因（DNA），由少数的象形层层组合堆叠成几千个汉字，再由这几千个汉字组合成无尽的词汇。所以，会3 000个常用汉字，一般文章都可以应付读懂。

总之，汉字的独立象形就像是一系列常识模块，当它与另一个或几个常识模块组合在一起时，就形成一个完整的汉字；而两个汉字或几个汉字又组合出更多的词汇及更大的模块。它们共同依附在汉语书写环境里的共同平台上，并形成一个概念大网而联结在一起。这个概念联网上的概念意义不会支离破碎，而是稳固地预藏在网中，一遇适当的时机，则一跃而出，结合网中的概念同伴，合作表达新的内容，形成更广大的概念网络①，生生不息，无形中文明又有了新进展和新风貌。

6　汉字教学

由于拼音语言是用语音来标示记录事物的，所以学好外语首重语音辨识。然而，汉语不是拼音语言，汉字不是语音的记录，而是视觉意象的记录。因此，学好汉字，首重视觉辨识。透过对自然景物或事理情境的表象，就可轻易了解汉字。

多年来，吾人一个字一个字地把汉字的灵魂（象意），连同自己的，给“赎”了回来，也就是找回只剩下“骨架”的汉字的“灵肉”，使汉字自身述说着它的象意（象形的意象）和意义。这为今后人们认识汉字打开一扇直接通往真实生活逻辑和事物本身的“大门”：与其说认识汉字，不如说认识象形；与其说认识象形，不如说认识象形的事理或自然景象的象意标示。

这样一来，把需要学习才能掌握的需求降到最低点，从而使所有人都能够识别和操作：一方面对它的使用能力不取决于读者的教育程度高低和掌握知识多少，另一方面不管哪种文化背景的人，讲哪种语言的人，只要进入中华文化和生活常识，他或她面对及掌握汉字如同回到生活般自如。

所谓的“象义说”，就是透视出汉字的象形部件，无论它以独立象形为核心所组合出的有多少各式各样复合象形部件，都可由其象意建立起视觉化的“画面”。配合当今的图文时代，这种不依赖任何语音的象形文字系统——抵触传统的阅读和对直观图像的着迷，将具有非常大的优势。而且，使目前公认最难学的汉语变为最容易学及

① 语义（概念）网络原理，由美国心理学家M. R. Quillian于1968年提出。

最讲义理的语言。为什么？

（1）象形部件是具象事物之简化，汉字的事理情境或自然景观更是视觉画面的表象，而建立在视觉辨识基础上的认知通道，比起其他通道，如听觉、嗅觉、触觉等，是最符合人性的。

（2）象形部件组合的上下、内外、左右等结构形式，与现实世界及事物义理保有一致的同构，其从具象到抽象的完美转换，加深了理解，规范了意义。

（3）象形部件组合的事理情境或自然景观完全是来自生活义理或自然观察，是百科全书式的知识与常识之合体，是人类最好、最特别的通识教科书。

（4）汉字以简驭繁的特性大大减少了学习量及记忆量，因为吾人整理出 181 个独立象形部件共组合了 1 623 个复合象形部件，进而共同组合了 9 030 个汉字，进而可以组合无尽的词汇。而且，汉字象形的组合方式同样适用于词汇的生成方式，识字的同时也一并认识了词汇。

总之，人类高层次的学习，靠的就是有意义的联结①。汉字可视化的事理情境或自然景观表象，上连字义，下接字形（象形模块），形成一个有意义的形义表象的联结。

因此，关于汉字教学，吾人认为应该充分利用汉字的形义关系，即象形与实物、事理情境（或自然景观）与视觉图画，及象位规则的关系，充分利用汉字以简驭繁的组合特性，由简而繁，由独立象形而复合象形，直至字词，如阶梯般渐进而上之学习。因为学好中文首重字词，而白话文句都是近代仿照西文的结果。

具体言之，从纵向看：

（1）第一阶段，先教学那 181 个独立象形部件，配合实物或照片，一一对应，相信成人或青少年很快就会熟悉这些字符。

（2）第二阶段，再教学由 181 个独立象形部件所组合出的 1 623 个复合象形部件，每一个复合象形部件吾人都可配合事理情境或自然景观文句及图片、影片，再学习象位规则，相信汉字再也不是什么莫名其妙的怪物了。

（3）第三阶段，熟悉了一定量的象形或复合象形部件，就可以了解用它们组合而成的汉字。而且由于同一象形部件出现在许多汉字里，认识一个独立基本象形或复合象形部件，都可以引出一串像粽子一样的具有相同部件的汉字，使得学习一个象形部件的瞬间也一并学会了一串汉字。例如当了解到“雚”是鸟巢的象意，那么“歡、灌、觀（观）、爟、鸛（鹳）、鑵、顴（颧）、勸（劝）、獾、瓘、矔、讙、權（权）、罐、驩”等字也都获得了意象解释。又例如了解了“包”字（圆圆鼓鼓的孕妇），可以引出“苞、胞、雹、飽（饱）、刨、抱、咆、袍、跑、泡、炮、疱”等字，它们中的“包”都是表意“鼓鼓、圆圆”特征的。

最后，用同样的方法，教学组合词或词汇。而文句已与拼音语言接轨了。

---

① 曾志朗. 成智五步：仿、借、存、转、联［J］. 科学人，2015，8.

从横向看：

利用汉字的事理情境或自然景观的可视化，充分发挥多媒体的呈现方式，从书籍到漫画、动画、视讯、电视科教节目、手机 App、电子书、数位游戏等，再到实体玩具、操作游戏、汉字主题乐园等，让汉字学习全面展开，使汉字如文化基因深入每一个学习者的心灵之中。

总之，汉字的视觉情景化是非常符合现代人图式化的阅读、娱乐习惯的，符合寓教于乐的教学趋势的；那种提笔忘字、死记硬背的经历，一去不复返了！汉字瞬间变成世界上最容易学且最有趣的文字。更重要的是，汉字提高了吾中华文化的软实力。

最后，谈一谈简体字。汉字不是不能简化笔画，但前提必须是先了解它的笔画构形的意义，否则，胡砍一通就不是简化，而是破坏！支持简化论者不外工具说，例如中国社科院近代史研究所周溯源先生认为，“工具就要简单灵巧，实用好用，不要烦琐笨重，难学难用”，“汉字还应再简化”①。然而，殊不知“工具就要简单灵巧”是有前提的，这个前提就是不能破坏工具的功能。周先生嫌汉字笔画多，至少要先了解这些笔画的意义为何？须知，古人绝不会胡乱使用笔画创设汉字的，它是多少文人反复沉淀之结果。中华传统文化的精髓就是以简驭繁，汉字几千年的演化岂是笔画多寡所能概括的？既是专家就应该认真去研究汉字的形义关系，找不出答案就不应该随便喊简化。像“愛”字没有“心”，怎能表达诚挚（友情怎能升华到爱之境界）？像“為”字如果没有两个身体（尸尸相重）相抵近，母猴怎能为猴伴捉虱（费锦昌先生将许慎的母猴说视为笑话，其理竟是用甲骨文来解释②，焉知张飞笑岳飞乎）。

像一部轿车要拆除零件一定要懂这部车的工作原理及设计理念，要割盲肠也要懂盲肠的功能，专家岂能用笔画多少来计算汉字的使用效率？这里最大的误区是把汉字当成了纯符号，只知其然而不知其所以然也。

而今，吾人破解了9 000个常用汉字的形义关系，事实表明：汉字几乎没有多余的累赘笔画，这些笔画构成的象形部件都是与外部自然景观或事理情境有关，它们是以独立象形为核心，以复合象形部件为模块的结构体，它们都有自己的象意，也就是都有自己所属的“风情画”，而这些“风情画”才能与该字的意义联系起来。它们才是彻底解决汉字难学、难写，并最终达成易识、易记、易写、易学的关键钥匙。而一旦破坏，形义联系中断，不仅教学失去了依据，连汉字所代表的独特的百科全书式的知识常识也一同消失。如同现状，汉字真的成了没有灵魂的僵尸骨架（纯符号），这岂是吾族国人所乐见？

参考文献

[1] 福柯. 知识的考掘［M］. 王德威，译. 台北：麦田出版，1993.

---

① 周溯源，张广照. 论汉字再简化［N］. 光明日报，2013-02-19.

② 费锦昌. 简化字“爱”的风波［EB/OL］. 江苏师范大学语言文字网，2015-05-05.

［2］唐兰. 古文字学导论［M］. 台北：学海出版社，2013.
［3］王宁. 汉字构形学讲座［M］. 台北：三民书局，2013.

【作者简介】

郎锋，台湾高雄港务分公司劳安员，主要研究汉字与汉字教学、华文教育。

泰国留学生汉语单元音发音的分析

李佳芸[1]　王茂林[2]
（暨南大学华文学院）

引言

对东南亚留学生汉语发音的研究一直是学界的热点。泰国留学生在整个东南亚留学生群中占有较大的比重。泰语和汉语同属于汉藏语系，泰语也是有声调的语言之一，泰国留学生的汉语发音也十分有特点。有相当一部分人对泰国留学生的汉语发音进行了相关研究。李红印（1995）从对比汉泰两种语言在声、韵、调上的异同，来分析泰国学生学习汉语语音时在这三方面的偏误情况，总结出泰语和汉语的相似点构成了很强的干扰学生学习的负迁移因素；曹整莹、曹文（2002）分析了泰国学生汉语语音的发音偏误，并给出了一些教学对策；陈晨、李秋杨、王仲黎（2009）考察了泰国学生母语和第一外语对汉语元音习得的迁移影响；何霜（2011）选取了不同汉语水平的泰国学生分析他们复合元音发音的偏误特点。

本文选取了泰国留学生作为研究对象，对其汉语单元音的发音进行了声学实验研究，分析其发音特点和发音偏误，并希望从中能提出一些有建设性的发音指导。

1　声学实验说明

1.1　声学实验研究原理

元音的音色与其共振峰有关。一般来说一个元音的两个或三个共振峰就能体现它的音色特征。第一共振峰可以记为 F_1，第二共振峰可以记为 F_2，以此类推。声学语音学的研究表明，元音发音时影响其舌位的主要是 F_1 和 F_2。舌位高，F_1 小，舌位低，F_1 大；舌位前，F_2 大，舌位后，F_2 小。所以本文将依据这一规律通过语音实验提取发音人发元音时的共振峰值（F），绘制出声学元音图。但 -i/ɿ/、-i/ʅ/这两个舌尖元音比较特殊，与其他的舌面元音不同，-i/ɿ/是舌尖前音、-i/ʅ/是舌尖后音，在声学元音图上/ʅ/在前面，/ɿ/反而在后面。因为单元音发音是一个相对静态的过程，所以发音时，发音人的舌位和声腔形状会基本保持不变，所以每一个单元音在一张声学元音图上可以相应地对应一个点。将泰国留学生的声学元音图和中国学生的声学元音图进行比较，就能很直观清晰地看出泰国留学生汉语单元音发音的特点和偏误了。

1.2　实验过程说明

本次实验一共邀请了 36 位泰国留学生和 12 位中国学生参与语音样本采集。这 36 位泰国留学生中，汉语初级水平（学习时间为 12 个月以下）的有 12 位，汉语中级水平（汉语学习时间为12～24个月）的有12位，汉语高级水平（汉语学习时间为24个月以上）的有12位，每一水平的男、女生各占一半。而12位中国学生中男、女各6位，都来自北方方言区，普通话标准、熟练。

此次实验设计的汉字发音字表由21个汉字组成，里面包含了7个单元音发音的韵母，每个单元音韵母都设计了多个不同汉字，这样可以保证每个单元音可以取得多个样本，字表中的每个汉字均标有汉语拼音，顺序随机排列。录音在暨南大学华文学院录音室进行，录音室的隔音效果良好，并使用专业录音话筒录音，信号经外置声卡进入电脑，采样率为16khz，保存为WAV. 文件。录音前先让发音人熟悉录音材料。

录音完成后，使用Kay-CSL 4400提取每个音节单元音稳定段的F_1和F_2频率值，然后提取每个单元音韵母相同点数的共振峰频率值，这里每个单元音韵母取20个点，根据不同汉语水平、不同性别进行分类统计，求出各点的平均值，再根据这些平均值绘制出声学元音图。

2 分析与比较

一般认为汉语普通话的单元音有ɑ/a/、e/ɤ/、ê/ɛ/、i/i/、u/u/、ü/y/、o/o/、er/ɚ/、-i/ɿ/、-i/ʅ/，吴宗济在《汉语普通话单音节与图册》中已经对这几个单元音做出了很详尽的声学分析。根据元音格局理论，其都属于一级元音。但是其中元音ê/ɛ/在做单韵母的时候只在象声词、语气词和叹词中出现，所以把它看作边际音（王洪君，1999）。而单元音o/o/与唇音相拼时，声母和韵母之间会出现过度音/u/（石锋，2002），它的发音是动态的，所以在此也不作讨论。卷舌音er的发音也是一个动态过程，与其他单元音稳态的发音不同。因此，普通话的一级元音只有7个（石锋，2002），本文也只对这7个单元音进行分析，为了方便显示，图上把/ɤ/写作/ə/，把/y/写作/ü/。

2.1 泰国留学生与中国学生单元音发音的比较与分析

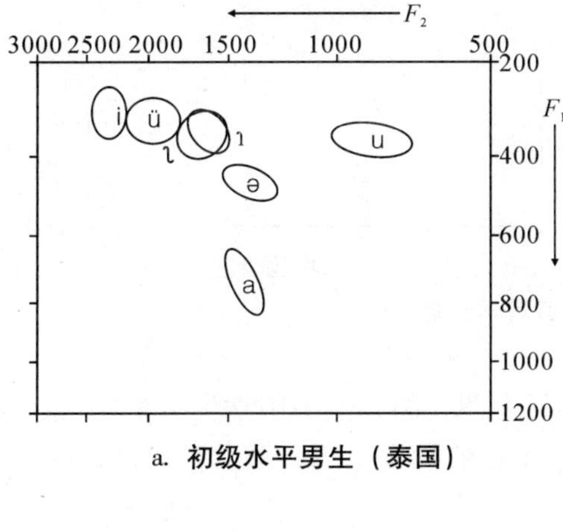

a. 初级水平男生（泰国）

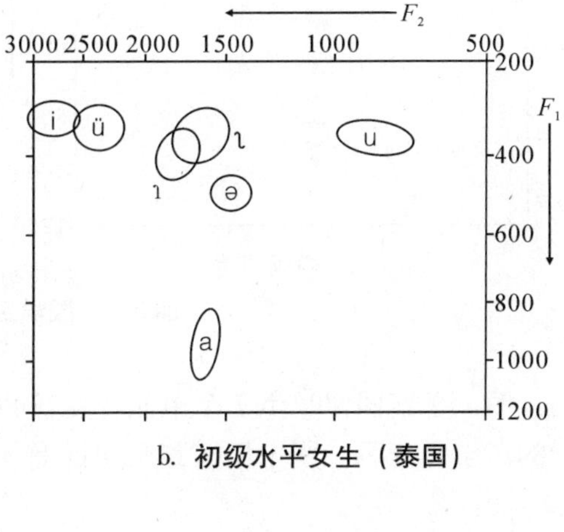

b. 初级水平女生（泰国）

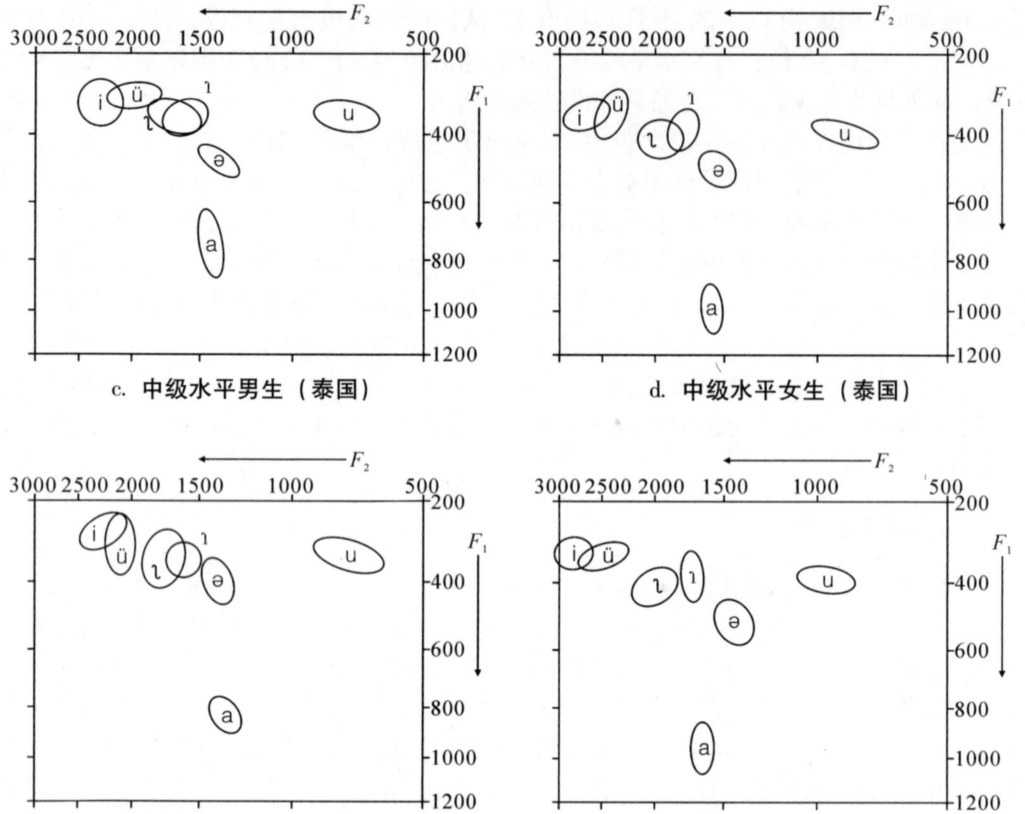

c. 中级水平男生（泰国）　d. 中级水平女生（泰国）

e. 高级水平男生（泰国）　f. 高级水平女生（泰国）

图1　泰国留学生单元音声学元音图

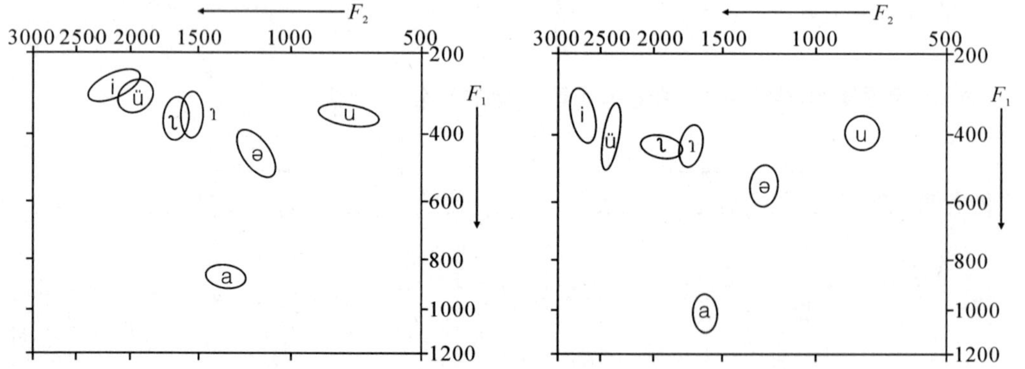

g. 中国男生　h. 中国女生

图2　中国学生单元音声学元音图

图1是泰国留学生7个单元音发音的声学元音图，图2是中国学生7个单元音发音的声学元音图。图中用椭圆画出的是不同单元音的发音范围，避免相互间的重合，

这些椭圆能大致覆盖80%以上的发音区域。从图中可以看出泰国留学生的椭圆比较大，而中国学生的就相对较小，说明泰国留学生不同发音人之间的发音差异大，在图上就表现为每个音对应的点位置分散。而中国学生的发音标准则相对一致，所以在图上就表现为每个单元音对应的点的位置集中。下面将具体分析每一个元音的发音情况。

图1中a~f是泰国留学生的单元音声学图，图2中g~h是中国学生的单元音声学图。从图中可以看到泰国女生的声学图中的椭圆要比男生的小，说明女生的不同发音人的发音点比较相似和集中，而男生不同的发音人之间的差异大。

从图中可以看到，泰国学生u/u/和ü/y/的椭圆大小和范围与中国学生的基本接近，说明无论是初、中还是高级水平，泰国学生u/u/和ü/y/的发音比较到位。元音i/i/的发音情况也较好，中、高级水平的学生也与中国学生的椭圆范围基本吻合，只有泰国女生在初级阶段时舌位稍靠后，把这一水平女生/i/的 F_2 和中国女生i/i/的 F_2 进行对比，F（1，15）$=7.93$，$p<0.05$，由此也与图中可看到的情况一致，两者是有一定差异的，但差异并不十分显著。

泰国男生的ɑ/a/与中国学生相比，中、高级水平的男生和中国男生椭圆的位置较一致，而初级男生椭圆的位置明显偏上，说明存在舌位偏高的现象。首先对中、高级水平泰国男生和中国男生ɑ/a/的 F_1 进行比较和检验：$F_{中}$（1，17）$=1.61$，$p>0.05$；$F_{高}$（1，17）$=0.508$，$p>0.05$，从两者的 p 值我们可知道泰国中级男生和高级男生都与中国男生无显著差异，可以说发音基本到位。再对泰国初级水平的学生和中国学生ɑ/A/的 F_1 进行比较和检验：F（1，17）$=15.04$，$p<0.001$，从 p 值的结果知道两者差异较大，泰国初级男生ɑ/a/的发音偏误很大；跟泰国男生相比，泰国女生的ɑ/A/的发音情况就比较好，从图上就可以看出从初级阶段开始ɑ/A/的位置就与中国女生较一致。

普通话e/ɤ/对泰国学生来说是个难点，在声学元音图上泰国学生和中国学生e/ɤ/的位置不太一样。泰国男、女生e/ɤ/的椭圆位置都偏左。先比较初级男生和中国男生e/ɤ/的 F_2，经过比较和检验之后的结果显示：F（1，17）$=42.616$，$p<0.001$，p 值的结果显示两者之间有十分显著的差异，泰国初级阶段的男生值偏大，发音时舌位太偏前；再比较和检验中级水平男生和中国男生e/ɤ/的 F_2，得出的结果是 F（1，17）$=97.05$，$p<0.001$，结果显示两者之间差异水平显著；最后将高级水平男生和中国男生进行比较，得到 F（1，17）$=47.58$，$p<0.001$，两者之间的差异水平依旧显著，这说明泰国男生汉语即使到了高级水平，在e/ɤ/的发音上依然存在舌位偏前的问题，偏误比较严重。泰国女生也存在同样的问题，我们也将泰国女生e/ɤ/的 F_2 和中国女生的进行对比，得出如下的结果：初级 F（1，17）$=19.59$，$p<0.001$；中级 F（1，17）$=20.435$，$p<0.001$；高级 F（1，17）$=9.71$，$p<0.01$。从 p 值的结果可以知道初、中级水平的泰国女生与中国女生的差异大，高级水平的泰国女生与中国女生的

差异缩小。泰国女生在初学和巩固阶段，e/ɤ/的发音也存在舌位偏前的现象，到了高级阶段，这种现象有所改善，但发音还是不准确。

再看/ɿ/、/ʅ/这两个元音的发音情况，从六幅图（图1中a～f）中，可以发现一个共同的现象就是泰国学生/ɿ/、/ʅ/的椭圆有一定程度的重合现象，这说明泰国学生常常混淆这两个单元音的发音，这种混淆的情况，初、中级水平的学生情况较严重，到高级阶段后有所改善，但男生比女生偏误要严重些。从图中（图1－a和图1－c）看出，初、中级水平的泰国男生/ɿ/的 F_2 位置比中国学生要靠前，到高级水平时就相对控制得好一些。我们把泰国初、中级学生/ɿ/的 F_2 和中国学生/ʅ/的 F_2 进行对比，结果发现初级男生/ɿ/和中国男生/ʅ/的 F_2 无差异：$F(1, 17) = 0.85$，$p = 0.369$。中级男生/ɿ/和中国男生/ʅ/的 F_2 也是无差异的：$F(1, 17) = 3.52$，$p = 0.078$。说明泰国的男生在初、中级阶段时，/ɿ/发得像普通话的/ʅ/。而泰国女生在初级阶段的偏误比较大，/ɿ/的位置在/ʅ/的前面，完全混淆了这两个音，中、高级水平的女生这种情况有明显的改善。

2.2 讨论

上文分析泰国学生汉语7个单元音的发音情况，并与中国学生的发音进行了比较，经过考察和检验，对泰国留学生的发音有以下几点认识：

（1）泰国留学生汉语单元音 ɑ/a/、i/i/、u/u/、ü/y/的发音较好。单元音 ɑ/a/，泰国女生的发音比较到位，但是男生存在舌位稍偏高的问题。泰国男生 i 的发音比较到位，但是女生有舌位偏后的现象。u/u/、ü/y/的发音基本和普通话是一致的。究其原因：泰语中存在着与汉语普通话单元音 ɑ/a/、i/i/、u/u/相似的元音，在学习这三个元音时很容易受到母语发音的影响。从以上的分析中可以发现这种影响属于正迁移作用。单元音韵母 ü/y/是一个前、高、圆唇元音，泰国学生 ü/y/的发音没有太大的问题。

（2）汉语单元音 e/ɤ/ 的发音掌握不太理想，无论男女生都普遍存在舌位偏前的问题。在泰语中也存在元音/ə/，“但是汉语元音 e 在单元音韵母音节中的实际音值大约为/ɤ/”（陈晨、李秋杨、王仲黎，2009），泰国学生在发这个音的时候也尝试寻找母语中这个近似音，因此出现了发音上舌位偏前的偏误，而且这种偏误即使到了高级阶段也依然存在。所以教学时应注意提醒学生不要受母语的元音的发音影响。

（3）汉语中的两个舌尖元音/ɿ/、/ʅ/对泰国学生来说是陌生的新元音，学习的时候需要在口腔发音部位寻找新的发音方式，带来了一定的学习难度，尤其是对于初学汉语的泰国女生来说，这两个音是无法分辨的。而初、中级水平的男生就存在把/ɿ/发成/ʅ/的情况，但由于不受到母语或者其他外语的影响，一旦找到正确的发音方式后习得就加快。所以泰国学生在学习汉语单元音时，教学重点应在反复操练/ɿ/、/ʅ/，使之成为发音部位熟悉的发音动作。

3 结语

学习一种语言，首先要掌握这种语言的发音方式，所以语音的学习是开启语言学习的第一扇窗户。标准语音的掌握对学习者来说是非常重要的，只有让学习者掌握了语言的听说读的基本技能，才能拓展交际能力，而掌握听说技能的前提就是能准确、熟练地发音。本文对泰国学生汉语单元音的发音情况做了实验分析，发现他们在不同的汉语水平阶段，汉语单元音的发音都或多或少存在一些问题。而这些偏误的产生有来自母语负迁移的影响，有由于新语音因素冲撞发音系统的原因。从整体来看，泰国学生的单元音发音偏误主要集中在 e/ɤ/和两个舌尖元音/ɿ/、/ʅ/上。

附　录

汉语录音字表（实验中字表按随机顺序排列）

shì	dí	sì	bù	cí	qù	jù
是	敌	四	不	词	去	句
zì	zhí	dú	dà	xǔ	gù	xī
字	直	读	大	许	故	西
bǐ	bā	chī	chē	tā	hé	gē
比	八	吃	车	他	河	哥

参考文献

[1] 蔡整莹，曹文．泰国学生学习汉语语音偏误分析［J］．世界汉语教学，2002，60（2）．

[2] 陈晨，李秋杨，王仲黎．泰国学生汉语元音习得中迁移现象的声学实验研究［J］．民族教育研究，2009，20（1）：108－114．

[3] 陈彧，许海鹏，高晓颖．泰国留学生汉语元音习得的实验研究［J］．焦作大学学报，2012（3）：108－120．

[4] 傅增有．泰语三百句［M］．北京：北京大学出版社，1996．

[5] 何霜．泰国学生习得汉语复元音韵母的偏误分析［J］．百色学院学报，2011，24（6）：40－47．

[6] 蒋印莲．泰国人学习汉语普通话语音难点辨析［C］．第五届国际汉语教学讨论会论文选，2012：630－634．

[7] 李红印．泰国学生汉语学习的语音偏误［J］．世界汉语教学，1995（2）：66－71．

[8] 石锋．普通话元音的再分析［J］．世界汉语教学，2002（4）：5－9．

[9] 王洪君．汉语非线性音系格局与单字音［M］．北京：北京大学出版社，1999．

[10] 王茂林，孙玉卿．印尼华裔留学生汉语三合元音韵母偏误分析［J］．世界汉语教学，2007（1）：89－98．

［11］王茂林. 印尼、韩国留学生汉语单元音韵母发音分析［J］. 华文教学与研究，2011（4）：16－25.

［12］吴宗济. 普通话单音节语图册［M］. 北京：中国社会科学出版社，1986.

［13］夏全胜. 第二外语元音习得中迁移作用的实验研究［D］. 天津：南开大学，2009.

［14］CORTHERS J. Typology and universals in vowel systems. In J. H. Greenberg, Ferguson C. A. & Moravcsik E. A.（ eds. ）, Universals of Human Language. Stanford: Stanford University Press, 1978.

【作者简介】

1. 李佳芸，暨南大学华文学院汉语教师。主要研究方向为实验语音学、第二语言习得、对外汉语教学。

2. 王茂林，暨南大学华文学院应用语言学系教授，硕士生导师，全国声学标准化技术委员会声学基础分技术委员会委员。研修方向：实验语音学、第二语言教学、语音习得。

华语阅读课堂教学创新实践研究

乐 琦

（中国传媒大学文法学部汉语国际教育中心）

对外汉语阅读课的教学，是在初级水平留学生以口语、听力和汉字学习为主的课程之后的一门新课。在“听、说、读、写”四种技能的教学中，难度相对较大。如何使留学生打开书本，面对密密麻麻的方块字组成的篇章，不畏惧、不退缩，饶有兴致地走进汉语阅读课程，实现打开书本便“开卷有得”，是汉语阅读课程教师需要不断探索与创新的问题。

1 汉语阅读课程教学要义

《对外汉语教学初级阶段课程规范》中，对于汉语阅读课程规范明确指出：“阅读课是为配合综合课（传统意义上的精读课）的教学而设立的技能训练课……学生通过大量的阅读实践，学习分析处理语料的方法，掌握阅读理解的技能技巧，逐步积累汉语阅读的经验，使学到的语言知识最终转化成言语能力。”① 这为我们指明了汉语阅读课程教学应该注意的几个要素：第一，有效提高学生的阅读速度；第二，注重阅读材料的积累，以加大阅读量的方式使不同词汇、语法点及文化知识在大量不同语境中反复出现，使阅读者能反复识别，得以巩固，形成系统；第三，注意突出阅读训练的重点，以兼顾积累语言知识和获取有效信息。②

然而，汉语阅读课程到底怎么教？学生学习的效果如何检验？阅读能力如何体现？是读得快，读得懂？还是掌握阅读的技巧，做题正确率高？为什么有的留学生借助词典能认识每一个汉字，却无法读懂整篇文章？显然，无论阅读者使用何种技能，都是为了达到“理解”这一核心要义。汉语阅读课程教师所要实现的，就是要提高学生理解、把握文章意义的能力。诚然，阅读者的理解能力包括对汉字、词语、句子、段落、语篇的理解，但是最终的落脚点是——篇章理解。由此，摆在第一位的就是对篇章的理解——培养留学生理解、概括文章大意的能力是汉语课堂阅读技能训练的核心任务。“语言习得的规律是输入先于输出，输入大于输出。”③ 在对外汉语教学中，特别是汉语阅读教学中，教师应该想方设法培养学习者的汉语语感，创造汉语沉浸环

---

① 周小兵，李海鸥．对外汉语教学入门［M］．广州：中山大学出版社，2004：373.

② 周小兵，李海鸥．对外汉语教学入门［M］．广州：中山大学出版社，2004：374.

③ 周健，陈群．语感培养模式：对外汉语教学的理念与实践［M］．北京：外语教学与研究出版社，2011：80.

境，努力扩大可懂输入，着重培养学生的阅读兴趣，这对于留学生汉语语感的培养与形成意义重大。

2　汉语阅读教学现状调查——以中国传媒大学文法学部汉语国际教育学院为例

阅读学习是语言学习的重要组成部分，这一学习贯穿语言学习的始终并终身受益。对外汉语阅读课程是随着留学生汉语水平的提高而开设的，是学习到中级阶段的新开课程。在初级阶段相对注重听说的课程学习结束后，开始阅读训练。打开阅读篇章，从密密麻麻的方块字到词语、句子、篇章的理解，对于留学生来说是个不小的挑战。他们最常见的抱怨是："阅读材料中很多字、成语都没学过！"在阅读中，他们需要借助上下文猜词，猜成语，理解篇章的意思，进而扩大词汇量、培养语感。与其他科目相比，传统的阅读课程学习相对枯燥，学生进行阅读学习的成就感相对较小，这也是对外汉语课堂教学评估中，阅读课满意度一直居于听说读写四门课之末的重要原因之一。传统的汉语阅读课堂主要是以学生的个体阅读为主，教师下达阅读任务后，学生埋头独立阅读，互动较少，主要是一个单一的输入训练，输出较少。这就使阅读课的气氛较之精读、口语等课程稍显沉闷。与此相对应，学生在阅读课上的体验体现在教学效果调查上，往往差强人意。

中国传媒大学文法学部汉语国际教育学院 语言生阅读课程教学测评结果 调查时间：2015 年 1 月（备注：汉语阅读课自三班起开设）							
三班（中级）		四班（中级向高级过渡）		五班（中高级）		六班（高级）	
科目	满意度	科目	满意度	科目	满意度	科目	满意度
中级阅读	88%	中级阅读	65%	高级阅读	95%	高级阅读	95%
课程满意度排名	2	课程满意度排名	3	课程满意度排名	2	课程满意度排名	3

以中国传媒大学文法学部汉语国际教育学院 2015 年 1 月统计的上学年（2014 学年）语言生课堂满意度调查结果为例，在中级班、中级向高级过渡班、中高级班、高级班四个层次中，学生对于汉语阅读课程的满意度，在听、说、读、写四门课程中排名均为第二或者第三位。实际上，对于阅读课程而言，这一结果在历年课程满意度调查中，已经是一个相当大的进步。在过去的几年调查中，甚至出现过每个学习层次对于阅读课的满意度均居于末位的情况。由此，对汉语阅读课的教学创新，对于汉语课堂教学而言，尤为重要。如何提高学生汉语阅读学习的积极性，增加汉语阅读课程学习的有效性与趣味性、互动性，是我们亟须思考和解决的问题。

3　对外汉语阅读课堂教学创新与实践

在了解对外汉语阅读课程要义、教学现状的基础上，探索行之有效的教学实践与创新策略，让留学生在汉语阅读过程中如鱼得水，是笔者在近几年的教学中孜孜以求的。以下是笔者在教学过程中所尝试的教学创新实践。

3.1　适当布置翻译任务，鼓励学生用母语翻译经典阅读篇章

据调查，自 1900 年至 2000 年的百年间，中国共计引进约 106 800 万册从 6 种外国文字翻译而来的西方书籍，而同一时段，中国典籍仅被西方翻译了 800 余种。[①] 这两个数字，有着天壤之别，也体现了中国语言文化输出与西方文化输入的巨大逆差。我们在对外汉语教学中，恰当选择难易适中、长短适中的经典中文篇章，鼓励学生用母语进行翻译，并将译稿通过电邮寄给其在祖国的亲朋。这一学习过程，一方面增强了学生的阅读积极性与对篇章钻研的求知欲，另一方面，以潜移默化的形式，通过留学生个体，把中文篇章中体现中国文化、中国精神的精髓部分翻译成不同国家的语言，送出国门。“星星之火，可以燎原”，定期组织这样的学习活动并长期坚持下去，学生对中文篇章的把握会越来越精准，而一篇篇短小精美的译稿，可能是发生在中国的一个小故事，可能是中国先贤的一个哲理寓言，可能是当代中国的国情介绍……经由一封封电邮，也传到了异域他乡。每学期结束，授课老师会给每位学生制作中英文对照的翻译作品集，作为课程纪念的一部分发给同学，这在一定程度上增强了学生的学习成就感，也激发了他们阅读汉语、向祖国的亲朋介绍中国故事的兴趣。

3.2　将阅读与写作有机结合，培养学生的语篇把握能力与归纳能力

如何寓教于乐，在阅读材料中寻找学生的兴趣点，把阅读材料和学生们的学习、生活结合起来，把汉语阅读与汉语语言应用的各项结合起来，特别是把“读—写”相结合，对于学生学习积极性的培养与学习能力的提升至关重要。阅读与写作本身是相辅相成的，阅读的课程训练早于写作课程训练。以中国传媒大学为例，阅读课程始于中级阶段：自三班开始学习阅读课程，三班相当于 HSK 三级阶段。而写作课程始于高级阶段：自五班开始学习写作课程，五班相当于 HSK 五级阶段。笔者在阅读课上，尝试引入初级阶段的写作训练。即结束一篇阅读学习之后，会引导学生用最简单的句子进行写作，比如：用一句话概括这篇阅读材料的中心意思；结合自己的体会表达一下阅读感受；对这篇文章有什么问题等。我们可以试图找寻一个有效途径，力求把原本枯燥的汉语阅读课程与灵活多样的中文表达技能和丰富多彩的留学生大学生活结合起来。例如：在《发展汉语——高级阅读》中，有一篇课文《小丁的快乐观》，全文夹叙夹议，讲述了一个近百岁的老人“小丁”的快乐之道。学完之后，笔者请全班同学

---

① 董明．从“汉字文化圈”谈起［C］//北京汉语国际推广中心、北京师范大学汉语文化学院编．国际汉语教育人才培养论丛：第三辑．北京：北京大学出版社，2012：137.

以“我的快乐观”为题，展开口头讨论，并请每位学生将自己的发言以文字的形式记录下来，达到了“阅读—会话—写作”各项技能的有效互动。为了激发学生的学习积极性，笔者将每一位学生在阅读课上的快乐观讨论与文字修改后，配上他们的照片，推荐发表在《中国传媒大学校报》上。当学生看到自己学习与思考的成果见诸报纸，看到自己所写的方块字变成铅字印刷，心里充满了喜悦，这对于他们的课堂学习，对于他们从初步阅读篇章的字面意义到深刻思索篇章的内涵，甚至付诸笔端、写出感想，是一份巨大的鼓舞。

留学生：我们的快乐观

3.3　合理增删阅读材料，加强阅读材料与留学生生活的联系

一本汉语阅读教材，从材料的收集、整理、编写到成书、发行最少大概需要一年至两年的时间。并且，一本教材的使用，往往至少会有五年至十年的使用周期。这就意味着阅读教材中材料时效的相对滞后性。比如一些国内较为通用的报刊阅读类教材，每篇选文之后都备注了文章出处和出版时间，留学生在使用教材上课时，就会提出问题：为什么十年前的报纸还给我们读？此种情形下，任课教师应该适当增删阅读材料，摆脱“唯教材而教材”的教学理念，根据本班学生学习、生活的需要选取阅读材料。一方面加大阅读材料的时效性，另一方面加大阅读材料与留学生生活的关联度。笔者在课堂中引入《中国传媒大学校报》《北京青年报》《人民日报》（重点是海外版），带领同学们阅读并讨论其中的部分篇章，受到了学生的热烈欢迎，阅读积极性有了明显的提高，大部分同学都打算写下自己在中国的留学经历，并向这三份报纸投稿。例如，这些报纸近两年相继推出了“中国梦”系列专题报道，留学生们看了深受鼓舞，笔者鼓励他们课外积极思考属于他们的“中国梦”并写下来，发给老师，修改后投稿。2015年3月15日，埃及留学生王笑天的文章《我的中国梦》被《人民日

报》海外版的官网——“海外网”以《埃及朋友的中国梦是什么样?》为题公开发表。2015 年 3 月 14 日，《中国传媒大学校报》随即发表了对王笑天的专访《我的“中国梦”——访埃及留学生王笑天》。全班同学都看了这篇中文专访，一方面作为中文阅读材料学习，另一方面对大家的汉语阅读、写作都是一份鼓舞。印度留学生李伟舒撰写的《我的中国梦与女排精神》、美国留学生申一鸣撰写的《我的梦想与中国》也都得到了《中国传媒大学校报》的认可，将于近期发表。这样的教学互动方式，不仅有效提升了学生们的阅读积极性，也达到了“读—写”的有效互动。

【海外来稿】埃及朋友的中国梦是什么样？

2015-03-15 08:36:40　来源：海外网　分享：　字号：大　中　小

埃及留学生：王笑天

孩子长大之后会，都会离开母亲的怀抱，去寻找爱人的肩膀……——这似乎已经成为人们成长的规律。但是，这个孩子不会忘记也不应该忘记妈妈给他的爱和温暖。因此，在找到他喜欢的对象的时候，他就会给她一样的爱和温暖。在生活中，他们会愉快的时候在一起，困难的时候也是在一起，不论他（她）生病或是健康、富有或贫穷，始终忠于对方，直到离开世界。总之，他们俩会融为一体，共同去实现一个梦想。

当然，要想提高留学生的阅读水平，必须先明确他们现有的水平和存在的问题，通过有针对性的测试了解他们的汉语阅读情况，才能因材施教，制订行之有效的教学计划，采取相应的创新与实践策略。

【作者简介】

乐琦，博士、讲师。研究方向：汉语国际教育、台港澳暨海外华文文学。Email：paoapaoqq@163.com。

从语用学角度看模糊语言的美感教学

［中国台湾］周静琬
（台湾逢甲大学语言中心）

1 前言

中国古代的语言表达及理解讲究“意在言外”，如庄子有“意之所随者，不可以言传也”之说，因而“言不尽意”成为中国古代文学、玄学之重要命题，蕴含着丰富的美学价值，“言”与“意”之间有着距离、矛盾，因而可正言若反、可随说随扫、可不立文字，此“无意于佳乃佳”① 之特色，即从语言内部进行颠覆，通过破除语言文字的迷障，使人心领神会，而经推敲后，真意自然可现，因而在文学领域中，强调此一重要命题——“言不尽意”。在创作主体方面，多倾向于艺术构思和想象，语言所蕴含的思想情感，除反映潜意识等审美体验的复杂性外，模糊美感更使其内涵和外延的变通性扩大，所可论述之处，可长可远，可广可深。

如可论及书法中的点横撇捺②；可论及绘画中的布局以及皴法等各种线条描绘；可论及诗词中词语、句法、句义、修辞、意象上的作用，象征隐喻之广博延展空间，呈现无限丰富的内涵与美感。如戏曲中的宾白、宫调、场景，这些表现方式常介于“似与不似”之间，“具象与抽象”之间，③ 都有着象征意义，都具有模糊性及深层意象。模糊语言在文学欣赏中具有美学功能及弹性、修辞、深化主题等重要语用功能，能提供更多的艺术空白和审美愉悦。尤其古诗更是文学中的瑰宝，字里行间蕴含着丰富的文化、美学信息，虽是传统却与现代汉语有着传承关系。要强化现代汉语的能力，华语高级程度学习者尤须借助成语、俗语、谚语甚或诗词，体会其精练简洁、意在言外，延展空间所产生的模糊性，在学习汉语的过程中，从交际语言到文学语言，习得不同的变体。本文以“语言的模糊美感”为主题，从语用学角度说明之。

---

① “无意于佳乃佳”理论，见童庆炳．中国古代诗学与美学［M］．台北：万卷楼图书股份有限公司，1994：67－68．

② 中国文字的点画、结构和形体与外文不同。它变化微妙，形态不一，意趣迥异。通过点画线条的强弱、浓淡、粗细等丰富变化，以书写的内容和思想情感的起伏变化，以字形字距和行间的分布，构成优美的章法布局，有的似玉龙雕琢，有的似奇峰凸起，有的俊秀俏丽，有的气势豪放，这些都使书写文字带上了强烈的艺术色彩。书法已是民族艺术，可从中领略其精神风度、心灵意境、生活情趣、审美追求、时代气息。

③ 王明居．模糊艺术论［M］．合肥：安徽教育出版社，1992：125－194．

2　模糊语言学理之理据

在言语交际行为中，语言的模糊性在认知系统中发生作用，形成一种制约言语活动（从编码到译码）的机制——模糊机制[①]。1965 年美国系统科学家扎德（L. A. Zadeh）发表了著名论文《模糊集合》（Fuzzy Sets），宣告模糊理论的诞生[②]，此文对思想方法有重大突破，即从以分析为主，强调精确的对象研究，逐步走向综合性与整体化。研究过程“不仅需要了解其中的各种元素，更重要的是要了解各个元素之间的相互关系、相互作用，以及系统内部和系统外部的相互关系和相互作用”[③]，并强调“……词语的模糊性就表现在它有一个应用的有限区域，但这个区域的界限是不明确的”[④]。模糊性的一大特征是“词语所指范围边界的不确定性”，因此语言有其空隙，可有双关语，有信息加工，在环境刺激下出现信息转换或注意力的协调与分配差异。

“模糊”的另一特征是“相对性”，从形式逻辑的基本规律来看，模糊语言是我们对客观世界反映的思维界定。排中律认为两个互相矛盾的概念，不能同时都是假的，必须一真一假，没有第三种可能性。而我们所说的模糊则恰好是对排中律的突破，它既可以属于甲也可以属于乙，除了“非此即彼”又在适当地方承认“亦此亦彼”,[⑤] 罗素在《论模糊性》一文中得出结论[⑥]：

> 当选用精确符号时，排中律是有效的，但是当符号是模糊的时候，排中律是无效了 。[⑦] 在精确语言中……没有一个词有两个意义，也没有两个词有相同意义，但是在实际语言中一个词常有许多意义，两个词也可能会有相同意义[⑧]。

模糊语言是一种界限上的突破，在精确语言和实际语言中有着复杂的牵连，加上认知和习惯的文化形态时时以密码形式存于语言中，这些语言形式常会塑造一个人的

---

① 徐鹏等. 修辞和语用——汉语修辞手段语用对比研究［M］. 上海：上海外语教育出版社，2007：375.

② 吴振国. 汉语模糊语义研究［M］. 武汉：华中师范大学出版社，2003：13.

③ 吴振国. 汉语模糊语义研究［M］. 武汉：华中师范大学出版社，2013：11.

④ 吴振国. 汉语模糊语义研究［M］. 武汉：华中师范大学出版社，2013：377.

⑤ 徐鹏等. 修辞和语用——汉语修辞手段语用对比研究［M］. 上海：上海外语教育出版社，2007：377.

⑥ 罗素. 论模糊性［M］//伍铁平. 模糊语言学. 上海：上海外语教育出版社，2002：98。

⑦ 真与假皆为某类称作“陈述句”的句子之性质。若某陈述句是真的，我们将说它具有真值真；若某陈述句是假的，则说它具有真值假。以“T”与“F”来分别表示真假二值。“语句逻辑的表达式”（简称“SL 表达式”）中，我们假设句子要不是真的就是假的。这假设称作“二值原则”。“多值逻辑”的现象，避免了“二值逻辑”的“非此即彼”的立场，突显出多元并存的既此且彼的多值逻辑。参考林端《中国传统法律文化的多值逻辑》一文（台北：“中央”研究院历史语言研究所研讨会，2006 年）（按：语境是指言语行为时所在的环境和情境，可参考戴建东《语境语体与模糊语言》一书）。

⑧ 林端. 中国传统法律文化的多值逻辑［Z］. 台北：“中央”研究院历史语言研究所研讨会，2006.

世界观①，这是二语习得者在不同的语言交际环境中理解和运用语言之必经过程。因此语言的使用（即言语）受到一系列因素的制约，如此使学习者了解言语过程不是随心所欲地使用，而是必须讲究一定的原则，如条件原则、诚意原则、情景语境原则、合作原则、心理原则等。语用学是研究语言运用及其规律的学科，它从说话者和听话者的角度，把人们使用语言的行为看作受各种社会规约制约的行为，研究特定语境中的特定话语，着重说明语境可能影响话语解释的各个方面，从而建立语用规则，② 才能有助于学习者掌握跨文化交际的知识与能力。

因此所谓“模糊语言”是指在一定的语境中，词语的具体含义没有确定解释的一种语言，是极其复杂且无限多变的，其具有模糊美的审美特质，可体现精确美、含蓄美、朦胧美、幽默美和意境美等美感。③ 在语言表现的方式上，模糊语言是诸多生活方面中的一个面向，尤其一旦诉诸不同“语境”④，就必然获得了语言存在其中的弹性的语义可能，以语言观点论之，即古人所言“言为心声”或“心生言立”，言语为内心情感之表达方式，因此不同的民族即有不同的心灵状态，有不同的语言和不同的思维方式，在特定情景中有其特定的话语。龚鹏程在《文化符号学导论》一书中谈及民族的思维方法，则以日本哲学家中村元的《东方民族的思维方法》为例，认为中国思维的特点即是“对具体知觉的重视”“依赖知觉表象进行阐释”，再予申论之：语言是一度线性媒介，视觉意象则是二度平面或三度立体的。所以它可以将物体、事件关系的全部特征用一种图像呈现出来。这种图像，可以是图画式的、符号式的，也可以说记号式的。⑤

由此可知“一定的语域具有一定的语义场，一定的语义场要求能表达该语义场的一定词汇”⑥。就语义场的词汇而言，对语言的学习和使用来说，由于特定生活情境的制约性，相关词汇的同现频率较高，在语言学习者和用户的头脑里，这些词汇具有更强的联想关系，此亦可谓词义的变化，其中可分为：①词义深化；②词义扩大；③词义缩小；④词义转移；⑤感情色彩变化。⑦ 如国人的成语或俗语中多以动物为喻，对动物之形象描述在交际语言运用上往往带有强烈的民族色彩，如形容力气大，汉语用

---

① 道格拉斯·布朗（H. Douglas Brown）. 第二语教学最高指导原则［M］. 余光雄，译. 台北：东华书局，2002：228－230.

② 戚雨村. 现代语言学的特点和发展趋势［M］. 上海：上海外语教育出版社，1997：147.

③ 朱晓红. 模糊的审美特征［J］. 安徽工业大学外国语学院学报，2007（1）.

④ “语境”是指使用语言的环境和情境，亦即言语发生当时的主客观环境，是介于表达者和接受者之间的重要影响因素，对于言语交际时语言符号的传播与解读有着决定性的影响，依其使用可分为“语意语境”与“语用语境”，参考陈致宏《语言学及与左传外交辞令》（台北：万卷楼图书股份有限公司，2000年）第20－23页；戴建东《语境语体与模糊语言》（2001年）。

⑤ 龚鹏程. 文化符号学导论［M］. 北京：北京大学出版社，2006：31－32.

⑥ 胡壮麟. 语篇的衔接与连贯［M］. 上海：上海外语教育出版社，1994：133.

⑦ 符淮青. 现代汉语词汇［M］. 北京：北京大学出版社，2004：135－146.

“力大如牛”，英语则用“as strong as a horse”，究其原因：中国古代社会以牛为生，英国社会则以马为主。又如“菊花”“荷花”“梅花”，在古汉语中提到此类花皆具有君子风骨之意，就会联想到“采菊东篱下，悠然见南山”“出淤泥而不染”“雪虐风号愈凛然，花中气节最高坚”的清高，又参有佛家的宗教情怀特点；而讲英语的民族看到玫瑰、康乃馨、郁金香则有浪漫感情，视“菊花”“荷花”“梅花”为具有东方异国情调的花。故在跨文化交际中如不适应文化，不明国情，则会造成言语上的障碍及误解，国人论人常以“半瓶醋、眼中钉、耳边风、千里马、长舌妇、煞风景、伪君子、笑面虎、中山狼”等，蕴含有褒有贬之意，故若于交际言谈中引入此言，则是“意有所指”，有冷嘲有热捧，而非只指醋、钉、风等可见之实物。

或有以历史、小说、神话人物泛化而有深化的含义，如历史上有名者且国人普遍认识的人物如西施、诸葛亮、阿斗、包公、月下老人、红娘等，以此喻之，则人之美丑良莠，不言而喻，如此具浓厚中国文化历史的背景，形成深层的文化积淀，一旦脱口而出，则有“长话短说”“一针见血”之效，亦有“尽在不言中”之美感，即使有责备语气也不致“出口成脏”。由于彼此之间有如此之默契交流，反由此生出“同我族类”之亲切感应，但若用语不当则更易会错意，而成“双面刃”，也许“一言既出”悔之晚矣，故引用此语论人须谨慎，须经教师作来龙去脉的解说，如当学生听闻“红娘”二字，立即推敲是“喜欢穿红衣的姑娘”，因此一看见女孩穿红衣就径以“红娘”称之，或以为在台湾卖槟榔的小姐都称“槟榔西施”，而以为西施是指服务员，不知其中实有文化因素、阶层因素。

语境有其层级性，“阶层”的排序可呈现论述中重要与不重要的论证排序，又可分为“同构型阶层”与“异质性阶层”，此价值、阶层与论点是属于偏好的起点，有其作用的不同①，在交际活动中，双方的地位不同，使用的语言就不同。交际双方地位的悬殊，往往使言语交际中的强势一方处于相对主导的地位，弱势群体在言语交际中使用的模糊言语大大超出强势群体②，所以不同阶层的人又有不同的语义场的词汇，汉语教师讲解说明时，不可忽视其中历史文化因素及人情世故。其中之层级包括如下③：

（1）语言知识：即组词造句、组句成篇的能力；
（2）认知能力：即一个人对事物的认识水平、智力水平、反应能力等；
（3）文化知识：指一个人对文化观念和习俗的知识；
（4）文体知识：指一个人根据交际对象和交际目的选用不同风格的词语和句

① 王琮瑄．由修辞学论《左传》辞令［D］．台北：台湾“中央”大学，2012：26.

② 康响英，刘宝岩．模糊语言在文学欣赏中的应用研究［J］．教育探索，2006（7）：67-68.

③ 廖晓青．英语教学法［M］．台北：五南图书出版公司，2002：286-287.

篇等进行交际的能力；

（5）其他知识：包括副语言知识，如身体语言或非语言交际等。

（6）情感因素：一个人对他人及事物的社会态度、交际动机等。

本文以语用学角度去观察日常交际语言，如成语、俗语、谚语、广告语或所用教材《视听华语》中的素材，因交际或销售或报道之目的，或因话题内容、交际对象、语言环境、主题题材等约束，而营造一种融洽动人或暧昧不定的气氛，其中有其商业目的，有其宣传的理念，有其婉转效果，以增加听者或读者的注意力，说话的内容或词汇的描写或画面的处理或剧情的设计就不能太直白，模糊性就在这种语境中，大大发挥了它的主攻和助攻的作用，增加了语言的灵活度。

3　语言模糊性的教学认知

文字作为一种符号样型，所承载意义内容本具有多义性，有其文化习俗上约定俗成之性质，因其多义性，往往也造成符号在使用上产生歧义现象。这是文字符号在使用上常见的现象，而此种模糊性常常体现在汉语教学上，教师面对来自不同族群的学习者，他们在听说读写上的层次不均，且又具有双边认同感的文化认知，双文化或多文化的学习所面临的听说练习，需要生存进而融入社群或工作效能上，这将成为一项关卡，可能在学习过程中会产生对双文化价值观之差异误解，且因“模糊性”的认知不明，影响其文化观念之发展。

由此推论，交际能力实是一复杂概念，交际能力的提高须依赖语言知识和各种非语言知识的逐渐累积，其中涉及语言、修辞、社会文化、心理认知等诸多因素，此亦涉及第二语言习得知识。因此教师在教授一种外语的语言知识的同时，应向学生讲解语境知识、文化与习俗知识，培养学生的跨文化意识，而模糊语言也能适时展现其“无中生有”的效果。

如要强化现代汉语的应用能力，高级程度学习者尤须借助学习谈话中出现的成语、俗语、谚语甚或诗词等。汉民族的语言表现有丰富的象征词语，因此精练简洁、意在言外，以其广博的延展空间而产生模糊性，呈现丰富的内涵与美感。从语言表达而进入文学阅读、新闻报道、杂志分析、电影欣赏都是教师在教学策略上可加以考虑的，在言语交际中，信息发出者有时故意利用语言的模糊性，以适应不同的交际需要。由于语境影响话语解释的各个层面，教师需建立语用规则，[①] 才能有助于学习者掌握跨文化交际的知识与能力，否则仅停留在生存语言中，仍无法面对接踵而至的交际话语中需应对进退的种种考验。

---

① 戚雨村. 现代语言学的特点和发展趋势［M］. 上海：上海外语教育出版社，1997：147.

如国人耳熟能详之“下雨天留客天天留我不留”，此句是教师教标点时之好教材，此语可因时、因地、因发话者心情而有不同之后续发展：可留亦可不留，端赖主人有意或无意。另一“方便”为坊间笑话，经理请外国客户吃饭，连用“方便”数次，意义皆大不同，第一次“方便”是经理请客问客人：“我们去吃个饭吧，今晚方便吗?”言下之意是“有空”吗？到饭店就座后，经理随即对客人说：“对不起，您坐坐，我去方便一下”。此“方便”意指上厕所。待酒足饭饱要付账时，经理赫然发现，一个子儿都没带，这下骑虎难下，只好硬着头皮对饭店伙计悄声说：“老兄，方便一下，可以吗?”因是熟客，伙计连声说：“不急！不急！您方便再来。”这“方便”又是“有空”之意。这下外国先生可狐疑了，听着这许多“方便”，不知这位经理到底是要上几次洗手间呢？吕叔湘先生在《语言和语言研究》一文中说：“研究一个民族的语言还常常涉及这个民族的文化，例如从词语的来源看古代文化的遗迹，从地名和方言的分布看居民的迁徙的踪迹……”① 此段所言可兹参考处在于探本溯源之重要性，华语教学思维机制遂进入人情世事、历史源流及文学修为，学习语言的意义就不只是教语言，而是成为文化传递的深层挖掘。除文化内涵的探讨外，又关系着说话人使用社会上约定俗成的语音或语义，在模糊语言的口语表达上，有时可能抽离开了前言后语，成为抽象或别有用意的话语。如考题中，由于著名的“胖达人面包店”标榜天然酵母，无添加人工香料，却谎言破功，成热门之争议事件，笔者以“胖达人面包店是大家常爱‘光顾’的热门店，现在却因食品安全事件天天上报，如今已是‘满城风雨’了”，“自小偷‘光顾’我们小区后，先生又出差，好几晚都没回家了，没想到这几天‘满城风雨’，我真是吓得不敢合眼了”二句，请学生比较同样的“光顾”和“满城风雨”，领会不同情境中的各有含义、各有所指。

如以白居易《花非花》名句“花非花，雾非雾，夜半来，天明去。来如春梦不多时，去似朝云无觅处”讨论之，此诗写出“似醉非醉”“亦真亦幻”的人生之境，其诗可谓言犹未尽、余味尚存，具极大的朦胧之美，若以“模糊语言”解之，则有其浪漫之感，亦可具哲理意境。若以直陈其事的句型表达：“半夜时，有人做梦如花开了，雾出现了，此梦真是来得快也去得快。”则味同嚼蜡；若以“模糊语言”解说，则用“春天好梦连床，每在沉沉睡去时，美梦像花又像雾，不断地围绕着我，当梦醒时却再也无法寻觅，只留满心惆怅。”隐喻“人生如梦，镜花水月”之空灵感，并趁此借苏轼《水调歌头》或周杰伦《青花瓷》《发如雪》作一人生之扩展解说，此种朦胧真幻境界，亦将“模糊语言”之特色作另一境界诠释与发挥。

在言语行为（speech acts）上常生发出一个问题，即在结构上可呈现表述性话语

① 吕叔湘．语言和语言研究［M］．台北：台湾书店，1992：207.

(constative）和施为性话语（performative）的二元对立（dichotomy）[①]，如以“你今天去哪儿”作话语，则答“我今天去花园看花”；若以模糊语言视之，则答案可无奇不有，如“我去即来，来即去，见花非花，雾非雾”或“你每天来去，其实都在我眼前过，心底留”或“天之涯，海之角，我无处不在”都是对答话语朦胧之美。拙著《从语用学角度看华文教材中华人社会文化与民情风俗》[②] 即是以语用学观察华文教材中的文化与社会，其中模糊语言随处可见。今节选《视听华语》[③] 各册，括号中皆具模糊意味：

第一册　第九课　你们学校在哪里？（第 176 页）：

A：学生多不多？　　B：不太多，只有五六千个学生。

第二册　第八课　他们在楼下等着我们呢（第 176 页）

赵太太说：我早就想来看你们了，可是总没有时间。

李太太说：是啊，大家都忙。

第三册　第九课　谁最漂亮？（第 239 页）

李平：你们饿吗？

美真：饿倒是不饿，可是可以吃一点东西。

伟立：既然不怎么饿，我们就去吃 pizza 吧！

第四册　第八课　探亲（第 275 页）

伟立：为什么买带这么多礼物啊？

钱太太：礼多人不怪嘛！……

第五册　第九课　青壮年的生活观——同学会（第 127 页）

张：大家变是没变，不过似乎加了码，都胖了不少。

---

① 这一概念先由哲学家约翰·奥斯丁（John Austin）提出，表述性话语指言说内容可以通过一真实性维度加以检验，而施为性话语则指在这些话语中，所做的事无真假可言，却可通过恰当检验，前者表达：我去；后者表达：我将去或答应要去。转引自耶夫·维索尔伦著，钱冠连、霍永寿译《语言学诠释》（北京：清华大学出版社，2002 年）第 25 页。

② 拙著《从语用学角度看华文教材中华人社会文化与民情风俗》（台湾华语文学会暨讨论会，2007 年）。

③ 《视听华语》（正中书局 2002 年出版）为台湾师范大学与教学中心主编，为台湾各校华语中心之教材。

李：人到中年体态丰盈嘛！说什么也苗条不了。……我现在孤家寡人一个，一个人吃饱，全家都饱了……

诸如此类，可看出其中有数目字的模糊，有很久未见面而为说理由之模糊，有似饿不饿的模糊，有对女人地位不平等而暗自感叹的模糊，有多年同学相见之后叹丰盈与苗条、已婚与未婚感叹之模糊。其他如国人见面常问“吃饱了吗”；与朋友道别时会说“有空欢迎来我家玩”；请客时，虽是满桌菜肴，还习惯用抱歉的口气说“不好意思，没什么菜，随便吃吃”，熟悉本国文化习俗的国人已能够迅速作出推论而判断出这只是“客气话，只是说说而已”，不当认真；或面试结束时主试者常说“请等候通知”“再联络吧”，都属“意在言外”的表达方式。

语用学就常以模糊语言的认知，以语言的密码藏于话语之间来达成交际行为。今因篇幅所限，故仅以一般常用语及广告语为例，来观察模糊语言的语用功能。从美学角度来看，潜在信息含义越丰富，则美学信息量就越大。内涵如此丰富的美，常用模糊的语言表达出来，因为概念外延具有很强的包容性与伸缩性，这种“不确定性”和“空白”意义最能创造朦胧美、含蓄美和意象美，更能创造美的意境。与生活最为息息相关的广告，是广而告之的简称，可泛指一切不针对特定对象的公告，包括公益广告、旅游广告、商业广告等。然而，日常生活中所说的“广告”往往特指商业广告，其主要目的是指导消费、开拓市场、提供服务，从而取得盈利。广告可以在真实的基础上进行艺术加工。广告传播的信息更主要的是要激起人们的消费欲望，乃至促成行动。广告传播者要进入诉求对象的文化角度，具有信息功能、祈使功能和美感功能……大量使用词意双关和谐音双关①。广告标语本就属自由创意的一种表现，却也有“琵琶半遮面”之效果。

虽然没有一层层地白进去，但却有一层层地亮出来喔！——SK－II
只溶你口，不溶你手—— M&M 巧克力
达美乐，你打了没？——达美乐 pizza
生命就该浪费在美好的事物上——统一曼仕德咖啡
唯一将幸福列为标准配备的车—— 三菱 Savrin
车宽路更宽——卖车广告
坚持世界就会看到你——王建民帮 Nike 拍的广告
你给我一分钟，我给你全世界——新闻广告

① 参考赵玉珊《论广告中的双关现象》（《辽宁行政学院学报》2008 年第 4 期），英文中 advertising 指整体的广告行动，而为了达到广告目的所刊登的每一则广告则用 advertisement 这个词表示。

它傻瓜，你聪明——柯尼卡胶卷

好东西要和好朋友分享——麦斯威尔咖啡

远传带您进入电信的交响乐时代——电信广告

后座舒适宽大，整个篮球队都坐进来也没问题——汽车广告

黄绿红你要那一种啊？香脆麦克鸡块，配上黄绿红蘸酱，美味最绝配，麦当劳全新绝配不打烊——麦当劳

尤其麦当劳以“黄绿红”和歌星“王力宏”的谐音在模糊语言中伸缩幅度增大，于是模糊语言概念不断外延却不见明确界限的伸缩性，实为增添广告美感之佳作，在广告语中夹杂双关语可谓精彩之作。

另外如语境之延伸：

（1）语境：A向B发动爱情攻势。

A：今天天气不错，请你一起去爬山。（前提：借天气搭讪）

B：爬山好啊！可是逛街不是更有意思吗？（前提：借逛街想移转话题）

A：爬山可以减肥，你不觉得吗？（前提：提醒B该注意了）

B：那你自己去吧。（前提：B觉得受到伤害，因而拒绝A的邀请）

由于言语不当，本是美事一桩，却无形中得罪人，反失良机，因此“那你自己去吧”，其实已有赌气愤怒之意味。

（2）语境：讽刺B男碍手碍脚（B男为A女前男友）。

前提：A女C男散步中，此时C男正前往排队买饮料，B男出现

A女：哎呀！怎么又看到你，为什么到哪儿都有你？

B男：咱俩有缘呀！你去哪儿，心照不宣我也去哪儿。

A女：哇！好亮的电灯泡，我眼睛都睁不开了。（前提：太碍眼了）

B男：在哪儿？在哪儿？我正觉得这条路挺黑的，快牵着我，我是护花使者呀！我带你走呀！（前提：故意找机会）

A女：四眼田鸡！居然四个眼睛还看不到电灯泡，你看！又大又亮，一路照着，真刺眼。我等我朋友。

B男：你不知道电灯泡就是用来照明的，多少妖魔鬼怪都不经这么一照，哇！就现原形了，你看我都在保护你！

A：你这盏“电灯泡”可不一样，专在花前月下照，本来迷人的夜色一照就不浪漫了，可惜呀，可惜呀！我连散步的兴致都没了。

言语能力与语言能力是不能截然分开的，在教学上听、说、读、写、译，是言语技巧，或称语言能力，它既是言语能力的内在基础，又是言语能力的外显形式，其所传达的是言语交际中对所表现的语言要素在理解和表达上的语速与准确度；而言语能力则集中在对语境的辨识、把握、选择等的能力①。因此在模糊语言的认知上是趋于言语能力，也可说是所谓“会话含义”，可分为一般含义与特殊含义两类，前者在双方遵守着“合作原则”的前提下，其话语能达到某种成效；而后者则在言语交际过程中，有一方明显且刻意违反“合作原则”以迫使听者由其话语中推敲出言外之意，此种言说方式以中国老庄言论最为擅长，以“正言若反”出之，委婉语常可见，意可有所遮蔽亦可有所拒绝。

汉语教学在交际行为中有其会话含义，欲明了此会话含义则需先了解“合作原则”② 及所补充之“礼貌原则”两观念，礼貌原则中有宽宏准则和谦虚准则，模糊语言在这方面更可满足人们沟通的需要，言语表达在含蓄、委婉之中有效果。而前所言及之“反语”则是利用语境来推断意义的语用修辞手段，其语言特色是用违背自己真实意图的表达去达成某种特殊目的。人们在看似说“假话”的过程中，也可以使用某种规范原则来确保言谈之间的距离，不致直接形成交际上的阻碍和误解，因此在会话交际过程中，模糊语言应能促进相互了解，相互配合，更具语用实用的帮助功能。

华人社会一向有尊卑长幼有别的思想以及儒家道德礼教的约束，在如此文化背景下，模糊语言有其遮蔽功能，亦有其表达的语言功能。语言使用不当甚至语言粗鲁的情形，常会导致人际关系紧张和疏远，有时在语言使用中的直言以对，反为不美。于是委婉、敬谦词语更能看出族群的社会心理。于是有了“你”，还要有“您”，尊称别人是“贵”，自己是“愚”“不才”，或在问话时加上“请”“可以……”“很冒昧……”“麻烦您……”，这种种言辞上的委婉谦让，使彼此的人际关系具模糊美感，亦顾及面子问题。人有两种面子：一是积极面子，另一是消极面子。前者希望自己的言行思想得到肯定、赞赏及恭维，后者希望自己的隐私能在此种模糊状态中得以封闭，不必受外界的干扰或侵犯。面子问题是华人社会中的语言棱镜所折射出来的世界③，因此借助模糊语言义域中的部分或有重叠的特点，或设置语义空白，如此可增强语言表达的灵活性，还能增加信息容量，又可享受到主动之“意义未定与空白”。如想跳槽了，则说“我另有生涯规划”；失业了，则说“此地不留爷，自有留爷处”；离婚了，则说“婚姻是恋爱的坟墓，我终于解脱了”，故模糊语言中亦可带入中国人社会层面、心理层面等的内涵挖掘。

---

① 丁金国．对外汉语教学中的语体意识［J］．烟台大学学报，1997（1）：89.

② “合作原则”观念为美国语言学家莱斯于1975年所提出。参考陈致宏．语用学与《左传》外交辞令［M］．台北：万卷楼图书股份有限公司，2000：33-35.

③ 彭增安．语用修辞文化［M］．台北：学林出版社，1998：36.

从另一角度言之，模糊语言能巧妙地摆脱困境或化解难题，显示出说话者的机智和幽默。所谓“化腐朽为神奇”，在现实交际中，可违反合作原则，可游走于礼貌与不合作之间而用暗示、比喻、象征，不明确表达自己的想法，甚至言不由衷、说反话，所以华人社会之间的人际关系对语言运用的影响甚大，从模糊语言中体现出说话者的机智和幽默，一经说出令人莞尔一笑，心中自会了然你是诚意或是推托之辞。这也成为中国社会中一种人情之美或言语策略。

4　结论

本文从语用学角度观察日常交际语言，文中所举之模糊语言，皆是日常生活中的真实语料，可看出其中“模糊性”可大大发挥它的语言灵活度，构成词组的模糊理解，界限变得宽广而且具丰富内涵，在语用上往往发生意料之外的作用，成为汉语中一种“表现力”的重要特征。在教学上若能带入中国丰富的文化涵蕴，用这样的“表现力”方式去进行审美，成为一个过程，一种状态，一类虚虚蒙蒙的意象，华语教学思维机制遂进入人情世事、历史源流及文学修为，学习语言的意义就不只是教语言而是为文化作深层挖掘，进而培养学生有跨文化领域的审美能力。如此，语用实用的意义在交际过程中就更见“国色天香”了，汉语教师身为“文化大使”的职责也更是义不容辞的。

参考文献

［1］陈致宏．语用学与《左传》外交辞令［M］．台北：万卷楼图书股份有限公司，2000.

［2］戴建东．语境语体与模糊语言［M］．太原：太原师范学院外语出版社，2001.

［3］丁金国．对外汉语教学中的语体意识［J］．烟台大学学报，1997（1）：89－96.

［4］龚鹏程．文化符号学导论［M］．北京：北京大学出版社，2006.

［5］符淮青．现代汉语词汇［M］．北京：北京大学出版社，2004.

［6］胡壮麟．语篇的衔接与连贯［M］．上海：上海外语教育出版社，1994.

［7］康响英，刘宝岩．模糊语言在文学欣赏中的应用研究［J］．教育探索，2006（7）：67－68.

［8］吕叔湘．语言和语言研究［M］．台北：台湾书店，1992.

［9］廖晓青．英语教学法［M］．台北：五南图书出版公司，2002.

［10］钱冠连．语言学诠释［M］．霍永寿，译．北京：清华大学出版社，2002.

［11］戚雨村．现代语言学的特点和发展趋势［M］．上海：上海外语教育出版社，1997.

［12］彭增安．语用修辞文化［M］．台北：学林出版社，1998.

［13］童庆炳．诗的潜在次序的发现［C］//童庆炳．中国古代诗学与美学．台北：万卷楼图书股份有限公司，1994.

［14］王明居．模糊艺术论［M］．合肥：安徽教育出版社，1992.

［15］王琮瑄．由修辞学论《左传》辞令［D］．台北：台湾“中央”大学，2012.

[16] 赵玉珊. 论广告语中的双关现象 [J]. 辽宁行政学院学报, 2008, 10 (4): 180 - 186.
[17] 朱晓红. 模糊语言的审美特征 [J]. 安徽工业大学外国语学院学报 (社会科学版), 2007 (01): 93 - 95.

【作者简介】

周静琬，台湾逢甲大学语言中心讲师，世界华文教育学会理事及《华文世界》主编。Email：jwchwang@ yahoo. com. tw。

语言与文化研究

《卧佛寺中国石雕》中的语言所体现的中国文化

［泰国］Kowit Pimpuang[1]（撰）　黄丹丹[2]（译）
（1. 泰国农业大学；2. 暨南大学汉语国际推广中心）

1　简介

《卧佛寺中国石雕》被认为是通过中国石雕展示中国文化的极佳文献。据了解，它亦是唯一一本在翔实的史料信息基础上，细致地收集了卧佛寺中国石雕信息的著作。曼谷早期泰皇拉玛三世统治期间，泰皇喜好修缮寺庙。作为一位信奉佛教的泰皇，拉玛三世在位期间共修建了73座寺庙以供奉佛教神灵（CSFW：25－34）①。其间，泰中两国通过大商船保持着艺术及商贸往来，泰皇拉玛三世对此颇为欣喜。据说，因泰皇拉玛三世对中国石雕印象极为深刻，因而开始向泰国境内进口中国石雕。目前为止，卧佛寺内至少藏有1 000座中国石雕，位列泰国之首；位列第二的为黎明寺，共有304座中国石雕。

此书由一批泰国学者所著，主要描述在曼谷卧佛寺修缮期间，泰皇拉玛三世赠送给卧佛寺的中国石雕所展示的中国文化。此书为描述性文字，由散文及30个诗节构成，而每个诗节又由两行诗句组成。特别值得注意的是，书内含358张中国石雕的照片，每一张均从多方面体现了中国文化。书中共有以下6个章节：一、卧佛寺；二、泰皇拉玛三世及其寺庙修建与中国工艺品；三、中国石雕的诞生；四、中国石雕的创作目的；五、泰国进口中国石雕；六、石雕类型。

本文侧重研究《卧佛寺中国石雕》中所使用的语言及构词方式，如复合词、重复性词汇与叠词等。中文词汇在书中的两种书写方式，即音译成泰语及标注出对应汉字，本文也将对其展开研究。据悉，目前尚未有其他研究涉及上文所提语言现象。此外，学界也尚缺对《卧佛寺中国石雕》一书中所体现中国文化的分析性研究。鉴于这是一个颇有意义的研究方向，本文以重点分析研究《卧佛寺中国石雕》一书所体现的中国文化为前提，尝试挖掘其隐含深意。

2　材料与方法

此描述分析式研究，旨在探索《卧佛寺中国石雕》中语言所体现的中国文化。具体研究方法如下：

---

① CSFW（Chinese Stone Figurines of Wat Pho）指《卧佛寺中国石雕》一书。

（1）调查收集与《卧佛寺中国石雕》中语言所体现出的中国文化相关的资料。

（2）分类整理收集到的相关资料及其相关分析与注解。

（3）描述分析《卧佛寺中国石雕》中语言所体现出的中国文化。

（4）陈述研究成果及结论。

泰皇拉玛三世曾大量进口中国石雕。泰皇在中国商人中寻找到了定居于泰国的贸易伙伴。他还建造了舢板，与中国直接进行贸易往来。因此，在其统治期间，进口至泰国的中国石雕数量远超其他时期。

藏有大量中国石雕的寺庙有：卧佛寺、黎明寺、苏塔寺及其他拉玛三世所建立或修缮的寺庙。

可以说基本上最大型、最精美的中国石雕均位于卧佛寺，数量至少达到1 000座。虽然有些石雕已被盗走或毁损，但遗留下的石雕依旧具有研究价值。这些中国石雕可以分为以下九大类别（CSFW：258－259）。

（1）皇室贵族石像：多为贵族及勇士。

（2）圣贤石像：多为修道者及秉持在中国盛行的各大信仰（如道教与儒教）的僧侣。

（3）人像：包含各色人物，多为小型石雕，如女子、男子、孩童、学生及学者等。

（4）诸神像：有阿罗汉、得道成仙者、护世四天王及福禄寿等诸神。

（5）神兽石像：多为狮子，其他动物较少见。其中还包括泰国神话动物，如金翅鸟（Garuda）与金那莉（注：Kinnari，一种半人半鸟的神话动物）。

（6）动物石像：数量不少，大多尺寸相对较小。动物种类包括老虎、鹿、水牛、马、山羊、大象及骆驼，并没有特别的功用。

（7）西方人物石像：数量较少，多为真人大小，同中国贵族及勇士有着相同地位的杰出人物。尺寸更小一些的士兵石像看起来栩栩如生。

（8）建筑石像：如模型、佛塔、神殿、拱门、门楣、龙柱、柱子及灯架。

（9）器皿及家具：如盆壶、花瓶及桌椅等生活用品。

真人大小或比其更大的石像均极其精美，特别是贵族、勇士及西方人物石像，他们的服饰精雕细琢，是杰出的中国工匠创造出的真正的中国艺术。相较而言，尺寸较小的石像质量则不如前者，应是由技艺稍逊一筹的工匠所作。

3 结果与讨论

基于上文所提研究目标，相关研究结果如下。

3.1 《卧佛寺中国石雕》中所用语言

《卧佛寺中国石雕》一书使用泰语，同时书中有其对应的英文翻译。研究发现，书中散文使用泰语最多，且运用了不同的词语形式，如：复合词、重复性词汇以及叠词。其次为书中的无韵诗，由僧王帕波拉玛努契（Paramanujitajinorasa）所作。这类诗歌使用了押韵词、文字游戏及比较词。值得注意的是，书中还大量使用了巴利梵文、高棉语、中文及英文等外来词汇。此外，中文在书中有两种书写方式，即音译成泰语及标注出对应汉字，以更加清晰明了地展示中国文化。下文为以上所提问题具体内容。

（1）复合词。

复合词，即将两个或两个以上的词根拼合，构成表示新的词义的词。《卧佛寺中国石雕》一书中，多处出现了复合词。这些复合词可细分为一般复合词和巴利梵文复合词。示例如下：

① รูปขุนนางแต่งกายเต็มยศ
เน้นความสวยงามและละเอียดประณีต มี 2
ประเภทคือฝ่ายบู๊และบุ๋น

（贵族所穿戴的正式服饰，象征着其荣誉与声望。这其中包括文官与武官。）
（CSFW：105）

② ศาลเจ้าต่างๆ
ของจีนมีมากและหลายขนาด
แกะสลักสวยงามและแตกต่างกันออกไป

（各大规模的寺庙神殿，数目繁多。一定程度上来说，均为精心设计之物。）
（CSFW：234）

③ เสามังกรมักเรียกกันว่า ฮั้วเปียว
เป็นเสาตกแต่งประดับหน้าอาคารต่างๆ ของจีน

（被称为“Sao Mangkorn”的龙柱，用于装饰建筑物外墙。）
（CSFW：236）

④ สมัยสามก๊ก
สมัยราชวงศ์ถังและสมัยราชวงศ์ชิง
ขุนนางแต่งเครื่องแบบแตกต่างกัน

（在三国时期、唐朝及清朝，贵族着多层服饰。）
（CSFW：105）

⑤ ท้าวจตุโลกบาล บางทีเรียกกันว่า
เทพธรรมบาล แปลว่า
ผู้พิทักษ์รักษาพระธรรมในพุทธศาสนา

（在佛教中被称为“Chatulokkaban”的四大天王或护世四天王，也以达摩护法天神著称。）

（CSFW：144）

⑥ พุทธศาสนายกย่องสิงโตว่ามีพลังอำนาจและว่องไว[①]

จึงจัดเป็นพาหนะ (สิงห์อาสน์(

ของพระมัญชุศรีมหาโพธิสัตว์

（在佛教中，狮子因其惊人的力量与速度备受赞赏。因而，它也是南无大智文殊菩萨的坐骑，称作“狮子座”。）

（CSFW：159）

（2）重复性词汇。

Bunjob Bundhumedha（2011：61－63）指出，重复性词汇的构词方式为在连续两次使用同一个词语时，用“（ ）”这个在泰语书写体系中表示重复的符号替代后一个重复的词。使用重复词汇的目的在于强调语义。我们在《卧佛寺中国石雕》一书中不难注意到重复性词汇及代表重复的泰语符号“（ ）”。以下为选取示例：

① การสร้างตุ๊กตาหินรูปสิงโตให้มีรูปร่างลักษณะน่ากลัว

ดังกล่าวจึงมีวัตถุประสงค์เพื่อเป็นกลอุบายทำให้

ภูตผีปีศาจและสิ่งอัปมงคลชั่วร้ายต่างๆ ไม่กล้าเข้ามา

แผ้วพานนั่นเอง

（石狮应展现出相应的形象。某种意义上来说，这一令人生畏的形象意在驱赶邪恶势力与妖魔鬼怪。）

（CSFW：160）

② เสามังกรมักเรียกกันว่า ฮั้วเปียว

ในสมัยโบราณใช้ประดับตามพระราชวังหลวง

ต่อมานำมาใช้ประดับหน้าศาลเจ้าและอาคารที่สำคัญ

อื่นๆ ด้วย

（龙柱常被称为“华表”。早前，用其装饰宏伟宫殿。后来，又用作装饰神殿及其他重要建筑。）

（CSFW：238）

（3）叠词。

叠词的构词方式为重复使用某个词语或某个词语的一部分。显然，和重复性词汇一样，叠词是语义强调的重要方式之一。《卧佛寺中国石雕》一书中，也有不少叠词

① Montage Culture. Gateway to Chinese Culture. Bangkok：Sukhaphabjai，2008：p.116.

的使用，如：

① ช้างคือสัญลักษณ์ของความแข็งแรง

ช้างเป็นตัวแทนสัตว์มีพลังเช่นเดียวกันกับสิงโต

ชาวจีนเชื่อว่าถ้าได้บรรทุกหินไว้บนหลักช้าง

ผู้หญิงที่ไม่มีลูกก็จะมีความหวังได้ลูกชาย

（与狮子一样，大象也是力量的象征。据说，如果把石块放置在从未生过幼崽的雌象背上，那这个人就大有可能生下男孩。）

（CSFW：191）

② เซียน หมายถึงผู้วิเศษ ผู้สำเร็จคุณวิเศษอย่างหนึ่ง

หรือเทวดาในลัทธิเต๋า คือได้รับการยกย่องให้เป็นเซี

ยนหรือเทพยดาซึ่งมีตำนานเล่าขานสืบต่อกันมาหลาย

รูปแบบ แม้บางคนยังไม่ตายก็ได้เป็นเซียน

（仙，是具有魔力、不死的神。在道教中，人是可以羽化成仙的。成仙有多种方式，部分人可到达这一神圣的境界。）

（CSFW：143）

③ ขุนนางฝ่ายบุ๋นจะมีหน้าตาดี

ใบหน้าสะอาดเรียบร้อย

สายตาไม่ดุร้ายมือถือพัดหรือหนังสือหรืออย่

างอื่นที่ไม่ใช่อาวุธ

（这位文官，一手持扇一手持书或其他非武器物品，和善悦目。）

（CSFW：105）

《卧佛寺中国石雕》一书中，有僧王帕波拉玛努契（Paramanujitajinorasa）所创作的诗歌。他在诗中运用了押韵词、文字游戏及比较词。

（4）押韵词。

押韵词，是一组尾音相同的词汇，具有加强音律的效果，如英文词汇 cat（猫）和 hat（帽子）（尾音均为［æt］）、jar（罐子）和 car（汽车）（尾音均为［ɑr］）等。在《卧佛寺中国石雕》中，我们很容易注意到押韵词在诗歌中的使用，示例如下：

① สถิตฐานยืนซ้ายฝ่ายฟากขวา ประตูเฮย

ชำรุดทั่วแท่นแดนดื่นร้าง

เร่งรื้อทกทวารารังเรข ใหม่ฤา

รูปลั่นถันสล้างสร้างใส่สนองฯ

（武士贵族总是站立于门的左右两侧。若门有任何损坏，将其拆除后便立即重新安装。随后，便将武士贵族石像重置于门的两侧。）

（CSFW：131）

（5）文字游戏。

文字游戏是对文字（尤其是其发音与意义）的一种操控，意在获得消遣娱乐的效果。在《卧佛寺中国石雕》中，文字游戏广泛存在，使用得十分漂亮。示例如下：

① ลางใหญ่ลางเล็กบ้างบูชา พระเอย

ทกทิวาคืนคงค่ำเช้า

ประดิทินทั่วเวลาฤาโลก แลพ่อ

เนืองนิตย์พระเจ้าเกื้อกิจบุญฯ

（神圣的石像，大小不一。日夜守护、祭拜神灵，以期获得庇佑。）

（CSFW：142）

（6）比较词。

比较词，是用于比较两个或两个以上词汇之间相同或不同之处的词语。《卧佛寺中国石雕》中使用了不少此类词汇，例如：

① ในนอกละคู่สรัพสิ้นสองประตู ตั้งฤา

นับรูปสริปั้นเปนแปดผู้

กรกุมคทาดูดั่งชีพ คงแฮ

เฉกจักคอยสู้ต้านต่อภัยฯ

（两扇门内外共站立有八名西方人物石像。他们紧握手中钉锤，保持警惕，好似随时准备应对可能到来的危险。）

（CSFW：162）

经泰国学者讨论，《卧佛寺中国石雕》一书的创作时期已较为清晰。不过，书中各处还出现了各种外来词汇，如巴利梵文、高棉语、中文及英文。显然，书中所用泰语有受到上述外来语的影响，示例如下：

（7）外来词：巴利梵文。

Kowit Pimpuang（2008：2－3）表示这类词汇借鉴于印度的巴利梵文。《卧佛寺中国石雕》中大量使用了巴利梵文。示例如下：

① พระอรหันต์ หมายถึง ผู้สำเร็จธรรมวิเศษสูงสุดใน

พุทธศาสนา หรือผู้บรรลุพระนิพพานแล้ว

พระอรหันต์ที่ชาวจีนรู้จักมีชื่อเสียงมากคือ 18

อรหันต์ทองคำของนิกายมหายาน

［在佛教中，阿罗汉代表达到达摩（指佛的教法，佛法，一切事物和现象）最高境界或涅槃重生者。于中国人而言，最著名的要数大乘佛教中的十八金罗汉。］

（CSFW：143）

② เทพ ได้แก่ พวกเทพเจ้าหรือเทวดาผู้มีอิทธิฤทธิ์ มี

คุณธรรมความสามารถพิเศษ ผู้ปกปักรักษา หรือผู้บรรลุ

ธรรมวิเศษ ที่เกี่ยวกับเรื่องราวความเชื่อของคนจีน

ได้แก่ พระอรหันต์ เซียนและท้าวจตุโลกบาล

（在中国人的信仰中，提婆指具有超自然能力的天神。他们是阿罗汉，是神明，是护世四天王。）

（CSFW：143）

（8）外来词：高棉语。

Thonksuk Katerote（2008：70－71）表示这类词借鉴于柬埔寨高棉语。《卧佛寺中国石雕》中多处出现了高棉语。示例如下：

① พุทธศาสนายกย่องสิงโตว่า มีพลังอำนาจและว่องไว

จึงจัดเป็นพาหนะ (สิงห์อาสน์) ของพระมัญชุศรีมห

าโพธิสัตว์

（在佛教中，狮子因其惊人的力量与速度备受赞赏。因此，它也是南无大智文殊菩萨的坐骑。）

（CSFW：159）

② บำนาญท่านจ่ายจ้างเจ๊กกระทำ จีนแฮ

แปรเปลี่ยนมารแบกทรงทรวดเยื้อง

หินเขาชื่อสำเภาพื้นฉลัก รูปฤา

ถะละแปดรูปเพี้ยนเบื้องแบบบรรพ์ฯ

（中国古塔是通过发动中国人民，给他们支付工钱而建成的。每座佛塔，包括勇士在内共有八座石像。）

（CSFW：205）

（9）外来词：英文。

《卧佛寺中国石雕》中也借用了英文，可在多处看到外来英文词汇。例如：

① ซุ้มโขลนทวาร เป็นซุ้มประตูจำลองประเภทเดียวกับ

ซุ้มประสูจีนเฉลิมพระเกียรติพระบาทสมเด็จพระเจ้าอยู่หัว

เนื่องในวโรกาสครบรอบ 72 พรรษาที่วงเวียนโอเดียน

สามแยกหัวถนนเยาวราชทำเลียนแบบเครื่องไม้ขนาดธรร

มดา จะมีเสาใหญ่ 4 ต้น

（其中一个例子是用以庆祝普密蓬国王 72 周岁寿辰的中式拱门。该拱门位于欧德翁（Odeon）环形路口与耀华力路交界处，木质结构，由四大支柱支撑。）

（CSFW：226）

（10）外来词：中文。

这类词语源于有着 3 000 多年丰富历史的中文（Naris Wasinanon, 2009 ：73）。书中借用中文的示例如下：

① บรรดาเซียนที่ได้รับกายกย่องให้สำคัญที่สุดหรือเป็น

อันดับ 1 เป็นเจ้าแห่งเทวดา คือ เง็กเสียงฮ่องเต้ ถื

อเป็นจักรพรรดิของเซียน นั่นเอง

（众神之中，最受尊崇的便是众神之首“玉皇大帝”。）

（CSFW：143）

② หมู ภาษาจีนเรียกว่า จู ขาหมูเรียกว่า จูถี ซึ่งพ้องเ

สียงใกล้กับคำว่า ถีหมิง ซึ่งแปลว่า มีชื่อในประกาศ

ผลสอบ จึงถือเป็นสิริมงคล เช่น จินปั่งถีหมิง แปลว่า

มีชื่อเสียงติดป้ายทอง

［英文 pig 一词对应的中文为“猪（Chu）”，而猪蹄（Chu Ti）则表示猪脚。这里的“蹄”与金榜题名的“题”读音相同。］

（CSFW：188）

（11）《卧佛寺中国石雕》中的中文词汇。

《卧佛寺中国石雕》中使用了两种中文词汇的书写方式，以确保读者充分了解相关的具体信息。其中，中文词汇在书中的出现方式之一为音译成泰语书写形式。例如：

① รูปที่เกี่ยวกับเทพเจ้าหรือเทวดาผู้มีอิทธิฤทธิ์ ได้แก่

พระอรหันต์ เซียน และท้าวจตุโลกบาล ตลอดจนเรื่อง

ฮก ลก ซิ่ว)ฝู ลู่ โซ่ว) รวมทั้งเทพทั่วไปที่มีเป็นจำนวนมาก

（阿罗汉、仙人、护世四天王及福禄寿等世间众神是具有超能力的重要神灵。）

（CSFW：143）

中文词汇在书中出现的另一方式为将其音译成泰语书写形式，并在括号内注明对应汉字。例如：

② ระบบขุนนางของประเทศจีนโบราณมีมาตั้งแต่สมัย

ราชวงศ์เซี่ย (夏朝(การแบ่งหน้าที่เท่าที่ปรากฏในเอก

สารประวัติศาสตร์ยังไม่สลับซับซ้อนมากัก

ต่อมาในสมัยราชวงศ์ซาง (商 朝(การจำแนกตำแหน่ง

หน้าที่มีมากขึ้นและมีความสลับซับซ้อนมากกว่าเดิม

（中国的贵族制度起于夏朝。以史料来看，当时的职责委派并不复杂。而至商朝，职责分类与分工愈加细化，变得比以往更加复杂。）

（CSFW：102）

3.2 《卧佛寺中国石雕》所体现的中国文化与价值

文化在极大程度上决定了人类的生活方式。具备与不同领域的人一同生活及往来能力的人，便是文化的产物。不仅如此，文化对人类精神发展也发挥着重要作用。它使得人类能够和平快乐地与他人相处。因此，总的来说，社会与文化二者相互支持，互不可缺。人类创造文化，而文化又象征着古今人类文明。

依据文化的基本要素，可将文化划分为以下四大类别：①理念；②社团或组织；③习俗；④工具物质与象征符号。通过研究《卧佛寺中国石雕》一书，本文总结得出其体现了以下中国文化及价值：

3.2.1 中国理念

一般来说，理念表示理解、信仰、观念及各种意识形态，如羯磨、一夫一妻制、来世、一神教或多神教等。此外，它还表示思想意识、态度及对公允偏颇的接受度。明确而言，这均取决于不同社会群体用于判定或评价其自身所处环境的标准。

《卧佛寺中国石雕》一书涉及了中国道教、儒教及大乘佛教信仰等重要理念。受到早期佛教及佛教高僧的影响，中国佛教僧侣的数量不断增加。之后他们开始倾向于与道教及儒教融合，现已难以区分（OCLC，2007：1－7）。[①]

3.2.2 中国社会组织

社团或组织表示具有系统管理制度或正式结构的群体。它具有相应的规章制度及目标，如家庭（最小单位）、社会、国家、联合国（最大组织）等。通常，人们通过相互联系以达成各自的目标。这一目标可大可小，如校友会的目标可以是维护母校的荣誉，也可以是保卫祖国。

《卧佛寺中国石雕》一书涉及了与贵族及其他各阶层相关的管理制度。书中石像多为贵族（文官与武官），也有少数帝王与王后石像。另外，也能看到军事将领与战士石像，呈现出战士紧随军事将领的场景。此外，此书还展示了身处社会不同阶层的中国人民的石像，如贵族、平民、僧侣、舞者、男性学生或学者等。与此同时，我们也在书中发现了西方人物石像。不过，有西方学者在重新调查研究后指出，马可波罗此前从未到过中国。

3.2.3 中国文化习俗

文化习俗包括人们普遍接受的传统习俗，如：从出生到死亡过程中的仪式等。其中，宗教在仪式中扮演着至关重要的角色。传统习俗还包括穿衣风格及饮食礼仪。观察一个社会的若干节庆日，便可注意到相关的餐饮传统。此外，饮食礼仪可能也会随着社会的改变而改变。

根据上文所述，《卧佛寺中国石雕》一书中涉及了中国文化习俗，如帝王、皇后、贵族、平民、学生、学者及舞者等各色人物的穿衣风格。此外，贵族所穿戴的服饰常

---

① OCLC（The Office of Chinese Language Council）指中国国家汉语国际推广领导小组办公司（汉办）。

常极为华美。同时，我们还可以看到佛教僧侣及阿罗汉、得道成仙者、护世四天王、福禄寿等神灵所穿戴的服饰。而西方人物形象，在穿衣风格上，也有其自身特点。关于书中出现的神兽，最常见的是狮子，其他神兽较少见。老虎、鹿、水牛、马、山羊、大象及骆驼等动物石像所穿的配饰也各不相同。

3.2.4 工具物质与象征符号

工具物质与象征符号又可分为物质文化及非物质文化。前者指可触摸的物质，如工具、器皿、家具、房屋、绘画、佛寺、佛殿等；后者表示不可见的物质，如语言、沟通或计量符号等。

根据上文，工具物质与符号对象有以下两类：①可见物质：包括宗教建筑、器皿、家具，如中国古塔、神殿、拱门、门楣、龙柱、灯架、盆壶、花瓶、桌椅、鼓、祭坛与塑像等；②象征符号，如用作沟通交流的中文等。

综合来看，《卧佛寺中国石雕》一书，重点在以下四个方面展现了中国文化价值：

（1）语言及措辞价值：书中出现了古典语源词及现代词汇，其中有来自多个国家的外来词汇，如：巴利梵文、高棉语、英文及中文。毋庸置疑，书中的中文词汇在展现中国文化方面，发挥了重要作用。在措辞上，书中语言短小精悍，描述性手法运用出色，表意清晰明朗，帮助读者清楚地理解详细信息。

（2）社会文化价值：此书从多方面表现了早期中国的信仰。同时，亦是拉玛三世在其掌权时期，对中国文化艺术之热爱的确凿证明（Dumrong Thandee，2001：133－140）。

（3）知识价值：读者不仅能够获得相关知识，也将对卧佛寺中国石雕所处地理位置有所了解。

（4）其他价值：此书提供了如贵族等与中国传统政治制度相关的信息。同时，它也可能会对其与其他中国文学作品展开的比较或历史研究产生影响。

4 结论

无疑，《卧佛寺中国石雕》为读者提供了许多关于中国文化的有用信息。长期以来，中国文化在泰国广泛流传。《卧佛寺中国石雕》中有对应的泰语与英文翻译。书中散文运用了复合词、重复性词汇及叠词；无韵诗中则运用了比较词、押韵词与文字游戏。就语言层面而言，书中使用了巴利梵文、英文、高棉语及中文等外来词汇。其中，中文的使用颇具特点：出现了中文的两种书写方式，即音译成泰语和标注出对应汉字，旨在帮助更好地展示中国文化。此外，《卧佛寺中国石雕》一书还在以下四个方面展示了中国文化：①理念：对道教、儒教和大乘佛教的信仰；②社会组织：贵族及社会阶层；③传统习俗：如贵族及其他阶层的穿衣风格等；④工具物质与象征符号：可分为如塑像等的可见物质以及象征符号，如书中使用的中文等。

5 致谢

首先，我要向泰国农业大学 Methawee Yuttapongtada 博士致谢，感谢其在此研究期间给予我的无私帮助。其次，衷心感谢暨南大学华文学院所提供的经济支持，使我有机会在第二届华文教育国际研讨会上分享并发表这一研究成果。同时，感谢我所参考资料的所有作者，他们的资料让我受益匪浅。最后，我要感谢我所有的朋友，谢谢你们在此期间的真挚帮助。

参考文献

[1] BUNJOB BUNDHUMEDHA. Structure of Thai [M]. Bangkok: Ramkhamhaeng University Press, 2011.

[2] Chinese Department, Faculty of Humanities. The Proceedings of the Conference on Dynamic of Chinese Language, Literary Works and Culture. Bangkok: University of the Thai Chamber of Commerce, 2011.

[3] DUMRONG THANDEE. Chinese Society and Culture [M]. Bangkok: Ramkhamhaeng University Press, 2001.

[4] FEIBAO Du & HONG SU. Things Chinese and Their Stories. Beijing: China Travel & Tourism Press, 1994.

[5] KOWIT PIMPUANG. Pali-Sanskrit Loanwords [M]. Bangkok: Department of Thai language, 2008.

[6] MALINEE GUMPERAYARNNONT. Tracing back the Chinese Heritage in the Early Rattanakosin Period: Viewpoints from Mural paintings [M]. Bangkok: Department of History of Arts, Faculty of Archeology, Silpakorn University, 2004.

[7] Montage Culture. Gateway to Chinese Culture [M]. Bangkok: Sukhaphabjai, 2008.

[8] NARIS WASINANON. Sart-Sin Wattanatham Chin [M]. Bangkok: Sukhaphabjai, 2009.

[9] Paramanujitjinorasa, Somdej Phra Maha Samanachao Krommaphra. Khlong Dun on the Renovation of Wat Phrachetuphon. Phra Nakorn: Wat Phrachetuphon, 2004.

[10] The Office of Chinese Language Council. Introduction to Chinese Culture [M]. Bangkok: Sukhaphabjai, 2007.

[11] THONGSUL KATEROTE. Influences of Foreign Languages on Thai [M]. Bangkok: Ramkhamhaeng University Press, 2008.

【作者简介】

1. Kowit Pimpuang，泰国农业大学人文学院泰语系助理教授。Email：fhumkwp@ku. ac. th。

2. （译者）黄丹丹，澳门大学英汉翻译硕士，2017 年至今就职于暨南大学汉语国际推广中心。

从月下老人的故事论华人的婚姻文化观及其在华语教学上之运用

［中国台湾］郑淑娟
（台湾暨南国际大学）

引言

爱情是人类亘古以来关注的话题，为什么呢？因为爱情反映出人类共通的普遍性情感与体悟。但在中西方不同的文化背景下，对于爱情此一议题，各有何不同想法与隐喻手法？拙文将聚焦代表姻缘之神的中国月下老人的故事，探讨大唐时代中国人的婚姻观，借以呈现华人在民族文化背景下，对婚姻的看法及其特色，以及它如何影响当代台湾人的婚姻习俗，并将之带入华语教学中，带领高级华语学习者，进一步认识华人社会与婚姻文化。

语言反映文化，同时，文学作品中的语言，亦反映社会与文化的生活习俗与价值观。① 因此，在华语教学时也应该引导学生认识并理解中国人的思维方式与文化特色。笔者试图以中国唐人小说《韦固》一文中的月下老人形象为探讨依据，论述其中所反映的唐代社会文化价值观，同时，探究这种价值观对现代社会的影响及其于21世纪的台湾所反映出来的文化现象。另外，也将此作为高级华语教学的文化素材，借此呈现台湾现今社会文化多元的一面。戴昭铭先生曾提到："每个人的天赋或本性中多少都有一点文学的倾向。小孩子爱听故事，青年人喜欢诗歌，成年人爱看小说，老年人爱讲故事，其实是文学天性的自然表现。……优秀的文学作品是民族文化的瑰宝，往往成为民族文化的重要象征。"② 因此，相信透过文学故事的教学，定能引发华语学习者对中国传统文化的兴趣与认识。拙文除了介绍唐代月下老人的故事外，也将引入台湾月下老人的信仰与相关庙宇探析，作为华语教学过程中户外文化教学的一个方面，对于华语学习者了解华人社会文化中的婚姻观，应有一定程度的助益。

1　月下老人的故事探析

月下老人在中国文化传统中，代表的是牵红线的使者，标志着中国人相信"姻缘

① 申小龙先生提到："语言是文化产生的基本条件，语言决定文化。"参见申小龙．语言的文化阐释［M］．上海：知识出版社，1992：18.

② 戴昭铭．文化语言学导论［M］．北京：语文出版社，1996：197.

天注定”的婚姻观。即使是21世纪的现代，在台湾，还是有许多未婚男女会至月老庙拜月老，以求得好姻缘。可见，月下老人在华人社会里，从古至今，是婚姻使者的形象代表，也在民间信仰中占有一席之地。

在唐代传奇小说中，有一则故事篇名为《韦固》，可说是月下老人的雏形。[①] 唐人小说里的韦固到了适婚年龄却一直无法如愿结婚。有一天，一位介绍人跟他相约在一间庙口，准备带他前去相亲，帮他介绍对象。韦固因为太期待了，以致一大早就醒来，天尚未亮便跑到相约地点，结果看到一个白发老人坐在台阶上，对月检书。所读之书，字体与内容皆是韦固这位读书人所看不懂的。因此，引发他进一步与老人攀谈的好奇心。得知老人乃冥界之人，掌管天下人之姻缘，手中之书即是姻缘簿。韦固立刻请求老人查阅他的另一半的资料，并请老人带领他前去未来另一半所在之地，一窥究竟。老人于是领他到一个市场，指着一位瞎了一只眼的老妇人说：“这人怀中所抱的三岁女娃，十几年后，即是你的另一半。”韦固一看，当下立刻觉得对方的身份地位根本无法与作为读书人的自己匹配。因而，责怪月下老人胡说，并扬言要派人杀了女娃。月下老人说：“姻缘乃天注定，信不信由你。”然后就离开了。惶惶不安的韦固回到家，越想越不对，立刻把管家找来，吩咐他隔天一大早携带匕首，跟他一起去市场。隔天一早天未亮，两人果真来到市场埋伏，见时机成熟，即对女娃下手。但因仆人太过紧张，一时失手，本来打算刺女娃心脏，让她一刀毙命，却只刺中她的眉心，事发之后，两人趁乱逃跑。这件事情过后，再过了数年，韦固仍无法顺利结婚，直到第十四年，韦固因得父荫而担任掌管监狱兴讼的工作，表现优异，深得长官赏识，因而将女儿嫁给他，韦固因而顺利娶得长官之女，一偿夙愿。事隔一年后，才知道原来妻子的额头常贴花钿，是因为有一道疤痕，经韦固一问才知是小时候被人用匕首射伤，这让韦固联想到过去仆人所说的“初刺其心，不幸才中眉间”。[②] 一问之下，才知所娶的，便是月下老人所说的卖菜老妇人之女，因而有“知阴骘之定，不可变也”[③] 之叹。

从这个故事的对话中，我们看到月下老人代表的形象，就是中国人自古以来所抱持的“姻缘天注定”的宿命观，也可看出唐代以韦固为代表的士人阶级的婚姻观。这样的观念，至今仍或多或少影响着华人的生活与婚姻爱情观，特别是在台湾地区，至今从北部到中部，仍有为数不少的月下老人庙。以台北城隍庙的月下老人庙为例，除了台湾人会去拜外，甚至连许多国外观光客也常慕名而来。可见，这样的民间信仰，除了影响台湾当地民众，也影响外来不同文化背景的人。因此，若能聚焦探讨此一故事，除可反映出唐代社会背景下的婚姻观外，也可看出此婚姻文化观对现今台湾民间

① 王梦鸥校释．唐人小说校释：下册［M］．新北：正中书局，1989：79.
② 王梦鸥校释．唐人小说校释：下册［M］．新北：正中书局，1989：80.
③ 王梦鸥校释．唐人小说校释：下册［M］．新北：正中书局，1989：81.

社会的普遍性影响，相信有助于高级华语学习者认识华人的婚姻爱情文化。[①]

2　人物形象分析

2.1　月下老人的形象

在这个故事中，作者李复言[②]所安排的人物及其对话，分别呈现其所处角色对婚姻文化的价值观。同时，也一定程度呈现唐代社会的婚姻观，以及对各阶层的看法。因为小说本身会反映当时的社会背景以及人们的想法、对事情的观点等方面。[③] 故事中，当韦固跟月下老人说想杀三岁女娃时，月下老人道：

此人命当食大禄，因子而食邑，庸可杀乎?[④]

这句话显示月下老人似乎早已预知不管其间经历了什么，最后，韦固一定会娶姻缘簿中所记载的女子，隐含着强烈的宿命观。所透显的背后意涵是相信人无法靠自己的力量轻易改变命运，即便是婚姻。这样的观念，可说全然否定人的自主选择权，同时，也反映出华人社会文化中，对于传统的婚姻，并没有个人的选择权与决定权。这样的婚姻观，隐含唐代社会封建制度下的个人自主与自由被消解在社会价值文化的洪流中之现象，也是中国传统文化中，颇具特色的一环。这种传统文化观，深具华人文化的特色，对于华语学习者而言，无疑是一个认识中国传统文化的切入面向，有助其更进一步深入了解华人的传统文化。相对于学习者本身的文化特质而言，应该能引发一些文化冲突与学习兴趣，在文化对比观中，具有一定程度的教学价值。

《韦固》一文中，作者描述约下老人的外在形象是：

有老人倚布囊，坐于阶上，向月检书。觇之，不识其字。……因问："囊中何物?"

曰："赤绳子耳，以系夫妇之足。及其生则潜用相系，虽雠敌之家，贵贱悬隔，天涯从宦，吴楚异乡。此绳一系，终不可绾。君之脚已系于彼矣。他求何益。"[⑤]

---

① 在爱情观的部分，可参考秦观以《鹊桥仙》之原文及翻译版本，以此为切入点，从中教导高级华语学习者认识中国文化中的爱情观。

② 李复言，唐人，生卒年不详，约唐文宗太和中前后在世。生平事迹难考。

③ 在《唐律疏义》中有"户婚律"。"户婚律"包括户籍法、租税法及婚姻法。……婚姻法规定成婚要件为"婚书"或"私约"，虽无婚书，但受"聘财"，亦算成立，其涉及禁婚范围者，实即示明亲属之范围。此律大抵属于民法。足见，唐代是很重视婚姻及律法的，关于婚姻有很仔细的律法明示之。参见向淑云. 唐代婚姻法与婚姻实态［M］. 台北：台湾商务印书馆，1991：26.

④ 王梦鸥校释. 唐人小说校释：下册［M］. 新北：正中书局，1989：80.

⑤ 王梦鸥校释. 唐人小说校释：下册［M］. 新北：正中书局，1989：79.

月下老人的形象就是手中拿着一本姻缘簿，背着一个布包，里面装着红色的绳子，而这绳子是用来连系世间有缘男女的红线，不管本来两人距离有多遥远，只要一出生，月下老人就会将绳子系在男女两端，缘分一到，彼此自然相会，成就姻缘。这个拿着姻缘簿的月下老人形象，象征着作者相信有一个来自冥界的月下老人掌管世间男女的婚姻，隐含了浓厚的宿命观。有趣的是，现今全球化时代下的台湾，仍可见到许多月下老人庙，且不管年轻人或中年人，凡是想求得姻缘者，有机会都会到月下老人庙里拜月老，有时也会抽签，除了希望求得好姻缘外，也希望能从签诗中得到一些指引。① 这些现象说明月下老人的民间信仰观念，依然影响着台湾未婚男女。同时，也说明了自唐代以来，华人对婚姻的期许，隐含着某种“天注定”的观念。② 中国人相信缘分，相信“有缘千里来相会，无缘对面不相识”，也相信“十年修得同船渡，百年修得共枕眠”。其中隐含着佛教思想。佛家认为人与人的相遇、相聚，是因为因缘际会，缘会则聚，缘散则分，像漂泊不定的浮萍，全不由人。因此，人与人能相遇、相聚，进而相爱，结婚，在佛教来说是“殊胜因缘”，应当好好珍惜。从这一角度视之，月下老人的民间信仰，隐含着浓厚的佛道思想，这种思想至今仍影响着台湾民间社会及文化。

2.2 韦固的形象

文中韦固在得知月下老人姻缘簿里所安排的女子是卖菜人家的女儿时，曾一度试图改变自己的命运，这点说明他是一个自主性强，不向命运低头的人，同时，也可看出他的观念里有强烈的社会阶级之分，这样的形象也一定程度代表唐代士人阶级对婚姻“门当户对”的要求与看法，说明了唐代社会是一个重阶级身份地位的社会，那种“万般皆下品，唯有读书高”的观念充塞于人们的思想中。在《韦固》一文中，作者写道：

> 老人指曰：“此君之妻也。”固怒曰：“杀之可乎?”老人曰：“此人命当食大禄，因子而食邑，庸可杀乎。”③

可见，在韦固心里，不仅有强烈的阶级之分。同时，也可看出韦固是个为达目的不择手段的人。他竟然动了将自己不想要的另一半杀掉的念头。这呈现出韦固作为一个唐代读书人，追求功名利禄，想娶一个跟自己身份地位相匹配的对象，而不惜杀害

---

① 台北霞海城隍庙月下老人、台中南投日月潭畔月老祠是台湾北部、中部著名的月老庙。

② 鲁迅《中国小说史略》提到：“小说亦如诗，至唐代而一变，虽尚不离于搜奇记逸，然叙述宛转，文辞华艳，与六朝之粗陈梗概者较，演进之迹甚明，而尤显者乃在是时则始有意为小说。”可见小说至唐为之一变，肩负着面向社会的呈现。参见鲁迅. 中国小说史略［M］. 台北：五南图书出版公司，2009.

③ 王梦鸥校释. 唐人小说校释：下册［M］. 新北：正中书局，1989：80.

一个年仅三岁女娃的那种心狠手辣，显示他自私的一面，同时，也可反映出韦固枉为一名读书人，言行举止丝毫没有读书人的内在修养，有违儒家传统下知书达礼的读书人形象。最后，韦固还真的付诸行动，派家仆去刺杀三岁小女娃。故事的情节发展至此，可说达到了第一个高峰。但作者并未就此收手，反而在接下来的情节发展中，创造出一个出人意料的结局，而这个结局完全符合月下老人当初所预期的情况。也就是说，作者最后还是采用了月下老人的观点来为故事作结尾。从某种视角上来说，作者认同月下老人的这种“姻缘天注定”的观点。这样的观点是否普遍存于华人社会与文化的思想中呢？从现今台湾民间社会中仍有拜月老的习俗，便可知它对今日社会的婚姻文化观仍有一定程度的影响。现代小说家九把刀，有一本书名为《月老》。书中描写男主角因故死亡后，到了冥界，担任小月老的情节。[①] 这可看出，月下老人的传说与信仰，依然或多或少影响台湾地区的华人社会与婚姻文化观。

除此之外，也可以看出韦固相信月下老人的话，否则就不会担心他说的话成真而派家仆去暗杀小女娃。意即，他一方面相信月下老人的话，另一方面又试图通过个人的意志与努力设法改变命运。此处的冲突感，正反映出宿命观对华人社会的影响，而当宿命观与个人意志相冲突时，透过主角试图展现个人意志，但最后又失败的情节，正好强化了“姻缘天注定，无法更易”的婚姻文化观念。

2.3 韦固之妻的形象

在这个故事中，韦固之妻看起来像个配角，属于她的对话，到文末才出现。而当韦固告诉她，当初是他派人把她刺伤的真相后，并没有任何不悦，只是惊讶于“姻缘天注定”的宿命观果然是真的，可谓符合典型中国妇女逆来顺受，嫁鸡随鸡，毫无怨言的传统形象。关于她身世的变化，更是全文颇富戏剧性的情节，使后续情节的发展更合理化，也能与前面情节相衔接，制造出乎读者意料的效果。文中，韦固之妻说：

> 妾郡守之犹子也，非其女也。畴昔父曾宰宋城，终其官。时妾在襁褓，母兄次殁。唯一庄在宋城南，与乳母陈氏居。去店近，鬻蔬以给朝夕。陈氏怜小，不忍暂弃。三岁时，抱行市中，为狂贼所刺，刀痕尚在，故以花子覆之。七八年前，叔从事卢龙，遂得在左右。以为女嫁君耳。[②]

这段话交代了韦固之妻的身世。原本出身官宦之家的女子，由于命运多舛，被保姆卖菜老妇人抚养长大。尔后又因缘际会地嫁给了注重门当户对的韦固。这段情节，可以给我们反思，透过身世背景来选对象，所面对的困境在于有可能看到的只是眼前

---

① 九把刀. 月老［M］. 台北：春天出版国际文化有限公司，2007.

② 王梦鸥校释. 唐人小说校释：下册［M］. 新北：正中书局，1989：80.

的身世，不一定能准确掌握其确切的身份背景资料，也有可能误判。可贵的是，韦固之妻在阐述自己的心意和心情时，并未有任何不平之意，隐含着某种逆来顺受的传统妇女特质。这些特点，正是在华语课程教学过程中，带领学习者认识中国传统文化的良好切入点。

3　在华语教学上的运用与实际操作

《韦固》这篇故事，隐含了唐代传统的婚姻观。这种“姻缘天注定”的概念，在现今台湾社会，依然存在于部分未婚男女的想法中，甚至成为一种民间未婚男女的信仰。因此，倘若能以白话将故事翻译为教材，教导高级华语班，相信具有一定程度的趣味性，也能引发华语学习者的学习兴趣，进一步认识并深入了解中国传统文化的特色。在某种程度上，也与台湾目前的社会民间文化有一定程度的绾合度，是以，值得加以探析，并在华语教学上，引入华人婚姻与爱情观，呈现东西方文化思想的同异性。透过此故事，对照其所处的母语国家中的婚姻与爱情观，呈现不同文化背景下的共性与特性。而且，可配合户外教学，带领华语学习者至台北霞海城隍庙、日月潭月老祠参拜、求签等，并解说参拜时应备的红线、鲜花等物品的象征意义。透过这些活动，进一步带领华语学习者，认识并体验中国文化中传统的婚姻观，进而对当代台湾社会的婚姻文化有更深的认识，同时，也可带入签诗及其文化的教学，使高级华语学习者的知识面更加丰富多元。

教案设计：

3.1　学习背景分析

学习对象	年龄	成人
	学历	大学
	国籍	混合国籍
	语言程度	高级
学习动机	认识并了解华人社会与文化	
学习时程	50 分钟，另外安排一天的户外教学	
学习目标	学习并认识华人社会中的婚姻与爱情文化观	
教学者	郑淑娟	

3.2　单元规划

取用教材	自编：唐人小说原文及翻译版本
本课程度	高级
教学目标	1. 学生能理解并明白唐代及台湾华人社会中的婚姻爱情文化观，在文化对比下，进一步认识华人社会与文化； 2. 通过户外教学，学生能进一步认识月下老人所代表的婚姻观对华人社会的影响，进而对中国传统文化产生探讨的兴趣。
教学准备（道具）	PPT、字卡、相关影音、动画或图片
教学流程 15 分钟	1. 引起动机： （1）请学生分享他们国家中的婚姻爱情观，以及是否有代表爱情的神或人物，例如丘比特，以及他们对婚姻的看法及观念； （2）韦固的故事：https：//www.youtube.com/watch？v =mP_ 5Xd1FCrM。
25 分钟	2. 教学内容： （1）讲解韦固的故事，并分析月下老人、韦固、韦固之妻三个人物的形象及其所反映的婚姻文化观等； （2）同学（自愿）上台分别扮演月下老人、韦固、韦固之妻，进行戏剧演出。
10 分钟	3. 活动：由学生自编现代版的情境对话，实际演出。 4. 回家作业：写一篇约 300 字的短文，谈谈对这篇文章的心得、想法。
1 天	5. 户外教学：带领学生到日月潭龙凤宫的月老祠参拜，实地考察台湾月下老人的民间信仰文化，并由同学自愿抽月老签诗，下次上课进行月老签诗教学，从中引导认识中国的签诗文化，并请同学分享户外教学后的心得感想。 6. 签诗例子：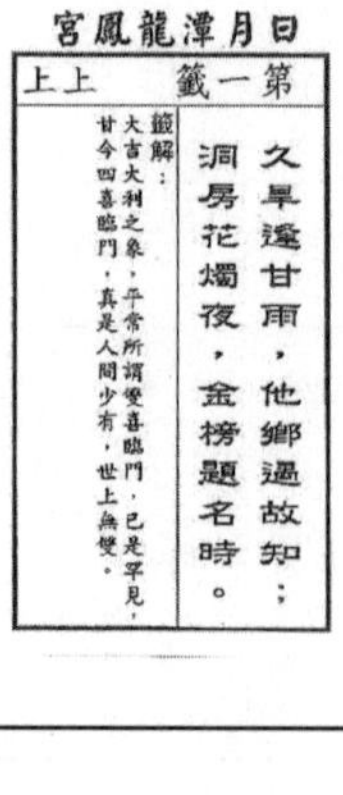

4 结语

华语教学，是语言与文化的双向教学。因为语言本身即是文化的一种展现，而文学更是文化的传承。月下老人的形象从唐代《韦固》的故事流传至今，或多或少影响着台湾人“姻缘天注定”的观念。其中隐含深切的宿命观点，也反映出佛道思想深入台湾的民间文化。另外，透过韦固对择偶条件的坚持，也可看出古代人重视门当户对的观念。而门当户对的婚姻观，背后隐含着中国文化中的社会阶级观念，即对于社会身份地位的分级与重视。那种“万般皆下品，唯有读书高”的定位，曾经深深地影响着中国人的社会与文化。甚至，直到今天，仍有一些人，在选择婚姻对象时，还是有门当户对的要求。而门当户对本身除了含有阶级地位之分外，也反映出中国人对婚姻的重视，那种从一而终的谨慎态度，不言而喻。主要是希望如果双方能门当户对的话，无论生活习惯、价值观可能都较相近。如此一来，在一起生活一辈子，才不会因为价值观的不同，而有过多摩擦，其背后隐含着慎重的婚姻观。

通过本篇故事的教学，除了可以让华语学习者认识到华人社会里的婚姻爱情观外，也可带他们去月下老人庙参拜，实际体验台湾人的民间信仰文化，借此让学生更能融入华人的社会与文化，更可通过戏剧演出，强化学生对故事的理解与文化经验的体验，并延伸出签诗教学，通过对签诗的解读，了解签诗中隐含指点迷津、劝人为善与心性修养的特色，让学习者从另一个角度学习到新的文化观，这应该会是一个颇为有趣的语言与文化之教学途径。

参考文献

［1］蔡雅薰．华语文教材分级研制原理之建构［M］．新北 ：正中书局，2009.

［2］戴昭铭．文化语言学导论［M］．北京：语文出版社，1996.

［3］丁迪蒙主编．汉语语言文化学教程［M］．上海：上海大学出版社，2012.

［4］赖文英．《世说新语》的成语化机制及其教学应用［J］．华语文教学研究，2011，8（2）：1－26.

［5］江结宝．言语交际新思维［M］．北京：中国书籍出版社，2012.

［6］方丽娜．语言与文化［C］//柯华葳，何大安．华语文研究与教学：四分之一世纪的回顾与前瞻．台北 ：世界华文出版社，2007：253－288.

［7］李玉柱，李清林等编．语言文化与教育［M］．南昌：江西高校出版社，2000.

［8］李道湘，于铭松．中华文化概要［M］．上海 ：上海三联书店，2007.

［9］刘国平．华人社会与文化：文化思想篇［M］．台北 ：新学林出版股份有限公司，2008.

［10］林金郎．签诗的架构、内涵及社会文化意义［J］．历史月刊，2009（260）：17－21.

［11］吕纬青．论对外汉语跨文化隐喻教学［J］．华语文教学研究，2012，9（2）：59－75.

［12］欧瑞云．细说义美人生：关于你我的生命礼俗书［M］．台北：联丰书报社，2009.

［13］申小龙．汉语与中国文化［M］．上海 ：复旦大学出版社，2008.

［14］申小龙. 文化语言学［M］. 南昌：江西教育出版社，1993.
［15］申小龙. 语言的文化阐释［M］. 上海：知识出版社，1992.
［16］宋如瑜. 华语文教学实务［M］. 新北：正中书局，2009.
［17］苏以文，毕永峨. 语言与认知［M］. 台北：台湾大学出版中心，2009.
［18］王梦鸥，校释. 唐人小说校释：下册［M］. 新北：正中书局，1989.
［19］吴伟克主编. 体演文化教学法［M］. 武汉：湖北教育出版社，2010.
［20］谢金良.《周易》与签诗的关系初探［J］. 世界宗教研究，1997（4）：117－126.
［21］向淑云. 唐代婚姻法与婚姻实态［M］. 台北：台湾商务印书馆，1991.
［22］朱永生，彭增安. 多元文化背景下的对外汉语教学［M］. 上海：学林出版社，2006.
［23］周庆华. 华语文文化教学［M］. 台北：扬智文化事业股份有限公司，2012.
［24］曾毅平. 修辞与社会语用论稿［M］. 北京：中国社会科学出版社，2005.
［25］郑思婷，巫素琪. 戏剧教学融入华语教学研究［J］. 台大华语文教学研究，研究生论文集年刊，创刊号，台湾大学华语教学硕士学位学程，2012：177－223.

【作者简介】

郑淑娟，台湾暨南国际大学华语文教学硕士学位学程兼任助理教授。Email：amber988988@gmail.com。

华文教学效果研究

建构华语作为第二语言教学的质量评价体系

［菲律宾］刘统厚
（菲律宾华文教育研究中心）

引言

菲律宾的华文教育走过20余年改革的艰辛历程，迎来了一个由低谷到复兴的崭新局面。当前，菲律宾华文教育正处在一个承前启后、继往开来的关键时期。长期制约菲律宾华文教育发展的师资问题、教材问题已得到了进一步缓解或有效解决。然而，菲律宾的华文教育仍然存在不少问题，其中一个突出问题是华语教学质量还不能令人满意，缺少华语作为第二语言教学的质量评价体系。

为了更深入地了解菲律宾华语教学质量评价的现状，我们作了一次华语考试方面的问卷调查，并对调查结果进行了梳理和分析。此次问卷调查向59所华校下发了电子版问卷，共收回132份电子版问卷调查表，其中120份问卷有效，有效率90.91%。本次问卷调查显示，就华语考试的形式而言，40.90%的华校只进行书面考试，15.45%的华校进行过口语考试，只有2.73%的华校举行过听力考试。可见，华语考试形式单一，存在重语言知识，轻言语技能的问题。就华语考试频率而言，45.45%的教师选择的是“每学完一篇课文考一次”。按照正常的教学进度，一篇课文一周就可以完成。也就是说，大多数华校，每周至少进行一次华语考试。结果表明，华语考试次数偏多，增加了学生的学习负担，对培养学生学习华语的兴趣无所裨益。本次问卷调查，就考试与教学的关系而言，在“考试谁命题？”这一项调查中，90.91%的教师选择“考试是由科任教师出题”；81.82%的教师在考试前给学生划定复习范围；在“分数能否代表学生华语水平”这一项调查中，80.00%的教师认为“能但不准确”；在“您认为当前的华语考试是否有利于教师课堂教学”这一项调查中，20.50%的教师持肯定态度，30.10%的教师持否定态度，49.40%的教师认为“不好说”。由此可见，考试的命题权本应该属于学校的，但大多数学校采取了放羊式管理模式，对华语考试缺乏有效的监管，盲目信赖教师的职业自觉，忽视制度的约束作用，教考合一，最终导致考试功能异化。长此以往，考试与教学陷于彼此伤害的恶性循环模式。教师围着考题教，学生围着考题学，快餐式督课，菜单式复习等怪异现象会愈演愈烈。

调查结果显示，菲律宾华文教育基于二语教学的质量评价体系尚未建立；多年来持续推进的华语课堂教学改革效果不彰，华语教学质量尚未有较大幅度的提高。究其原因是考试与教学关系不和谐，它们犹如两个车轮，若教学独步而行，考试停滞不前，彼此将成为负累与掣肘，导致华语课堂教学畸形发展，考试无法起到以考促管、以考促教、以考促学的作用。

1　建构“三位一体”的质量评价体系

华语作为第二语言教学，考试评价方式应具有科学性、导向性和多样性。菲律宾的华文教育游离于国家教育体系之外，未纳入国家课程管理和质量评价体系。根据这一现状，我们必须转变传统的华语考试观念，探讨建构一种基于国家、学校和个人三个层面，突出发展性功能的华语教学质量评价体系。

1.1　水平考试

这类考试属于国家级标准化考试，它不受教材、教法和学法的影响，只要测试对象达到了考试大纲规定的词汇量和语法要求，就能够有效地测量测试对象的实际语言水平。近年来，随着中国经济实力的不断增强，国际地位的不断提高，越来越多的人想学习汉语，更多地认识和了解中国。拥有 20 多年研制历程的中国汉语水平考试（HSK）是为测试母语非汉语者的汉语水平而设立的，为全球华语学习者提供了一套具有公信力的国际级语言测验。由暨南大学华文学院针对海外华裔青少年设计研发的华语水平考试（HSC）即将面世，这个考试更适合有中国文化认同感、母语非汉语的华族学生。

1.2　成绩考试

这类考试由学校统一组织实施，用来检查测试对象在学习的一定阶段掌握所学课程的情况，可以测定受试者的学习成绩，以达到了解、矫正教师的教和学生的学的目的。成绩考试命题是核心环节，要依纲扣本，应避免趋从水平考试导致成绩考试评价功能扭曲，造成教学与知识巩固环节相脱离，误导学生，本末倒置，冷落课程的教学与学习。

1.3　诊断测验

这类考试是由个人组织实施的，根据教学目标、教材内容和测验目的自编试题，用来检查测试对象对学习内容的掌握情况，以及教学效果是否达到教学大纲所预期的要求。考试的根本目的是为了改进，要着重改进教师的教与学生的学。我们提倡诊断性测验施行无分数评价。教师在阅卷时，只要把学生学得好的地方和存在的问题指出来，让学生知道自己如何改进就可以了。然而，教师每次测验都要给学生打分，结果教师、学生和家长都把注意力集中在分数和名次上，而忽略了存在的问题，考试失去了诊断性功能。

2　规范成绩考试，发挥教考的耦合效应

考试是把握课程教学质量的总缰绳，强化华语成绩考试在“命题、监考、阅卷、

分析、反馈”等重要环节的监控与指导，才能真正发挥考试的功能和作用。随着华语教学改革不断推进，考试观念也在不断地转变与更新，正确处理考试与教学的关系，让教学和考试一起联动，进而产生强大的耦合效应。

2.1 实行教考分离，确保考试公平与公正

调查显示，大多数华校一直以来采用的是教考合一的考试模式，即由任课教师包揽课堂教学、课后辅导、试卷命制、阅卷、计分、成绩分析等全部环节。这种考试模式日益暴露出很多的弊端：在命题方面，任课教师更多的是根据个人实际讲授内容进行考查，而不是根据教学大纲进行命题。考前划定复习范围和重点，变相地透题、漏题，使考试难以反映出学生的真实学习情况和水平。在阅卷方面，科任教师出于各种动机和原因，阅卷时降低评分标准，人为地控制分数，尽可能地使学生获得高分。教考合一的考试模式严重影响着考试的客观性、准确性和公正性，严重制约着考试的功能和作用的发挥，严重妨碍着教、学、管三方面工作的持续改进，迫切需要我们探索新的考试模式。实行教考分离就能很好地“屏蔽”各种不良因素对考试的干扰，提高考试的客观性、准确性和公正性，进而更好地发挥考试的功能和作用。教考分离，就是把成绩考试从整个教学过程中剥离出来，相对独立地组织进行。任课教师不参与或不直接、不单独参与考试过程。教考分离通常有三种基本的类型：第一，购买服务型。具体任课老师不参与命题、评卷，华校以购买服务的形式，将命题、考试、评卷环节打包给第三方教育服务机构。第二，学校主导型。试题由学校统一命题、由任课教师集体流水阅卷。第三，自建题库型。由多个华语教师合作，一次性命制多套试题，自建校内试题库。考试时，教辅人员随机抽取一套试题，供学生考试使用。

当前，华校实施教考分离具有特殊的现实意义，有利于我们更好地完善教学质量监控、评价、反馈体系，建立提高教学质量的长效机制，充分调动教、学、管三方面的积极性，从而更好地实现以考促教、以考促学、以考促管和以考促改的考试目的。

2.2 厘清教考关系，发挥考试的资源价值

教学与考试在华文教育体系中具有不同的功能。两者之间的关系处理得如何，会对教学产生很大的影响。教学与考试的关系密不可分，它们像车子的两个轮子，必须同步而行。华语考试为华语教学提供了目标化的标准，并监测相关教学目标的完成。教学方法的发展往往推动考试手段的变革，而考试方法通常又对教学产生相当大的影响。由此可见，考试与教学在华语教学过程中是相对独立但又相互关联的两个方面。

华语教学的主战场在课堂，学生平时很少有使用华语的需求和环境，这造成学生学习困难，加之华语考试未列入升学的考试科目，导致学生缺乏必要的学习动力。由此，华语考试不仅仅是教师考查学生学习情况的工具，也成为教师用来促进学生学习的激励手段。可见，华语考试也是一种资源，只有正确处理考试与教学的关系，才能更有效地发挥华语考试的资源价值。

3　树立华语作为第二语言教学的考试观，发挥教学导向作用

成绩考试就像一根指挥棒，对华语教学起着导向的作用，有什么样的考试就会有什么样的华语教学。因此，我们要尽量趋利避害，发挥考试的正能量。

3.1　传统考试观与二语考试观之比较

传统考试观把考试作为教学活动的唯一目的，表现为“考什么→教什么→学什么”。在考试内容上，重词汇和语法知识，轻语言能力的考查，采取纸笔考试，方式单一。

1992 年，吕必松教授在《对外汉语教学概论讲义》中，按照测试目的把语言测试分为四种类型，主张把“听、说、读、写”作为基本的测试项目，把“语言点”（即语言要素、文化因素和语用规则等）作为测试内容，这是较早提出的测试理论。可见二语考试观是把华语考试作为一种检测语言和言语学习的重要手段，在知识和技能、功能性和结构性方面统筹兼顾，以检验“听说领先，读写跟上”的教学原则的落实情况，追求考试的正面导向作用。

3.2　把握考试核心环节，确保命题科学性与有效性

我们以《菲律宾华语课本》配套的华语成绩考试 HDC（以下简称 HDC）为例，总结命题如何凸显 HDC 的题型和试题结构的特色。

表 1　HDC 题型与试题结构

考试项目	子项目	题型	试题数量
听力理解	听力 1	听图	5
	听力 2	单句听选	5
	听力 3	多句听选	5
阅读理解	阅读 1	单句	5
	阅读 2	多句	5
	阅读 3	短文	5
书写	书写 1	汉字书写——填空	5
	书写 2	句型——补充（改写）句子	5
	书写 3	语法——组句	5
	书写 4	作文——成段表达	1 ~ 5

表 1 罗列出 HDC 考试的基本题型和试题结构布局。HDC 考试设计以二语考试观为指导，依纲扣本，这里的“纲”即《菲律宾中小学华语课本教学大纲》，“本”即

《菲律宾华语课本》，注重“双基”（基础知识和基本技能）的考查。我们把课程的文本材料作为语料，把句型和语法知识都放进设计的语境中进行考查。HDC 考试包括听力理解、阅读理解和书写三部分，不单独进行语法的考查，而是寓于听力理解、阅读理解和书写的试题中。

3.2.1　听力理解

主要考查学生能否听懂播放的试题语料及所提问题，并在规定的时间内做出判断或者选择，从而逆向推理学生在日常生活和一般社交活动中能否基本听懂华语，能否听懂华语老师讲授的内容。

3.2.1.1　听图题

我们一般选取能用图片直观呈现的名词、动词、形容词作为语料。先播放试题语料信息，然后要求学生选择与信息描述一致的图片。例如：听一听，想一想，下面哪个是对的。先播放录音（三遍）：“bàba”，然后学生选图。

A. 　　B. 　　C. 

3.2.1.2　单句听后选择

听一句陈述性或描述性的话，然后根据提出的问题，从四个选项中选出正确的答案。例如：

女：从这里到河边不太远，过了小树林就到了。

问：小树林怎么样？

A. 小树林很大　　B. 到河边很远　　C. 小树林不太大　　D. 小树林不小

3.2.1.3　多句听后选择

把语料加工成有一定语境的对话，然后根据对话提出一个或者几个问题，给学生四个选项进行选择。例如：

男：炎黄是炎帝和黄帝，他们是中国人的祖先，所以我们都是炎黄子孙。

女：世界各地的华人都是从中国出去的，也是炎黄子孙。

问：关于炎帝和黄帝，说法不正确的一项是

A 他们是中国人的祖先　　B 炎黄子孙都姓炎和黄

C 中国人都是炎黄子孙　　D 菲律宾的华人是炎黄子孙

3.2.2　阅读理解

主要是考查领略大意的能力；考查捕捉主要事实和重要细节的能力；考查理解材料各部分之间的篇章关系（时间、空间和逻辑关系）的能力。

3.2.2.1　读句选图

先列出5个单句或对话，然后给出5张描述句子大意的图片作为选项，然后读句子选图片。例如：

A

B

C

D

E

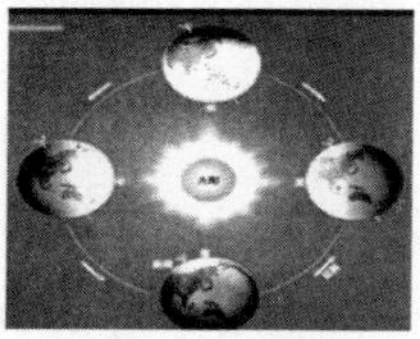
F

例如：他们坐马车回家的。（ D ）

（1）地球不但自己转动，而且绕着太阳转动。（　）

（2）星期天，我和小文去游乐场玩。（　）

（3）今天的歌咏比赛，莉莉的节目是独唱。（　）

（4）菲律宾出产好多水果，很好吃。（　）

（5）雨刚停，天上有一道彩虹，美丽极了！（　）

3.2.2.2　读句选择

阅读材料为单句或者一段话，句子常常空出包含语法点的词语（量词、副词、介词、连词、助词），给出对应的选项，然后读句子选择填空。例如：

祝贺你________了理想的中学，祝你在今后的学习中取得更大的成绩。

A. 进去　　B. 升入　　C. 走进　　D. 走去

3.2.2.3　读文选择

阅读材料是篇幅较小的短文，短文是由所学课文中能挖掘出题点的语料重新改编而成的。短文后面提出若干个问题，读后做出选择。例如：

有人向赵王推荐蔺相如，说他勇敢、有智谋，可以出使秦国。于是，蔺相如带着和氏璧到了秦国。秦王很高兴，仔细看过这块洁白的宝玉后，随手把它传给左右的人看，根本不提十五座城的事。

（1）为什么推荐蔺相如出使秦国（　　）

A. 他聪明又胆大　　B. 他认识秦王　　C. 他很有学问

（2）和氏璧是什么（　　）

A. 一块石头　　B. 一块宝玉　　C. 一块铁

（3）秦王愿意拿用十五座城换璧吗（　　）

A. 不愿意　　B. 愿意　　C. 不一定

3.2.3　书写

主要是考查句型、语法、汉字书写、成段表达等综合能力。能听写句子，能运用词语或者短语造句，能用学过的词汇和句型进行一般性的书面表达（包括应用文）。

4　结语

今天的华文教育又站在一个新征程的起点上，全体华文教育工作者应增强社会责任感，既要有描绘未来发展蓝图的理性，又要有自我革新和勇于担当的血性，直面危机，努力建构基于全菲律宾华校教学的二语质量评价体系，促进华语教学改革，不断提升华语教学质量，确保菲律宾的华文教育科学发展，持续发展。

参考文献

［1］菲律宾侨中学院，菲律宾华文教育研究中心编写．菲律宾中、小学华语教学大纲［M］．1998.

［2］刘镰力．汉语水平测试研究［M］．北京：北京语言大学出版社，1997.

［3］吕必松．华语教学讲习［M］．北京：北京语言大学出版社，1992.

【作者简介】

刘统厚，菲律宾华文教育研究中心考试部主任。

提高华语教学效果的途径探讨

李红兵
［中国石油大学（华东）国际教育学院］

引言

随着中国市场经济的发展，来华学习汉语的留学生不断增加，华语教学取得了突破性进展。然而，一些问题仍然存在，比如，过度强调知识的输入，学生仍然处于被动接受语言知识的阶段；教学内容单一，语言背后的文化传承没有得到足够的重视；没有充分发挥多媒体网络技术的作用，传统的教学手段仍处于支配地位。为此，本文旨在对华语课堂的教学思想、教学内容和教学手段三个层面作一些探讨，以期能够提高华语课堂的教学效果，使留学生在较短的时间内达到运用华语进行交际的目的，并同时具备使用华语进行专业学习的能力。

1　教学思想上，要以学生为中心，注重培养学生的交际能力

语言教学的目的，最终是要教会学习者怎样使用语言，也就是要使学习者获得运用所学语言进行交际的能力。① 因此，在课堂上要以学生为中心，调动学生主动学习的积极性，可用以下方法培养学生的交际能力。

第一，教师要加强和学生的互动交流，增强学生学习华语的信心，在师生互动中锻炼学生的华语交际能力。课堂教学的过程也是师生情感交流的过程。我们应在教学的各个环节注意和学生的情感沟通，消除学生对华语的恐惧感。如果在上课时教师只是照本宣科地进行“一言堂”教学，和学生没有任何交流，学生一定感到枯燥无味，会逐渐丧失学习华语的兴趣。而在课堂上使用所学语言进行交流是学生实践的大好机会。比如，在讲某个重要词语时，教师可多用这个词语和学生进行交流。以“习惯”一词为例，可对不同的学生提问：“你习惯什么时候睡觉?”“你习惯吃中国饭吗?”“你习惯这儿的气候吗?”在学生回答的过程中，可多问学生几个“为什么”“怎么样”，这样可以使对话深入下去。即使在讲解课文时，也可就课文中提到的某一社会现象，和学生交流，了解他们的想法，并引导他们将这一现象和他们本国的情况相对比，对这些小话题适当展开讨论，既活跃了课堂气氛，也锻炼了学生的语言运用

---

① 张德鑫. 回眸与思考［M］. 北京：外语教学与研究出版社，2000：464.

能力。

第二，组织实用有趣的课堂活动，增加学生之间的互动，从而培养他们的交流能力。课堂活动是课堂教学中一个极为重要的组成部分，是在特定的交际情景或游戏中让学生综合运用所学知识去完成一个任务，从而达到掌握语言的目的。课堂活动强调“以学生为中心”，使学生变被动接受为主动参与，是调动学生积极性的重要途径。[①] 比如，在课堂上学了有关购物的课文，教师可让学生做一个购物的游戏：教师先把买家和卖家所需要用到的句型写在黑板上，并发给每个学生一张购物单和物品卡片，然后让学生在教室随意走动，互相问问题，找到并购买自己购物单上的物品，尽量用到教师给出的参考句型和词语。这样，通过虚拟市场交易活动，培养学生用汉语购物和讲价的能力。在学生进行课堂活动的时候，教师也并不是仅作壁上观，而是穿行于学生中间，进行必要的纠错和提示，以保证活动的顺利进行。因为学生是在一种平等和谐的气氛中练习，这使他们变得无拘无束，对调动学生的积极性大有好处。对于不愿意参加的学生，教师要了解他们真实的想法，同时要向学生解释这些活动对语言学习的作用，鼓励他们积极地参与。

2 教学内容上，要注重适时适量的文化融入，并使文化讲解与华语学习有机地结合起来

文化是一种复杂体，包括实物、知识、信仰、艺术、道德、法律、风俗以及其余社会上习得的能力和习惯。[②] 语言与文化相互依赖、相互影响。通过从文化的角度来考察语言的交际过程，语言学家们发现人们在语言交际过程中不仅涉及语言系统，而且涉及同语言系统紧密关联并赖以生存的文化系统。要想做好华语教学工作，就必须注重在教学中融入中国文化。其方式主要有：

第一，在语言课教学中有意识地增加中国文化内容。留学生学习汉语的目的之一就是希望通过汉语学习来了解中国及中国文化。在对外汉语课中适时适量地增加中国文化内容已成为当务之急。不同的语言之间常用的对应词汇在意义上几乎都具有某种程度的不等值性，这种不等值性，往往正是文化差异的语言表现，即它们的社会文化含义不同。这是语言课中文化教学的重点之一。例如，汉语中的“新房”有结婚用房之意，并不能简单地等同于英语中的 new house；汉语中的“狗”多含贬义，如“走狗”等，而英语中的 dog 多为褒义，如 a jelly dog（快乐的人），甚至把 dog 视为家庭一员。鉴于此，教师在课堂教学中应有意识地引导学生注意对应词汇的不同含义。另外，汉语中大量的成语、熟语、歇后语和典故等，很难在其他语言中找到相对应的词语，也应属于教学中的重要文化内容。

---

① 王巍，孙琪．国际汉语教师课堂技巧教学手册［M］．北京：高等教育出版社，2011：195－197.

② 顾嘉祖．语言与文化［M］．上海：上海外语教育出版社，1990：3.

第二，利用中国传统节日或学生生日解说风俗习惯。融入中国文化有一个最好的方式就是借助中国的传统节日，在某个节日到来的时候（或前后），教师一定要讲一讲该节日的由来及风俗习惯，这是一个很好的了解中国的方式，也是学生的一个兴趣点。中国的传统节日有春节、元宵节、清明节、端午节、七夕节、中秋节、重阳节等。在介绍节日风俗的时候，教师可以利用各种方式调动学生积极性。比如说春节要贴对联、放鞭炮、给亲戚朋友拜年、给小孩子压岁钱；清明节可以带学生春游，给他们讲中国祭祖的传统；中秋节的时候可以和学生相约一起赏月，并讲解吃月饼的文化内涵；重阳节的时候可以带领学生爬山、赏菊，由此让学生了解中国人尊老的传统。另外，如果某一天是某个学生的生日，也可利用这一机会讲一下中国人过生日的习俗，例如，应该送什么礼物，哪些东西不能作为礼物送给别人，同时可以让不同国家的学生说一说自己国家的情况，并以此进行对比，找出中国和其他国家不同的文化含义。

3 在教学手段上，发挥多媒体网络技术的优势，和传统教学手段共同参与课堂教学的全过程

多媒体教学提供了克服传统教学弊端的全新的教学方式，使抽象的、枯燥的学习内容转化成形象的、有趣的动感内容，成为华语教学的发展趋势。

首先，教师在讲课时注意使用多媒体。在传统教学课堂上，教师只能借助书本和黑板，无法模拟真实语境来进行教学，这种教学手段没有发挥学生学习的最大潜能，也没有在最大程度上调动学生语言习得的积极性，而多媒体的运用使课程变得更加富有交际性、实效性和生动性。

在教授生词时，多媒体课堂可以通过直观而生动的方法教会学生词语的意义和用法。比如，课文是有关“运动”的内容，教师可通过视频让学生了解篮球、排球、跑步、游泳、滑冰等各种各样的运动方式，然后再问学生“什么是运动”，他们很快就明白了运动的含义。另外，再通过一定的语境图片和例句使学生了解词语的使用情境，这种输入方式和传统课堂教学中教师抽象的讲解相比无疑更为有效，尤其是为下一步的交际性训练节省了宝贵的时间。

如果课文涉及中国文化方面的交际内容，可通过真实的声音、图像、动画结合的方式教给学生。这种手段能把人物表情、体态语言、环境等各方面的信息表现出来，让学生对此有更深的印象，激发出浓厚的兴趣，这是课堂教学的关键，也是实现语言习得最高效率的前提条件，而在传统教学课堂上这是无法实现的。比如，在讲解中国的就餐礼仪时，先让学生通过视频观察中国人的就餐情景，引导学生提出问题，教师可把这些问题写在黑板上，然后让学生就这些问题分组讨论，最后由教师总结中西方就餐礼仪的差异性及其折射出的中国文化内涵，从而加深学生对中国文化的认识。这样，学生能积极主动地获取信息，并将其用于跨文化交际实践。

其次，学生在操练时使用多媒体。完成课本内容的讲解后，教师应给学生在真实交际语境下操练的机会，使学生将所学的知识融会贯通，灵活运用于交际实际。多媒体课堂上可以通过图像、动画等形式设计制作出与课文相关的各种类似真实的交际环境，让学生边看画面边把自己想象成画面中的角色进行口语输出。比如，课文是关于“职业”方面的对话，利用多媒体可以创造出服装店、饭店、市场等情景。这样可以用互相合作的方式进行口语会话练习，让学生走入真实的交际语境，为学习者的口语练习提供了极大的方便。

总之，为了提高华语的教学效果，我们必须在思想上重视学生交际能力的培养，把教学的重点从一般性的语言知识的传授转移到培养学生的交际能力上来；在教学内容上，要注意融入中国文化，揭示语言背后的文化内容，培养学生较强的跨文化能力，让华语语言的学习更加有效和实用；在教学手段上，发挥多媒体的独特优势，最大限度地体现教学的生动性和实效性，并和传统教学手段结合，以求达到华语教学的最佳效果。

参考文献

［1］顾嘉祖. 语言与文化［M］. 上海：上海外语教育出版社，1990.

［2］王巍，孙琪. 国际汉语教师课堂技巧教学手册［M］. 北京：高等教育出版社，2011.

［3］张德鑫. 回眸与思考［M］. 北京：外语教学与研究出版社，2000.

【作者简介】

李红兵，中国石油大学（华东）国际教育学院副教授，主要研究方向：汉语语法，对外汉语教学。

对外汉语教师与留学生对“教材练习有效性”的评价及影响因素分析

林玉婷[1]　张之宁[2]　张心仪[3]　卞可薇[4]
（南京大学海外教育学院）

引言

近10年来，对外汉语教材的数量和种类猛增，体系日趋完善，教材的编写更加成熟，引起了众多学者对对外汉语教材的研究和重视。练习是语言习得的重要手段，练习题作为教材的组成部分对汉语学习者巩固记忆、自我检验等学习环节有极大的帮助，是影响学生学习效果和教学质量的重要因素。甚至有学者提出“新一代的教材应该是一部精心编排的练习集”（杨惠元，1997）。因此进入21世纪，关于对外汉语教材练习题的研究增多，例如在练习题的重要性方面，李绍林（2003）从教学心理学角度入手分析练习对学习者的重要作用；程相文（2001）、李泉（2012）等学者从不同角度出发，对练习题的目的、方法、原则等多方面进行探讨；马向军（2008）、刘若云、林柱（2010）的研究对练习题的强度、题量等方面的设置很有启发性。

在前人研究的基础之上，本文锁定练习“题型”这一范围和“有效性”这一角度，通过定量分析的方法对对外汉语教材练习题题型的有效性进行评价。对于有效性较高的题型可以考虑扩大其应用范围，对于有效性差甚至无效的题型则需做适当的调整。

杨翼（2010）在《对外汉语教材练习的有效性研究》中指出“练习题的练习内容要和教学大纲规定要掌握的内容相匹配”。这是练习题内容有效性的一个方面。我们认为，练习题有效性的高低除与内容密切相关外，与其外在形式——“题型”的联系也不能忽视。例如考查留学生词汇的两种题型“用所给词语造句”与“用所给词语填空”，考查到的词汇都符合教学大纲的要求，但因其考查形式不同，对学生词汇掌握的影响也不同，本文的目的就是量化这些题型的影响，从而为教材练习题题型的选择和改革提供直观的数据参考。

1 有效性的评定

1.1 四个评价维度

1.1.1 花费时间

前人对“有效性”的定义大多集中在最终的目标“效果”上，这只考虑了“效率公式”的分子，而没有考虑分母——时间。我们提出，“时间”同样也是衡量“有效性”不可忽略的维度，效率公式应该为：有效性 = 掌握度/花费时间。比方说，有A、B两类练习题，练习者在做完两类练习题后都达到了目标效果，但花费在A类练习题上的时间却多于B类，这种情况下，B类练习题的有效性是高于A类的。基于效率公式，这里的“效率”是指通过做某类练习题，练习者单位时间内对信息或知识的掌握量，或者练习者达到预期效果所用的时间多少。能使汉语学习者花费较短的做题时间掌握较大的信息量的题型，是值得我们提倡的。

1.1.2 掌握度

对于“有效性”的判定，杨翼（2010）认为“练习题的有效性是指练习题在多大程度上练到了他想要练的东西，在多大程度上达到了他想要达到的目的”。也就是目标效果在多大程度上接近实际效果。这里的“目标”，宏观上讲，可以参考刘颂浩（2009）对练习目的的概括：“复习强化、归纳总结、拓展提高、诊断检查、意识培养、放松调节、增强动机、应试培训、欣赏领略、开发智力、减负降压。”也即练习是否很好地发挥了这11项功能。微观而言，则指某一类练习题预期向学生传递的信息与学生实际获得的信息是否尽可能一致，我们称其为“掌握度”。

1.1.3 情愿度

根据Ribot在1894年首次提出的情绪记忆可知，当某种情景或事件引起了个人强烈的情绪时，个人对该情景和事件的感知会连同情绪一同保留在大脑中。而积极愉快的情绪则会帮助无意识记，“无意识记在第二语言教学中常常起到意想不到的效果。无意识记需要轻松愉快的气氛和松弛、无压力的精神状态，从而极大地发挥识记的潜能，增强识记的效果”（刘珣，2000）。所以练习者的“情绪”是影响练习题题型有效性发挥的重要因素，练习者对不同的题型有不同的喜好程度和意愿倾向。练习者觉得有意思的、能让自己产生兴趣的、喜欢的题型，其从该题型中的获益就大；反之，如果练习者抱着厌恶、排斥的情绪做题，他对练习题所传递的信息就会排斥。所以练习者对题型的“情愿度”也纳入了我们对有效性的衡量标准中。

综上所述，我们将有效性划分了四个维度来考量：掌握度（即留学生通过做该题型对知识的识记与运用程度）、时间（即留学生做该题型所花费的时间）、数量（即该题型在所有题型中所占的比例）、情愿度（即留学生对该题型的情绪，是否喜欢、情愿做该题型）。

1.1.4　出现频率

本文跳出了第二语言教学领域的局限，还结合了心理学的有关知识，认为“某类题型在所有题型中出现的频率”问题同样是“有效性”的一个方面。练习题的某些题型在习题中的出现率很高，但是未必起到应有的效果，说明练习这些题型做了大量的无用功；某些题型在习题中出现得不多，却能事半功倍，说明这些题型有效性很高。如上文所述，练习题的最重要的目标之一就是巩固记忆。从心理学角度看，“识记的数量”是影响遗忘的重要因素，识记的数量越大，遗忘的越多，即使是有意义的材料，当识记数量增大到一定程度时也会遗忘得很快。“第二语言教材中要掌握好‘量’的因素。”（刘珣，2000）某一类题型的数量在整套练习题中应该占有合适的比重，该比重应能使该题型的有效性得到最大限度的发挥。

1.2　一个主体范围——题型

1.2.1　题型分类

周健、唐玲（2004）在《对汉语教材练习设计的考察与思考》中提到对外汉语教材中的50种练习。于是在题型方面，我们以50为基数，从50种中剔除了南京大学留学生汉语课本中不常出现的练习的种类，对剩下使用较为广泛的34种对外汉语教材的练习题题型进行了考察，这些教材主要包括综合、听力、口语、写作四类，例如北京大学出版社的《中级汉语口语》，北京语言大学出版社的《拾级汉语》《成功之路》《发展汉语》《中国人的故事》，南京大学海外教育学院教师自己编的《达标中文》《综合汉语》《Hello，Chinese！》等。在对题型进行考察的基础上，我们参照了Bell（2005）对80项“有效外语教师”行为和态度的归纳方法和曹贤文、王智将“有效教师行为”分为7类24项的分类方法，根据2013年修订版的《国际汉语教学通用课程大纲》中涉及的语言知识分类，将采集的课后练习题类型归入六大类：语音、字词、语法、功能、话题、语篇。每一大类下包含多个问题，共34项。参见表1。

表1　“对外汉语教材练习题有效性”的34个题型

题型分类	具体题目
例如	朗读下面的句子，注意带点词语的正确读法
语音	1. 朗读下面的句子，注意带点词语的正确读法
	2. 朗读下面的对话，用上加点词语做模仿练习
	3. 比较下面的音近字，每个字组两个词
	4. 朗读下列句子，注意某些辅音的发音
	5. 看拼音写句子

（续上表）

题型分类	具体题目
字词	6. 用画线部分词语回答问题
	7. 听录音，找每组句子中相同词语
	8. 选词填空
	9. 边听录音边填空
	10. 比较下面的形近字，每个字组两个词
	11. 用指定的书面语词语改写较为口语的句子
	12. 从下列近义词中选择适当的词填空
	13. 选择合适的成语填入下列句子
	14. 在合适的词语间连线，组成正确搭配
语法	15. 选词填空
	16. 听句子，判断哪一个句子和你听到的句子意思相同
	17. 选择有语病的一句
	18. 解释句中某个虚词的用法
	19. 修改病句，并说明修改的理由
	20. 模仿造句
	21. 将下列词语连成一个句子
功能	22. 两人一组，根据所给的词语（话题）进行对话练习
	23. 看图说话
	24. 角色扮演
语篇	25. 听全文，选择课文提到了以下哪些内容
	26. 根据课文内容，判断下列题目正误
	27. 听文章录音，概括文章大意
	28. 解释某个中国俗语的意思
	29. 作者在文章中为什么引用某句话
话题	30. 给出两个话题，大家谈一谈
	31. 解释某个成语的意思
	32. 请就你对某物的了解，选择能正确描述它的词语
	33. 根据下面的提示说一段话
	34. 写一篇 400 字以上的议论文，总结一下你对某物的看法

2 调查设计

2.1 调查手段

以往的研究，大多以对教材练习题进行举例、定性分析为主。本文打破固有的分析模式，选用定量分析的方式，使抽象的“有效性”量化可观。

采用调查问卷加统计数据分析的方法，数据全部来自使用者的第一手资料，这里的使用者包括留学生（练习者）和对外汉语教师，主要通过问卷来获取留学生对所使用教材中练习题的感受，以及对外汉语教师对留学生使用教材练习题时所做的反应的观察和对留学生可能做出的反应的推测。

分别设计学生和教师两版问卷，每份问卷都包含两部分。第一部分是被调查者基本信息。第二部分以“评分表格”的形式呈现，横轴是衡量有效性的四个方面，纵轴是已归纳出的6大类34项题型（即表1“对外汉语教材练习题有效性”的34个题型）。针对每一题型，从有效性及其影响因素的四个方面进行“评分”。评分方法采用“李克特量表”（五级量表），分为“非常同意”“同意”“不一定”“不同意”“非常不同意”五种回答，分别记为5、4、3、2、1，“李克特量表”具有科学性和一定的普适性，所以我们对其做了调整使它能更加适用于我们的衡量维度。在“花费时间”这个衡量标准中，从5到1分别表示花费时间由多到少的递减；在“掌握度”方面，从5到1分别表示这类题型对知识点的掌握由“非常有帮助”到“几乎没什么帮助”依次递减；在“情愿度”方面，从5到1分别表示“非常愿意做”到“几乎不想做”的情愿度的递减；在“数量”方面，从5到1表示这类题型在教材练习题中出现的次数由多到少的递减。例如，“翻译句子”这道题几乎没有花费时间，就填“1”；花费时间较少，填“2”；花费时间一般，填“3”；花费时间较多，填“4”；花费很多时间，填“5”。再例如，“看拼音写句子”这道题对知识点的掌握度几乎没有帮助，填“1”；比较少帮助，填“2”；没什么感觉，填“3”；有些帮助，填“4”；很有帮助，填“5”。

问卷评分表格样式，参见表2。

表2 问卷评分样表

题型分类	具体题目	掌握度	花费时间	情愿度	出现频率
例如	朗读下面的句子，注意带点词语的正确读法	2	3	3	4

（续上表）

题型分类	具体题目	掌握度	花费时间	情愿度	出现频率
语音	1. 朗读下面的句子，注意带点词语的正确读法				
	2. 朗读下面的对话，用上加点词语做模仿练习				
	3. 比较下面的音近字，每个字组两个词				
	4. 朗读下列句子，注意某些辅音的发音				
	5. 看拼音写句子				
字词	6. 用画线部分词语回答问题				
	7. 听录音，找每组句子中相同的词语				
	8. 选词填空				

2.2 调查对象

本次调查对象为南京大学海外教育学院2015年4月在校的留学生和本院教师。问卷发放后，共回收留学生问卷46份，其中有效问卷42份。从年龄构成来看，接受调查的学生以青年人为主；从地域分布来看，接受调查的学生有来自欧美、日韩以及中东地区的留学生，覆盖面广，这可以减少因为地域文化的差异使调查数据不具代表性的问题。回收的教师问卷33份，其中有效问卷30份，填写问卷的教师包括初中高级教口语、听力、写作、综合汉语的研究生实习教师和学校事业编制专职对外汉语教师，基本上反映了目前国内高校对外汉语教师的构成情况。

3 结果统计与分析

3.1 对外汉语教师和留学生对“教材练习题有效性”的评价结果

根据调查问卷回收的数据，我们首先将34种题型4个评价维度，一共136个选项的数据录入表格中，分别从花费时间、掌握度、情愿度和数量四个方面计算出教师组和学生组在34道题中的平均值。并根据效率公式（掌握度/花费时间）计算出有效性（E：Efficiency）的均值。为了进一步考察教师组与学生组的评价是否存在统计学意义上的显著差异，即教师是否了解学生的心理，我们将两组均值做了数理统计中独立样本U检验，得到结果见表3。

表3　教师组和学生组对34种题型的“有效性”评价的均值及其显著性差异检验

题号	身份	E均值	U（双侧）	题号	身份	E均值	U（双侧）
Q1	学生	1.03	-2.616	Q18	学生	1.00	1.356
	老师	1.36			老师	0.70	
Q2	学生	1.00	0.424	Q19	学生	0.61	-0.679
	老师	0.90			老师	0.77	
Q3	学生	1.00	-4.930	Q20	学生	0.92	-0.510
	老师	1.64			老师	1.00	
Q4	学生	1.13	-3.132	Q21	学生	1.13	1.796
	老师	1.50			老师	1.06	
Q5	学生	0.96	3.034	Q22	学生	0.91	0.721
	老师	0.88			老师	1.12	
Q6	学生	1.15	0.202	Q23	学生	0.84	2.898
	老师	1.13			老师	0.78	
Q7	学生	1.04	4.770	Q24	学生	1.13	1.987
	老师	0.64			老师	0.95	
Q8	学生	1.24	5.136	Q25	学生	1.07	1.530
	老师	1.12			老师	0.88	
Q9	学生	1.03	2.457	Q26	学生	1.06	4.690
	老师	1.06			老师	1.00	
Q10	学生	1.11	1.785	Q27	学生	1.09	4.524
	老师	0.94			老师	0.95	
Q11	学生	0.82	-4.510	Q28	学生	0.62	0.366
	老师	1.07			老师	0.67	
Q12	学生	0.89	-4.756	Q29	学生	0.65	-0.312
	老师	1.14			老师	0.68	
Q13	学生	0.89	-1.528	Q30	学生	0.88	0.307
	老师	1.14			老师	0.95	
Q14	学生	0.93	-3.456	Q31	学生	0.88	-0.013
	老师	1.15			老师	0.95	
Q15	学生	1.25	4.899	Q32	学生	1.04	1.067
	老师	1.19			老师	0.87	
Q16	学生	1.24	3.902	Q33	学生	1.03	-1.815
	老师	0.88			老师	1.25	
Q17	学生	0.59	-0.070	Q34	学生	0.76	-8.056
	老师	0.73			老师	0.84	

3.2　留学生对教材课后习题的评价

结果显示，在调查的34道题型中，有22道题E值大于或等于1，其余12道题E

值小于1。

在22道E值大于或等于1的题目中，我们取出数值较大的作为分析案例：最大值1.25，属于语法类当中的Q15［选词填空（不是……就是……、偶尔等）］，在所有采样的情愿度均值区间2.60~3.64中，它的情愿度均值为3.4（偏大），在题量均值区间2.20~3.56中，它的题量均值为3.44（偏大）；其次是Q8字词类中的（选词填空），E值为1.24，其情愿度均值为3.64（最大），题量均值也属最大，为3.56；E值并列第二大的还有Q16（听句子，判断哪一个句子和你听到的句子意思相同），其情愿度均值为3.2（偏大），题量均值为2.84（中等）；依次排列下去的Q6（E=1.15），情愿度、数量均值均偏大；Q4（E=1.13），情愿度均值偏大，但是数量均值为2.20，属于数量均值中最小的数；Q21、Q24，（E=1.13）它们的情愿度均值均偏大，而数量均值中等甚至偏小。由此我们可以发现，对于情愿度较高并且题量多的题型，有效性也相应较高；即便题量不是非常多，情愿度高，那么有效性也高。典型题目如：朗读下列句子，注意某些辅音的发音。

针对这类有效性较高的题目，我们建议维持现状或适当减少题量，为提高其他题目有效性争取多一点练习时间，同时不使留学生们因为题量过多，题目无效而产生对汉语学习的厌倦心理。

在12道E值小于1的题目中，我们取出数值较小的作为分析案例：最小值E=0.59，属于语法类中的Q17（选择有病句的一句），情愿度2.96很小，题量3.08偏大；其次是Q19（修改病句，并说明修改的理由），E=0.61，情愿度2.96很小，题量2.84居中。对于此类有效性很低的题型，我们发现，他们均为情愿度低的题型，所以即便题量偏多，有效性依旧很低。这种现象体现在典型题型“修改病句”上。

针对这类有效性很低的题型，情愿度低是很关键的原因，所以我们就要考虑如何增强留学生做某种题型的情愿度，题量的变化不能从根本上解决问题。第一印象很重要，不能从一开始就给留学生留下很怕做某种题型的印象，所以从初级课本的课后练习开始，对于同一题型，可以尝试换种方式表达同一意思。另外，教师也是很重要的影响因素，对外汉语老师应该不断创新授课方式，增加学生的兴趣。教师应该主动了解学生的看法，且有必要跟学生就教学行为和教学策略以及它们所体现的教学理念进行简要的讨论，以增进彼此的了解，并对自己的教学行为进行必要的调整，提高教学的有效性，多留意并发展“有效教师行为”。

3.3　教师与留学生对“教材练习题有效性”的评价对比

利用统计学中U检验的方法，我们设置显著性水平为0.05，计算出的结果显示，在34道题目中，有99.5%的把握说：教师组和学生组在17道题目上存在显著性差异，他们是Q1、Q3、Q4、Q5、Q7、Q8、Q9、Q11、Q12、Q14、Q15、Q16、Q23、Q24、Q26、Q27、Q34。对其中Q17、Q31两种题型的有效性评价结果趋势完全相同，即显著性差异极小，或者说几乎没有差异。综合起来看，教师普遍能够在“病句和成语是教材练习有效性比较低的题目，同时也是汉语教学中的难点”这一点上与留学生达成共识，但是在“辨析音近字”“正确地运用字词”“运用正确的字词”等方面存在着不同程度的高估或者低估留学生做此类题目对提高汉语水平的有效性程度。这一定程度上反映了教师对学生学习需求的理解不充分。教师低估有效性的题目占到了17道中的9道，也反映了教师对课后练习的认可程度比学生低一些，即教师本身就对教材练习的有效性带有一些偏见。因此教师应该主动了解学生的看法，并有必要在除了讲解习题答案之外，就留学生完成题目所花费的时间，及完成题目后是否能够在日常生活中运用相关知识点，与留学生进行简要的讨论，以增进彼此的了解，并对自己的教学行为进行必要的调整，例如增加某类题型的数量，或者减少有效性较低、留学生对做此类题目情愿度较低的题目，提高教学的有效性。

4 结语

本文运用定量分析的方法，针对对外汉语教师和留学生对语音、字词、语法、功能、语篇、话题等6类34种题型，分别从掌握度、时间、数量、情愿度等四方面对教材练习有效性进行了评价。教师组和学生组的分组调查显示，其中两类题型师生有效性评价趋势基本一致，其中17道题型的有效性评价结果差异明显。另外，我们研究发现，教材练习有效性与学生使用的情愿度成正比关系，与题量没有直接关系。我们对差异产生的原因进行了分析，并针对学生、教师以及教材等多方面提出了相关改善建议。

此次研究范围有限，样本仅局限于南京大学海外教育学院留学生及教师资源内部，未来研究还需要更全面的范围；研究者当前还是南京大学汉语国际教育专业大三的本科生，能力有限，研究存在一定的缺陷。对外汉语教学界对教材练习的研究是一项长远的不断更新发展的课题，也是我们未来不断努力的方向。

参考文献

[1] 曹贤文，王智. 对外汉语教师与欧美留学生对“有效教师行为”的评价［J］. 语言教学与研究，2006（6）：16－23.

[2] 程相文. 对外汉语教材的创新［J］. 语言文字应用，2001（11）：36－42.

[3] 孔子学院总部，国家汉办. 国际汉语教学通用课程大纲（修订版）［M］. 北京：北京语言大学出版社，2014.

[4] 刘若云，林柱. 三套初级汉语综合课教材交际性练习题分析［J］. 黑龙江教育学院学报，2010（11）：62－63.

[5] 刘颂浩. 对外汉语教学中练习的目的、方法和编写原则［J］. 世界汉语教学，2009（1）：111－121.

[6] 刘珣. 对外汉语教育学引论［M］. 北京：北京语言大学出版社，2000.

[7] 李绍林. 对外汉语教材练习编写的思考［J］. 云南师范大学学报，2003（7）：34－39.

［8］李泉. 对外汉语教材通论［M］. 北京：商务印书馆，2012.

［9］田艳，陈磊. 对外汉语教材结构体系中练习设置的分析与思考［J］. 语言教学与研究，2014（6）：28－36.

［10］马向军. 初级汉语口语教材练习题设置研究［D］. 济南：山东大学，2008.

［11］杨翼. 对外汉语教材练习的有效性研究［J］. 语言教学与研究，2010（1）：24－31.

［12］杨惠元. 论《速成汉语初级教程》的练习设计［J］. 语言教学与研究，1997（6）：30－38.

［13］周健，唐玲. 对汉语教材练习设计的考察与思考［J］. 语言教学与研究，2004（4）：67－75.

［14］BELL T. Behaviors and attitudes ofeffective foreign language teachers. Results of a questionnaire study. Foreign Language Annals，2005：pp. 259－270.

【作者简介】

1. 林玉婷，汉语国际教育本科三年级，研究方向为对外汉语教材的有效性。

2. 张之宁，汉语国际教育本科三年级，研究方向为对外汉语教学网络多媒体资源的有效性。

3. 张心仪，汉语国际教育本科三年级，研究方向为对外汉语教材的有效性。

4. 卞可薇，汉语国际教育本科三年级，研究方向为对外汉语教学网络多媒体资源的有效性。

汉语新媒体语言观的历时考察

刘海燕
（中国传媒大学人文学院）

“现代语言学之父”索绪尔剥离出语言和言语、共时和历时等一系列概念，后来者站在这位巨人的肩膀上，在语言历时研究方面有了各种层面的发展。本文希望通过观察现代媒体语言词汇语法变化的种种现象，讨论新语境中人们适应性的选择和创新性的发挥，从而把媒体语言历时变化的新语言现象上升到语言观问题来论述。语言观，既是一种主观，也是一种客观。媒体语言表现的形态，既取决于人们的主动选择，也体现了人们对语境和生活环境的适应。汉语媒体语言观的历时调整和变化特点，是本文要探讨的问题。

1 从“文以载道”到“吾手写吾心”

语言文字的创造和传播，存储了知识，参与确立社会观念和制度。文字使语言传于异地留于异时，更多地发挥文化传承的功能。汉语是世界上使用人口最多的语言，汉语的口语和书面语传播形式有不同也有联系。说跟写是不同的语言产出过程，一个人的写作风格与阅读内容相关，写作能力和娴熟程度与写作量相关，写作目的指向发表媒体和信息受众，一个时代的媒体语言风格，跟受众的阅读水平相关，跟社会教育水平和媒体技术发展程度相关。例如英语报刊语言往往有正式的官方写法，大约有30%的英文源于拉丁文，正式的书面英文包含拉丁文的成分多。要写好英文，最好有拉丁文的基础。这种情况在我们这个纸张和印刷术诞生的国度更加突出。

在幅员辽阔的中国，口语与书面语的差异一直存在，又相互影响、相辅相成地发展，处于这个文化圈的人们都能熟悉转换两种语体风格，根据语境自然而然地选择相应的词汇、语法和表现形式，用以字类音、文白异读等方式，处理好语音对应规律。受儒家思想、科举制的影响，汉语书面语一直保持文以载道的正统。中国古代的媒体语言，如诏书、告示、法典、条文、历史记录等，都是由经过严格的文字书写训练后的专职人员撰写，形成帝制中国的规范语言。以先秦的上古汉语为基础的文言，可以叫作古典的文言，后来白话书写的小说不断出现，近代的文言文已经日趋浅显。但是小说在民间流传，文言是官场文字，文字的风格是地位的象征。正字、韵书修订、皇室尊威，严密地压制了汉语“方言”的多样性，维护书面语言的正统单一，形成中国语言文化独有的书面语言规范的高度统一性和制度化。

汉字书面语这种特质，甚至跨越了不同的语言类型，形成了东亚地区人们交流的共同认可的符号体系。成书于1716年的日本汉语教学课本《唐话纂要》的跋中有这样一段话：

方音之不识也久矣。昔者先王置鸿胪馆于平安城，引四方宾客、天下学者。有通方音者，尽选入馆。是以有唐音者，有韩音者。至渤海暹罗海岛诸音，无不备者。可谓盛矣。然后海内扰乱。英雄并起，兵戈相继者，几乎五百年矣。天下学者，遂皆奔走衣食，不暇治业。其四方之音，亦随而往矣。予每读史记，见前代盛事，未尝不窃慨于世道之下也。及我神祖赫赫然起东方，混统宇内，平章百姓，百年之间，文运大振。所谓唐音者，韩音者，至渤海暹罗海岛诸音，无不有者，亦可谓盛矣。

从中看出，日本曾经全盘学习中国文化，模仿中国唐朝留学机构“鸿胪馆”，在日本设置“山寨版”的鸿胪馆，进行各种方言/语言翻译、研习活动。一直到日本江户时代的汉语教学，仍然把汉字书面语作为天经地义的通用语言，而把当时中日贸易中口语交流使用的南京话作为唐音去学习。由此可见，现代语言学中的语言、方言、母语、二语、双语、外语等概念，过去在“汉字的地盘”有完全不同的理解和诠释。

中西文化接触撼动了汉语媒体语言观。从西方传教士在中国用方言拼写传递《圣经》，到各种西方信息的强势介入。书面语、文言、等级制官话与大众性白话、口语、方言，两种语体一致的诉求，伴随着国家、民族和社会危机日益高涨。新的社会力量对媒介在沟通、表达功能方面的需求，使汉字原有地位受到挑战。从切音字运动，到1917年胡适的《文学改良刍议》倡导言文合一，白话文运动、新文学运动、新文化运动几个概念基本等同起来。这让我们看到，语言传播转换革命背后有它的社会政治逻辑，同时我们看到，话语引发事件，语言变化可以引发社会观念演化，媒介学对此有比较好的阐释。德布雷的“媒介域”理论认为，技术客体和传播主体所组合的文化传递系统包括三个主干部分：文字符号本身、社会群体的体制、媒体技术。“五四”新文化运动的语言变革也有三个要点。

第一，表达新思想的需要。

“五四”时代的白话，跟清代已经存在的白话有所不同，其不仅不遵循四书五经的字义内涵，不避俗字俗语，而且强调平民的话语权，倡导表现革新志向；不仅引入大量西方科技词语，而且版面形式、标点等也仿效西方。语言欧化现象也是从那时开始的。中国的文言侧重抒情和模糊，而要学习西方人看待世界的眼光，要了解西方人的思维，则需要学习西方语言的精确性和逻辑性，需要使用西方语言的结构。

鲁迅《狂人日记》的语言一直被认为“难懂”，其中一段：

不能想了。四千年来时时吃人的地方，今天才明白，我也在其中混了多年；大哥正管着家务，妹子恰恰死了，他未必不和在饭菜里，暗暗给我们吃。我未必无意之中，不吃了我妹子的几片肉，现在也轮到我自己，……有了四千年吃人履历的我，当初虽然不知道，现在明白，难见真的人！

“他未必不……。我未必无意之中，不吃了……”，重叠的双重否定是一种欧化的句式。如果是“大哥把妹子的肉和在饭菜里给我们吃，我无意中吃了妹子的几片肉”，则比较清楚、顺口，更符合汉语的习惯，但是鲁迅语言所要表现的对传统吃人文化的批判精神就减弱了。

第二，扩大媒体受众的需要。

宋元白话小说是不入高雅殿堂的坊间流传形式，而新文化运动则正面提出为平民服务，将大众纳入媒体语言传播的范围。当时中国语文教育不普及，发展媒体需要放弃高雅的语言形态，需要浅显的文字，采用“引车卖浆者流”能听懂的语言，这就是白话文的媒介特征。

提倡大众的文学，对于普及文化很有价值，但是也有部分偏离，就是废除汉字、走拼音化道路等主张。中华人民共和国成立以后，中共中央发出《关于推广注音识字的指示》，1977 年《人民日报》发布了第二次汉字简化方案，1986 年国务院又发布了《关于废止〈第二次汉字简化方案（草案）〉和纠正社会用字混乱现象的请示》，停止使用“二简”字，并指出“今后，对汉字简化应持谨慎态度，使汉字的形体在一个时期内保持相对稳定，以利于社会应用”。1917 年到 1986 年，可以看作是对汉字传统去留的深入探讨的一段实践历程。

第三，适应媒体技术的需要。

黑格尔曾经有过对汉字的批评意见，认为汉字是对科学发展的一个阻碍。很长时间里欧洲学者中都有和黑格尔的论述类似的将语言划分为先进和落后的思潮。1900 年《旧金山调查者报》漫画讽刺汉字如何不适应打字机，一个报纸出版社的办公室里放着一台 3.5 米长、有 5 000 个按键的打字机，配图文字说“我们得把两个房间打通才能放置这台机器”。废除汉字的主张，跟当时西方打字、印刷技术的发展，以及后来计算机技术的发展有关。今天汉字步入计算机时代以后，相关问题自然而然地得到了解决。

2 汉语新媒体语言的变化形式

汉语新媒体语言有两个语体特征，一是功能语体特征，二是社会语体特征。功能语体，指的是媒体语言随着媒介和载体形式的变化而变化，媒体传播形式的不同导致语言的交际形式不同。社会语体特征指的是，媒体语言随着社会发展变化而改变，文言文积累了千年实践，是中国人情感美学的载体，这个载体在今天转换为现代语言的美感的形态，满足现代人更加复杂的情感因素的表达。还原社会阶层的变化、信息技术配置的社会结构，有助于理解语言变化的原因。下面我们截取媒体语言的一个断面——网络语言，先简单描述一下汉语媒体语言的社会语体特征的历时变化。

词汇是语言最活跃的要素，媒体语言词汇变化是最先引起人们注意的。这中间有“词形”或者说“字形”的表现，例如“囧”是网络时代创制的新汉字，“劳资是祖国的花朵”是方言口语使用含有既有意义的汉字书写，造成谐音幽默；有新式简缩，例如“喜大普奔”类的新成语；有用词的更迭，例如“纠结”是原有“矛盾”这一词语的时尚化表达；有中外杂糅的新词创造，例如“笑喷”“笑 cry”是新构成的；有词的义位和义域的转变，例如“新鲜上市、新鲜出炉、新鲜出版”等各种“新鲜”；有词语搭配衔接的创新，例如“偶像”是“呕吐的对象”，此类新词的生成让人耳目一新，而旧词旧义的消失，种种过渡形态，种种历史沉淀，常常来不及整理。

句法方面的变化很多，理解起来需要结合上下文和篇章，随意举出的类型可以有：中英词语杂合“No zuo no die，Why do you try”，句式叠架；情感化“神马都是浮云”，等等。有些词语变化可以看作新句式创新，归类到句法变化。例如“……的正确打开方式”，意思是正确理解的方法，这种句式已经有了无数的使用实例。

陈望道《修辞学发凡》被誉为现代汉语修辞学的奠基之作，陈望道本人也是新文学运动的骨干，他把语言和文学两个学科结合起来，从人文的立场和语言的传播效果考察语言的规律。陈望道先生之后，相关的辞格研究、词汇选择、篇章组织等研究更加兴盛。汉语修辞手段一方面逐步“格化”，另一方面也在不断“破格”，即张扬个性、突破成规。网络文学作品中，比喻的主观化、虚化倾向随处可见，用典、仿拟总是要灌注新意蕴，网络小说中感性化的语言与哲理化的所指随处可见，婉曲、空白与语言的张力手法多样，例如文言文语体与白话文语体穿插。从篇章、文体来看，话题结构及其功能追求多样创新，例如用篇章结构做深层隐喻，篇章结构的多样，例如蒙太奇化的话题转换等。

从功能语体来看，当代媒体语言变化的主要特征是“短平快”：短，是断代、阶段的时间跨度大大缩短；平，指的是媒体介质对语言的反作用直接；快，指的是变化速度快，存活周期短。

3 汉语新媒体语言观的要素

索绪尔对共时历时的切分为语言研究在断代研究和阶段性考察方面带来了丰硕的成果，例如促进了服务于专项研究的历时语料库建设，北大中文语料库分现代汉语和古代汉语两大部分，古代汉语语料库则分期陈列语料，方便检索。索绪尔的共时历时切分具有哲学方法论的意义，将这种思想贯穿在语言学、符号学的研究工作中，可以分别找到语言共时和历时特征的内因和外因，相关研究成果为整个社会科学和人文科学研究带来了影响。随着共时历时的语言学研究，各种“微”历时研究为语言研究带来了长足发展。从语言本体研究看，词汇化、语法化研究是这种微历时研究触角的延伸；从语言应用研究看，各种形式的语言风格历史变化研究是这种微历时研究的延伸，例如“鲁迅语言的历时研究”“美国总统就职演说的历时语言特征研究”等，不一而足。结合语言观的历时考察，我们看到新媒体语言观有如下特点：

第一，全民参与，思想多元。

黄华《语言革命的社会指向：对中国近代史的一种传播学考察》① 从社会史和文化史的实证材料以及传播思想史的角度观察媒介革命与语言运动、社会运动三者的关系。陈卫星在该书序言中写道：

如果说可以把作为传播工具的语言媒介看作现代民族—国家的历史发动机，那么从拼写方言开始的切音字为标志的清末语言革命可否成为历史学、语言学和传播学的断面汇聚，一直延伸到后来用声音来装配文字的白话文运动如何成为一种社会重构要素。

媒介“发动”社会大众参与语言表达的变革：

各个社会阶层程度不一的介入，使中国本土的语言形态的工具化改造得以加速信息的重组。

当今社会新媒体的流动性和多样性，更是打破文字对知识和信息的静态垄断，不仅是文化普及，而且是知识爆炸。各种思潮，各种人群的“语声”“心声”，都在不同形式的媒体上宣泄。年轻一代活跃的思想意识，成熟中、变化中、不稳定阶段的意识流，随时随处地在媒体上持续更新。技术日新月异的时代，民众阅读量增加，而且人们书写的机会和需求大幅增加。密集频繁的阅读和写作，使得人们的写作能力较以往提高，在生活中还处于离散与漂浮状态的群体，发表言论欲望很强但语言表达能力仍然欠缺，过去被看作“边缘群体”，新媒体空间为他们提供了表现自己的舞台。

第二，语言整合、回归传统的呼声更加强烈。

在新媒体时代，各种文字都有相应的变化，汉字也不例外。汉字书面语表现特点，经历了“五四”新文化运动的洗礼，经历了新中国成立后各种文化运动，经历了改革开放后的思想解放，“心声”与“载体”呈现相互矛盾又彼此适应的过程。新媒体时代汉字一方面继续展现她特有的身段，继续彰显其信息功能和美学功能，另一方面，汉字也朝向适应新媒体语境的方向变化和发展。当下，古字失意、外语渗透、新词乱编的现象也比比皆是，所以恢复繁体字，摒弃字母词等随之而来维护汉语规范的

① 黄华. 语言革命的社会指向：对中国近代史的一种传播学要素［M］. 桂林：广西师范大学出版社，2016.

呼声比以往更加强烈。

语言讲究规则，语言载体和制度有区域和等级表现，从“群”到“社会”，“心声”的自由表达催生新的社会分层，酝酿新的文化心态，演化新的社会架构，从“社会”到“政治”，暗含着“部民”“国民”“新民”的“天下观”“国家观”问题，暗含着新的政治竞争。毫无疑问，汉字仍然是我们民族思维和语言传播的介质，是信息传播中无法省略的环节，是文化承载和信息表现形式多样化的必要组成部分。

第三，媒体形式数字化融合。

从书籍报刊到广播电视，到网络新媒体，媒体技术的发展一直朝着服务使用者的方向努力。报刊语言，广播电视语言，网络语言，新媒体语言，自媒体语言，等等，语言的形态不同，是说话人对词汇、语法篇章等用语选择的不同，也是纸张、声音视频、屏幕、数字化产品等展现介质的不同。各种语言都在媒体变革时代出现了语言形式的变化。媒体技术的发展趋势势必是方便、快捷、舒适、以人为本的。语言是承载信息的第一媒体，媒体技术之媒体既是信息的媒体又是语言的媒体，作为信息的媒体以虚拟求真实是一种大趋势，作为语言的媒体，接近口语接近思维的直接实现成为发展的趋势。从媒介学逻辑看语言生态和社会生态的关系，我们可以看到，从纸质版到电子版，媒体技术使得语言表现形式多样化，书面语和口语都可以有更多的变异的可能。

综上，新媒体语言历时特征再次呈现了三个维度，一是语言本体的历时变化，二是媒体的历时发展，三是社会大众心理的变化。新媒体语言语音、词汇、语法的变化，与 21 世纪的社会变迁背景下媒体技术、观念、利益较量相关，与媒介文本作者社会角色相关，与社会信息的传递方式和游戏规则相关。时间性、压力感、知名度、支配力等，媒介方式的演化影响社会信息的组合方式，新媒体语言彰显区域性、弥散性的文化活力，语言也在影响社会组织结构。

4 新媒体时代语言规划

汉语媒体语言需要相应的知行合一的规划导向，汉语媒体语言的“规整”程度的要求有一个创新—沉淀—再创新—再沉淀的发展过程。新媒体时代语言规划，应该深入到“语言哲学”思考。潘文国《语言哲学三问》倡导“从中国语言入，从中国哲学出”，我们赞同这种态度，再大胆补充一点，就是“从中国语言入，立足媒体时代，建设中国语言哲学”，关注“中国语言”与“西方语言”、“中国哲学”与“西方哲学”的区别。

中国语言与西方语言的突出不同是，中文有“字”。潘文国文章中谈到中国古人有“书、言、意”三个对象，我们通俗地理解为汉语表达有“书面语—正式发言口语—纯自然口语”三种形态。媒体时代语言“乱象”仍然体现着语言的便利性和媒介的多样性之间相互适应的过程，是用“字”在“媒体（只闻其声、不见其人；声画传播；屏幕涂画；自拍……）”上“玩（创新表达）”“心声（直抒胸臆）”的过程。

“中国哲学”与“西方哲学”的区别呢？历史上中华民族一直拥有维护书面语正统地位的传统，汉字是我们民族的文化瑰宝，值得我们加以珍惜。在媒体语言研究方面，我们看到的主要是中国政府和党的新闻机构对媒体的管理意识，中国的媒体必定不是全盘西化的，近年来习近平总书记多次强调，坚持不忘初心，坚持中国特色社会主义道路文化自信。所谓文化自信，是在五千多年文明发展中孕育的中华优秀传统文化，在党和人民伟大斗争中孕育的革命文化和社会主义先进文化，代表着中华民族独特的精神标识。日本、韩国有深度和分量的学术论文、历史论著中使用汉字词多，同样汉语白话文表达也需要文言基础。中国文化的精髓在文言文中保存，精练的文字、精准的字意和典故来自文言，习总书记的讲话和发言中也经常引经据典。

那么，如何看待立足媒体时代呢？相较于以往的媒体传播，新媒体时代带有大众的、普及的、信息爆炸式的传播特点。媒体从纸质到广播电视再到今天的互联网，传媒介质在发展，媒体语言、性质、特征和功能也在与社会变化和媒体形式变化而共变。传媒研究、传播学研究作为跨学科集大成者，凡是与人际关系有关都与传媒有关，政治学、经济学、人类学、社会学、心理学、哲学、语言学、语义学、神经病学等，自然科学中的信息论、控制论、系统论等，都汇入传媒研究的十字路口。

英国政府首席科学家顾问 Mark Walport 代表国际科联发布宣言说，科学界有义务支持媒体，同时承认双方的独立性。“没有传播，科学就不算是结束”，这种认识可以说是立足媒体时代的进步。媒体需要科学家在事实的基础上提供专业的判断，而科学也需要通过媒体进行传播与发声。无论从事社会科学研究还是自然科学研究的人群，都需要认识新媒体的价值，利用新媒体传播工具，同时，民众需要了解更科学专业的知识和信息，并且在科学严谨的文献阅读中提高思辨以及表达的水平。科学也会占据媒体头条。

媒体语言研究始于20世纪初对报刊语言的关注，俄罗斯语言学界素有研究大众交际的传统，当时的中国语言学科研究也有较多参照借鉴。一般认为英国 J. Coener《媒体语言学范畴》（1998）的问世，标志“媒体语言”术语的诞生。吴为章《广播电视话语研究选集》（1997）、何自然《香港与内地社会媒体语用变异分析》（1999）、李佐丰《广播电视语言》（1999）等，都是较早的研究。20世纪末，欧美对媒体语言的关注让媒体语言成为语言学领域的概念和新兴研究课题。美籍俄裔学者 Lev. Manuowich（2001）《新媒体的语言》，美国学者 A. Durant 和 M. D. Lambrou（2002）《语言和媒体》等大批论著出版，使媒体语言研究发展为独立学科。

中国网络语言的观察研究始于2000年，于根元最早倡导网络语言的研究，10多年过去，网络语言研究成果不断出现，研究不断深入。10多年过去，网络技术同时也在日新月异地发展，网络语言词汇语法也随着社会生活的变化而更新。10年在历史的长河中是短暂的一瞬，在媒体语言的历时变化中却是一个不小的跨度，一个不短的历程，配得上历史这个词。是时候回顾历史，是时候重新整理学术发展延续性和创新性关系，赋予媒体语言历时研究的态度。

媒体语言研究可以结合语言本体的变化和媒介形式的变化这两方面进行，10多年的网络语言万象可以印证这一点。这似乎仍然是今后的研究可以持续发展的路径。

参考文献

［1］陈保亚. 20世纪中国语言学方法论［M］. 北京：北京大学出版社，1999.

［2］何自然，吴东英，陈瑞端，等. 香港与内地社会媒体语用变异分析［J］. 学术研究，1999（3）：85－91.

［3］黄华. 语言革命的社会指向：对中国近代史的一种传播学考察［M］. 桂林：广西师范大学出版社，2016.

［4］李佐丰. 广播电视语言［M］. 北京：北京广播学院出版社，1999.

［5］刘润清. 西方语言学流派［M］. 北京：外语教学与研究出版社，2004.

［6］罗建平. 析美国总统就职演说的历时语言特征：一项语料库的量化调查［J］. 西南农业大学学报（社会科学版），2011，9（12）：125－129.

［7］潘文国. 语言哲学三问［J］. 外语教学，2016（1）.

［8］钱冠连. 后语言哲学之路［M］. 上海：上海外语教育出版社，2015.

［9］索绪尔. 普通语言学教程（中译本）［M］. 高名凯，译. 北京：商务印书馆，1980.

［10］于根元. 中国网络语言概说［M］. 北京：中国经济出版社，2000.

［11］王力. 汉语史稿［M］. 北京：中华书局，1980.

［12］吴为章. 广播电视话语研究选集［M］. 北京：北京广播学院出版社，1997.

【作者简介】

刘海燕，中国传媒大学人文学院副教授，博士。主要研究领域为对外汉语教学。Email：liuhaiyan8856@163.com。